Entdecken und Verstehen 7/8

Geschichtsbuch für Brandenburg

Herausgegeben von
Dr. Thomas Berger,
Karl-Heinz Müller,
Prof. Dr. Hans-Gert Oomen

Von dem Zeitalter der Entdeckungen bis zum Imperialismus

Herausgegeben von
Prof. Dr. Hans-Gert Oomen

Bearbeitet von
Dr. Thomas Berger,
Karl-Heinz Müller,
Prof. Dr. Hans-Gert Oomen
und Peter Südhoff
Beratende Mitarbeit
Sabine Genedl

Cornelsen

Verlagsredaktion: Peter Südhoff
Gestaltung und technische Umsetzung: Simone Siegel
Umschlaggestaltung: Simone Siegel
Umschlaggrafik: Michael Teßmer, Hamburg

1. Auflage ✔
Druck 4 3 2 1 Jahr 01 2000 99 98

Alle Drucke dieser Auflage können im Unterricht nebeneinander verwendet werden.

© 1998 Cornelsen Verlag, Berlin
Das Werk und seine Teile sind urheberrechtlich geschützt. Jede Verwertung in anderen als den gesetzlich zugelassenen Fällen bedarf deshalb der vorherigen schriftlichen Einwilligung des Verlages.

Druck: Universitätsdruckerei H. Stürtz AG, Würzburg

ISBN 3-464-64090-6

Bestellnummer 640906

gedruckt auf säurefreiem Papier, umweltschonend hergestellt aus chlorfrei gebleichten Faserstoffen

Liebe Schülerinnen und Schüler!

Sicher kennen viele von euch „Entdecken und Verstehen" von der Arbeit mit dem Band 6 im vorigen Schuljahr. Wir wollen euch das Buch aber doch noch einmal vorstellen, denn manches ist in diesem Band 7/8 neu.
Einige von euch lernen das Lehrwerk vielleicht sogar jetzt erst kennen.

Einführung in das Thema
Jedes Kapitel beginnt mit einer „Auftaktseite". Sie will euch neugierig auf das kommende Thema machen und zu Fragen anregen. Mit ihrer Hilfe könnt ihr auch zusammentragen, was ihr schon wisst.

Themendoppelseiten
Auf jeder Doppelseite berichten die Autoren in einem zusammenhängenden Text über die damaligen geschichtlichen Ereignisse. Das Thema verdeutlicht die Überschrift auf dem oberen Seitenrand.

Q Manchmal lassen die Autoren die damals lebenden Menschen selbst zu Wort kommen, wenn ihre Texte aufbewahrt wurden. Die Berichte der damals lebenden Menschen nennen wir Quellen. Ihr erkennt sie an der Kennzeichnung „Q" und an dem Rahmen, der sie umgibt. Auch die Abbildungen, Gemälde und Fotos sind historische Quellen, aus denen ihr wichtige Informationen entnehmen könnt.

M Texte von Geschichtsforschern, Berichte anderer Forscherinnen und Forscher und weitere Materialien sind mit „M" und durch einen Rahmen gekennzeichnet.

Bilder, Grafiken und Karikaturen
sind ebenfalls Materialien, denen ihr Informationen entnehmen könnt.

Die Randspalte
Jede Seite ist mit einer farbigen Randspalte versehen. Je nach Bedarf findet ihr hier:
– die Erklärung für schwierige Begriffe *, die im Text mit einem Sternchen versehen sind,
– wichtige Jahreszahlen und Ereignisse,
– oder auch Zusatzinformationen zu den Themen, die auf der Seite behandelt werden.

Aufgaben
1 *In den Arbeitsaufgaben werdet ihr dazu angeleitet, aus den Texten und den Quellen Informationen zu entnehmen und einen Sachverhalt mit ihrer Hilfe zu besprechen.*

Zum Weiterlesen
Die Seiten „Zum Weiterlesen" enthalten Auszüge aus spannenden Jugendbüchern. Weitere Tipps für Bücher findet ihr im Anhang am Ende des Buches.

Werkstatt Geschichte
Auf den Seiten „Werkstatt Geschichte" findet ihr Vorschläge für eigene Nachforschungen, für Spiele, Rätsel oder Basteleien.

Geschichte vor Ort
Wie sah es in Leipzig im Mittelalter aus? Was geschah in Sachsen während des Dreißigjährigen Krieges? Welche Bedeutung hat das Kyffhäuserdenkmal? Welche Spuren die großen geschichtlichen Ereignisse in Sachsen hinterlassen haben, könnt ihr mit diesen Seiten und vor Ort erkunden.

Methodenseite
Was Quellen oder Geschichtskarten sind, habt ihr schon gelernt. Aber wie geht man selbstständig damit um? Welche Arbeitsweisen sind für den Geschichtsunterricht wichtig? Das könnt ihr auf diesen Seiten an ausgesuchten Beispielen herausfinden.

Zusammenfassungen
Sie stehen am Ende eines Kapitels und fassen das Wichtigste des Themas noch einmal zusammen.

Anhang
Am Ende des Buches findet ihr:
– den Geschichtsfries mit den wichtigsten Daten und Ereignissen,
– ein Register und ein Verzeichnis wichtiger Begriffe.

Wenn ihr Fragen habt oder eure Meinung zu diesem Buch sagen wollt, schreibt uns:

Cornelsen Verlag
Mecklenburgische Straße 53
14197 Berlin

Inhaltsverzeichnis

1. Vom Mittelalter zur Neuzeit ... 6

Künstler, Forscher und Erfinder 9
Werkstatt Geschichte:
Mit Kolumbus auf hoher See 17
Geld regiert die Welt 18
Zum Weiterlesen:
Wie der Taler an die Macht kam 20
Zusammenfassung 21

2. Europa und Amerika ... 22

Alte Kulturen – neue Herren 25
Werkstatt Geschichte:
Zusammenprall der Welten 28
Zum Weiterlesen:
Der Goldrausch der Eroberer 30
Das spanische Weltreich 32
Methodenseite:
Karten im Geschichtsunterricht 36
Zusammenfassung 37

3. Reformation und Glaubenskriege ... 38

Am Vorabend der Reformation 41
Von der Reformation
zum Bauernkrieg 48
Thomas Müntzer predigt
den Aufstand 52
Zum Weiterlesen:
Müntzer und der Bauernkrieg 53
Die Glaubensspaltung in
Europa 58
Der Dreißigjährige Krieg 64
Geschichte vor Ort:
Brandenburg wird verwüstet 68
Methodenseite:
Berichte aus früheren Zeiten 70
Zusammenfassung 71

4. Europa im Zeitalter des Absolutismus ... 72

Ludwig XIV.: Der Staat –
das bin ich! 75
Europa im Barock 82
Geschichte vor Ort:
„Die Barockperle der Mark" 83
Zum Weiterlesen:
Die königliche Lockenpracht 85
Absolutismus auch in England? 86
Peter der Große: Ein Zar
als Reformer? 90
Methodenseite:
Bilder im Geschichtsunterricht 93
Das Zeitalter der Aufklärung 94
Werkstatt Geschichte:
Wissen ist Macht! 96
Zusammenfassung 97

5. Absolutismus in Preußen und Sachsen ... 98

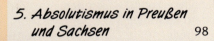

Preußens Aufstieg zur
Großmacht 101
Aufgeklärter Absolutismus
in Preußen 104
Machtkämpfe in Europa 106
Alltag und Politik in Preußen 110
Werkstatt Geschichte:
Der König und die Kartoffel 113
August der Starke und
Kursachsen 114
Geschichte vor Ort:
Willkommen in Elbflorenz! 116
Zusammenfassung 117

6. „Neue, freie Welt – Amerika" ... 118

Die ersten Kolonisten 121
Wem gehört das Land? 124
Zum Weiterlesen:
Der Weg der Tränen 126
Werkstatt Geschichte:
Leben im Wigwam 127
Der Kampf um die
Unabhängigkeit 128
Werkstatt Geschichte:
„Gesichter der Sklaverei" 133
Zusammenfassung 135

Inhaltsverzeichnis

7. Die Französische Revolution — 136

Die Krise des Absolutismus	139
Der Beginn der Revolution	140
Werkstatt Geschichte:	
Auch Kinder haben Recht(e)	145
Frankreich wird Republik	146
Die Schreckensherrschaft	148
Werkstatt Geschichte:	
Der Tod eines Königs	150
Der Aufstieg Napoleons	152
Werkstatt Geschichte:	
Die Revolution als Rollenspiel	154
Zusammenfassung	155

8. Europa und Napoleon — 156

Frankreichs Expansion in Europa	159
Reformen für den Aufstieg Preußens	162
Die Freiheitskriege	164
Zum Weiterlesen:	
Ein preußisches Freikorps	168
Geschichte vor Ort:	
Napoleon in Berlin-Brandenburg	169
Eine neue Ordnung für Europa?	170
Methodenseite:	
Arbeiten mit Karikaturen	172
Zusammenfassung	173

9. Demokratischer Aufbruch in Deutschland — 174

Unterdrückung und Protest	177
Das Scheitern der Revolution	184
Werkstatt Geschichte:	
Wir würfeln Barrikaden	186
Zum Weiterlesen:	
Jette und Frieder	188
Zusammenfassung	189

10. Die industrielle Revolution — 190

Anfänge der industriellen Produktion	193
Zum Weiterlesen:	
Fabriken überall	196
Methodenseite:	
Statistiken und Grafiken	199
Industrielle Revolution in Deutschland	200
Geschichte vor Ort:	
Die Industrie im Museum	204
Die Gesellschaft ändert sich	206
Wer löst die soziale Frage?	214
Zusammenfassung	223

11. Kaiserreich und nationale Idee — 224

Die Gründung des Deutschen Reiches	227
Der neue Kurs	232
Deutschland über alles?	234
Zum Weiterlesen:	
Ein Hauptmann aus Köpenick	238
Zusammenfassung	239

12. Europäische Staaten und ihre Kolonien — 240

Die Welt wird aufgeteilt	243
Werkstatt Geschichte:	
Begegnungen mit Afrika	246
„The British Empire"	248
Die Folgen der Kolonialpolitik	250
Zusammenfassung	251

Geschichtsfries	252
Lösungen	256
Jugend- und Sachbücher	258
Lexikon	260
Quellenverzeichnisse	265
Register / Verzeichnis der Worterklärungen (*)	268

Vom Mittelalter zur Neuzeit

Um 1400 dachten die meisten Menschen in Europa, die Erde sei eine Scheibe, die auf dem Wasser, dem Ozean, schwimme. Kein Mensch könne auf der anderen Seite der Erde mit dem „Kopf nach unten" leben. Das Befahren des Ozeans galt als unheimlich. Schiffe, die an den Rand des Ozeans gerieten, würden vom Rand der Scheibe in die Unterwelt abstürzen. Doch nach und nach entwickelten die Menschen eine neue Vorstellung von der Welt. Sie stellten alte Überzeugungen infrage und sie brachen mit den Regeln ihrer Vorfahren. Mitunter gelang das fast zufällig, eben so, wie es auf diesem Holzschnitt aus dem 19. Jahrhundert dargestellt wird: Ein Mensch wandert an den Rand der Erdscheibe, mit Wanderstock, Arm und Kopf durchstößt er das Himmelsgewölbe. Ehrfürchtig und neugierig blickt er auf das Geschehen dahinter …

Vorstöße ins Unbekannte gab es im 15. Jahrhundert in vielen Bereichen. Die Menschen entdeckten und erfanden so viel – in der Wirtschaft, in der Technik, in Kunst und Kultur –, dass wir heute von einem Zeitalter der Entdeckungen sprechen. Ihr könnt auf den folgenden Seiten selbst herausfinden, wie es zu all den Erfindungen kam und welche Folgen die Entdeckungen hatten …

Vom Mittelalter zur Neuzeit

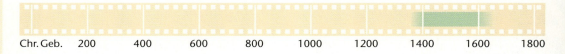

Chr. Geb.   200   400   600   800   1000   1200   1400   1600   1800

1 Rekonstruktion eines von Leonardo da Vinci entwickelten Fluggeräts, das mit Menschenkraft betrieben wird. Da Vinci glaubte, ein Mensch mit künstlichen Flügeln könne fliegen wie ein Vogel.

Zeichnungen aus den Skizzenbüchern Leonardo da Vincis (1452–1519).

Beweise statt Glauben – der Beginn der modernen Naturwissenschaft

Im Mittelalter bestimmte der christliche Glaube in Europa das ganze Leben. Auch bei wissenschaftlichen Fragen suchte man die Antworten stets in der Bibel. Diese Einstellung änderte sich im Laufe des 15. Jahrhunderts vollkommen. Die Menschen wollten jetzt selbst nachprüfen, selber nach Beweisen und überzeugenden Argumenten suchen. Deutlich wird dies in einem Brief des niederländischen Gelehrten Agricola (1444–1495) an einen Freund:

Q1 … Lass dir alles verdächtig sein, was du bisher gelernt hast. Verurteile alles und verwirf es, wenn du nicht stichhaltige Beweise findest. Auf dem Glauben beruht die Frömmigkeit; die wissenschaftliche Bildung aber sucht stets nach Beweisen …

So wie Agricola dachten im 15. Jahrhundert viele Menschen. Zu den herausragendsten Vertretern dieses neuen, wissenschaftlichen Ansatzes gehörte auch Leonardo, der 1452 in dem Dorf Vinci bei Florenz geboren wurde. Jahrelang beschäftigte er sich intensiv mit dem Flug von Vögeln, Fledermäusen und Insekten. Seine genauen Beobachtungen waren die Grundlage für seine Konstruktionen von „U-Booten" und Flugzeugen. Begeistert dachte sich da Vinci Maschinen aus, die zur damaligen Zeit unvorstellbar erschienen. So finden wir in seinen Notizbüchern Entwürfe für einen Fallschirm, für ein Auto mit Federantrieb oder auch für eine Schwimmweste. Leonardo war aber nicht nur Künstler, genialer Forscher und Erfinder. Ihn interessierte beinahe alles. Obwohl das Sezieren (die Leichenöffnung) menschlicher Körper durch die Kirche verboten war, nahm Leonardo über 30

Künstler, Forscher und Erfinder

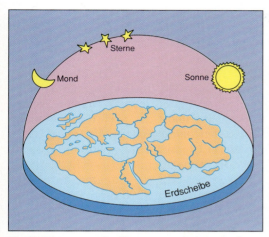

2 Die Bewegung der Planeten nach der mittelalterlichen Vorstellung.

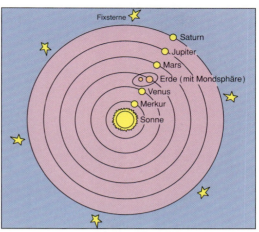

3 Die Bewegung der Planeten nach der Berechnung des Kopernikus.

Leichenöffnungen selber vor, um sich ein genaues Bild vom menschlichen Körper und seinen Organen sowie den Krankheitsursachen zu machen. Seine Vorgehensweise begründete er mit folgenden Worten:

Q2 … Mir aber scheint, es sei alles Wissen eitel und voller Irrtümer, das nicht von der Erfahrung, der Mutter aller Gewissheit, zur Welt gebracht wird.
Hüte dich vor den Lehren jener Spekulanten, deren Überlegungen nicht von der Erfahrung bestätigt sind … Wir müssen von der Erfahrung ausgehen und mit dieser das (Natur-)Gesetz erforschen. …

1 Leonardo wendet sich gegen die „Lehre der Spekulanten". – Was ist damit gemeint?
2 Sucht nach eigenen Beispielen, in denen ihr durch genaue Beobachtung zur Erkenntnis eines Naturgesetzes kommt.

Die Welt verliert ihren Mittelpunkt

Ein Beispiel für das gewandelte Denken der Wissenschaftler gibt auch der polnische Priester und Astronom Nikolaus Kopernikus (1473–1543). Jahrzehntelang widmete er seine ganze Freizeit der Erforschung der Planeten und ihrer Umlaufbahnen. Als Geistlicher war er davon überzeugt, dass sich die Erde als flache Scheibe im Mittelpunkt des Weltalls befinde; um sie drehen sich alle anderen Planeten und die Sonne (vgl. Abb. 2). So lehrte es die Kirche und so glaubte man es auch der Bibel entnehmen zu können, wo von der Bewegung von Sonne und Mond die Rede ist (vgl. Buch Josua 10, 12–13). Der Mensch als das höchste Geschöpf Gottes konnte – so glaubte man – doch nur im Zentrum des Weltalls leben. Als Wissenschaftler gelangte Kopernikus allmählich zu einer ganz anderen Erkenntnis. Seine Beobachtungen und Berechnungen – immer wieder von ihm überprüft – ergaben ganz eindeutig, dass die Erde und die Planeten sich um die Sonne drehen. Die Lehre der Kirche von der Erde als Zentrum des Weltalls musste also falsch sein. Dreißig Jahre lang hielt Kopernikus die Ergebnisse in seinem Schreibtisch verschlossen. Erst kurz vor seinem Tod gab er die Erlaubnis zum Druck eines Buches, das den Titel trug: „Über die Umlaufbahnen der Himmelskörper". Von der Kirche wurde das Buch sofort verboten.

3 Erklärt die Position der Erde in den Abbildungen 2 und 3.
4 Spielt folgende Situation: Kopernikus berät sich mit einem anderen Priester, ob er seine Erkenntnisse veröffentlichen soll. – Welche Argumente sprechen dafür, welche dagegen?
5 Prüft, ob es Ähnlichkeiten und Unterschiede im Vorgehen von Kopernikus und Leonardo gibt.

Bild des Kopernikus mit einem astronomischen Modell.

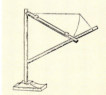

Triquetrum, mit dem Kopernikus die Höhe der Himmelskörper maß.

Neue Perspektiven für die Seefahrt

1 Globus des Martin Behaim, 1492.

2 Kompass, um 1550.

Ein Seeungeheuer verschlingt ein Segelschiff. Holzschnitt um 1550.

3 Federuhr des Peter Henlein, 1510.

Eine Uhr für die Tasche
Johannes Cochlaeus, ein Gelehrter, schrieb im Jahre 1512:

> Q … Die Nürnberger Handwerker erfinden von Tag zu Tag immer feinere Dinge. So bringt Peter Henlein … Werke hervor, die selbst die gelehrtesten Mathematiker in Staunen setzen. Aus wenig Eisen fertigt er Uhren an, die, wie man sie auch wendet, ohne irgendein Gewicht 40 Stunden gehen und die Stunden anzeigen, selbst wenn sie an der Brust oder im Beutel getragen werden. …

Die Erfindung der ersten Federzuguhren im 15. Jahrhundert kam zunächst einer genauen Regelung der Arbeitszeiten zugute, wurde dann aber auch in der Seefahrt sehr wichtig. Nur wenn man die genaue Zeit wusste, konnte man aus dem Stand der Sonne oder der Sterne die genaue Position errechnen.

1 *Überlegt, bei welchen Gelegenheiten ihr täglich auf die genaue Uhrzeit angewiesen seid.*

Mit Globus und Kompass auf hoher See
Ganz neue Möglichkeiten für die Seefahrt eröffneten sich, als immer mehr Forscher die Ansicht vertraten, dass die Erde keine Scheibe, sondern eine Kugel sei.
Verdeutlicht wurde diese Entdeckung mit einem Globus (s. Abb. 2), den der Kaufmann Martin Behaim 1492 in Nürnberg anfertigen ließ. Eine Kugel aus Pappe wurde mit Pergamentblättern beklebt. Auf die Blätter wurden die damals bekannten Länder eingezeichnet. Wenn die Erde eine Kugel ist, dann kann man sich auch auf das offene Meer hinauswagen, ohne befürchten zu müssen, hinunterzufallen. Wollte man aber auf das offene Meer hinausfahren, brauchte man gute Schiffe und Messinstrumente, um auch wieder zurückzufinden.
Es war daher sehr wichtig, dass gerade zu dieser Zeit ein Kompass (s. Abb. 3) erfunden wurde, der auch bei rauer See zu verwenden war. Außerdem gab es jetzt Tabellen, die den täglichen Stand der Sterne angaben. Wusste man, wie hoch ein Stern zu einer bestimmten Zeit über dem Horizont stand, brauchte man

Sterne weisen den Weg, Karavellen erobern das Meer

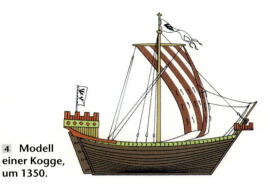

4 Modell einer Kogge, um 1350.

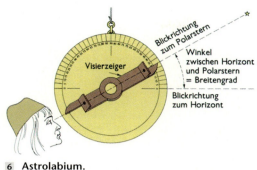

6 Astrolabium.

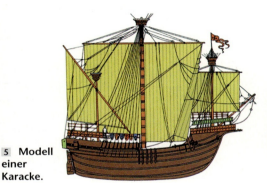

5 Modell einer Karacke.

7 Jakobsstab.

Ein Seefahrer bei Eintragungen auf dem Globus. Holzschnitt 1517.

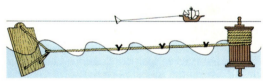

8 Log mit Knoten.

9 **Sanduhr und Lot** (Gewicht an markierter Leine zur Messung der Tiefe).

nur in den Tabellen nachzusehen und fand dort, auf welchem Breitengrad man sich befand. Die Sternenhöhe über dem Horizont wurde mit dem Jakobsstab angepeilt.
Gebaut wurden jetzt auch neue Schiffe, die Karacke (etwa 30 Meter lang) und die Karavelle (etwa 20 Meter). Die gedrungene Form des Schiffskörpers machte sie sehr seetüchtig. Sie hatten in der Mitte den Hauptmast mit einem großen Vierecksegel, das bei Rückenwind für eine hohe Geschwindigkeit sorgte. Die kleineren Dreiecksegel am vorderen und hinteren Mast erlaubten aber auch ein Segeln fast gegen den Wind. So waren alle Voraussetzungen für weite Seefahrten geschaffen.

2 Besorgt euch einen Kompass und erklärt, wie er funktioniert.
3 Seht euch die Abbildungen 6–9 an und findet heraus, welche Bedeutung sie für die Seefahrt besaßen.
4 Wenn man von Europa immer nach Westen oder Osten fährt, kommt man schließlich wieder am Ausgangspunkt an. – Überprüft diese Behauptung mit Hilfe eines Globus.

Mit dem Buchdruck in die Zukunft

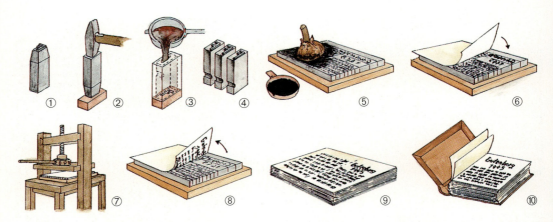

1 Ein Buch entsteht. So stellte Gutenberg eine Letter her: ① Er formte eine Musterletter aus hartem Material. ② Dann schlug er sie in ein Klötzchen aus weichem Kupfer. So entstand eine Matrize. ③ In die Matrize goss er flüssiges Blei. ④ Daraus entstand dann eine Bleiletter. ⑤ Die Lettern setzte er zu einer Druckform zusammen, die er schwarz färbte. ⑥ Darauf legte er einen Bogen Papier. ⑦ Er presste Papier und Druckform zusammen. ⑧ Nun war der Bogen bedruckt. ⑨ Die Bögen wurden zu einem Buch zusammengetragen. ⑩ Der Buchblock erhielt einen Einband.

Johannes Gensfleisch, genannt Gutenberg (1397–1468), Erfinder des Buchdrucks.

Die Erfindung des Buchdrucks

Die Entdeckungen und Erfindungen hätten damals wohl kaum so schnell eine große Rolle gespielt, wäre nicht zu dieser Zeit auch der Buchdruck erfunden worden.

Im Mittelalter hatten sich neue Ideen oder Erfindungen nur langsam herumgesprochen. Zeitungen gab es nicht und Bücher auch nur sehr wenige. Bücher wurden nämlich – meist in Klöstern – mit der Hand geschrieben. Für die Anfertigung eines einzigen Buches brauchte man häufig viele Jahre. Bücher waren daher sehr teuer. Eine Bibel etwa kostete 60 Gulden; für diese Summe konnte man auch ein kleines Bauerngut erwerben. Nur Klöster, Fürsten oder sehr reiche Bürger konnten sich überhaupt einige Bücher leisten. Dies änderte sich beinahe schlagartig mit der Erfindung von Johannes Gutenberg. Der Abt des Klosters Hirsau berichtet darüber:

> **Q1** … Zu dieser Zeit (1450) wurde in Mainz jene wunderbare und früher unerhörte Kunst, Bücher mittels Buchstaben zusammenzusetzen und zu drucken, durch Johannes Gutenberg, einen Mainzer Bürger, erfunden und ausgedacht …

Sie druckten zuerst ein Wörterbuch, indem sie die Buchstaben der Reihe nach in hölzernen Tafeln geschnitzt hatten. Allein mit diesen Tafeln konnten sie nichts anderes drucken, eben weil die Buchstaben nicht von der Tafel ablösbar und beweglich waren.

Nach diesen Erfindungen erfolgten kunstreichere. Sie erfanden die Kunst, die Formen aller Buchstaben des Alphabets aus Metall zu gießen.

Die Buchstaben konnten zu Wörtern, zu Seiten zusammengesetzt werden. Nach dem Druck wurden sie wieder auseinander genommen. Dann konnten die Buchstaben für eine neue Seite wieder gesetzt werden.

1 *Erklärt anhand der Abb. 1 das von Gutenberg erdachte Verfahren.*
2 *Erklärt den Vorteil beweglicher Metallbuchstaben gegenüber dem Druck mit Holztafeln.*

Bücher für alle

Die Druckerkunst verbreitete sich rasch über ganz Europa. Um 1500 gab es in ganz Europa schon über 1100 Druckereien. Sie legten 40 000 verschiedene Werke mit einer Gesamtzahl von mehr als zehn Millionen Büchern auf. An erster Stelle wurden Bibeln und religiöse Schriften gedruckt, aber auch

Lettern aus Blei verändern die Welt

2 Druckerwerkstatt im 16. Jahrhundert. Die Herstellung des Druckwerks begann links bei den Setzern. Sie setzten den Text eines geschriebenen Manuskripts mit Metallbuchstaben auf eine Platte. Dann wurde Korrektur gelesen (der stehende Mann mit Brille sucht nach Druckfehlern). Im Hintergrund wurde der Handsatz mit Hilfe von Druckerschwärze und Lederballen eingefärbt. Dann wurde in der Presse rechts ein Blatt Papier darauf gedrückt. Das bedruckte Papier hing anschließend rechts oben zum Trocknen und wurde zum Schluss von Lehrjungen auf den Stapel im Vordergrund gelegt. Es musste schnell gehen, denn der Kunde (rechts im Bild) fragte schon, ob sein Druckauftrag noch nicht erledigt sei.

Als im 15. Jahrhundert gedruckte Bücher eingeführt wurden, stieg die Nachfrage nach Brillen sprunghaft an.

wissenschaftliche oder politische Flugschriften. Bücher konnten sich jetzt viele Bürger leisten, denn sie wurden ständig billiger. Im Jahre 1522 kostete z. B. die Bibel nur noch 1½ Gulden. In einer Lob- und Gedächtnisrede auf die Erfindung der Buchdruckerkunst hieß es im Jahre 1740:

> **Q2** ... Die vormals kostbaren, so seltenen Bücher der alten Weltweisen, Geschichtsschreiber, Redner und Dichter, Rechtsgelehrten und Ärzte wurden nunmehr auf erstaunende Weise vervielfältigt ... Für das Geld, wofür man sonst kaum zwei oder drei Bücher hatte kaufen können, konnte man jetzt ganze Büchersäle auffüllen. Was vorher nur die Großen der Welt und Begüterte im Volk hatten tun können, das war jetzt auch dem einfachen Volk nicht versagt ... Es mehrte sich die Zahl hoher und niederer Schulen. Kurz, ganz Europa ward mit Künsten und Wissenschaften erfüllt. ...

5 Erklärt die Behauptung: „Mehr als das Gold hat das Blei die Welt verändert. Und mehr als das Blei in der Flinte das Blei im Setzkasten. – Überlegt bei eurer Antwort, was es ohne die Erfindung des Buchdrucks nicht geben würde.

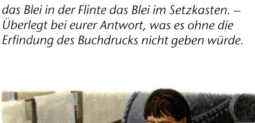

3 Auch die neue Methode der Papierherstellung senkte die Preise. Leinenlumpen wurden zu einem Brei verkocht, der mit einem flachen Sieb abgehoben und ausgepresst wurde. Beim Trocknen verflochten sich die Fasern zu einem Papierbogen.
Rekonstruktion.

3 Stellt fest, welche Vorteile des Buchdrucks in dieser Gedächtnisrede genannt werden.
4 Erläutert den Satz: „Der Buchdruck bildet das erste Massenmedium der Geschichte."

Kolumbus will nach Indien ...

*Die Santa Maria, das Schiff des Kolumbus:
Länge: 24 m
Gewicht: 240 t
Besatzung: 40 Mann*

*Die Universe Island, ein modernes Tankschiff (1990):
Länge: 310 m
Gewicht: 300 000 t
Besatzung: 20 Mann*

Mit den Schiffen Pinta, Nina und Santa Maria verließ Kolumbus 1492 Spanien. Er suchte den Seeweg nach Indien, doch er entdeckte Amerika.

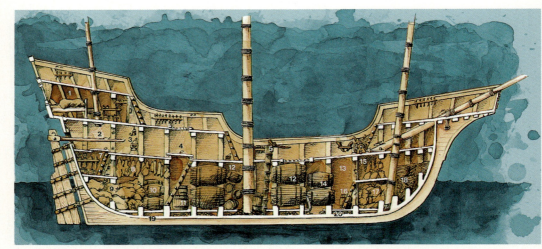

1 Schnitt durch die Karavelle Santa Maria, das Schiff des Kolumbus. **1** Admiralskajüte, **2** Steuerruder, **3** Kompass, **4** Luke zum Schiffsladeraum, **5** Entwässerungspumpe, **6** Hebevorrichtung für Anker und Segel, **7** Waffen- und Munitionskammer, **8** geräucherte und getrocknete Fleischwaren, **9** Schiffszwieback, **10** Pökelfleisch in Fässern, **11** Ölvorrat, **12** Wasservorrat, **13** Schiffsladeraum, **14** Weinfässer, **15** getrocknete Hülsenfrüchte in Säcken, Zwiebeln und Knoblauch, **16** Mehlfässer, **17** Abstellkammer für Segel, **18** Laderaum für Taue, **19** Sammelraum für Kondenswasser, **20** Steine als Ballast.

Auf dem Seeweg nach Indien?
1 *Seht euch die Zeichnung an und erklärt, wozu die dort gezeigten Dinge auf die Seereise mitgenommen wurden.*

Christoph Kolumbus, geboren 1451, fuhr seit seinem 14. Lebensjahr zur See. Auf diesen Fahrten lernte er die technischen Neuerungen und Erfindungen seiner Zeit kennen. Allmählich erwachte in ihm der Wunsch, sich mit einer gut ausgerüsteten Karavelle (s. Abbild. 1) weit auf das offene Meer hinauszuwagen. Sein Ziel hieß Indien!

Mit Indien und China hatten europäische Kaufleute lange Zeit regen Handel getrieben. Begehrt waren vor allem Stoffe aus Seide sowie Gewürze. Die wichtigsten Handelswege verliefen dabei von Europa über Konstantinopel nach Indien. Im Jahre 1453 eroberten die Türken Konstantinopel. Sie versperrten den Europäern den Landweg. Wenn Indien auf dem Landweg nicht mehr erreichbar war, musste man es eben auf dem Seeweg versuchen. Im Auftrag ihres Königs versuchten portugiesische Seeleute jahrzehntelang vergeblich Afrika zu umfahren. Stürme und Unwetter zwangen sie immer wieder zur Umkehr.

Kolumbus sah eine andere Möglichkeit. Er wollte Indien erreichen, indem er immer westwärts fuhr. Bestärkt in seinem Vorhaben wurde er von Paolo Toscanelli, einem berühmten Arzt und Astronomen aus Florenz. Er schrieb an Kolumbus:

Q1 ... Ich habe Kenntnis genommen von deinem hochherzigen und großartigen Plan auf dem Wege nach Westen, den dir meine Karte anzeigt, zu den Ländern des Ostens zu segeln. Besser hätte es sich mit Hilfe einer runden Kugel klarmachen lassen. Es freut mich, dass du mich richtig verstanden hast. Der genannte Weg ist nicht nur möglich, sondern wahr und sicher ...

Neun Jahre lang bemühte sich Kolumbus zunächst beim portugiesischen, dann beim spanischen König um Unterstützung. Im Jahre 1492 erhielt er vom spanischen König und der Königin drei Schiffe, von denen das größte, die „Santa Maria", 21 m lang und 6 m breit war.

2 *Erläutert Toscanellis Brief mit Hilfe eines Globus.*

... und landet in Amerika

2 Landung des Kolumbus auf der Insel Guanahani. Kolorierter Kupferstich 1594.

1492:
Kolumbus entdeckt Amerika.

Eine Fahrt bis an das Ende der Welt?
Vor seiner Abreise ernannte der spanische König Kolumbus zum Vizekönig sämtlicher Inseln und aller Länder, die er entdecken würde. Außerdem sollte Kolumbus den zehnten Teil aller Waren aus diesen Ländern erhalten. Am 3. August 1492 verließ Kolumbus mit den drei Schiffen den spanischen Hafen Palos (s. Karte S. 16). In sein Bordtagebuch schrieb er:

Q2 … Bevor ich die erste Zeile niederschreibe, weihe ich dieses Buch der allergnädigsten Jungfrau Maria. Sie möge meine Gebete erhören und mich das finden lassen, was ich suche: INDIEN. …

Woche um Woche fuhren die Schiffe westwärts. Die Vorräte wurden langsam knapp, die Schiffsbesatzung unruhig. Weit und breit war kein Land zu sehen. War die Erde doch nur eine Scheibe – wie die Matrosen glaubten? „In ihren Augen" – so notiert Kolumbus in sein Tagebuch – „sehe ich nur Hass". Doch Kolumbus hielt unbeirrt an seinem Kurs fest. Endlich, am 3. Oktober 1492, wurde Land gesichtet. Es war die Insel San Salvador auf den Bahamas. Im Namen des spanischen Königs ergriff Kolumbus von der Insel Besitz. Über die Bewohner schrieb er:

Q3 … Die Eingeborenen sind ohne Zweifel gutmütig und sanft. Da ich ihre Freundschaft gewinnen wollte, gab ich einigen von ihnen ein paar bunte Mützen und Halsketten aus Glasperlen und andere Dinge von geringem Wert, worüber sie sich ungemein freuten … Sie sind gewiss hervorragende Diener. Sie haben einen aufgeweckten Verstand, denn ich sehe, dass sie sehr schnell alles nachsagen können, was man ihnen vorspricht. …

3 Erklärt die ersten Handlungen des Kolumbus nach dem Betreten der Insel.
4 Beschreibt Abbildung 2. – Wie werden die Spanier, wie die „INDIOS" dargestellt (Kleidung, Haltung, Tätigkeiten)?
5 Überlegt, was der Maler mit der Tätigkeit der ganz links dargestellten Person andeuten wollte.
6 Schreibt einen Bericht über die Ankunft der Spanier aus der Sicht der Inselbewohner.

Von Kolumbus bis Magellan

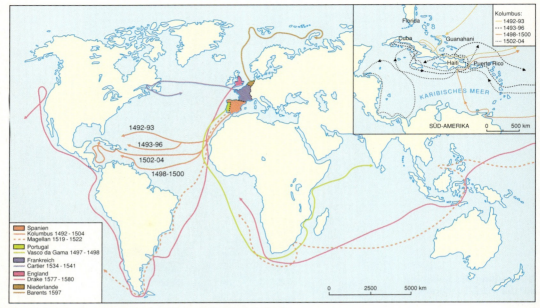

1 Die Entdeckungsfahrten im 15. und 16. Jahrhundert.

*Amerigo und Amerika:
1508 ernannte der König von Spanien den Italiener Amerigo Vespucci zum obersten königlichen Seelotsen. Auf drei Fahrten erkundet er die Neue Welt. Seine Karten waren so genau, dass die Seeleute die Neue Welt bald nur noch „Amerigos Land" oder Amerika nannten.*

Weitere Entdeckungsfahrten

In den nächsten Tagen und Wochen entdeckte Kolumbus noch weitere Inseln wie z. B. Kuba und Haiti, um hier nach nach Gold, Silber, und Gewürzen Ausschau zu halten. Reich beladen kehrte er im April 1493 nach Spanien zurück. Überall jubelten ihm die Menschen begeistert zu. Voller Staunen sehen sie die Papageien, andere seltene Tiere und Pflanzen, Gold in Körnern und rohen Stücken und vor allem die „Indianer und Indianerinnen", die Kolumbus nach Spanien verschleppt hatte. Kolumbus nannte die Inselbewohner „Indianer", weil er glaubte, auf indischen Inseln gelandet zu sein. Bis zu seinem Tod im Jahre 1506 hat Kolumbus nicht erfahren, dass er einen neuen Erdteil entdeckt hatte.

Der Drang nach Gold und Gewürzen ließ auch andere europäische Staaten nicht ruhen. Auch sie wollten einen Anteil an dem neuen Reichtum haben. Auch sie schickten nun ihre Schiffe auf Erkundungsfahrten aus und nahmen entdeckte Länder sofort in ihren Besitz.

1 Nennt mit Hilfe der Karte (Abbildung 1) Namen und Fahrtrouten weiterer Entdecker.

2 Bildet in der Klasse kleine Arbeitsgruppen. Jede Gruppe informiert sich in Lexika oder Sachbüchern über einen Entdecker und informiert die Klasse darüber.

2 Ferdinand Magellan (1480–1521). Der Portugiese begann 1519 die erste Weltumseglung in westlicher Richtung.

Werkstatt Geschichte: Mit Kolumbus auf hoher See

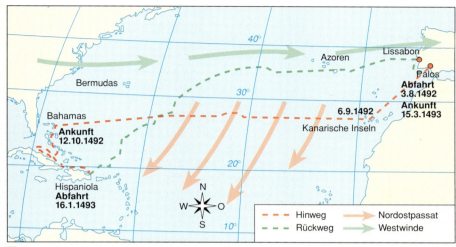

1 Die erste Atlantiküberquerung des Kolumbus.

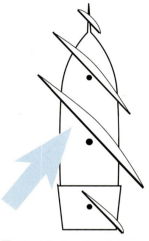

2 Modell eines Segelschiffes.

Wie segelt die Santa Maria?

Segelschiffe wie die Santa Maria bewegen sich allein durch die Kraft des Windes. Sie ist kostenlos und kann sehr stark sein. Kein Mensch kann jedoch die Richtung, in die der Wind weht, beeinflussen. Nur wenn der Wind bis zu einem bestimmten Winkel in das Segel einfällt, kann seine Kraft zur Fortbewegung des Schiffes benutzt werden. Wenn ein Schiff in eine bestimmte Richtung fahren soll, muss die Stellung der Segel der Windrichtung angepasst werden.

1 Erklärt anhand des Schiffsmodells, wie sich Windrichtung, Kurs und Segelstellung zueinander verhalten.

Kolumbus und die Passatwinde

Auf der Hinreise segelte Kolumbus zunächst nach Südwesten, obwohl er nach Westen wollte. Er wusste, dass er auf der Höhe der Kanarischen Inseln mit einem stetigen Nord-Ost-Wind rechnen konnte. Mit Hilfe dieses Windes wollte er direkt nach Westen segeln. Tatsächlich entdeckte er die bis dahin unbekannten Passatwinde. Die Passate sind regelmäßig, das ganze Jahr über wehende Winde. Auf der nördlichen Erdhalbkugel kommen sie immer aus Nordosten und sie wehen nur zwischen dem 30. Breitengrad und dem Äquator, also ausgerechnet in dem Streifen des Ozeans, den Kolumbus für seine Route ausgewählt hatte.

2 Zeigt mit Hilfe einer Skizze (ähnlich dem Schiffsmodell), wie Kolumbus mit Hilfe des Nord-Ost-Passats nach Amerika segelte.

Wie schnell war Kolumbus?

Kolumbus führte zwei Listen über die zurückgelegten Seemeilen. Am 10. September (zum Beispiel) errechnete Kolumbus eine zurückgelegte Strecke von 1809 Meilen, die er in seine private, geheime Liste eintrug. In die offizielle Liste trug er nur 144 Seemeilen ein. Wie schnell Kolumbus wirklich war, könnt ihr aber leicht errechnen. Die Entfernung zwischen den Kanarischen Inseln (Start am 16.2.1492) und den Bahamas (Ankunft: 12.10.1492) beträgt etwa 3000 Seemeilen (1 Seemeile = 1852 m).

3 Überlegt, warum Kolumbus zwei Listen führte.

4 Berechnet die tägliche Durchschnittsgeschwindigkeit in Kilometern.

Wie kommen wir zurück?

Lange überlegte Kolumbus, auf welcher Route seine Flotte wieder nach Hause segeln sollte. „Am sichersten wäre es", so dachte er zunächst, „wenn wir auf dem gleichen, bekannten Weg zurückfahren." Doch dann entschloss sich Kolumbus für einen Umweg.

5 Erklärt mit Hilfe einer Skizze, wie Kolumbus hätte segeln müssen, wenn er den gleichen Weg zurückgefahren wäre.

6 Erklärt folgende Aussage: „Kolumbus hätte zwar gegen den Nord-Ost-Passat nach Westen in Richtung Spanien segeln können. Dennoch wären er und seine Mannschaft nie in Spanien angekommen."

7 Erklärt mit Hilfe der Karte, wie Kolumbus schließlich zurückkehren konnte.

Geld regiert die Welt

[1] **Jakob Fugger, der Reiche, in seinem Augsburger Kontor mit seinem Buchhalter.** An der Wand finden sich Ordner für die Niederlassungen der Fugger. Ofen und Antorff meinen Budapest und Antwerpen. Buchillustration, 1520.

Monopol*:
(lat. = monopolium = Alleinhandel). Wirtschaftliche Machtstellung eines Unternehmens, das den größten Teil eines Marktzweiges beherrscht. Es schaltet damit den Wettbewerb aus und kann die Preise diktieren.

Schautaler mit dem Bildnis Jacob Fuggers. Der Kaufmann ließ die Münze 1518 prägen.

„Geld darf nicht im Kasten ruhen"

In einem kleinen Buch mit dem Titel „Ratschläge über den Handel", das in Florenz im 15. Jahrhundert erschien, wendete sich ein Kaufmann mit folgenden Worten an einen jungen Geschäftsmann: „Deine Hilfe, deine Ehre, deine Verteidigung, dein Gewinn: das ist das Geld. Geld, das in Umlauf sein muss und nicht in einem Kasten ruhen darf."

So dachten zu Beginn der Neuzeit Menschen in ganz Europa. Sie vervielfachten die Aktivitäten im Handel und als einige Kaufleute begannen Geld zu wechseln und Darlehen zu gewähren entwickelte sich als bedeutendes neues Gewerbe das Bankwesen. Das alles wurde erst möglich durch die Entdeckungen und Eroberungen zum Beginn der Neuzeit. Sie brachten dem Handel in Europa einen zuvor nicht gekannten Aufschwung. Aus Amerika, aus Afrika und Asien kamen ständig neue Schiffsladungen mit Gold und Silber, mit Gewürzen, kostbaren Stoffen und Schmuck aller Art. Von Vorteil wurde der Übersee-Handel vor allem für die großen europäischen Handelshäuser, die im 16. Jahrhundert entstanden waren. Zu ihnen gehörten auch die Fugger, die in Augsburg eine mächtige Handelsgesellschaft aufgebaut hatten.

Der Aufstieg der Fugger

Hans Fugger, der Sohn eines Bauern und Webers aus einem kleinen Dorf nahe bei Augsburg, war noch ein kleiner Händler gewesen. Seine Ware verkaufte er im 14. Jahrhundert – wie damals allgemein üblich – auf dem Markt der eigenen Stadt.

Seine Söhne und Enkel schlugen andere Wege ein, um schnell reich zu werden. Sie stellten keine Tuche mehr her, sondern ließen andere Weber für sich arbeiten. Die Fugger selber wurden Händler und Verleger. Das heißt: Sie kauften Flachs und Baumwolle in großen Mengen auf und gaben diese zu einem möglichst hohen Preis an ärmere Weber und Bauern, die etwas dazuverdienen wollten. Neben den Rohstoffen wurden von ihnen bei Bedarf auch die notwendigen Geräte zur Verfügung gestellt oder – wie man damals sagte – vorgelegt. Von ihren Webern kauften die Fugger die fertigen Tuche zu einem möglichst niedrigen Preis und verkauften sie überall in Europa mit großem Gewinn.

1 *Erklärt mit Hilfe des Textes den Begriff „Verlagssystem".*

Die Fugger werden Monopolisten* und Bankiers der Fürsten

Mit dem Aufkommen des Überseehandels errichteten die Fugger in zahlreichen Städten Europas Handelshäuser und Niederlassungen. Gut bewachte Schnelltransporte brachten die Waren in kürzester Zeit an jeden gewünschten Ort. Außerdem richteten die Fugger eine eigene Post ein, sodass sie über wichtige wirtschaftliche und politische Entscheidungen oft früher informiert waren als ihre Konkurrenten. Außer mit Stoffen handelten die Fugger auch mit Fellen, Schießpulver, mit Gewürzen und Zitrusfrüchten, mit Pelzen, Samt und Seide. Vor allem gelang es ih-

Die Macht der Handelshäuser

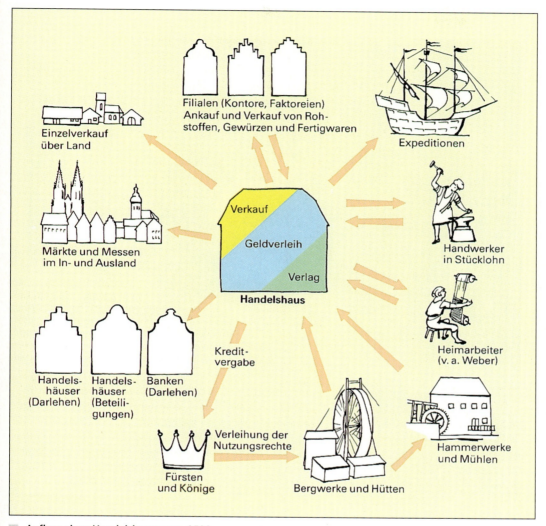

2 Aufbau eines Handelshauses um 1500.

Die Goldmünzen aus Florenz, der Fiorino oder Florino, dienten als Modell für zahlreiche europäische Münzen. Der Fiorino zeigte auf der Rückseite die Lilie von Florenz.

nen, alle Gewürze aufzukaufen, die die Portugiesen nach Mitteleuropa lieferten, und ohne Konkurrenz weiterzuverkaufen. Reich wurden die Fugger ferner mit dem Verleihen von Geld. Aus zahlreichen Bankgeschäften mit Päpsten, Königen und Fürsten zogen sie großen Gewinn. Da die Fürsten die geliehenen Gelder oft nicht zurückzahlen konnten, überließen sie den Fuggern Kupfer- und Silberbergwerke zur Ausbeutung. In kürzester Zeit sicherten diese sich das Monopol auf Kupfer und Quecksilber, d. h.: Nur die Fugger durften Kupfer und Quecksilber verkaufen; sie allein bestimmten dabei auch den Preis. Wie viel Einfluss sie auch auf die Politik nehmen konnten, zeigte sich z. B. im Jahre 1519, als sich Karl V. um die Kaiserkrone bewarb. Von den Fuggern erhielt Karl über 500 000 Gulden. Mit diesem Geld kaufte er die Stimmen der deutschen Kurfürsten und wurde von ihnen zum deutschen Kaiser gewählt.

2 Beschreibt mit Hilfe der Abbildung 2 Geschäftstätigkeiten der Fugger.
3 Sprecht darüber, was die finanzielle Abhängigkeit des Kaisers für ihn selbst und für die Fugger bedeutete.

Zum Weiterlesen: Wie der Taler an die Macht kam

Das Silber für den neuen Taler kam nicht nur aus den Silberminen Europas. Nach der Eroberung Amerikas brachten Spanier und Portugiesen Schiffsladungen Gold und Silber nach Europa. Streitig gemacht wurde ihnen dieser Reichtum von den Piraten aller Nationen.

Woher kam das Silber für den Taler?

Um 1500 begann in der Münzgeschichte eine neue Zeit. Als man in Böhmen und Sachsen neue und sehr reiche Silbervorkommen entdeckte, wurde der Goldgulden durch Silbermünzen ersetzt.
Sie besaßen den gleichen Wert und fielen darum – Gold war ja wertvoller als Silber – viel größer aus.
Das Silber wurde nicht nur in den Bergwerken Europas in gewaltigen Mengen gewonnen, sondern kam auch aus der Neuen Welt, die Kolumbus 1492 entdeckt hatte. In ihren Flotten brachten die Spanier aus den Bergwerken der Inkas und Azteken mehr Silber nach Europa, als in den zweitausend Jahren zuvor auf der ganzen Welt gefördert worden war. Dazu kam, dass die Bergwerkstechnik verbessert wurde und man neue Verfahren entwickelte, mit denen das Silber von anderen, unedlen Beimischungen getrennt werden konnte. Auch lohnte es sich zu dieser Zeit noch, kleinere Silbervorkommen auszubeuten, zumal wenn das gewonnene Silber an Ort und Stelle vermünzt wurde.

Woher hat der Taler seinen Namen?

Damals begann bei uns die Zeit, in der Geld zum alleinigen Tauschmittel wurde, die ersten großen Silbermünzen mit dem Wert des alten Goldstückes trugen noch dieselbe Bezeichnung: Guldiner oder Guldengroschen. Als „Taler" sind sie uns aber vertrauter.
Als bei Joachimstal im böhmischen Erzgebirge riesige Silbervorkommen entdeckt wurden, ließ man auch hier das Edelmetall vermünzen.
Es wurden so viele Münzen geschlagen, dass der Joachimstaler bald weit und breit bekannt war. Er war leicht zu erkennen, denn der Heilige Joachim war auf der Münze dargestellt. Aus dem „Joachimstaler" wurde später kurz „Taler" und dieser Name wurde auch auf andere Guldengroschen übertragen. Der Taler wurde oft nachgeahmt und hat seinen Namen vielen Währungen unserer Zeit vererbt. Der amerikanische Dollar, der niederländische Daalder und der italienische Tallero leiten sich von ihm ab. Bei den Russen wurde aus Joachim der Name „Jefimok" für alle Silbermünzen.
In großer Zeit wurde der Taler zur wertbeständigsten und häufigsten großen Silbermünze, die bis in das vorige Jahrhundert in Deutschland Bestand hatte.

Einen interessanten Überblick zur Geschichte des Geldes von der Frühgeschichte bis zum 20. Jahrhundert findet ihr in: Renate Kingma, Münzen und Geld (Was ist was, Band 78), Tessloff-Verlag Hamburg 1985.

Zusammenfassung

Die Wende zur Neuzeit
Das 15. Jahrhundert ist die Zeit, in der sich eine neue Art des Denkens durchsetzt. Bisher hatte man sich in naturwissenschaftlichen Fragen mit Antworten aus der Bibel zufrieden gegeben. Doch jetzt wollte man alles selber nachprüfen, selbst nach Beweisen suchen. So wurde das 15. Jahrhundert zu einer Zeit zahlreicher Entdeckungen und Erfindungen.

Entdeckungen und Erfindungen
Zu den wichtigsten Erfindungen dieser Zeit gehörte der Buchdruck mit beweglichen Lettern durch Johannes Gutenberg. Erfunden wurden auch ein seetüchtiger Kompass, die Uhr, der Jakobsstab und hochseetaugliche Schiffe. Diese Erfindungen waren die Voraussetzung für die Entdeckung Amerikas durch Christoph Kolumbus im Jahr 1492. Er suchte in spanischen Diensten den Weg nach Indien, indem er nach Westen fuhr. Portugiesische Seefahrer versuchten um die Südspitze Afrikas herum nach Indien zu gelangen. Sie erreichten 1498 ihr Ziel. Für die Fahrt des Kolumbus gab es außerdem noch wichtige wirtschaftliche Gründe. Für die europäischen Kaufleute war der Fernhandel mit Gewürzen und Edelsteinen ein gutes Geschäft. Sie kauften diese Güter im östlichen Mittelmeer und am Schwarzen Meer. Als das türkische Reich sich immer mehr ausdehnte, waren sie von diesem Handel abgeschnitten. Deshalb suchten sie andere Wege nach dem Osten.

Wirtschaftliche und politische Macht der Handelshäuser
Durch die Entdeckungen und Eroberungen in Amerika nahm der Überseehandel gewaltig zu. Den größten Nutzen hatten hiervon vor allem die europäischen Handelshäuser, die nicht nur ungeheure Reichtümer anhäuften, sondern mit ihrem Geld auch großen politischen Einfluss ausübten. Fürsten, Könige und Päpste waren auf den Geldverleih dieser Handelshäuser angewiesen, denen sie im Gegenzug dafür immer mehr Rechte einräumten. So hatten z. B. die Fugger das Monopol auf den Kupfer- und Quecksilberhandel.

Zum Nachdenken
Kolumbus nahm die von ihm entdeckten Inseln für Spanien in Besitz.
1 *Sprecht darüber, ob es hierfür irgendeine Rechtfertigung gab. – Was könnten die Eingeborenen ihm geantwortet haben?*

Um 1450

Johannes Gutenberg erfindet den Buchdruck.

1492

Kolumbus entdeckt Amerika.

1519

Der Portugiese Magellan beginnt die erste Weltumseglung in westlicher Richtung.

1459–1525

Unter Jakob Fugger beginnt der Aufstieg der Familie zum bedeutendsten europäischen Handelshaus.

Europa und Amerika

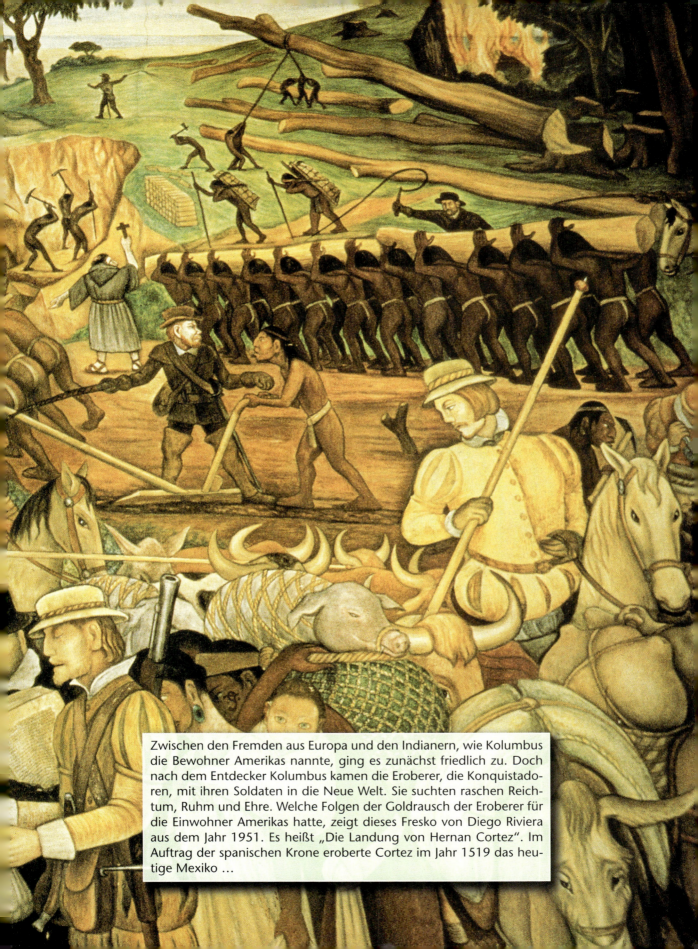

Zwischen den Fremden aus Europa und den Indianern, wie Kolumbus die Bewohner Amerikas nannte, ging es zunächst friedlich zu. Doch nach dem Entdecker Kolumbus kamen die Eroberer, die Konquistadoren, mit ihren Soldaten in die Neue Welt. Sie suchten raschen Reichtum, Ruhm und Ehre. Welche Folgen der Goldrausch der Eroberer für die Einwohner Amerikas hatte, zeigt dieses Fresko von Diego Riviera aus dem Jahr 1951. Es heißt „Die Landung von Hernan Cortez". Im Auftrag der spanischen Krone eroberte Cortez im Jahr 1519 das heutige Mexiko …

Europa und Amerika

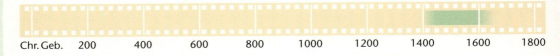

Chr. Geb.   200   400   600   800   1000   1200   1400   1600   1800

1 Plan der Stadt Tenochtitlan zur Zeit der Entdeckung. Holzschnitt von 1524.

Tenochtitlan: Hauptstadt der Azteken

Es gab und gibt in Amerika sehr unterschiedliche Indianerkulturen. So lebten im Gebiet des heutigen Mexiko zur Zeit der Entdeckungen die Azteken.
Über ihre Hauptstadt Tenochtitlan schrieb am 30. Oktober 1520 der spanische Eroberer Hernan Cortez in einem Brief:

> M ... Die Hauptstadt Tenochtitlan liegt in einem salzigen See. Sie hat vier Zugänge, alle über Steindämme führend, die von Menschenhand erbaut sind. Sie sind etwa zwei Lanzen breit. An einem der Dämme laufen zwei Röhren aus Mörtelwerk entlang, jede etwa zwei Schritte breit und eine Mannslänge hoch. Durch eine Röhre kommt ein Strom süßen Wassers bis in die Mitte der Stadt. Alle Menschen nehmen davon und trinken es. Die andere Röhre wird benutzt, wenn die erste gereinigt wird ...
> Die Stadt hat viele öffentliche Plätze, auf denen ständig Markt gehalten wird. Dann hat sie noch einen anderen Platz ..., wo sich täglich mehr als 60 000 Einwohner treffen: Käufer und Verkäufer von Lebensmitteln, Kleinodien aus Gold, Silber, Blech, ... Außerdem verkauft man Steine, Bauholz, Kalk und Ziegelsteine ...
> ... Es gibt Apotheken ..., es gibt Häuser, wo man für Geld essen und trinken kann. Es gibt Leute zum Lasttragen ...
> Es gibt in dieser Stadt viele sehr gute und sehr große Häuser, weil alle großen Herren des Landes ... ihre Häuser in der Stadt haben, sie wohnen dort eine gewisse Zeit des Jahres. Aber auch sonst gibt es viele reiche Bürger, die gleichfalls sehr schöne Häuser besitzen. Sie alle haben außer sehr schönen, großen Gemächern auch sehr hübsche Blumengärten ...
> An allen Eingängen der Stadt, wo die Kähne ausgeladen werden, also an den Stellen, durch die der größte Teil der Lebensmittel in die Stadt gelangt, sind Hütten gebaut. In ihnen halten sich Wachtposten auf, die eine Abgabe von allem erheben, was in die Stadt gebracht wird. Ich weiß aber nicht, ob diese Beträge für den Herrscher oder für die Stadt erhoben werden ...

So stellten sich die Europäer die Bewohner in den unbekannten Ländern vor. Aus einem französischen Reisebuch des 14. Jahrhunderts.

Alte Kulturen – neue Herren

2 **Menschenopfer** (aus einer zeitgenössischen aztekischen Handschrift).

3 **Ein aztekisches Schmuckstück.** Um 1480.

1 *Erläutert die Abb. 1 mit Hilfe des Textes.*
2 *Überlegt euch, was nötig ist, um eine solche Stadt zu versorgen.*
3 *Vergleicht Tenochtitlan mit einer modernen Stadt.*

Vom Leben der Azteken

Tenochtitlan war die Hauptstadt eines großen Staates. Mit Hilfe von Beamten und Priestern regierte der König Montezuma seit 1502 das Land der Azteken.

Die Religion spielte im Leben dieser Menschen eine sehr große Rolle. Die Azteken glaubten an viele Götter, von denen sie meinten, dass sie auf verschiedene Weise in das Leben der Menschen eingriffen. Besonders wichtig war der Sonnengott Huizilipochtli; denn die Sonne galt als Voraussetzung für alles Leben.

Dieser Sonnengott, so glaubten die Azteken, verbrauchte für seinen Tageslauf seine ganze Energie. Deshalb brauchte er, um jeden Tag wieder neu aufzustehen, Nahrung – Menschenblut. Menschenopfer waren das einzige Mittel, das Überleben der Menschheit zu sichern. Ohne immer neue Menschenopfer käme die Sonne zum Stillstand und die Welt müsse sterben. Durch die geopferten Menschen könnten alle Menschen die Sonne weiter genießen, weiterleben. Deshalb wurden jährlich Tausende von Menschen geopfert.

Auch der Kalender wurde durch die Religion bestimmt. Das Jahr war in 18 Monate mit je 20 Tagen und fünf Schalttagen eingeteilt. Jeder Monat war einer Göttin oder einem Gott geweiht. Wie die Christen glaubten auch die Azteken an ein Leben nach dem Tode.

Wie im Europa des 16. Jahrhunderts lebten die meisten Menschen als Bauern und Bäuerinnen. Daneben gab es die Gruppen der Handwerker, Kaufleute, Krieger, Beamten und Priester.

Ähnlich wie in Europa spielten die Frauen im öffentlichen Leben eine untergeordnete Rolle. Ihre Haupttätigkeit war auf den häuslichen Rahmen eingeengt.

Bis zum 15. Lebensjahr war die Familie die Welt der Kinder. Die Mütter erzogen die Mädchen und die Väter die Jungen. Von klein auf nahmen die Kinder an den Arbeiten der Eltern teil. Die Jugendlichen konnten auch in öffentliche Schulen gehen um sich weiterzubilden.

4 *Beschreibt, warum die Azteken Menschen opferten.*
5 *Überlegt zusammen, wie diese Handlungsweise beurteilt werden kann.*

Die Götter des Feuers und des Wassers waren die ältesten Götter der Azteken. Der Gott des Feuers trug eine Schale für die Flammen auf seinem Rücken. Der Regengott Tlaloc war bei allen Völkern Mexikos ein übermächtiger Herr. Jeder Berg hatte seinen Tlaloc, der die Regenwolken einsammelte und sie über den Himmel verteilte.

Goldgierige Eroberer

1 **Begegnung zwischen dem Spanier Cortez und dem Azteken Montezuma in Tenochtitlan.** Hinter Cortez steht die indianische Dolmetscherin. Mexikanische Darstellung auf einem Teppich, 1590.

1519:
Im Auftrag der spanischen Krone landet Hernan Cortez im heutigen Mexiko. Im Landesinnern entdeckte er das mächtige Reich der Azteken, dass er mit seinen Truppen innerhalb von zwei Jahren völlig zerstörte.

Ankunft der Götter

1519 landete der spanische Adlige Hernan Cortez mit 550 Männern, 16 Pferden und 11 Kanonen auf dem Festland Amerikas. Er wollte die sagenhaften Goldschätze, von denen er gehört hatte, erbeuten. Die Spanier zogen von der Küste aus in das Binnenland von Mexiko. Dort herrschte seit 1502 Montezuma als König der Azteken. Die Azteken lebten in ständiger Furcht vor Göttern und Dämonen. In ihren Sagen hieß es, eines Tages würde der Gott Quetzalcoatl von Osten her ins Land kommen. Weiße Boten würden seine Ankunft melden. Das Eindringen der Spanier wurde Montezuma mit den Worten gemeldet: „Weiße Männer sind an der Küste gelandet." Montezuma erschrak. Waren das die Boten des Gottes?
Montezuma sandte den Fremden eine Gesandtschaft mit reichen Geschenken. Die Gesandten baten Cortez, nicht weiter ins Land einzudringen. Der aber ließ sich durch die Bitten und Geschenke nicht aufhalten. Er marschierte mit seinen Männern nach Tenochtitlan, der Hauptstadt des Aztekenreiches.
Montezuma hatte von seinen zurückgekehrten Gesandten gehört, dass die Spanier sich ganz in Eisen kleideten und von Hirschen auf dem Rücken getragen würden. Nur ihre Gesichter seien nicht bedeckt und die Haut weiß wie Kalk. Weiß wie das Gesicht Quetzalcoatls. Montezuma begrüßte die Fremden. Die Begrüßungsrede hat Bernal Diaz del Castillo, ein spanischer Krieger, der dabei war, aufgeschrieben:

Q1 … O, unser Herr, mit Mühsal hast du es erreicht, … dass du in deiner Stadt angekommen bist, dass du auf deinem Stuhl Platz nehmen kannst, den ich für dich eine Weile gehütet habe.
Das haben uns die Häuptlinge überliefert, dass du kommen wirst deine Stadt aufzusuchen … Und jetzt ist es wahr geworden. Du bist zurückgekehrt. Mit Ermüdung hast du es erreicht. Sei nun wohl angekommen! Ruhe dich aus. Besuche deinen Palast. …

Montezuma führte die Spanier in seinen Palast und ließ ihnen wieder reiche Geschenke übergeben. Sie aber ließen sich das königliche Schatzhaus zeigen.
In dem aztekischen Bericht heißt es dann:

Q2 … Alles Gold rafften die Spanier zu einem Haufen. An die anderen Kostbarkeiten legten sie Feuer und alles verbrannte. Das Gold schmolzen sie zu Barren, von den wertvollsten grünen Edelsteinen nahmen sie nur die besten … Das ganze Schatzhaus durchwühlten die Spanier, die drängten und fragten und griffen nach allem, was ihnen gefiel. …

1 Überlegt, was Montezuma meinte, wenn er sagte: „Du bist in deiner Stadt angekommen."

Cortez wütet in Mexiko

2 **Aztekischer Angriff auf die in einem Palast eingeschlossenen Spanier.** (Oben links spricht Montezuma beruhigende Worte zu den Azteken.) Mexikanische Darstellung aus dem 16. Jahrhundert.

2 Benennt das Ziel der Spanier und beurteilt ihr Verhalten aus der Sicht der Azteken.

Der Aufstand der Azteken
Als dann noch der aztekische Tempeldienst durch die Spanier gestört wurde und als ihre Götterbilder aus den Tempeln geworfen wurden, erhoben sich die Azteken. Nach blutigen Kämpfen mussten die Spanier fliehen. Sie verloren fast die gesamte Beute. Bei den Kämpfen wurde Montezuma getötet.

3 Beschreibt die Spanier aus der Sicht der Azteken. Beschreibt die Azteken aus der Sicht der Spanier.
4 Überlegt, wodurch sich die Stimmung der Azteken änderte.

Cortez sammelte seine Leute nach der Flucht, zog Verstärkungen heran und bereitete einen neuen Angriff auf Tenochtitlan vor. Nachdem er sich mit anderen Indianerfürsten verbündet hatte, ließ er Tenochtitlan einschließen. Die Bewohner wurden ausgehungert. Der Kampf dauerte 93 Tage. Die ehemals glänzende Stadt wurde völlig vernichtet. Man schätzt, dass im Kampf 300 000 Azteken starben. Über das Ende der Stadt berichtet eine aztekische Chronik:

Q3 … Noch einmal fingen die Spanier an zu morden. Und viele Azteken starben. Die Flucht aus der Stadt begann … Viele flohen über den See, andere auf den großen Dammstraßen. Auch da wurden viele getötet … (Die Spanier) suchten einige Männer aus. Man trennte sie von den anderen. Das waren die stärksten und tapfersten Krieger, die männliche Herzen hatten. Aber auch Jüngere, die ihnen als Diener nützlich waren, suchten sie aus. Die Spanier zeichneten sie sofort. Mit heißen Eisen drückten sie ihnen Brandmale auf die Wangen …

5 Vergleicht die Abb. 2 und 3. Achtet besonders darauf, wie die Menschen dargestellt sind.
6 Findet heraus, ob und wodurch die Abbildungen parteiisch sind.

Montezuma wird als Gefangener in Eisen gelegt.

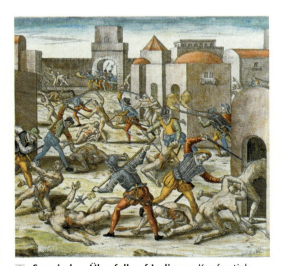

3 **Spanischer Überfall auf Indianer.** Kupferstich von Theodor de Bry, 1596.

Werkstatt Geschichte: Zusammenprall der Welten

Auf Fehlerjagd

Im Jahr 1519 landete der spanische Adlige Cortez auf dem amerikanischen Kontinent. Seine erste Begegnung mit dem Kaiser der Azteken in Tenochtitlan im heutigen Mexiko hat ein Zeichner aus unserer Zeit dargestellt (Abbildung 1). Doch leider kannte er sich in der Geschichte nicht so besonders gut aus. So sind ihm einige Fehler unterlaufen, die ihr nun – als Reisende durch die Geschichte – aufspüren sollt. Es geht um insgesamt 20 zeitverschobene Gegenstände, die erst nach 1519 entstanden sind, die also nicht in das Bild und die Zeit passen. Eure Aufgabe ist es, diese Fehler zu finden.

1 *Lest den Text „Tenochtitlan, Mexiko 1519".*
2 *Sucht auf der Abbildung 1 die 20 zeitverschobenen Gegenstände und löst das Silbenrätsel.*
3 *Vergleicht eure Lösung mit der Lösung im Anhang (Seite 256). Hier findet ihr auch weitere Informationen zur Geschichte der zeitverschobenen Gegenstände.*

Tenochtitlan, Mexiko 1519

Reisender, du erlebst das schicksalhafte Aufeinandertreffen von zwei Welten. Du stehst in Tenochtitlan in Mexiko, der Hauptstadt des großen Aztekenreichs. Wir befinden uns im Jahr 1519, weniger als drei Jahrzehnte, nachdem die ersten Europäer den amerikanischen Kontinent betraten. Aufgeregtes Reden und Treiben herrscht unter der Volksmenge unter der sengenden mexikanischen Sonne, doch du spürst vielleicht auch die Stimmung von Unbehagen und Misstrauen.

Inmitten all des Glanzes der Situation stehen zwei Männer. An der Spitze von nur sechshundert Soldaten hat der schwarzbärtige Cortez, ein spanischer Glücksritter, mit Segelschiffen die Überquerung des Atlantiks gewagt, angelockt von Gerüchten über große Reichtümer auf dem noch nicht kartographierten Festland. Er hatte mit einer Schlacht gerechnet, nicht aber mit einem Willkommen, das eines Gottes würdig wäre.

Starre nicht zu unverhohlen in das Gesicht des Mannes ihm gegenüber, denn er gilt als Gott-König, Montezuma, der Kaiser der Azteken, umgeben von seinem goldenen Hof, erscheint allmächtig. Doch er macht einen tragischen Fehler. Unter den aztekischen Göttern hat Quetzalcoatl, der Gott des Windes, ein weißes Gesicht, einen schwarzen Bart und trägt eine federgeschmückte Kopfbedeckung. Eine Legende besagt, dass diese Gestalt aus der Vergangenheit zurückkehren und Glück bringen wird. Und für diesen Gott hält Montezuma den Spanier. Aber es ist nicht die Vergangenheit, die jetzt vor Montezuma steht. Es ist die Zukunft und die Zukunft ist schrecklich.

Das Auffinden der zeitverschobenen Gegenstände mag dir in der Hauptstadt der Azteken nicht ganz leicht vorkommen, wirkt sie doch eher wie eine Stadt der Zukunft, erbaut in der Mitte eines Sees, mit einem rechtwinkligen Straßennetz wie eine moderne Metropole. Die Einwohner scheinen sich eines zivilisierten Lebens zu erfreuen. Aquädukte versorgen das Zentrum mit frischem Wasser und überall finden sich reiche Verzierungen und Goldschmuck. Am besten unternimmst du deine Entdeckungsfahrt mit einem Boot, indem du mit einem aztekischen Kanu die zahlreichen Kanäle abfährst. Beim weiteren Vordringen in die Stadtmitte findest du vielleicht Merkmale, die eher für eine frühere Kultur typisch sind. Die Azteken haben das Rad oder die Nutzung des Eisens noch nicht entdeckt. Sie haben auch noch keine Schrift – die Angaben in ihren Dokumenten sind durch Bilder dargestellt.

Vermeide es unbedingt, dir deine Reaktionen auf die religiösen Bräuche anmerken zu lassen, so schwer es dir auch fällt. Denke daran, wie es Cortez nicht tat, dass du nur ein Besucher aus einer anderen Welt bist und nicht Einfluss zu nehmen hast. Die Azteken glauben, dass nur durch Opfer von Menschenleben sichergestellt wird, dass der Sonnengott an jedem Morgen wieder erscheint. So sind die Steinstufen der Tempel rot gefärbt von Menschenblut.

Nimm diesen seltenen Anblick einer dem Untergang geweihten Stadt gut in dich auf. Die spanischen Conquistadores haben nicht die Geschichtskenntnisse, wie du sie hast. Innerhalb weniger Jahre werden die Azteken durch Kämpfe und durch europäische Krankheiten fast völlig ausgelöscht sein. Doch hoch über der Stadt Mexiko, die auf dem früheren Standort von Tenochtitlan erbaut ist, flattert heute die rot-weiß-grüne Fahne Mexikos und zeigt noch immer das Bild eines auf einem Kaktus hockenden Adlers. Ein kleines Stück der aztekischen Legende lebt fort.

Weitere Fehlerrätsel findet ihr in dem Buch von Nicola Baxter und Mike Taylor: Auf Fehlerjagd quer durch die Geschichte. Christians-Verlag, München 1996.

Werkstatt Geschichte: Zusammenprall der Welten

Tenochtitlan, Mexiko, 1519. Die Rekonstruktionszeichnung enthält 20 Fehler bzw. Gegenstände, die erst später entstanden oder erfunden wurden.

Silbenrätsel

ak – am – an – ball – bas – dampf – dell – der – draht – drant – fens –
el – en – er – fah – fer – fern – gel – gen – ger – glas – golf – graf – he –
helm – her – hy – kar – kett – kin – kof – korb – lam – land – mä –
mast – mo – mo – ne – öl – oze – pe – pel – rad – ra – schiffs – schlä –
schorn – schu – schwimm – se – sen – stach – stein – te – te – ten –
tele – ter – tor – turn – wa – wes

Kopiert diese Seite ab. Aus den Silben könnt ihr dann die Begriffe herausfinden, die die 20 zeitverschobenen Gegenstände bezeichnen.

29

Zum Weiterlesen: Der Goldrausch der Eroberer

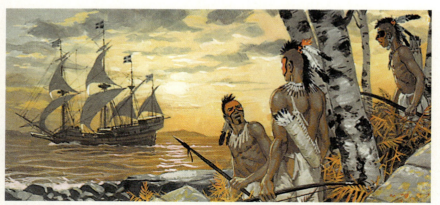

1 Lange vor Kolumbus sind die fast menschenleeren Weiten Nordamerikas entdeckt worden. Um das Jahr 1000 segelten die Wikinger über Grönland, das „Grüne Land", das sie besiedeln, bis zum amerikanischen Festland an die Küste des heutigen Neuschottland, das sie „Vinland" – Weinland – nennen. Sie finden in diesem neuen Land weder Gewürze noch Gold oder Silber. Nichts als endloses Land und Wälder.

Land und Gold in Sicht!

Am 12. Oktober 1492 erschallt auf der voraussegelnden Pinta der Ruf: „Land! Land!" Nach 65 Tagen auf See nähern sich die drei Schiffe des Kolumbus einer der Bahama-Inseln, die zu Gottes Ehren San Salvador getauft wird.

In seiner Admiralsuniform geht Kolumbus im Morgengrauen mit einigen Gefährten an Bord eines Bootes an Land. Er küsst den Boden und spricht ein Dankgebet. Im Namen des spanischen Königshauses nimmt er die Insel in Besitz. Der weite Atlantik, der die Neue Welt von der Alten trennt, ist überquert. Das Zeitalter der Konquistadoren beginnt!

Getrieben von der Gier nach Gold und Silber sind die Europäer auf der Suche nach neuen unbekannten Ländern. In religiösem Übereifer wollen sie Andersgläubige zum Christentum bekehren. Dies sind die mächtigen Kräfte, die sie über den Atlantik treiben.

Nach Kolumbus kommen noch viele Eroberer in die Neue Welt. Im Jahre 1519 geht Hernan Cortez an der Küste von Yucatán an Land und hat 1521 das Reich der Azteken erobert.

Francisco Pizarro landet 1524 zum ersten Mal in Peru. Im Kampf gegen die Inka scheitert er. 1531 kommt er wieder zurück und es gelingt ihm, den Inka-Herrscher Atahualpa gefangen zu nehmen. Aus Angst, dass der Inka, sobald er frei wäre, das kleine spanische Heer vernichten würde, lässt er ihn aus einem nichtigen Anlass hinrichten. Das mächtige Inka-Reich hat aufgehört zu bestehen.

2 Kolumbus landet in Amerika. Vor den Augen der neugierigen Eingeborenen, die in ihren Kanus gekommen sind, lässt er ein Holzkreuz aufrichten.

Zum Weiterlesen: Der Goldrausch der Eroberer

[4] Der spanische Bischof Diego de Landa hat sich geschworen die Irrlehren der Neuen Welt auszumerzen. Auf den öffentlichen Plätzen lässt er die „Kodexe", die unersetzlichen Bilderschriften der Eingeborenen, verbrennen. Sie erzählten von der Geschichte der Azteken und Maya.

[3] Die Spanier besetzen Tenochtitlan, die Hauptstadt der Azteken. Auf Befehl von Cortez steigt Montezuma auf den Festungswall und fordert sein Volk auf, die Kämpfe einzustellen. Die Indianer überschütten ihn mit Steinen und Pfeilen. Er stirbt an seinen Verletzungen.

[5] Der letzte Inka-Herrscher, Atahualpa, ist von Pizarro gefangen genommen worden. Als Preis für seine Freiheit lässt der Inka einen Saal seines Palastes mit Gold füllen und bietet es dem Sieger an. Vergebens. Er wird zum Tode auf dem Scheiterhaufen verurteilt. Seine Henker gewähren ihm als letzte „Gunst" erdrosselt zu werden.

Nordamerika wird entdeckt

1534 fährt der Franzose Jacques Cartier als erster Europäer den St. Lorenz-Strom in Nordamerika flussaufwärts. Die Indianer, die er dort antrifft, sind noch wie vor 4000 Jahren mit steinernen Lanzen und Pfeilen bewaffnet. Sie sind Schießpulver und Gewehrkugeln, Musketen und Kanonen hoffnungslos unterlegen. Amerika wird von kühnen Seefahrern und ein paar Abenteurern aus dem fernen Europa im Handstreich erobert.

Weitere Informationen findet ihr in dem Buch von L. R. Vougier: So lebten sie zur Zeit der Azteken. Tessloff Verlag, Nürnberg 1990.

Das spanische Weltreich

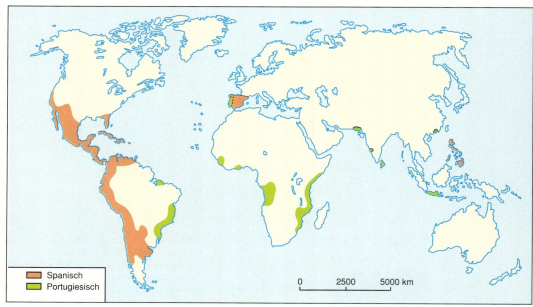

1 Spanische und portugiesische Kolonien um 1550.

Kolonien*/Kolonialismus*:
Die Eroberung zumeist überseeischer Gebiete durch militärisch überlegene Staaten (vor allem Europas) bezeichnet man seit dem Ende des 15. Jahrhunderts als Kolonialismus. Die Kolonialmächte errichteten in den unterworfenen Ländern Handlungsstützpunkte und Siedlungskolonien. Sie verfolgten vor allem wirtschaftliche und militärische Ziele.

„Las Indias" – ein neues Land der spanischen Krone?

Die Eroberung Mexikos ist nur ein Beispiel aus der langen Reihe der Eroberungen. Meist spielten List, Grausamkeit und Habgier eine Rolle. So brachten Spanien und Portugal die Länder unter ihre Herrschaft, die von den Seefahrern entdeckt worden waren. Die unterworfenen Gebiete wurden Kolonien* genannt und vom Mutterland aus verwaltet. Am spanischen Königshof war man der Auffassung, dass das eroberte Land in Amerika kein Ausland sei, sondern als „las Indias" ein neues Land der Krone.

In allen spanischen Kolonien gründeten die Eroberer nach ihrer Ankunft Städte. Von den Städten aus wurde das umliegende Land verwaltet und beherrscht. Seine Bewohner sollten freie Untertanen der Krone sein. Da man sich Heiden aber nicht als Untertanen vorstellen konnte, sollten sie zum christlichen Glauben erzogen werden. Mit den spanischen Eroberern kamen daher auch Mönche und Priester. Sie führten in allen Gebieten den christlichen Glauben ein und bekämpften den Glauben der Indios als Götzendienst.

Der Mönch Peter von Gent schrieb 1529:

> **Q1** ... In dieser Provinz Mexiko haben ich und ein anderer Mitbruder mehr als zweihunderttausend Menschen getauft. Jede Provinz, Ortschaft und Pfarrei hat ihre Kirche. Meine Aufgabe ist es, zu predigen und zu lehren. Während des Tages lehre ich Schreiben, Lesen und Singen. Nachts lese ich den christlichen Katechismus vor und predige ...

Die spanischen Beamten förderten die Missionierung. Sie verfolgten damit aber andere Ziele. Durch den christlichen Glauben sollten die „wilden Indios" an die spanische Lebensweise gewöhnt und zu gehorsamen Untertanen erzogen werden. Diese Umerziehung wurde oft mit Gewalt gegen den Willen der Indios durchgeführt.

1 *Nennt die Gebiete, die von Spaniern oder Portugiesen erobert waren. Begründet, warum diese Gebiete erobert wurden.*

2 *Begründet die unterschiedlichen Missionsziele aus der Sicht der Indios und der Spanier.*

Kolumbus und die Folgen

Die Ausbeutung der Kolonien

Das Hauptziel der spanischen Herrschaft in Amerika war es, so viel wirtschaftlichen Gewinn wie möglich aus den Kolonien nach Spanien zu ziehen. Deshalb wurde die gesamte Wirtschaft, besonders der Handel, von Spanien aus gelenkt und kontrolliert. Überall wo es Bodenschätze gab, wurden Bergwerke angelegt. Der König von Spanien bekam von allen gefundenen Edelmetallen (Gold, Silber) ein Fünftel als Steuer. Deswegen achteten die königlichen Beamten genau auf die Produktion. Die jährlichen Silberlieferungen nach Spanien stiegen von 17 500 kg im Jahr 1550 auf 270 000 kg im Jahr 1600. Reichen Gewinn erwirtschafteten die europäischen Eroberer auch in der Landwirtschaft. Nach der Eroberung wurden die Felder der Indios an die wenigen Eroberer verteilt. So entstanden große landwirtschaftliche Güter: Latifundien. Auf ihnen wurde vor allem angebaut, was man in Europa benötigte, also z. B. Zucker, Tabak, Baumwolle oder Mais. Die Plantagenbesitzer beschränkten sich meist auf die Anpflanzung eines Produkts. Bis heute sind diese Monokulturen charakteristisch für die Landwirtschaft Südamerikas.

Las Casas – Anwalt der Indios

Die Indios mussten unter den härtesten Bedingungen auf den Latifundien und in den Bergwerken Sklavenarbeit leisten.
Der Dominikanermönch und spätere Bischof von Mexiko Bartolomé de las Casas (1484 bis 1566) schrieb mehrere Berichte nach Spanien und an den König, in denen er das Verhalten der neuen Kolonialherren gegenüber den Indios anprangerte. In einem seiner Schreiben heißt es:

> **Q2** … Ein königlicher Beamter erhielt 300 Indios als Arbeitskräfte zugeteilt. Nach drei Monaten hatte er durch die Arbeiten in den Gruben 270 davon zu Tode gebracht, sodass ihm nur der zehnte Teil blieb. Danach gab man ihm wiederum dieselbe Zahl und noch mehr; doch er brachte sie wiederum und je mehr man ihm gab, desto mehr mordete er. … In drei oder vier Monaten starben in meinem Beisein mehr als 7000 Kinder, weil ihre Väter und Mütter in die Gruben geschickt wurden. …

2 Gezüchtigte Indianer. Illustration aus den Schriften las Casas'.

Die Zahl der Indianer, die in den spanischen Kolonien lebten, wurde immer geringer. Neben der Behandlung durch die Spanier waren eingeschleppte Krankheiten wie Typhus, Pest und Masern die Ursachen für den Tod sehr vieler Indianer. Die Bemühungen des Bartolomé de las Casas hatten den Erfolg, dass neue Gesetze in Spanien erlassen wurden. Sie sollten die Indianer schützen. Aber die gut gemeinten Gesetze konnten in den Kolonien nicht durchgesetzt werden. Die Spanier in Amerika richteten sich nicht nach ihnen. Als Bartolomé de las Casas einsehen musste, dass auf diesem Wege den Indianern nicht zu helfen war, machte er den Vorschlag, schwarze Sklaven aus Afrika zu holen. Das sollte das Los der Indianer erleichtern.

3 Erläutert die Tabelle in der Randspalte.
4 Beschreibt und besprecht anhand des Textes und der Abbildung 2 das Verhalten der Spanier gegenüber den Indianern.
5 Überlegt, wo nach eurer Meinung die Ursachen für die Handlungsweise der Spanier lagen.
6 Sprecht über den Vorschlag des Bartolomé de las Casas.

Nach einer Schätzung lebten in Mittelamerika:

1519:
11 000 000 Menschen

1540:
6 500 000 Menschen

1540:
4 400 000 Menschen

1597:
2 500 000 Menschen

Die „Neue Welt" wird europäisch

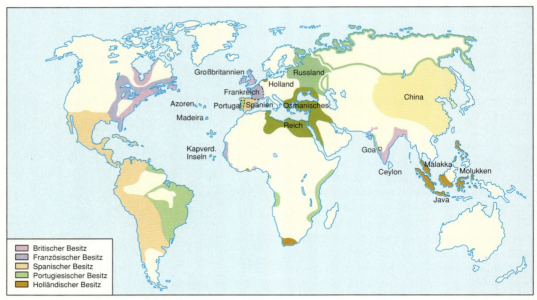

1 Die europäischen Kolonialreiche um 1760.

1588:
Mit dem Untergang der spanischen Armada beginnt der Aufstieg Englands zur See- und Kolonialmacht.

Englische Kolonien in Nordamerika?
Der Reichtum Spaniens verlockte auch andere europäische Staaten dazu, Kolonien zu gründen. Vor allem Frankreich, die Niederlande und England sahen darin eine Möglichkeit, in kurzer Zeit große Gewinne zu erzielen. Da Südamerika von Spanien und Portugal bereits in Besitz genommen war, wandten sich diese Staaten jetzt Nordamerika zu. Im Jahre 1590 schrieb z. B. Richard Hakluyt, ein englischer Geograph:

Q … England ist in den vergangenen einhundert Jahren dank einer besonderen Ware, der Wolle, zu größerem Reichtum aufgestiegen … Und nun geschieht es, dass aufgrund der großen Anstrengung zur Ausdehnung des Wollhandels in Spanien und Westindien die Wolle aus England und die daraus gefertigte Kleidung an Wert verliert. Falls das englische Königreich nicht in die alte Bedeutungslosigkeit zurücksinken soll, dann muss es in Nordamerika eine Niederlassung gründen, um dort seine Wollwaren zu verkaufen. Diese Unternehmung mag den spanischen König davon abhalten, seine Macht über das ganze weite Festland von Amerika auszudehnen … Mit unserer Niederlassung werden wir den Ruhm des Evangelismus verbreiten und aus England die wahre Religion mitbringen. …

Hakluyt fand mit seinem Aufruf in England viel Zustimmung. Schon lange forderten die großen Handelsgesellschaften, an der Ausbeutung der Kolonien teilnehmen zu können. Wichtigste Voraussetzung hierfür war die Beherrschung der Weltmeere. Im Jahre 1588 wurde die spanische Großflotte, die Armada*, vernichtend geschlagen. Damit war der Weg frei für die Gründung eines großen englischen Kolonialreiches. Zielstrebig wurden jetzt Kolonien gegründet, und zwar in
– Nordamerika, wo mit Jamestown im Jahre 1607 die erste englische Niederlassung gegründet wurde,
– Indien, wo man Franzosen, Holländer und Portugiesen nach und nach verdrängte, um den Handel allein zu kontrollieren,
– Afrika, um am Gewinn bringenden Sklavenhandel teilnehmen zu können.

1 Nennt alle Argumente, die Hakluyt in seinem Aufruf anführt. Welches sind seiner Ansicht nach die wichtigsten?
2 Bearbeitet die Karte (Abbildung 1) mit Hilfe der Fragen auf der Methodenseite (Seite 36).

Stoffe und Schnaps gegen Sklaven und Gold

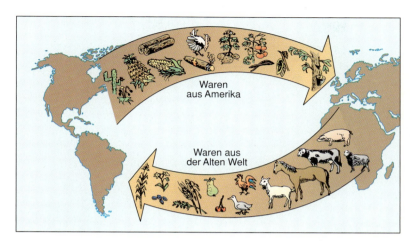

2 Austausch zwischen Amerika und Europa.

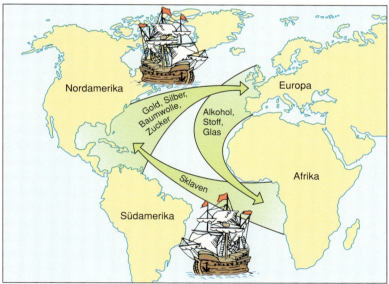

3 Dreieckshandel.

Laderaum eines Sklavenschiffes.

Geschätzte Sklaventransporte:

16. Jahrhundert:
900 000 Menschen

17. Jahrhundert:
2 750 000 Menschen

18. Jahrhundert:
7 000 000 Menschen

19. Jahrhundert:
4 000 000 Menschen

Der Dreieckshandel im Atlantik

Die Abhängigkeit der Kolonien von ihren Mutterländern zeigte sich besonders in der Wirtschafts- und Handelspolitik. Die Kolonien waren ganz auf die Wünsche der europäischen Staaten ausgerichtet. Damit der heimischen Wirtschaft keine Konkurrenz entstand, wurde die Produktion von Eisenwaren, Stoffen, Glas, Büchern und Papier in vielen Kolonien verboten, selbst der Abbau von Eisenerzen wurde eingeschränkt. Rohstoffe und landwirtschaftliche Produkte mussten nach Europa geliefert werden. Das führte in den Kolonien zu Monokulturen (siehe Seite 33) und für die entsprechende Plantagenwirtschaft benötigte man viele Sklaven. Die Kaufleute entwickelten einen Dreieckshandel, der in allen Schritten in der Hand der Europäer war und vor allem den Engländern hohe Gewinne einbrachte.

3 Beschreibt anhand der Abbildung 2 die einzelnen Schritte des Dreieckshandels und die Gewinnmöglichkeiten.

4 Sprecht über die Folgen des Sklavenhandels sowohl für Afrika wie für Amerika.

5 Listet auf, was durch die Entdecker in Europa bekannt wurde und was in Amerika eingeführt wurde. Überlegt, wie sich der Alltag der Menschen in den beiden Kontinenten durch die neuen Güter veränderte.

Methodenseite: Karten im Geschichtsunterricht

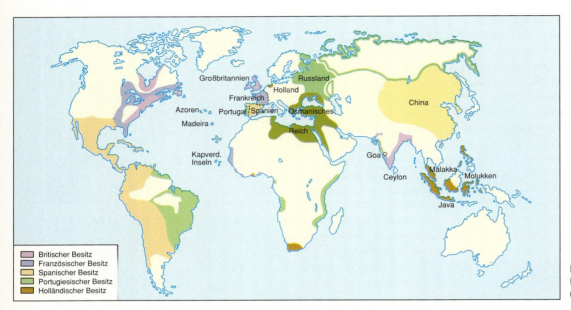

Britischer Besitz
Französischer Besitz
Spanischer Besitz
Portugiesischer Besitz
Holländischer Besitz

Die europäischen Kolonialreiche um 1760.

Was zeigt eine Geschichtskarte?
Neben den geographischen Karten, die ihr aus dem Erdkundeunterricht kennt, gibt es auch Geschichtskarten. Geschichtskarten zeigen entweder zu einem ganz bestimmten Thema einen Zustand in der Vergangenheit oder sie geben eine Entwicklung über einen bestimmten Zeitraum wieder. Man kann also mit Geschichtskarten genauso arbeiten wie mit den geographischen Karten: man muss nur zusätzlich darauf achten, welcher Zeitabschnitt dargestellt ist.

Fragen an eine Geschichtskarte
Wenn man mit einer Geschichtskarte arbeitet, sind folgende Fragen wichtig:
1 *Welcher Zeitraum ist dargestellt?*
2 *Welches Gebiet ist dargestellt?*
3 *Welches Thema behandelt die Karte?*
4 *Welche Signaturen (Zeichen) oder Flächenfarben finden sich auf der Karte? – Was bedeuten sie?*
5 *Kann man die Aussagen in der Karte in kurzen Sätzen zusammenfassen?*

Wenn ihr die Fragen sorgfältig beantwortet, kommt ihr bei dieser Karte etwa zu folgendem Ergebnis:
zu 1 und 2: Dargestellt sind sämtliche Kolonialgebiete der europäischen Kolonialstaaten, verteilt über die ganze Erde. Der Titel (die Unterschrift) gibt an, dass die Situation im Jahre 1760 gezeigt wird.
zu 3: Thema dieser Karte sind die europäischen Staaten und ihre Kolonien in der Mitte des 18. Jahrhunderts. – Die Karte gibt also einen Zustand zu einem ganz bestimmten Zeitpunkt wieder. Nicht ablesbar ist also, wie die Kolonialreiche seit den Entdeckungsfahrten des Kolumbus allmählich vergrößert wurden (= die Entwicklung). Hierzu müsste man einen Kartenvergleich anstellen, z.B. mit der Karte auf Seite 16.
zu 4: Die Flächenfarben erlauben eine eindeutige Zuordnung der Kolonien zu den europäischen Kolonialmächten. Deutlich erkennbar ist, dass die europäischen Staaten über unterschiedlich große Kolonialgebiete verfügten. – Spanien z. B. ist eindeutig die größte Kolonialmacht. Die Karte zeigt außerdem an, dass sich einzelne europäische Staaten bei der Eroberung von Kolonien auf bestimmte Erdteile beschränkten.
zu 5: Die europäischen Kolonialmächte eroberten ihre Kolonien in der ganzen Welt. Bei manchen Erdteilen, wie z. B. Afrika, blieben die Eroberungen weitgehend auf die Küstengebiete beschränkt. Einige europäische Staaten – wie z. B. die deutschen Länder – beteiligten sich zu dieser Zeit noch nicht an der Kolonisierung der Erde.

Zusammenfassung

Vernichtete Hochkulturen
In Mittel- und Südamerika gab es einige indianische Hochkulturen, z. B. bei den Azteken in Mexiko und den Inkas in Peru. Diese Hochkulturen wurden zu Beginn des 16. Jahrhunderts von den Spaniern auf ihrer Suche nach Gold und Reichtümern restlos zerstört. Die Kolonialverwaltung der Spanier, ihre rücksichtslose Ausbeutung der Indios in den Bergwerken und auf den Latifundien, war die wichtigste Ursache für die Vernichtung der Indios.
Die Bemühungen des Bischofs Las Casas, die Unterdrückung und Ausbeutung der Indianer zu beseitigen, hatten zunächst nur geringen Erfolg.
Um das Leben der Indianer zu schonen, soll Las Casas vorgeschlagen haben, afrikanische Sklaven in die spanischen Kolonien zu holen. Zwischen 1550 und 1800 wurden vermutlich weit über 30 Millionen Menschen in die Sklaverei geführt.

Die „Neue Welt" wird europäisch
Dem Beispiel Spaniens und Portugals folgten bald noch weitere europäische Staaten wie Frankreich, die Niederlande und England. Ein Dreieckshandel, bei dem billige Waren nach Afrika gebracht wurden, Sklaven von dort nach Amerika und von Amerika wiederum wertvolle Edelmetalle und Rohstoffe nach Europa, brachte den europäischen Staaten hohe Gewinne. Auch Handel und Wirtschaft in den Kolonien wurden ganz auf die Bedürfnisse der „Mutterländer" abgestimmt. Schon bald hielt auch die europäische Lebensweise Einzug in die Kolonien – die „Neue Welt" wurde europäisch.

Zum Nachdenken
1987 belagerten zehn Angehörige der Azteken-Indianer das Museum für Völkerkunde in Wien. Sie forderten die Rückgabe der Federkrone ihres letzten Königs Montezuma, die im Museum ausgestellt wurde. Doch trotz der weiten Reise, die die Indianer unternommen hatten, und trotz des Sitzstreiks weigerte sich die Museumsleitung den Kopfschmuck zurückzugeben.
1 *Besprecht diese Situation aus zwei Blickrichtungen:*
– aus der Sicht des Museums und der Museumsbesucher;
– aus der Sicht der Azteken.
2 *Wie hättet ihr diesen Konflikt gelöst? Begründet euren Vorschlag.*

1519
Hernan Cortez landet in Amerika.

1521
Cortez erobert Mexiko. Die Spanier errichten ihre Herrschaft in den Kolonien.

Seit dem 16. Jh.
Neben Spanien und Portugal gründen auch andere europäische Mächte (England, Frankreich, Niederlande) Kolonien.

Seit 1550
Beginn des Dreieckshandels zwischen Europa, Afrika und Amerika.

Reformation und Glaubenskriege

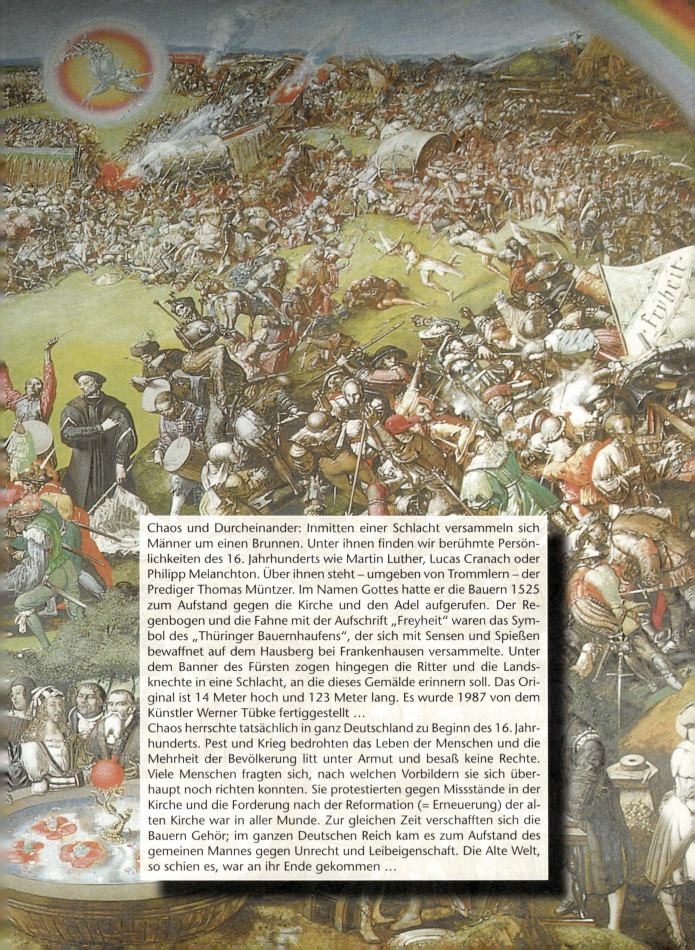

Chaos und Durcheinander: Inmitten einer Schlacht versammeln sich Männer um einen Brunnen. Unter ihnen finden wir berühmte Persönlichkeiten des 16. Jahrhunderts wie Martin Luther, Lucas Cranach oder Philipp Melanchton. Über ihnen steht – umgeben von Trommlern – der Prediger Thomas Müntzer. Im Namen Gottes hatte er die Bauern 1525 zum Aufstand gegen die Kirche und den Adel aufgerufen. Der Regenbogen und die Fahne mit der Aufschrift „Freyheit" waren das Symbol des „Thüringer Bauernhaufens", der sich mit Sensen und Spießen bewaffnet auf dem Hausberg bei Frankenhausen versammelte. Unter dem Banner des Fürsten zogen hingegen die Ritter und die Landsknechte in eine Schlacht, an die dieses Gemälde erinnern soll. Das Original ist 14 Meter hoch und 123 Meter lang. Es wurde 1987 von dem Künstler Werner Tübke fertiggestellt …

Chaos herrschte tatsächlich in ganz Deutschland zu Beginn des 16. Jahrhunderts. Pest und Krieg bedrohten das Leben der Menschen und die Mehrheit der Bevölkerung litt unter Armut und besaß keine Rechte. Viele Menschen fragten sich, nach welchen Vorbildern sie sich überhaupt noch richten konnten. Sie protestierten gegen Missstände in der Kirche und die Forderung nach der Reformation (= Erneuerung) der alten Kirche war in aller Munde. Zur gleichen Zeit verschafften sich die Bauern Gehör; im ganzen Deutschen Reich kam es zum Aufstand des gemeinen Mannes gegen Unrecht und Leibeigenschaft. Die Alte Welt, so schien es, war an ihr Ende gekommen …

Reformation und Glaubenskriege

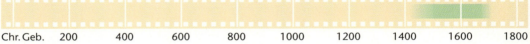

König Tod. Darstellung aus einem Holzschnitt. Um 1500.

Jüngstes Gericht*: Begriff aus der Bibel für das Weltgericht Gottes. Es erfolgt am Ende der Welt mit der Auferstehung der Toten und der Vergeltung der guten und bösen Taten der Menschen.

1 Vorzeichen des Jüngsten Gerichts. Ausschnitte aus einem Altarbild von Wolfram Rinke aus der Liebfrauenkirche in Oberwesel, um 1500.

Höllenangst und Todesfurcht

Keine Zeit war so erfüllt von Angst und Sorge wie das 15. Jahrhundert. Kriege und Krankheit, Pest, Seuchen und Hungersnöte bedrohten die Menschen mit dem baldigen Tod. Maler malten zahlreiche Bilder vom Jüngsten Gericht*, wie es in der Bibel angekündigt ist. An vielen Orten traten Volksprediger auf. Sie verkündeten das Ende der Welt und forderten die Gläubigen zu Umkehr und Buße auf.

In ihrer Not pilgerten die Menschen in großen Zügen zu den christlichen Wallfahrtsorten und beteten. Die Menschen glaubten, dass eine solche Wallfahrt zur Vergebung ihrer Sünden beitragen könne und ihnen möglicherweise einen Platz im Himmel verschaffen würde.

1 *Beschreibt die einzelnen Bilder von Abbildung 1. – Welche Ereignisse werden hier dargestellt? Beachtet auch die Reaktionen der Menschen. – Wovor fürchteten sie sich?*

Am Vorabend der Reformation

2 Nonnen und ein Abt überqueren auf dem Heimweg von einem Trinkgelage einen zugefrorenen See. Auf dem Spruchband rechts oben steht: „Geschwollen und voll". Die Personen im Vordergrund fordern dazu auf, noch mehr zu trinken. Holzschnitt um 1450.

Wallfahrer. Rekonstruktion.

Abzeichen aus Metall oder Stoff kauften die Wallfahrer, wenn sie das Ziel ihrer Reise erreicht hatten. Sie wurden auf den Mantel genäht und bewiesen, dass der Pilger tatsächlich auf Wallfahrt gewesen war.

Missstände in der Kirche

Trost, Hilfe und Hoffnung erwarteten die Menschen in ihrer Not und Angst von der Kirche. Doch viele Geistliche vernachlässigten ihre Aufgaben. Sie sorgten sich mehr um ihr eigenes Wohlergehen, vernachlässigten ihre Pflichten und führten ein ausschweifendes Leben. Über diese Priester heißt es in einem Bericht:

> **Q** … Vor allem die Bauern auf dem Lande drohen in aller Öffentlichkeit, sie wollten alle Pfaffen totschlagen. Sie sagen, dass die Priester so unpriesterlich und unordentlich leben, dass es wider den christlichen Glauben wäre, sie länger zu ertragen. Die Priester – so heißt es – liegen Tag und Nacht in den öffentlichen Wirtshäusern, trinken mit den Laien und lassen sich voll laufen. Sie machen dann Lärm, schlagen sich und raufen miteinander. Oftmals gehen sie nach solchem Trinken und Lärmen, ohne zu schlafen oder ins Bett zu gehen, zum Altar, um die Messe zu lesen. …

Wie diese Priester, so kümmerten sich auch einige Bischöfe und Päpste mehr um weltliche Vergnügungen als um die Verkündigung des christlichen Glaubens. In einer heutigen Darstellung über Papst Leo X. (1513–1521) heißt es:

> **M** … Leos Hofstaat mit 683 Menschen, vom Erzbischof bis zu den Hofnarren, erforderte Unsummen. Oft war Leo wochenlang auf Jagden, an denen bis zu 2000 Reiter teilnahmen, darunter Kardinäle, Spaßmacher und Hofschauspieler. Dauernd mussten bei ihm Komödien aufgeführt werden. Und im Karneval von 1521 wurden alle Regierungsgeschäfte überhaupt eingestellt, weil die Aufführung eines Balletts wichtiger war. …

Zu der allgemeinen Lebensangst kam jetzt noch eine weitere Sorge hinzu: Konnte diese Kirche den Menschen überhaupt noch die Gnade Gottes vermitteln und für das Seelenheil sorgen? Der Ruf nach einer Reform der Kirche wurde immer stärker.

2 *Versetzt euch in die Situation der Menschen damals. Schreibt einen Brief an den Bischof, in dem ihr die Missstände in der Kirche benennt und außerdem sagt, welche Veränderungen ihr fordert.*

Der Ablasshandel: Geschäfte mit der Seele

1 Holzschnitt von Lucas Cranach zum Ablasshandel aus dem Jahr 1521. Der Text lautet: „Christus hat alle Geldwechsler aus dem Tempel getrieben und gesagt: Macht euch davon. Aus meines Vaters Haus sollt ihr kein Kaufhaus machen. Dein Geld sei mit dir verdammt."

2 Holzschnitt von Lucas Cranach zum Ablasshandel aus dem Jahr 1521. Der Text lautet: „Hier sitzt der Feind Christi, der Ablässe verkauft. Er befiehlt seiner Stimme mehr zu gehorchen als der Stimme Gottes."

Johann Tetzel (1465–1519). Kupferstich.

Die Kirche handelt mit Ablassbriefen

Nicht nur das zügellose Leben mancher Geistlicher löste bei den Gläubigen große Empörung aus. Es gab daneben auch noch andere Ärgernisse. So hatte man im Jahre 1506 in Rom mit dem Bau der Peterskirche begonnen. Sie sollte an Größe, Reichtum und Schmuck alle anderen Gebäude übertreffen. Um diesen Bau bezahlen zu können, schrieb der Papst einen Ablass aus. Mit dem Ablass werden in der katholischen Kirche die Strafen für begangene Sünden nachgelassen. Was bedeutet das? Ein Christ kann die Vergebung seiner Sünden erlangen, wenn er in der Beichte seine Sünden offen bekennt, aufrichtige Reue zeigt und bereit ist, Buße zu tun. In der Zeit des frühen Christentums war die auferlegte Buße häufig sehr hart. Sie konnte z. B. darin bestehen, mehrere Jahre lang bei Wasser und Brot zu fasten oder eine lange und anstrengende Wallfahrt auf sich zu nehmen. Seit dem 11. Jahrhundert setzte sich allmählich der Brauch durch, an die Stelle dieser Buße eine Geldzahlung treten zu lassen. Wer diese Geldbuße leistete, erhielt den Ablassbrief. Damit wurde ihm der Nachlass der Sündenstrafen bestätigt.

Johann Tetzel, ein Dominikanermönch pries den Ablass mit den Worten:

Q1 … Du Adliger, du Kaufmann, du Frau, du Jungfrau, du Braut, du Jüngling, du Greis! Wisse, dass ein jeder, der gebeichtet, bereut und Geld in den Kasten getan hat, eine volle Vergebung seiner Sünden haben wird. Habt ihr nicht die Stimmen eurer Verstorbenen gehört, die rufen: „Erbarmt euch, denn wir leiden unter harten Strafen und Foltern, von denen ihr uns gegen eine geringe Gabe loskaufen könnt." …

Wie Tetzel betonten auch andere Ablassprediger die Wichtigkeit des Geldopfers. Bald hieß es im Volke nur noch: „Wenn das Geld im Kasten klingt, die Seele aus dem Fegefeuer springt."

Zahlen oder büßen? Martin Luther und der Ablass

3 Die Seele zwischen Himmel und Hölle. Ausschnitt aus dem Gemälde „Der Sterbende" von Lucas Cranach d. Ä., 1518.

1 Seht euch die Abbildungen 1 und 2 an. – Erklärt zunächst die Darstellungen und überlegt dann, warum der Künstler beide Bilder nebeneinander stellte.

Martin Luther – Mönch und Theologe

Nicht alle Geistlichen waren mit den Reden Tetzels einverstanden. Zu den Gegnern Tetzels gehörte auch der Mönch und Theologieprofessor Martin Luther. Luther war im Jahr 1505 in das Kloster der Augustinermönche in Erfurt eingetreten. Immer wieder stellte er sich hier die Frage: Wird Gott mir Sünder gnädig sein? Gott, so hatte Luther als Kind gelernt, ist ein strenger und zorniger Richter über alle Sünder. Vor diesem Richter-Gott hatte er Angst.
In der folgenden Erzählung berichtet Luther von dieser Angst:

Q2 … Jedes Mal beim Verlassen unserer Klosterkirche blickte ich auf ein Bild, das Gott als den Richter über die Menschen zeigte. Einmal dachte ich voll Schrecken daran, dass ich heimlich über Bruder Albertus gelacht hatte, der wieder während des Morgengebetes eingenickt war. In meiner Zelle kniete ich daraufhin nieder und bat Gott wegen dieser Sünde um Vergebung. Häufig geißelte ich mich, bis ich blutete, um Gott zu zeigen, wie ernst ich es meinte. Immer wieder tauchte das Bild über unserer Kirchentür auf und ich fragte mich voller Angst: Stünde ich jetzt vor Gottes Gericht, welche Strafe hätte ich wohl zu erwarten? …

2 Beschreibt Abbildung 3. Erklärt, warum Bilder wie dieses Luther Angst einflößten.
3 Wie versuchte Luther Gott gnädig zu stimmen?

Luther verurteilt den Ablasshandel.

Dem Einfluss, den Tetzels Predigten ausübten, begegnete Luther in Wittenberg. Hier hatte er 1512 eine Bibelprofessur an der Universität übernommen:

Q3 … 1517 kamen etliche mit den gekauften Ablassbriefen zu Martin nach Wittenberg und beichteten. Als sie dabei aber sagten, dass sie weder von Ehebruch, Wucher noch unrechtem Gut und dergleichen Sünde und Bosheit ablassen wollten, da sprach sie Martin Luther nicht frei von ihren Sünden … Da beriefen sie sich auf die Ablassbriefe. Diese wollte Luther nicht anerkennen. Er berief sich auf die Aussagen der Bibel: Wenn ihr eure Sünden nicht bereut und Buße tut, werdet ihr alle umkommen. …

4 Vergleicht die Abb. in der Randspalte auf dieser Doppelseite. Erklärt, warum Tetzel den Geldkasten in der Hand hält, Luther die Bibel.

Martin Luther (1483–1546). Kupferstich.

Die Wittenberger Thesen: Luther greift die Kirche an

Die Schlosskirche zu Wittenberg. Holzschnitt von Lucas Cranach, 1509.

1 Luthers Thesen gegen den Missbrauch des Ablasshandels werden an der Schlosskirche in Wittenberg angeschlagen. Lithografie, 1835.

Die Wittenberger Thesen

Am 31. Oktober 1517 veröffentlichte Luther in Wittenberg eine Schrift gegen den Missbrauch des Ablasses durch die Kirche:

> **Q1** ... 21. Es irren die Ablassprediger, die da sagen, dass durch des Papstes Ablässe der Mensch von aller Sündenstrafe losgesprochen und erlöst werde.
> 27. Eine falsche Lehre predigt man, wenn man sagt: Sobald das Geld im Kasten klingt, die Seele aus dem Fegfeuer springt.
> 32. Wer glaubt durch Ablassbriefe das ewige Heil erlangen zu können, wird auf ewig verdammt werden samt seinen Lehrmeistern.
> 36. Jeder Christ, der wahrhaft Reue empfindet, hat einen Anspruch auf vollkommenen Erlass der Schuld auch ohne Ablassbrief.
> 43. Man soll die Christen lehren, dass, wer den Armen gibt und dem Bedürftigen leiht, besser tut, als wer Ablassbriefe kauft.
> ...

1 Stellt eine Liste auf. Tragt in die linke Spalte ein, was Luther verurteilt, in die rechte, was er fordert.

Luther wollte mit seinen 95 Thesen zunächst keine neue Glaubenslehre aufstellen, sondern nur Missstände aufdecken. Erst in den nun folgenden Streitgesprächen mit anderen Theologen zeigte sich, dass Luther nicht nur den Ablasshandel verwarf. Als man ihn aufforderte, die Autorität des Papstes in Glaubensdingen bedingungslos anzuerkennen, erwiderte er: Papst und Konzilien haben schon mehrfach geirrt. Für den Gläubigen verpflichtend ist allein das Wort Christi in der Heiligen Schrift. Der Papst kann keine endgültigen Entscheidungen in Glaubensfragen treffen.

Der Papst verhängt den Kirchenbann

Luthers Aussagen verbreiteten sich innerhalb kürzester Zeit in ganz Deutschland. Das war möglich, weil in vielen Orten neue Druckereien entstanden, die Luthers Schriften immer wieder nachdruckten.

Vor dem Reichstag in Worms: Luther wird angeklagt

2 Martin Luther vor dem Reichstag in Worms. Der Text auf dem unteren Bildrand lautet: Hier stehe ich, ich kann nicht anders, Gott helfe mir. Amen. Holzschnitt, 1557.

Gegen diese Schriften wandte sich Papst Leo X. In einem Schreiben forderte er Luther auf innerhalb von 60 Tagen seine Lehre zu widerrufen. Luther meinte dazu:

> **Q2** … Was mich angeht, so sind die Würfel gefallen. Ich will nie und nimmer Versöhnung oder Gemeinschaft mit ihnen. Mögen sie meine Schriften verdammen und verbrennen, ich meinerseits werde das päpstliche Recht öffentlich verbrennen. …

Am 10. Dezember 1520 versammelten sich vor der Stadtmauer in Wittenberg Studenten und Professoren, unter ihnen auch Luther, um einen brennenden Scheiterhaufen. Sie verbrannten Bücher über das katholische Kirchenrecht und das Schreiben, in dem der Papst Luther mit dem Ausschluss aus der katholischen Kirche gedroht hatte.
Der Papst verhängte daraufhin 1521 über Luther den Bann. Der Kaiser war verpflichtet anschließend über Luther die Reichsacht* zu verhängen. Auf Bitten seines Kurfürsten, Friedrichs des Weisen von Sachsen, erhielt Martin Luther jedoch die Möglichkeit sich vor dem Reichstag in Worms zu verteidigen.

„Hier stehe ich, ich kann nicht anders"
Die Reise nach Worms wurde für Luther zum Triumphzug. Überall winkten und jubelten ihm die Menschen zu. Am 18. April 1521 stand Luther schließlich vor dem Kaiser. Vor fast einhundert Fürsten des Reiches und weiteren einhundert Zuhörern ließ der Kaiser Luther auffordern seine Schriften sofort zu widerrufen. Dieser bat um Bedenkzeit. Einen Tag später hielt er vor dem Kaiser eine Rede, in der er sich zu seinen Lehren bekannte und den Widerruf verweigerte. Unmittelbar nach dem Reichstag verhängte der Kaiser die Reichsacht über Luther (Wormser Edikt vom 8.5.1521). Zudem wurde es ihm verboten, seine Lehren weiterhin öffentlich zu vertreten und zu verbreiten.

2 *Vermutet, woher Luther die Sicherheit nahm in Worms nicht zu widerrufen.*

Reichsacht*:
Bei schweren Verbrechen konnten der König oder ein königlicher Richter den Täter ächten. Dieser war damit aus der Gemeinschaft ausgestoßen und vogelfrei. Jeder hatte das Recht ihn zu töten. Der Geächtete verlor seinen Besitz und wer ihn aufnahm, verfiel selbst der Reichsacht.

Junker Jörg übersetzt die Bibel

Titelblatt des ersten Drucks der Lutherbibel, 1534.

Evangelisch*/ Evangelium*:
Für Luthers Anhänger waren nicht der Papst und die Konzilien verpflichtend, sondern allein das Wort Christi in der Heiligen Schrift, dem Evangelium. Die Anhänger Luthers bezeichnete man daher als Evangelische.

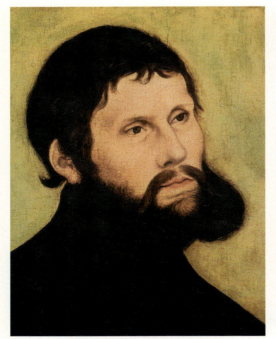

1 Luther als Junker Jörg. Gemälde von Lucas Cranach, 1521.

2 Luthers Arbeitsstube auf der Wartburg.

Die Entführung Luthers

Das kaiserliche Gebot hatte Luther noch 21 Tage freies Geleit für seine Rückkehr zugesichert. So gelangte er im Mai 1521 nach Möhra zu seinen Verwandten. Dort wurde er im Wald nahe Altenstein, auf Anweisung des sächsischen Kurfürsten Friedrich des Weisen, zum Schein entführt und auf die Wartburg gebracht. Der Kurfürst wollte dadurch das Leben Luthers vor dem Papst und dem Kaiser schützen. Kurz vor Mitternacht stand Luther mit seinen „Entführern" vor der Zugbrücke der Wartburg. Burghauptmann Hans von Berlepsch empfing ihn mit der Weisung, dass er nun ein Ritter werden müsse und im Rittergefängnis der Burg zu verweilen habe.

Junker Jörg übersetzt die Bibel

Luther lebte nun mehrere Monate unerkannt auf der Wartburg und wurde Junker Jörg genannt. Er hatte die Kutte abgelegt, trug volles Haupthaar, einen Bart und einen Lederwams. Seinen Aufenthalt nutzte er, um einen Teil der Bibel, das Neue Testament, aus dem Lateinischen in die deutsche Sprache zu übersetzen. Die Bibelübersetzung und die von Luther neu gedichteten Kirchenlieder sollten den evangelischen* Glauben allgemein verständlich machen. Doch noch gab es keine einheitliche deutsche Sprache, sondern nur verschiedene Mundarten. Luther gelang es, für die Übersetzung eine Sprache zu finden, die alle verstanden und die sehr anschaulich war, da er – wie er sagte – „dem Volk aufs Maul schaute". Mit Hilfe des Buchdrucks wurde die Luther-Bibel zum meistgelesenen Buch in Deutschland. Die Bibelübersetzung und Luthers Kirchenlieder wurden entscheidend für die Entwicklung einer einheitlichen, neuhochdeutschen Sprache.

Die Ausbreitung der Reformation

Das Wormser Edikt konnte die Reformation nicht aufhalten. Bücher und Flugblätter verbreiteten Luthers Lehre. Laienprediger zogen durch die Orte und predigten in deutscher Sprache. In vielen Kirchen wurden die bis-

Eine neue Lehre entsteht

herigen Priester verjagt. Oft kam es zu handgreiflichen Auseinandersetzungen, wenn ein Priester den Gottesdienst in lateinischer Sprache abhielt und die Anhänger Luthers dagegen laut deutsche Kirchenlieder sangen. Auch Landesfürsten und zahlreiche Reichsstädte beachteten die Befehle des Kaisers nicht. Sie förderten die Reformation und erließen neue Kirchenordnungen für ihre Territorien. In der weiteren Entwicklung entstand so – gegen den ursprünglichen Willen Luthers – eine neue, evangelische Kirche (s. Seite 58f.).

Die Reformation in Brandenburg

Auch in Brandenburg setzte sich die Reformation durch. Am 1. November 1539 empfing Kurfürst Joachim II. (1536–1571) in der Nicolaikirche zu Spandau das Abendmahl in beiderlei Gestalt. Der Rat der Stadt Berlin ahmte dem Beispiel seines Landesherrn bereits am folgenden Tag in der Domkirche nach. Die katholischen Gottesdienste in Berlin fanden nicht mehr statt, die meisten Klöster wurden aufgelöst. Als „oberster Bischof" – wie sich der Kurfürst selber bezeichnete – überwachte er die Durchführung der Reformation und den Aufbau der Landeskirche. Die Kirchenordnung, die Joachim II. im Jahre 1540 erließ, nahm aber auf die überlieferten Gottesdienstformen durchaus Rücksicht. So durfte z. B. der Gottesdienst auch weiterhin in lateinischer Sprache abgehalten werden und auch Prozessionen waren weiterhin erlaubt.

3 Reformationsaltar in Wittenberg von Lucas Cranach. 1547.

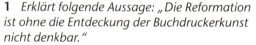

1 Erklärt folgende Aussage: „Die Reformation ist ohne die Entdeckung der Buchdruckerkunst nicht denkbar."
2 Benennt wichtige Unterschiede zwischen der neuen Lehre Luthers und der alten, römischen Kirche. Berücksichtigt hierzu auch die Abb. 4.

Titelblatt einer von Luther überarbeiteten Leipziger Ausgabe des Katechismus (= Lehrbuch des christlichen Glaubens).

Handschrift des Liedes „Ein feste Burg ist unser Gott" mit einer Notiz Luthers. 1527.

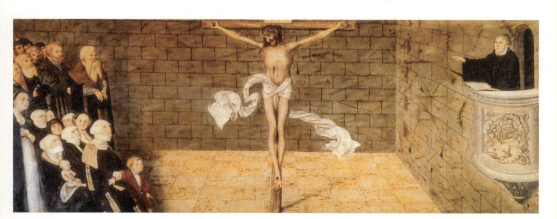

4 Das untere Bild des Reformationsaltars in Wittenberg. Luther zeigt seiner Gemeinde die Grundlagen des neuen evangelischen Glaubens. 1547.

Von der Reformation zum Bauernkrieg

1 **Bauern beim Frondienst in der Scheuer (Scheune) eines Gutsherrn.** Kalenderbild für den Monat August von Hans Wertinger, um 1525.

„Als Adam grub und Eva spann, wo war denn da der Edelmann?" Holzschnitt zu einem Bauernlied. Um 1525.

Unruhe auf dem Land und in den Städten

Immer breitere Kreise der Bevölkerung schlossen sich zwischen 1521 und 1524 der reformatorischen Bewegung an. In den Reichsstädten waren es oft als Erste die ärmeren Handwerker, die die Entmachtung und Umgestaltung der Kirche verlangten. Häufig stellten sie noch weiter gehende Forderungen: Der Zehnt und die Wucherzinsen sollten abgeschafft werden; auch müsse man die Macht der reichen Bürger, die in den Stadträten den Ton angaben, einschränken. Auch die Bauern fühlten sich durch den Erfolg der Reformation ermutigt für bessere Lebensbedingungen zu kämpfen.

Bereits 1520 hatte Luther eine Schrift veröffentlicht mit dem Titel „Von der Freiheit eines Christenmenschen". Der Christ – so hatte Luther geschrieben – ist im Glauben nur an das Wort Gottes gebunden, sonst aber ein freier Herr und niemandem untertan. Die unterdrückten Bauern bezogen diese religiöse Aussage auf ihr eigenes Leben. Nicht nur die Kirche musste reformiert werden, auch ihr eigenes Leben sollte jetzt von Zwang und Willkür befreit werden.

Die Lage der Bauern

Im Deutschen Reich lebten zur Zeit Luthers etwa 16 Mio. Menschen. Mehr als 12 Mio. davon waren Bauern. Ihre wirtschaftliche und rechtliche Situation hatte sich im 15. und 16. Jahrhundert drastisch verschlechtert.
In einem Bericht aus dem Jahr 1520 heißt es über die Lage der Bauern:

Q1 … Landleute heißen die, die das Land von Dorf zu Dorf und Hof zu Hof bewohnen und bebauen. Sie führen ein elendes und hartes Leben. Jeder von ihnen lebt demütig für sich, von anderen getrennt, mit seiner Familie und seinem Vieh. Ihre Wohnungen sind aus Lehm und Holz errichtete und mit Stroh bedeckte Hütten, die nur wenig über dem Erdboden hervorragen.
Hausbrot, Haferbrei, gekochtes Gemüse sind ihre Speisen; Wasser und geronnene Milch ihre Getränke, ein leinener Kittel, ein Paar Stiefel, ein farbiger Hut ihre Kleidung. Die Leute stecken alle Zeit in Arbeit, Unruhe und Dreck. In die benachbarten Städte schleppen sie zum Verkauf, was sie von ihren Feldern und ihrem Vieh gewinnen. Sie selbst kaufen

Der Beginn des Bauernkrieges

2 Ein bewaffneter Bauer verhandelt mit seinem Grundherrn, einem Ritter. Holzschnitt 1521.

3 Ein Fahnenträger der Bauern mit der Bundschuhfahne.

sich dort, was sie eben brauchen … Den Herren müssen die Bauern oftmals im Jahr dienen: Das Feld beackern, säen, ernten und die Frucht in die Scheuern bringen, Holz fällen, Häuser bauen, Gräben ausheben. Es gibt nichts, wovon die Herren nicht behaupten, dass das geknechtete und arme Volk es ihnen nicht schulde. Die Leute können auch nicht wagen einen Befehl nicht auszuführen, da sie dann schwer bestraft werden. …

1 *Beschreibt Tätigkeiten und Haltung der Bauern und des Grundherren auf Abb. 1. Überlegt gemeinsam, mit welchen Bedingungen die Bauern wohl besonders unzufrieden waren.*

„Gott wills nicht länger haben!"

Immer wieder kam es im 15. Jahrhundert zu Bauernaufständen, vor allem im Südwesten Deutschlands. Dreimal hatte z. B. Joß Fritz, ein leibeigener Bauer des Bischofs von Speyer, Aufstände der Bauern organisiert. Die Bauern waren über die ständig steigenden Abgaben unzufrieden und ihr Losungswort lautete: „Was ist das für ein Wesen? – Wir mögen von den Pfaffen genesen." Eine Fahne mit dem bäuerlichen Schuh, der mit langen Riemen geschnürt wurde, war das gemeinsame Zeichen der Bauern. Joß Fritz forderte die Abschaffung der Leibeigenschaft. Kirchen und Klostergüter sollten aufgeteilt werden, Wasser, Wald und Weide der Gemeinde sollten alle Bauern nutzen dürfen. Doch die Aufstandsversuche des Bundschuhs wurden verraten. Den Fürsten und Herren war es immer wieder gelungen, die örtlich begrenzten Aufstände niederzuschlagen. Dennoch warnte Luther die Fürsten vor der Unzufriedenheit der Bauern. In einem Brief Luthers heißt es:

Q2 … Gott wills nicht länger haben! – Es ist nicht mehr dieselbe Welt wie früher, da ihr die Bauern wie das Wild jagen und treiben konntet. Darum lasst ab von eurem Frevel und eurer Gewalttat. Bemüht euch gerecht zu handeln und lasst Gottes Wort seinen Lauf nehmen …

Doch die Fürsten hörten nicht auf Luther. Sie waren völlig überrascht, als die Aufstände im Sommer 1524 begannen und sich über weite Teile des Deutschen Reiches ausdehnten.

2 *Wie wird das Verhalten von Fürsten und Herren durch Luther beurteilt?*
3 *Seht euch Abb. 2 an. Überlegt, welches Gespräch zwischen dem Bauern und dem Ritter stattgefunden haben könnte.*
4 *Vergleicht die Abb. 2 und 3 mit der Abb. auf der Vorseite. Betrachtet Haltung und Aussehen der Bauern.*

Der Bundschuh war die Fußbekleidung des gemeinen Mannes, während die Adligen Schnallenschuhe oder Stiefel trugen. Für die Bauern wurde der Bundschuh zu einem Symbol für ihren Kampf gegen das Unrecht.

Die Herren wollen Zeit gewinnen

1 Aufrührerische Bauern umringen einen Ritter.

1525: Der Kürschnergeselle Sebastian Lotzer fasst die wichtigsten Forderungen der Bauern in 12 Artikeln zusammen.

Der Sturm bricht los

Der offene Aufruhr der Bauern begann 1524 im Südwesten Deutschlands. Seit der Jahreswende 1525 dehnten sich die Aufstände wie ein Flächenbrand über das Deutsche Reich aus. Die Herren waren überrascht. Frühere Erhebungen waren meist örtlich begrenzt gewesen. Daher wollten die Herren Zeit gewinnen und forderten die Bauern auf, ihre Klagen schriftlich einzureichen.

Die zwölf Artikel der Bauernschaft

Die Bauern gaben über 300 Klageschriften ab. Die wichtigsten Forderungen fasste der Memminger Kürschnergeselle Sebastian Lotzer im Februar 1525 in „12 Artikeln" zusammen:

Q1 … 1 Zum Ersten ist unser demütig Bitte und Begehr, dass in Zukunft jede Gemeinde ihren Pfarrer selbst wählen und auch wieder absetzen kann …
2 Den Kornzehnten wollen wir gern geben … Da man ihn Gott und den Seinen geben soll, gebührt er einem Pfarrer, so er das Wort Gottes klar verkündet. Was über bleibt, soll man teilen mit armen Bedürftigen, wenn solche im Dorfe vorhanden sind. Den kleinen Zehnt (= Viehzehnt) wollen wir nicht geben, denn Gott der Herr hat das Vieh frei dem Menschen geschaffen.
3 Zum Dritten ist es bisher Brauch gewesen, uns als Leibeigene zu halten, was zum Erbarmen ist … Es ergibt sich aus der Hl. Schrift, dass wir frei sind, und wir wollen es sein. Nicht, dass wir völlig frei sein und keine Obrigkeit haben wollen; das lehrt uns Gott nicht …
5 Zum Fünften sind wir auch beschwert im Hinblick auf die Holznutzung. Denn unsere Herrschaften haben sich die Wälder alle allein zugeeignet. Unsere Meinung ist: Was es an Waldungen gibt, mögen sie nun Geistlichen oder Weltlichen gehören, das soll, wenn jene sie nicht gekauft haben, der ganzen Gemeinde wieder gehören.
Die weiteren Forderungen sind:
6 Die Frondienste müssen verringert werden.
7 Der Herr darf von den Bauern keine willkürlichen Dienste verlangen.
8 Zu hohe Pachtzinsen müssen ermäßigt werden.
9 Gestraft wird nach altem überlieferten Recht.
10 Auch die Allmende darf von allen genutzt werden.
11 Witwen und Waisen darf der Grundherr nichts von ihrem Erbe nehmen.
12 Sollte eine unserer Forderungen der Hl. Schrift widersprechen, wollen wir sie sofort fallen lassen. …

Die Bauern greifen zu den Waffen

60 000 Bauern ziehen in den Krieg

Die Bauern merkten schnell, dass die adligen Herren an ernsthaften Verhandlungen nicht interessiert waren. Sie griffen deshalb zu den Waffen. In Schwaben, im Elsass, in Franken und in Thüringen kam es zu blutigen Aufständen. In kurzer Zeit schlossen sich fast 60 000 Bauern den verschiedenen Bauernheeren an.

1 Beschreibt die Vorgänge auf der Abb. 1. – Überlegt, was die Bauern dem Ritter gesagt haben werden.
2 Schildert die Gefühle, die diese Abb. bei Bauern und Rittern damals ausgelöst haben könnte.
3 Vor allem der dritte und der letzte Artikel in Quelle 1 zeigen den Einfluss Luthers. Erklärt diese Behauptung.
4 Nennt mit Hilfe der Karte die Zentren der Bauernaufstände.

2 Bauern kämpfen mit Rittern. Glasmalerei, 1525.

Luther unterstützt die Herren

Auf ihrer Seite – so glaubten die Bauern – standen das Recht und Martin Luther. Doch Luther schwieg zunächst. Als er sich im April 1525 schließlich zu den „12 Artikeln" äußerte, waren die Bauern überrascht:

> **Q2** … Die 12 Artikel handeln alle von weltlichen, zeitlichen Dingen. Ihr sagt, dass ihr nicht länger Unrecht leiden wollt. Das Evangelium handelt nicht von diesen weltlichen Dingen. Ihr Bauern habt gegen euch die Hl. Schrift und die Erfahrung, dass ein Aufruhr noch nie ein gutes Ende genommen hat. Denkt an das Wort der Bibel (Matth. 26, 52): Wer das Schwert nimmt, soll durch das Schwert umkommen. …

Nach weiteren bewaffneten Zusammenstößen veröffentlichte Luther im Mai 1525 eine zweite Schrift: „Wider die räuberischen und mörderischen Rotten der Bauern":

> **Q3** … Der Bauer führt das Schwert gegen Gottes Wort und Gehorsam. Er ist ein Glied des Teufels. Deshalb soll die Obrigkeit mutig vorstoßen und mit gutem Gewissen dreinschlagen. Darum, ihr lieben Herren: Steche, schlage, würge hier, wer kann. Bleibst du darüber tot – wohl dir! Einen seligeren Tod kannst du niemals erreichen, denn du stirbst im Gehorsam gegen das göttliche Wort. …

3 Bauernaufstände und Bauernkrieg 1525.

Bei den nun folgenden Kämpfen beriefen sich viele Herren auf diese Worte Luthers.

5 Vergleicht die verschiedenen Stellungnahmen Luthers auf Seite 147 und auf dieser Seite miteinander. – Sucht eine Erklärung für die unterschiedlichen Aussagen.

Waffen und Arbeitsgeräte, mit denen die Bauern kämpften.

Thomas Müntzer predigt den Aufstand

Thomas Müntzer. Zeichnung nach einem Stich von C. van Sichem, 1525.

März 1525: Aufstand der Bauern in Thüringen. In der Reichsstadt Mühlhausen stürzen die Aufständischen den Stadtrat.

Das Rathaus in Mühlhausen. Im Vordergrund der Kernbau des 14. Jahrhunderts.

„Die Herren machen das selber, dass ihnen der arme Mann Feind wird"

Anders als Luther verhielt sich der Prediger Thomas Müntzer. Er stellte sich ganz auf die Seite der Bauern. In seinen Predigten forderte Müntzer zunächst die Errichtung des Reiches Gottes auf Erden. Ein „Bund der Auserwählten des Herrn", in dem Fürsten, Bürger, Bauern und Bergleute gemeinsam gegen das Böse kämpfen sollten, wurde von ihm vorgeschlagen. Die Fürsten aber verweigerten die Mitarbeit und bekämpften stattdessen Müntzers Lehren als Aufruhr.

Müntzer predigte nun immer stärker für die einfachen Leute, er erklärte den Bauern die Ursache ihres Elends 1524:

Q1 … Sieh zu, die Grundsuppe des Wuchers, der Dieberei und Räuberei sind unsere Herren und Fürsten; sie nehmen alle Kreaturen als Eigentum: die Fische im Wasser, die Vögel in der Luft, das Gewächs auf Erden muss alles ihrer sein. Darüber lassen sie dann Gottes Gebot ausgehen unter die Armen und sprechen: Gott hat geboten, du sollst nicht stehlen; es hilft ihnen aber nicht. So sie nun alle Menschen nötigen, den armen Ackersmann, Handwerksmann und alles, was da lebt, schinden und schaben, und wenn einer sich am Allergeringsten vergreift, so muss er hängen. Da sagt dann der Doktor Lügner (Luther) auch noch: Amen. Dabei machen die Herren das selber, dass ihnen der arme Mann Feind wird. Die Ursache des Aufruhrs wollen sie nicht wegtun, wie kann es auf die Dauer gut werden? Wenn ich das sage, muss ich aufrührerisch sein, wohlan. …

1 Untersucht und erklärt die Rede Müntzers mit Hilfe der Fragen auf der Methodenseite (S. 68).

Müntzer, Luther und der Thüringer Bauernhaufen

Auch in Thüringen bildete sich ab März 1525 ein Bauernhaufen. In der Reichsstadt Mühlhausen hatten die Aufständischen den Rat der Stadt gestürzt. Sie wählten einen Neuen, den sie den „ewigen Rat Gottes" nannten. Der geistliche Besitz wurde beschlagnahmt, die Klöster wurden aufgelöst und die Armen erhielten Nahrungsmittel und Stoffe für Kleidung. Wie ein Lauffeuer sprachen sich diese Ereignisse in Thüringen herum. Von Mühlhausen aus sammelte Thomas Müntzer die Bauern um sich, die bald das ganze Eichsfeld beherrschten. Er predigte jetzt noch schärfer gegen die Fürsten:

Q2 … Gott will die Gewaltigen vom Stuhl stoßen und die Niedrigen erheben. Und nachdem er die große Unterdrückung des Volkes gesehen hat, will er es jetzt befreien. Aus diesem Grund kann kein Fürst, Graf, Edelmann oder andere angesehene Leute, die Gewalt auf Erden besitzen, vor ihm (Gott) bestehen bleiben, sie müssen herunter. …

Unter der Fahne der Bauern, die einen Regenbogen zeigte, zog Thomas Müntzer Ende April mit 9000 Aufständischen durch das Land. Sie stürmten und plünderten zahlreiche Klöster und Pfarreien, Schlösser und Adelshöfe. Auch Martin Luther reiste im April durch die Aufstandsgebiete. Vergeblich rief er die Bauern zur Mäßigung auf. Er wurde sogar bedroht und konnte nur mit Mühe entkommen.

Zum Weiterlesen: Müntzer und der Bauernkrieg

In einem Jugendbuch über den Bauernkrieg wird Müntzers Rolle als Führer des Thüringer Bauernhaufens wie folgt beschrieben:

Unter der Fahne des Regenbogens

Am 14. Mai 1525 griffen die Truppen Frankenhausen an, wurden jedoch zurückgeschlagen. Daraufhin forderte Landgraf Philipp Verstärkung durch die kurmainzischen und sächsischen Truppen an. Am nächsten Morgen bezog der „Frankenhäuser Haufen" eine günstige Stellung auf dem Schlachtberg vor der Stadt. Der Landgraf bot den Bauern Verhandlungen an. Es gab viele, die das Angebot Philipps, Frankenhausen zu verlassen, annehmen wollten. Müntzer und seine Anhänger müssten ausgeliefert werden.

Lange und hitzig wurde verhandelt, doch Müntzer gelang es, immer mehr Leute auf seine Seite zu ziehen. „Ihr braucht keine Angst zu haben", rief er. „Bezwingt das schwache Fleisch! Packt die Feinde an! Fürchtet nicht ihre Geschütze! Alle Kugeln, die sie gegen uns abfeuern, will ich mit dem Ärmel auffangen!"

Während Müntzers mitreißender Rede erschien plötzlich ein Regenbogen am Himmel. Müntzer sah ihn und verkündete: „Seht! Das ist Gottes Zeichen. Er zeigt allen Verzagten, dass er auf unserer Seite steht.

Ihr sollt keinen Frieden mit den Gottlosen machen! Wir führen den Regenbogen in unserer Fahne und Gott gibt uns nun zu verstehen, dass er uns helfen will die mörderischen Fürsten zu strafen!"

Für die Männer war dieser Regenbogen das Zeichen Thomas Müntzer zu folgen, wohin er sie auch führen würde.

Wie es weitergeht, erfahrt ihr in dem Buch von Manfred Mai und Gabriele Hafermaas: „Der deutsche Bauernkrieg". Ravensburger Buchverlag, 1992.

Müntzer und die Schlacht bei Frankenhausen

1 **Thomas Müntzer in der Schlacht, umgeben von Trommlern.** Detail aus dem Tübke-Gemälde, 1987.

Die Schlacht bei Frankenhausen
Am 15. Mai 1525 kam es bei Frankenhausen zur Schlacht zwischen den Truppen der Fürsten und über 6000 aufständischen Bauern. Philipp von Hessen führte die Truppen der Fürsten, Thomas Müntzer leitete die Bauernhaufen. Sie errichteten eine Wagenburg auf dem Hausberg über der Stadt. Müntzer predigte und sprach ihnen Mut zu, denn die Bauern hatten keine Kanonen. Die Fürsten versprachen Gnade, wenn ihnen Müntzer ausgeliefert würde. Doch die Mehrheit der Bauern hielt zu Müntzer. Während die Aufständischen noch versammelt waren, brachen die Fürstentruppen den vereinbarten Waffenstillstand. Sie eröffneten das Geschützfeuer und ein Kugelhagel schlug in die dicht gedrängte Menge. Entsetzen und Panik brachen aus. Die fürstliche Reiterei drang in die Wagenburg und viele Bauern versuchten zu fliehen. Doch weit über 5000 Aufständische wurden erstochen oder erschossen, 600 gefangen genommen.

Die ersten Pulvergeschütze gab es seit dem 14. Jahrhundert. Sie wurden aus Bronze gegossen oder aus Eisen geschmiedet.

Müntzer wird gefangen und gefoltert
Müntzer selbst konnte zunächst entkommen. In einem zeitgenössischen Bericht heißt es über seine Gefangennahme:

> **Q** … Ich habe aber heute zwei Berggesellen bei mir gehabt, die im Lager von Frankenhausen gewesen sind … Sie sagen: Als aber der erste Schuss anfing, der ist zu kurz gewesen, da hat Müntzer geschrien: Ich habe es euch vorhergesagt, kein Geschütz wird euch schaden. Aber die weiteren Schüsse sind durchgedrungen. Da sein, wer konnte, nach der Stadt zugelaufen. Müntzer hat sich verborgen, ist nahe am Tor in ein Haus gekommen, hatte seinen Rock ausgezogen und sich in ein Bett gelegt.
> In das Haus soll zufällig ein Edelmann, ein Sachse, Otto von Noppe, gekommen sein und habe Herberge darin genommen. Zufällig sei einer seiner Knechte auf den Boden gegangen und habe jemanden im Bett liegen sehen und darauf den Edelmann gerufen. Der fragte den Müntzer: „Was liegt da, wer bist du?" „Ei" – antwortete Müntzer – „ich bin ein kranker armer Mann." Dann fand der Edelmann seinen Ranzen mit einem Brief, den Graf Albrecht ins Lager der Bauern geschickt hatte. Er sagte: „Woher hast du den Brief, du wirst wohl der Pfaffe sein." Erst hat Müntzer geleugnet, dann hat er bekannt. …

Müntzer wurde festgenommen und seinem Erzfeind, dem Grafen Ernst von Mansfeld, ausgeliefert. In seinem Wasserschloss von Heldrungen ließ der Graf Müntzer verhören und grausam foltern. Doch trotz der Folter bekannte sich Müntzer zum Aufstand. Er habe den Aufstand gemacht, „damit die Christenheit sollte gleich werden und dass die Fürsten und Herren, die dem Evangelium nicht beistehen wollten, sollten vertrieben und totgeschlagen werden".

1 Nennt die Gründe für die Niederlage der Bauern in Mühlhausen.

Die Fürsten erobern Mühlhausen

2 Mühlhausen wird vom Heer der Fürsten eingenommen. Die Bauern müssen den Schlüssel der Stadt übergeben. Rekonstruktion.

Die Fürsten in Mühlhausen und die Hinrichtung Müntzers

Nach der Niederschlagung des Haufens in Frankenhausen zogen die Fürstenheere mit 8000 Landsknechten und 3000 Reitern nach Mühlhausen.
In einem Bericht aus unserer Zeit heißt es:

> **M** ... Die Frauen aus Mühlhausen liefen den Fürsten entgegen und baten um Gnade für die Stadt. Doch die Fürsten wollten die Männer. Barhäuptig und barfuß mit gefalteten Händen mussten sie den Fürsten entgegengehen, vor ihnen auf die Knie fallen und die Stadtschlüssel übergeben. Mühlhausen musste alle Waffen abliefern, 40 000 Gulden Strafe bezahlen und den Fürsten huldigen. Der alte Rat wurde wieder eingesetzt und war nur den Fürsten verantwortlich. ...

Fünfzig Männer wurden hingerichtet, unter ihnen auch Thomas Müntzer. Am 27. Mai wurden Thomas Müntzer und sein Mitstreiter Heinrich Pfeiffer vor den Toren der Reichsstadt Mühlhausen enthauptet. Ihre abgeschlagenen Köpfe wurden zur Abschreckung auf Stangen gespießt.

3 Müntzer-Denkmal am Frauentor in Mühlhausen.

27. Mai 1525: Hinrichtung Thomas Müntzers vor den Toren der Stadt Mühlhausen.

Die Niederlage der Bauern ...

Mit Flugblättern und Liedern warben die Bauern für ihren Kampf:

Aufstehlied
Steh auf, gemeiner Mann!
Der Winter, der ist um.
Jetzt musst du ran, ran!
Jetzt hilft nicht Bitten, hilft nicht Beten,
Gerechtigkeit marschiert voran.
Steh auf, gemeiner Mann!
Da geht ein Frühlingswind.
Jetzt musst du ran, ran.
Dies ist des Glücksrads Stund und Zeit,
Gott weiß, wer oberst bleibt.

1 Aufständische Bauern vor dem Kloster Weißenau: Der Abt und die Mönche fliehen.
Federzeichnung von Jakob Murer, 1525/1526.

„Die Bauern sind Ungeheuer"
Mehr als tausend Klöster, Burgen und Schlösser wurden von den Bauern niedergebrannt, geplündert und ausgeraubt. Über 150 Städte und Ortschaften konnten sie erobern. Die Antwort der Herren ließ nicht lange auf sich warten. Kaum hatten sie sich vom ersten Schrecken erholt, holten sie zum Gegenschlag aus. Ein Adliger schrieb damals:

> Q ... Die Bauern sind Ungeheuer. Ich habe um meine Lachsforelle Sorge. Sonst bekümmert mich ihr Vorhaben nicht.
> Es muss gestraft und hart gestraft werden. Wer die Bauern verschont, der zieht seinen Feind groß. ...

Der ungleiche Kampf dauerte nur wenige Wochen. Trotz verzweifelter Gegenwehr wurden die Bauern in mehreren Schlachten vernichtend geschlagen. Ihr Aufstand brach völlig zusammen. Das Strafgericht der Herren begann.

1 *Schildert die Stimmung der aufständischen Bauern, wie sie in dem Lied (Randspalte) zum Ausdruck kommt.*

Die Folgen des Krieges
Etwa 70 000 Bauern waren in den Kämpfen gefallen oder auf der Flucht umgekommen. Die überlebenden Bauern mussten an die Herrn eine Entschädigung zahlen, die Anführer der Bauern wurden hingerichtet. Noch Jahre nach dem Bauernkrieg trieben die Herren die Strafgelder der Bauern ein. Aus Sorge vor neuen Aufständen ließen die Herren die Forderungen der Bauern untersuchen und die schlimmsten Missstände abstellen. Schiedsgerichte sollten die Streitigkeiten zwischen Herren und Bauern schlichten. Auf dem Reichstag in Speyer 1526 wurden die Herren ermahnt die Bauern so zu behandeln, wie es mit „Gewissen, göttlichem Recht und Billigkeit" zu vereinbaren sei. Doch die Geringschätzung des Bauernaufstandes wurde durch den erfolglosen Aufstand noch verstärkt.

2 *Betrachtet die Abbildungen auf dieser Doppelseite. Beschreibt die Vorgänge auf den Abbildungen einmal aus der Sicht eines Bauern und einmal aus der Sicht des Abtes.*

... und das Strafgericht der Herren

2 Plünderung des Klosters Weißenau. Federzeichnung von Jakob Murer, 1525/1526.

3 Die Niederlage der Bauern. Sie huldigen erneut dem Abt, ihrem Grundherrn. Federzeichnung von Jakob Murer, 1525/1526.

Bauernkriegssäule, die Albrecht Dürer 1525 entwarf und mit der er die Niederlage der Bauern beklagte.

Die Glaubensspaltung in Europa

1 Kurfürst Johann Friedrich von Sachsen (1532–1547) mit den Reformatoren. Gemälde, 1535.

2 Die Konfessionen in Deutschland und Mitteleuropa 1555.

Protestanten*:
Seit dem Reichstag von Speyer im Jahr 1525 wurden die Anhänger Luthers auch als Protestanten bezeichnet. Unter dem Vorsitz des Kaisers wurde in Speyer beschlossen gegen die Reformation energisch vorzugehen. Dagegen „protestierten" fünf Landesherren und 14 Reichsstädte.

Evangelische Landeskirchen entstehen

An seinen Landesherrn, Kurfürst Friedrich den Weisen, schrieb Luther 1525:

> Q ... Die Pfarreien liegen überall elend; da gibt niemand, da bezahlt niemand. So achtet der gemeine Mann weder Predigt noch Pfarrer. Wenn hier nicht eine tapfere Ordnung und staatliche Erhaltung der Pfarrer und Predigtstühle vorgenommen wird, gibt es in kurzer Zeit weder Pfarrhöfe noch Schulen und das Wort Gottes wird zugrunde gehen. ...

Nach Luthers Ansicht sollten sich die Landesherren, die den neuen Glauben angenommen hatten, um die evangelischen Gemeinden in ihrem Gebiet kümmern. Zahlreiche Landesherren folgten Luthers Aufforderung. Als „Notbischöfe" übernahmen sie kirchliche Aufgaben und konnten so ihren Besitz und ihre Macht erweitern. Die Klöster und Pfarrkirchen wurden samt Grundbesitz von den Landesherren eingezogen. Ziele der kirchlichen Erneuerung in den Landeskirchen waren die Neugestaltung des Gottesdienstes, die Versorgung der Pfarreien mit ausgebildeten Pfarrern sowie die Verbesserung des Schulwesens.

1 Erklärt, warum Luther die Landesherren auffordert sich um die Pfarreien zu kümmern.

Der Kaiser in Bedrängnis

Kaiser Karl V. hatte 1521 in Worms geschworen die Einheit der Kirche zu erhalten. Er verteidigte den katholischen Glauben und verbot die Lehre Luthers als Ketzerei. Doch zahlreiche Landesfürsten und Reichsstädte beachteten seine Befehle nicht. Das war möglich, weil der deutsche Kaiser, der zugleich auch König von Spanien war, im Deutschen Reich wenig Macht besaß. Vor seiner Wahl im Jahre 1519 hatten die deutschen Kurfürsten nämlich erreicht, dass er sie in allen wichtigen Fragen anhören musste.

Hinzu kam, dass Karl V. während seiner Regierungszeit zahlreiche Kriege führte. Er verteidigte die Vorherrschaft seines Hauses Habsburg vor allem gegen das katholische Frankreich und das Osmanische Reich (Türkei).

Auf dem Augsburger Reichstag (1530) forderte Karl V. von den protestantischen* Fürsten energisch die Rückkehr zum katholischen Glauben. Diese lehnten das Ansinnen ab. 1531 bildeten sie zur Verteidigung ihres Glaubens, aber auch ihrer Fürstenrechte, den Schmalkaldischen Bund.

Konfessionen im Deutschen Reich

3 **Reichstag zu Augsburg. Überreichung der Augsburgischen Konfession* an Kaiser Karl V.** Die Protestanten bekennen sich in dieser Schrift zur Glaubenslehre Luthers. Kupferstich, 1650.

Konfession*:
Gruppe von Christen mit einem gemeinsamen Glaubensbekenntnis.

Der Schmalkaldische Krieg

Karl V. musste jahrelang warten, bis er gegen seine Gegner vorgehen konnte. Doch 1545 entschloss er sich den Glaubensstreit militärisch zu beenden. Bei Mühlberg in Sachsen setzte er mit seiner Armee über die Elbe und besiegte die Truppen des Schmalkaldischen Bundes. Unerwartete Unterstützung erhielt der Kaiser bei seinem kurzen Feldzug von dem protestantischen Fürsten Moritz von Meißen. Der Fürst hatte es auf die Kurwürde seines Vetters Johann Friedrich in Wittenberg abgesehen, die ihm der Kaiser nach dem Sieg verlieh.

Der Augsburger Religionsfrieden

Der Kaiser erließ eine Religionsordnung, die das Ziel hatte die Protestanten wieder in die katholische Kirche einzugliedern. Zugleich verlangte er die völlige Unterordnung der deutschen Fürsten unter seine Herrschaft. Daraufhin wechselte Kurfürst Moritz erneut die Seite. Unter seiner Führung kam es zu einer Rebellion der Fürsten, von der Karl V. völlig überrascht wurde. Der Bruder des Kaisers, König Ferdinand, erreichte die Einigung der streitenden Parteien, die auf dem Augsburger Reichstag 1555 bestätigt wurde:
– Das katholische und das lutherische Bekenntnis sind gleichberechtigt.
– Die Reichsstädte und Landesherren (Fürsten, Grafen und Städte) konnten wählen, ob sie den katholischen oder den lutherischen Glauben annehmen wollten.
– Die Untertanen mussten den Glauben ihres Landesherrn annehmen oder auswandern.

Karl V. hatte sein Ziel, die Einheit der Christenheit, nicht erreicht. 1556 dankte er ab und übertrug die Kaiserwürde seinem Bruder Ferdinand.

2 *Erklärt die Folgen des Augsburger Religionsfriedens mit Hilfe der Abbildung 3. Überlegt, welche Schwierigkeiten dem Einzelnen durch die Augsburger Regelung entstehen konnten.*

Die Reformatoren Zwingli und Calvin

1 Der Reformator Zwingli. Gemälde.

3 Der Reformator Calvin. Gemälde.

1531:
Religiöse Kämpfe in der Schweiz zwischen Zwinglianern und Katholiken. Der Friedensschluss sichert allen Kantonen die freie Wahl ihrer Religion zu.

Zwinglis Reform in Zürich

Die Schriften Luthers wurden in zahlreiche Sprachen übersetzt und in allen europäischen Ländern verbreitet. An vielen Orten fand Luthers Lehre begeisterte Anhänger. Zu ihnen gehörte auch Ulrich Zwingli (1484–1531). Er war Pfarrer am Großmünster in Zürich in der Schweiz.

Zwingli übernahm viele Gedanken Luthers. Auch er ließ nur die Hl. Schrift gelten, lehnte die Berufung auf den Papst oder die kirchliche Überlieferung ab. Die kirchlichen Gebote und Bräuche verwarf er alle, besonders die damals sehr beliebten Wallfahrten, Heiligen- und Reliquienverehrungen. Heftig verlangte er die Entfernung aller Bilder aus den Kirchen, da sie zum Götzendienst verleiten würden.

Der Rat der Stadt Zürich stimmte diesem Wunsch Zwinglis zu. Im Sommer 1524 wurden alle Bilder entfernt:

> **Q** ... Die Entfernung sämtlicher Bilder aus allen Kirchen geschah in nur 13 Tagen. Ich meine, dass es ein großes Wunder und eine Gnade Gottes war, dass dies alles friedlich geschah und kein Aufruhr entstand, obwohl viele darüber traurig waren. ...

Das Leben in der Stadt wurde an den Geboten der Bibel ausgerichtet. Der Lebenswandel der Bürger wurde vom Rat der Stadt überwacht.

1 Nennt die Gegenstände, die auf der Abbildung 2 aus der Kirche getragen werden.

2 Bildersturm. Holzschnitt, 16. Jahrhundert.

Die Reformation erobert Europa

4 **Taufgottesdienst in einer calvinistischen Kirche in Lyon.** Gemälde 1564.

Calvin und der Genfer Gottesstaat

Johannes Calvin (1509–1564) galt neben Luther und Zwingli als der dritte große Reformator. Die Zwinglianer gründeten mit den Anhängern des Franzosen Calvin die Reformierte Kirche. Zu den wesentlichen Gedanken der Lehre Calvins gehörten folgende:

- Gott habe aus der großen Zahl der Menschen einige auserwählt für die ewige Seligkeit, alle anderen Menschen für die ewige Verdammnis. Sichere Beweise für die Auserwählung sind Erfolg im Beruf und Ansehen.
- Gegen Herrscher, die das Evangelium unterdrückten und Gläubige verfolgten, haben die Gläubigen das Recht und die Pflicht aktiv Widerstand zu leisten.
- Die Gemeinden sollen ihre Pfarrer und die Kirchenleitung selbst wählen.

Da die französische Regierung keine Protestanten duldete, ging Calvin nach Genf. Ab 1541 sorgte er im Einvernehmen mit dem Genfer Stadtrat für eine besonders strenge Ordnung. Genf sollte zum „protestantischen Rom" werden. Verboten waren z. B.:

- Wirtshausbesuche und Tanzveranstaltungen, Würfel- und Kartenspiele, Familienfeste mit mehr als zwanzig Personen;
- das Kräuseln der Frisur bei den Frauen, lang gescheiteltes Haar bei den Männern, das Tragen von Schmuck.

Sogar die Kleidung der Frauen war vorgeschrieben. Ein Sittengericht überwachte die Einhaltung der Ordnung. Verstöße wurden hart bestraft. Als sich der Arzt Michael Servet öffentlich gegen die Kirchenordnung wandte, wurde er von Calvin angeklagt und 1553 in Genf hingerichtet.

2 Beschreibt den Innenraum der calvinistischen Kirche. Überlegt, wie diese Kirche aussehen könnte, wenn sie für den katholischen Gottesdienst bestimmt wäre.

Die Ausbreitung des Calvinismus

Auch Calvin fand in Westeuropa zahlreiche Anhänger. In Schottland und England nannten sie sich Puritaner, in Frankreich wurden sie Hugenotten (= Eidgenossen) genannt. Die französischen Könige fürchteten, durch die Einführung des Calvinismus werde die Einheit Frankreichs gefährdet. Die Hugenotten wurden daher von ihnen blutig verfolgt. Trauriger Höhepunkt war die so genannte Pariser Bluthochzeit: Während der Hochzeit des späteren französischen Königs Heinrich IV. am 24. August 1572 in Paris wurden fast 20 000 Hugenotten ermordet. Erst das Edikt von Nantes 1598 gewährte den Hugenotten fast 100 Jahre lang vor Verfolgungen Schutz. Aus Sicherheitsgründen blieb es ihnen aber verwehrt, Gottesdienste in Paris abzuhalten.

24. 8. 1572:
In Paris werden fast 20 000 Hugenotten bei der so genannten Pariser Bluthochzeit ermordet.

Die katholische Kirche ergreift Gegenmaßnahmen

1 Das Konzil von Trient. Gemälde aus dem Frauenkloster St. Klara in Stans (Schweiz).
Die Konzilsväter (Bischöfe, Äbte, Kardinäle) bilden ein Halbrund. Hinter dem Kreuz sitzen auf erhöhten Bankreihen die Vertreter des Papstes. Über allen: Gottvater, der Heilige Geist, in der Gestalt einer Taube und Jesus Christus.

„Luther – des Teufels Dudelsack". Spottbild auf Luther aus der Zeit der Reformation.

Das Konzil von Trient

Die Erfolge der Reformation veranlassten die katholische Kirche zu Gegenmaßnahmen. Der Papst berief deshalb 1545 eine große Kirchenversammlung, ein Konzil, nach Trient ein. Die Fürsten der evangelischen Länder, die Bischöfe ihrer Landeskirchen waren, hatten die Teilnahme abgelehnt. Sie erkannten nicht an, dass der Papst die höchste Gewalt in der Kirche behalten sollte.

Zu Beginn des Konzils ließ der Papst durch seinen Gesandten eine Botschaft verlesen:

> **Q1** … Es werden, um es kurz und bündig zu sagen, für das Konzil folgende Aufgaben gestellt: Die Ausrottung der kirchlichen Irrlehren, die Reform der kirchlichen Disziplin und Sitten, schließlich der ewige Friede der ganzen Kirche. …

1 Sagt mit euren Worten, welche Aufgabe das Konzil nach Meinung des Papstes hatte.

Das Konzil dauerte mit Unterbrechungen 18 Jahre. Die Beschlüsse des Konzils von Trient lauteten:

– Nur der Papst ist berufen die Kirche zu leiten; Beschlüsse eines Konzils sind nur gültig, wenn sie der Papst verkündet und bestätigt.
– Nur die Kirche besitzt das Recht die Bibel auszulegen. Sie bestimmt, was unter dem rechten Glauben zu verstehen ist.
– Nicht nur durch den Glauben, sondern auch durch gute Werke kann ein Mensch sich die Gnade Gottes verdienen.
– Der Missbrauch des Ablasses wird verboten.
– Die Geistlichen haben ein Leben zu führen, wie es die Kirche vorschreibt.
– Ein Bischof darf nur ein Bistum innehaben. Die Bischöfe müssen innerhalb der Grenzen dieses Bistums wohnen.

2 Versucht die Beschlüsse des Konzils zuzuordnen. Welche Beschlüsse betrafen
– die Stellung des Papstes
– die Glaubenslehre
– die Reform der Kirche.

3 Überlegt, welche Folgen die Beschlüsse für das Verhältnis zwischen der katholischen und der evangelischen Kirche hatten.

Die Jesuiten als Vorkämpfer der Gegenreformation

2 Papst Paul III. bestätigt den Orden der Gesellschaft Jesu (Jesuiten). Ignatius von Loyola kniet vor dem Papst und nimmt die päpstliche Bulle in Empfang. Gemälde von 1540.

Die Jesuiten als „Soldaten Christi"

Die Beschlüsse des Konzils von Trient führte vor allem der Jesuitenorden durch. Die Jesuiten gelobten dem Papst und der katholischen Kirche unbedingten Gehorsam. Gründer des Ordens war der spanische Adlige und Offizier Ignatius von Loyola (1491–1556). Ignatius gab 1545 folgende Ratschläge, mit deren Hilfe die Reformation zurückgedrängt werden sollte:

Q2 ... Die Protestanten verstehen es, ihre falsche Lehre mundgerecht zu machen, indem sie ihre Lehren in den Schulen verkünden und kleine Heftchen unter das Volk bringen, die leicht zu verstehen sind. Somit wäre die Errichtung von Schulen vor allem dort, wo mit vielen Schülern gerechnet werden kann, das beste Mittel um der katholischen Kirche zu Hilfe zu kommen.
Wir müssen außerdem jegliche Habsucht unterlassen. Dann können wir den stärksten Angriffsgrund der Reformatoren entkräften, nämlich ihren Hinweis auf das unfromme Leben der Geistlichen. ...

Die Jesuiten gründeten Universitäten und Schulen, vorwiegend in der Nähe von Fürstenhöfen. Diese Gründungen dienten dem Ziel das öffentliche Leben mit katholischem Geist zu durchdringen. Wie erfolgreich das Wirken der Jesuiten war, zeigt ein Brief des Statthalters in den Niederlanden an den spanischen König im Jahr 1580:

Q3 ... Eure Majestät haben den Wunsch geäußert, dass ich in Maastricht eine Zitadelle* bauen lassen soll. Ich war der Meinung, dass eine Jesuitenschule viel geeigneter sei zur Verteidigung der Einwohner gegen die Feinde des Altars und des Thrones. Deshalb habe ich so eine Schule bauen lassen. ...

4 Erklärt, durch welche Maßnahmen die Jesuiten die Reformation zurückdrängen wollten.
5 Besprecht, warum eine Jesuitenschule zur Verteidigung der Einwohner besser geeignet sein sollte als eine Zitadelle.

Zitadelle:
Festung innerhalb einer Stadt.

Der Dreißigjährige Krieg

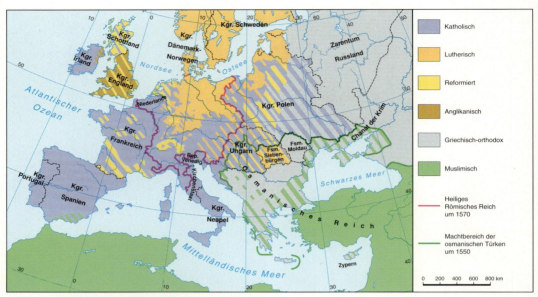

1 Staaten und Konfessionen in Europa um 1570.

1608/1609:
Gründung der Union der protestantischen Fürsten und der katholischen Liga.

Augsburg bringt keinen Frieden
Im Frieden von Augsburg wurden 1555 Lutheraner und Katholiken als gleichberechtigt anerkannt. Doch das Misstrauen blieb auf beiden Seiten bestehen. Vor allem die in Europa vorherrschenden katholischen Habsburger versuchten die protestantischen Gebiete ihres Reiches wieder zu katholisieren. Typisch für die Stimmung im Deutschen Reich waren die Vorgänge in Donauwörth im Jahr 1607. In einem Bericht aus heutiger Zeit heißt es über die Vorgänge in Donauwörth:

> M ... Donauwörth war eine freie Reichsstadt mit etwa 4000 Einwohnern, von denen sich nur noch wenige zum katholischen Glauben bekannten. Als im April 1607 die kleine katholische Gemeinde am Fronleichnamsfest in feierlicher Prozession durch die Straßen der Stadt zog, wurde sie von den protestantischen Bürgern behindert. Der Kaiser verhängte daraufhin die Reichsacht über die Stadt. Er beauftragte den bayerischen Herzog Maximilian mit der Durchführung. Die Stadt wurde erobert, die evangelischen Bürger gezwungen, katholisch zu werden oder auszuwandern. Die protestantische Pfarrkirche erhielten die Jesuiten. ...

1 Überlegt, wie der Kaiser die Verhängung der Reichsacht begründet hat. Nehmt Stellung zu dieser Maßnahme aus der Sicht eines protestantischen Bürgers von Donauwörth.

Katholische Liga und protestantische Union
Durch dieses Vorgehen des Kaisers und Herzog Maximilians fühlten sich die Protestanten in ganz Deutschland bedroht. Die evangelischen Fürsten schlossen sich daher 1608 zur Verteidigung ihrer Interessen in einem Bündnis, der Union, zusammen. Nur ein Jahr später bildeten die katholischen Fürsten, Bischöfe und Äbte ein Gegenbündnis, die Liga. Katholische und evangelische Fürsten standen sich nun, tief verfeindet, gegenüber.
Der Streit um Glaubensfragen war zu einem Machtkampf zwischen dem katholischen Kaiser und den evangelischen Landesfürsten geworden. Es ging jetzt weniger um Glaubensfragen, als darum, ob der Kaiser oder die Fürsten in Deutschland die Politik bestimmten. Auch die europäischen Könige ergriffen Partei. Das katholische Frankreich unterstützte aus Furcht vor dem Kaiser die Union. Spanien unterstützte die Liga aus Feindschaft gegen Frankreich.

Ein folgenreicher Fenstersturz

2 **Der Prager Fenstersturz.** Gemälde von Wenzel v. Brozik, 1889.

2 Fertigt in den nächsten Wochen eine Wandzeitung für euer Klassenzimmer an unter dem Thema: Religionskriege heute. – Erklärt mit Hilfe von Bildern und Texten, bei welchen Kriegen auch religiöse Fragen eine wichtige Rolle spielten.

Der Ausbruch des Krieges

Böhmen mit seiner Hauptstadt Prag war eines der reichsten Länder des Habsburgerreiches. Die Bevölkerung war überwiegend protestantisch; ihr König, der Habsburger Ferdinand II. war katholisch. Vor der Krönung [...] Ferdinand brieflich zusichern [...] böhmischen Ständen die R[...] währt. Doch tatsächl[...] nicht an diese [...] Aufstand d[...] Köni[...] lan[...] Im J[...] Kirch[...] gehörte[...] Protestar[...] 1618 wie[...] Empörung [...] daraufhin in [...] Burg in Prag, [...] Wortwechsel u[...]

hohe Beamte und deren Sekretär aus dem Fenster geworfen. Die Gesandten und der Sekretär stürzten siebzehn Meter tief in den Burggraben, doch sie landeten auf einem Misthaufen und blieben unverletzt. Aber die Spannungen zwischen König Ferdinand II. und Böhmen nahmen seit diesem Vorfall immer mehr zu.

Im folgenden Jahr wurde Ferdinand II. zum deut[schen] Kaiser gewählt. Die böhmischen [...] etzten den katholischen Kaiser Ferdi[nand als] König von Böhmen ab. An seiner [Stelle wählt]en sie Kurfürst Friedrich von der [Pfalz, Füh]rer der Union, zu ihrem König. [Friedrich nahm] die Wahl an und bezog die [... Kaiser] Ferdinand, der um [... un]d seine Macht bangte, gab [... ich] will lieber ein verwüstetes [... als ein ...] Land." Mit dem Kampf [... i]n Böhmen begann ein [Krieg, der ... dauern sollte.

[... Betrachtet Abbildun]g 2 genau! – Über[legt, wie ...de]r Sekretär dem [... beschu]ldigen berichtet [...] [... A]nlass und der

1618:
Prager Fenstersturz.
Er ging für die kaiserlichen Beamten zwar glimpflich aus, wurde aber zum zündenden Funken für den Krieg.

Der Verlauf des Dreißigjährigen Krieges

1 **Die Schlacht am Weißen Berg bei Prag 1620. Die kaiserlichen Truppen schlagen die böhmische Armee.** Gemälde, 17. Jahrhundert.

Albrecht von Wallenstein (1538–1634). Herzog von Friedland und Feldherr im Dreißigjährigen Krieg.

Kriege überziehen das Land

Unter der Führung des bayerischen Feldherren Tilly zogen die Truppen der Liga und des Kaisers gegen das böhmische Heer zu Felde. Mit der Schlacht am Weißen Berg bei Prag (siehe Abb. 1) endete der Kampf um Böhmen (1618–1620). Friedrich von der Pfalz erlitt durch die Truppen der Liga eine vernichtende Niederlage. Sie verfolgten ihn bis in die Pfalz, die sie in den Jahren 1621–1623 verwüsteten. Nun stellte sich der dänische König Christian IV. an die Spitze der Protestanten. Er marschierte 1625 mit seinen Truppen nach Norddeutschland ein, wurde aber in der Nähe von Goslar besiegt. Ganz Norddeutschland eroberten die Truppen der Liga bis 1630 zurück. Um die Protestanten zu unterstützen griff nun der schwedische König, Gustav Adolf, in den Jahren 1630–1635 in die Kämpfe ein. Über Sachsen drang er siegreich bis nach Bayern vor und zog sich dann wieder nach Sachsen zurück. Das katholische Frankreich griff aufseiten der protestantischen Schweden von 1636–1648 in den Krieg ein. Sein Ziel war es, Kaiser Ferdinand so zu schwächen, dass der französische König selber zum mächtigsten Herrscher Europas werde.

Krieg als Geschäft: Wallenstein

Die meisten Länder waren nicht in der Lage Armeen aufzustellen. Diese Aufgabe übernahmen vielmehr Heerführer, die Söldner anwarben und an Fürsten oder Könige für viel Geld und große Vollmachten vermieteten. Für den Sold, die Verpflegung und das Quartier der Truppen musste das Land, in dem die Truppen lagen, aufkommen. Während der Feldzüge durften die Söldner zur eigenen Versorgung plündern und machten dabei keinen Unterschied zwischen Freund und Feind. Gebiete, die verschont blieben, mussten Tribute zahlen. Der bekannteste „Kriegsunternehmer" war Albrecht von Wallenstein. Seine Armee zählte bis zu 100 000 Soldaten. Nach der Niederschlagung des protestantischen Aufstands in Böhmen erwarb er zu Schleuderpreisen riesigen Grundbesitz aus den beschlagnahmten Gütern der hingerichteten oder vertriebenen Adligen. 1623 besaß er bereits ein geschlossenes Herrschaftsgebiet, das ungefähr ein Viertel des Königreichs Böhmen umfasste.

Leiden des Krieges

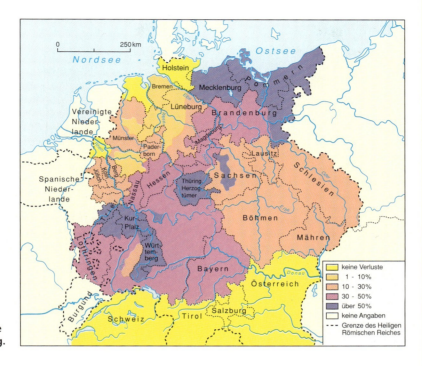

2 Bevölkerungsverluste im Dreißigjährigen Krieg.

1 Erklärt den Begriff des Kriegsunternehmers.

Söldner ziehen durch das Land

Fast 30 Jahre lang zogen deutsche, schwedische, dänische und französische Truppen durch Deutschland, plünderten, folterten und mordeten, steckten Dörfer und Städte in Brand. „Nehmen wirs nicht, so nimmts der Feind" – nach dieser Devise handelten die Soldaten und verwüsteten, zerstörten oder schleppten hinweg, was immer sie bekommen konnten. Durch die niedergebrannten Felder waren viele Bauernfamilien dem Hungertod preisgegeben, die Versorgung der Städte brach zusammen. Seuchen und Fieberkrankheiten rafften die Bevölkerung dahin. Man schätzt heute, dass etwa 40 % der Dorfbewohner dem Krieg, Hunger und Seuchen zum Opfer gefallen sind. In einigen Gebieten des Reiches, z. B. in Mecklenburg, ging die Bevölkerungszahl sogar um 70 % zurück.

2 Beschreibt mit Hilfe der Abbildungen auf dieser Doppelseite und des Textes die Folgen des Krieges.

3 Plündernde Soldaten.

Werbetrommler lockten die Armen in die Söldnerarmeen.

4 Überfall auf ein Dorf.

Geschichte vor Ort: Brandenburg wird verwüstet

Die Belagerung Frankfurts an der Oder durch König Gustav Adolf von Schweden, 27. März bis 3. April 1631. Kupferstich von M. Merian.

Von Tilly bis Wallenstein: Ungebetene Gäste verwüsten das Land

Für Brandenburg hatte der Dreißigjährige Krieg katastrophale Folgen. Der regierende Kurfürst Friedrich Wilhelm (1619–1640) verfügte über kein schlagkräftiges Heer und war daher auf Neutralität bedacht. So wurde Brandenburg zum Spielball der in Europa streitenden Mächte und war dem wechselnden Durchzug von Truppen der Protestanten oder der kaiserlichen Katholiken ausgesetzt. Krieg, Plünderungen, Brandschatzungen und die von den Soldaten eingeschleppte Pest waren die Folgen. Der Krieg ruinierte das Land und die Wirtschaft und er kostete fast 50 % der damaligen Bevölkerung das Leben. So halbierte sich die Einwohnerzahl von Berlin von 12 000 bei Kriegsbeginn auf 6 000 bei Kriegsende. Von 845 Häusern waren 300 zerstört, Handel und Handwerk lagen danieder. Als Residenzstadt schien Berlin keine Zukunft mehr zu haben.

Ebenso düster war die Situation in der Stadt Brandenburg. Hier hauste schon 1626 der skrupellose Parteigänger Ernst von Mansfeld mit seinen Söldnern. 1631 erschien der kaiserliche Feldherr Tilly, dann der gegnerische Schwedenkönig Gustav-Adolf, dessen Leichnam nach der Schlacht von Lützen 1632 in der hiesigen Katharinenkirche aufgebahrt wurde. Bilanz des Krieges: Von über 10 000 Einwohnern der Stadt hatten nur 3000 das Morden überlebt.

Auch in Frankfurt/Oder wechselten die ungebetenen Besucher während des Krieges wie das Wetter. 1626 erschien Ernst von Mansfeld mit seinen Söldnern, 1627 Wallenstein mit seinem Privatheer, 1631 der kaiserliche Feldherr Tilly. Im April tauchte der Schwedenkönig Adolf persönlich vor der schlecht befestigten Stadt auf. Er nahm Frankfurt im Sturm und hielt die Stadt bis 1632 besetzt. Als der Kurprinz Friedrich Wilhelm 1644 das ausgeplünderte Frankfurt besichtigte, fand er nur noch ein Sechstel der ursprünglichen Einwohner vor.

Doch nicht nur Städte, auch kleine Orte waren betroffen. In Lichterfelde beispielsweise requirierten die kaiserlichen Truppen unter General Gallas die gesamte Ernte, alle Pferde und Ochsen. Dann legten die Schweden das Gutsdorf in Asche und brannten auch die Seitenflügel des Schlosses nieder. Bei Kriegsende war das Dorf ein Trümmerhaufen, nur 5 Familien hatten überlebt.

1 Informiert euch über den Verlauf und die Folgen des Dreißigjährigen Krieges in eurer Heimatregion. Heimatmuseen, Büchereien, Ortschroniken und -chronisten helfen euch weiter.

2 Erstellt mit Hilfe der Materialien ein Plakat oder macht eine kleine Ausstellung.

Das Ende des Krieges und der Westfälische Frieden

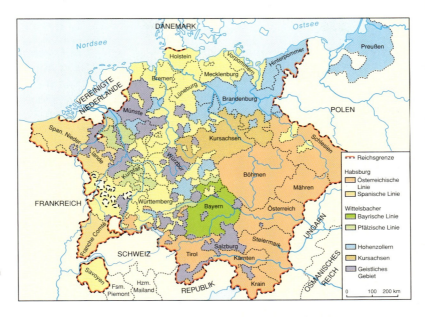

Deutschland nach dem Westfälischen Frieden 1648.

Der Westfälische Frieden
Der Krieg dauerte schon 25 Jahre, als die beteiligten Mächte sich endlich zu Friedensverhandlungen entschlossen. Doch erst fünf Jahre später, am 25. Oktober 1648, wurde der Friedensvertrag in Münster und in Osnabrück unterzeichnet. Dieser Frieden hatte für das Deutsche Reich tief greifende Folgen.

Religiöse Bestimmungen
– Der Augsburger Religionsfriede von 1555 wird erweitert: Katholiken, Lutheraner und Calvinisten sind gleichberechtigt.
– Der Landesherr bestimmt in seinem Land die Religion.

Politische Bestimmungen
– Die Rechte des Kaisers werden stark eingeschränkt. Will der Kaiser im Reich neue Gesetze erlassen oder Steuern erheben, braucht er die Zustimmung der Fürsten.
– Die Fürsten werden politisch völlig selbstständig. Damit zerfällt das Deutsche Reich in 300 Einzelstaaten. Die europäische Politik wird fortan von seinen Nachbarn bestimmt.

Gebietsveränderungen
– Schweden erhält Küstengebiete an der Nordsee und an der Ostsee.
– Frankreich erhält Gebiete im Elsass sowie Breisach und Philippsburg auf dem rechten Rheinufer.
– Bayern erhält die Oberpfalz. Die Schweiz und die Niederlande scheiden aus dem Reichsverband aus.

Die Regelung für Brandenburg
Nach langwierigen Verhandlungen erreichten die brandenburgischen Gesandten folgendes Ergebnis: Brandenburg erhält Hinterpommern sowie die Gebiete der Bistümer Magdeburg, Halberstadt und Minden. Ansprüche auf ganz Pommern wurden hingegen abgelehnt.

1 Beurteilt die Ergebnisse des Westfälischen Friedens aus der Sicht des Kaisers und der deutschen Fürsten und der Bevölkerung.
2 Vermutet, wie die katholischen und evangelischen Menschen über den Friedensvertrag gedacht haben.
3 Zeigt anhand der Karte, welche Gebiete dem Deutschen Reich verloren gingen.
4 Diskutiert folgende Sätze:
– Der Dreißigjährige Krieg war ein Religionskrieg zwischen Protestanten und Katholiken.
– Der Dreißigjährige Krieg war ein Kampf um die Vorherrschaft in Europa.

1648:
Der Westfälische Frieden beendet den Dreißigjährigen Krieg.

Methodenseite: Berichte aus früheren Zeiten

Berichte aus früheren Zeiten

Unser Wissen über Ereignisse aus der Vergangenheit beruht zum großen Teil auf Berichten, Darstellungen oder Reden. Doch ist das Bild, das sie uns vermitteln, richtig? Entspricht es der Wahrheit oder enthält es z. B. Übertreibungen, einseitige oder gar falsche Darstellungen?
Das folgende Beispiel zeigt, mit welchen Fragen ihr den Wahrheitsgehalt eines Textes überprüfen könnt.

Thomas Müntzer: – „Über die Grundsuppe des Wuchers"

Im Jahre 1524 hielt der Prediger Thomas Müntzer folgende Rede (vgl. Seite 50: Q1):

Q ... Sieh zu, die Grundsuppe des Wuchers, der Dieberei und Räuberei sind unsere Herren und Fürsten; sie nehmen alle Kreaturen als Eigentum: die Fische im Wasser, die Vögel in der Luft, das Gewächs auf Erden muss alles ihrer sein. Darüber lassen sie dann Gottes Gebot ausgehen unter die Armen und sprechen: Gott hat geboten, du sollst nicht stehlen; es hilft ihnen aber nicht. So sie nun alle Menschen nötigen, den armen Ackersmann, Handwerksmann und alles, was da lebt, schinden und schaben, und wenn sich einer am Allergeringsten vergreift, so muss er hängen. Da sagt dann der Doktor Lügner (Luther) auch noch: Amen.
Dabei machen die Herren das selber, dass ihnen der arme Mann Feind wird. Die Ursache des Aufruhrs wollen sie nicht wegtun, wie kann es auf die Dauer gut werden? Wenn ich das sage, muss ich aufrührerisch sein, wohlan ...

Fragen zum Bericht

1 Wovon wird im Text berichtet?
2 Was steht im Mittelpunkt des Berichts? Wie kann man den Inhalt kurz zusammenfassen?
3 Welche Wertungen enthält die Darstellung? Enthält der Bericht Übertreibungen oder ist er einseitig?
4 Stimmen heutige Forschungsergebnisse mit diesem Bericht überein?

Fragen zum Geschichtsschreiber

5 Was wissen wir von dem Schreiber?
6 Kennt der Schreiber die Ereignisse, die er berichtet, aus eigener Anschauung?
7 Verfolgt der Schreiber mit seiner Darstellung bestimmte Absichten, und wenn ja, welche?
8 Wie steht der Schreiber zu den Personen oder Gruppen, über die er schreibt? Ergreift er für eine Seite Partei?

Das Ergebnis der Überprüfung

zu 1: Müntzer erklärt den Bauern die Ursache ihres Elends, das nur durch einen Aufruhr beendet werden könne.
zu 2: Im Mittelpunkt der Rede steht eine Aufzählung der Ungerechtigkeiten, die die Bauern vonseiten der Herren und Fürsten zu erleiden haben.
zu 3: Müntzer verurteilt das Verhalten der Herren und Fürsten, die sich fälschlicherweise auch noch auf Gottes Gebote berufen. In diesem Zusammenhang kritisiert er auch Luther, der sich auf die Seiten der Fürsten stelle. – Wie andere Berichte über das Leben der Bauern erkennen lassen, trifft die Schilderung Müntzers weitgehend zu.
zu 4: Auch heutige Untersuchungen und Darstellungen, wie sie sich zum Teil auch in Jugendbüchern finden, beurteilen die Schilderung Müntzers als weitgehend zutreffend.
zu 5/6: Thomas Müntzer, ein engagierter Prediger, kannte die Situation der Bauern aus eigener Anschauung sehr gut.
zu 7: Müntzer möchte mit seiner Rede die Bauern über die Ursache ihres Elends und das ungerechte Verhalten der Herren und Fürsten aufklären. Er will ihnen zugleich zeigen, dass sie ihre Lebensbedingungen nur ändern können durch einen Aufruhr.
zu 8: Müntzer ergreift eindeutig Partei für die Bauern. Er ist ein entschiedener Gegner der Herren und Fürsten sowie Luthers, den er nur als „Doktor Lügner" bezeichnet.

Zusammenfassung

Die Reformation

Inmitten des geistigen Umbruchs, der das Ende des Mittelalters besiegelte, wurde der Ruf nach Reformen in der Kirche immer stärker. Im 14. und 15. Jahrhundert gelang es der katholischen Kirche noch, ihre Kritiker und die von ihnen geistig geprägten Glaubensgemeinschaften zu unterdrücken. Der Tscheche Jan Hus wurde 1415 auf dem Scheiterhaufen verbrannt, doch in der Papstkirche kehrte keine Ruhe mehr ein. Auch Martin Luther ging es bei seinen Wittenberger Thesen zunächst um Reformen in der katholischen Kirche. Deren Reformunwilligkeit und -unfähigkeit spitzte den Konflikt rasch zu. Luthers Ideen fanden – durch den Buchdruck rasch verbreitet – großen Zuspruch unter der Bevölkerung. Die reformatorische Bewegung nahm ihren siegreichen Lauf. Für viele Fürsten war die Reformation auch ein Mittel um ihre politische Unabhängigkeit zu festigen. Sie unterstützten Luther, als der Kaiser die Reichsacht über Luther verhängte.
Der habsburgische Kaiser Karl V. bekämpfte dagegen die Reformation. Ihm ging es in erster Linie um die Einheit seines Reiches.

Der Aufstand des gemeinen Mannes

Die Gedanken der Reformation fanden ihre besondere Anhängerschaft unter den Bauern, die unter Leibeigenschaft und Abgaben litten. Sie beriefen sich auf die Bibel und forderten einschneidende Verbesserungen ihrer Lage von den Fürsten und Grundherren. Was ihnen friedlich nicht gewährt wurde, versuchten sie mit gewaltsamen Mitteln zu erreichen. Der radikalere Reformator Thomas Müntzer stellte sich auf die Seite der Bauern. Er verlor mit ihrer Niederlage in der Schlacht bei Frankenhausen auch sein Leben.

Gegenreformation und Dreißigjähriger Krieg

Der Augsburger Religionsfrieden von 1555 sollte einen Ausgleich im Sinne der fürstlichen Interessen schaffen. Die Fürsten konnten in der Folgezeit die Religion ihres Landes bestimmen. Die Fürsten der verschiedenen Konfessionen organisierten sich in unterschiedlichen Lagern, der evangelischen Union und der katholischen Liga. Der Streit um die böhmische Krone wurde zum Ausgangspunkt des Dreißigjährigen Krieges. Unter ungeheuren Verlusten der Bevölkerung kämpften die Truppen der europäischen Mächte auf deutschem Boden. Der Krieg führte zur Verwüstung Deutschlands und zur weiteren staatlichen Zersplitterung des Deutschen Reiches.

30.10.1517

Luthers Wittenberger Thesen zur Kirchenreform.

1521

Der Kaiser verhängt die Reichsacht über Luther (Wormser Edikt).

1524–1525

Der Bauernkrieg erfasst weite Teile des Deutschen Reiches.

1618–1648

Dreißigjähriger Krieg.

Europa im Zeitalter des Absolutismus

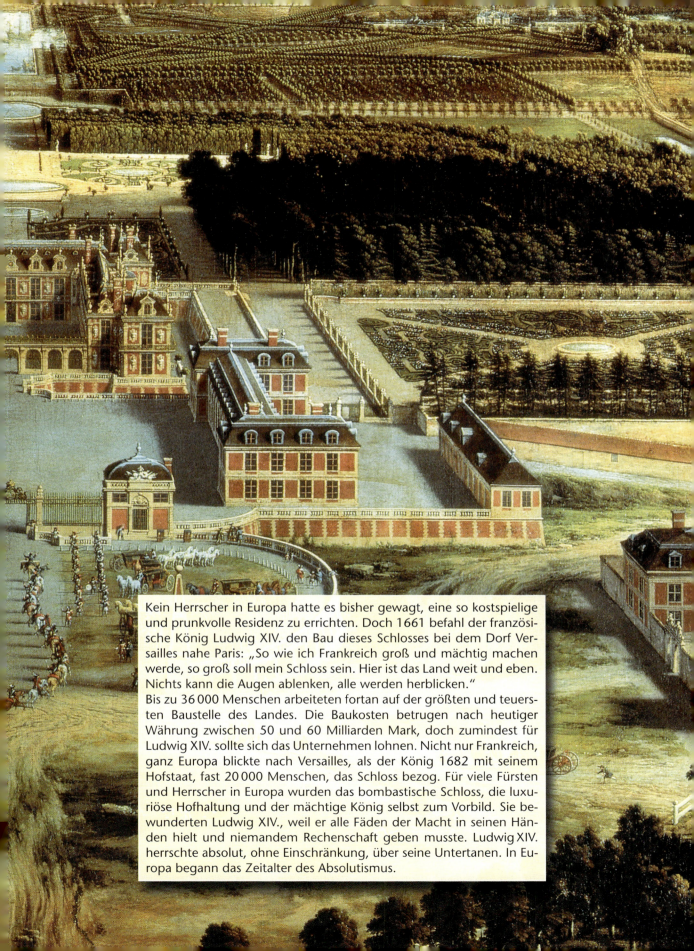

Kein Herrscher in Europa hatte es bisher gewagt, eine so kostspielige und prunkvolle Residenz zu errichten. Doch 1661 befahl der französische König Ludwig XIV. den Bau dieses Schlosses bei dem Dorf Versailles nahe Paris: „So wie ich Frankreich groß und mächtig machen werde, so groß soll mein Schloss sein. Hier ist das Land weit und eben. Nichts kann die Augen ablenken, alle werden herblicken."

Bis zu 36 000 Menschen arbeiteten fortan auf der größten und teuersten Baustelle des Landes. Die Baukosten betrugen nach heutiger Währung zwischen 50 und 60 Milliarden Mark, doch zumindest für Ludwig XIV. sollte sich das Unternehmen lohnen. Nicht nur Frankreich, ganz Europa blickte nach Versailles, als der König 1682 mit seinem Hofstaat, fast 20 000 Menschen, das Schloss bezog. Für viele Fürsten und Herrscher in Europa wurden das bombastische Schloss, die luxuriöse Hofhaltung und der mächtige König selbst zum Vorbild. Sie bewunderten Ludwig XIV., weil er alle Fäden der Macht in seinen Händen hielt und niemandem Rechenschaft geben musste. Ludwig XIV. herrschte absolut, ohne Einschränkung, über seine Untertanen. In Europa begann das Zeitalter des Absolutismus.

Europa im Zeitalter des Absolutismus

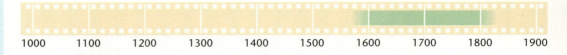

1000　1100　1200　1300　1400　1500　1600　1700　1800　1900

*1643–1715:
Herrschaft des französischen Königs Ludwig XIV.*

1 König Ludwig XIV. Gemälde des Hofmalers Hyacinthe Rigaud. Das Bild zeigt den 63-jährigen König in Lebensgröße. Das Original ist 2,77 m hoch und 1,94 m breit.

Ludwig XIV. übernimmt die Regierungsgeschäfte

Dreißig Jahre lang hatte in Deutschland der Krieg getobt. Städte und Dörfer waren zerstört, Millionen Menschen umgekommen. Als endlich 1648 Frieden geschlossen wurde, teilte man Deutschland in mehr als 300 Fürstentümer auf. Die Macht des Kaisers war geschwächt. Während das Deutsche Reich politisch in Ohnmacht versank, wurde Frankreich immer mächtiger. Hier war 1643 im Alter von fünf Jahren Ludwig XIV. auf den Thron gekommen. Solange er noch ein Kind war, führte für ihn Kardinal Mazarin die Regierungsgeschäfte. Der Kardinal starb am 9. März 1661. Bereits am folgenden Morgen, um 7 Uhr früh, rief Ludwig XIV. den Staatsrat zusammen. Nichts, so erklärte er den Ministern, dürfe künftig ohne seinen Willen geschehen. Er allein werde künftig die Befehle erteilen. Sache der Minister und Beamten sei es, diese auszuführen. Zehn Jahre später schrieb Ludwig XIV. von sich selbst:

Q1　… Ich entschloss mich keinen „Ersten Minister" mehr in meinen Dienst zu nehmen. Denn nichts ist unwürdiger, als wenn man auf der einen Seite alle Funktionen, auf

Ludwig XIV.: Der Staat – das bin ich!

2 Ludwig XIV. lässt sich und seine Familie in den Gestalten antiker Götter malen. Gemälde von Jean Nocret. Um 1670.

Medaille Ludwigs XIV. von 1674.

der anderen Seite nur den leeren Titel eines Königs bemerkt.
Ich wollte die oberste Leitung ganz allein in meiner Hand zusammenfassen … Ich bin über alles unterrichtet, höre auch meine geringsten Untertanen an, weiß jederzeit über Stärke und Ausbildungszustand meiner Truppen und über den Zustand meiner Festungen Bescheid. Ich gebe unverzüglich meine Befehle zu ihrer Versorgung, verhandle unmittelbar mit den fremden Gesandten, empfange und lese die Nachrichten und entwerfe teilweise selbst die Antworten, während ich für die Übrigen meinen Sekretären das Wesentliche angebe. Ich regle Einnahmen und Ausgaben des Staates und lasse mir von denen, die ich mit wichtigen Ämtern betraue, persönlich Rechenschaft geben. …

1 Tragt in eine Tabelle die verschiedenen Aufgabenbereiche ein, um die sich der König selbst kümmert.
2 Schreibt dazu aus Quelle 1 jenen Satz heraus, in dem der König zum Ausdruck bringt, dass er allein regieren möchte.

Ludwig XIV. – Sonnenkönig und absoluter Herrscher

„Der Staat – das bin ich." Diese Aussage entsprach der Denkweise Ludwigs und seiner Vorstellung von der absoluten* und uneingeschränkten Herrschaft des Königs über sein Reich und seine Untertanen. Als Herrscher von Gottes Gnaden meinte er seine Entscheidungen nur vor Gott rechtfertigen zu müssen. Sichtbaren Ausdruck fand diese herausragende Stellung in dem von ihm ausgewählten Symbol der Sonne. Er selber schrieb dazu:

Q2 … Die Sonne ist
– durch ihre Einzigartigkeit,
– durch den Glanz, der sie umgibt,
– durch das Licht, das sie den anderen sie wie ein Hofstaat umgebenden Sternen mitteilt,
– durch das Gute, das sie überall bewirkt, indem sie unaufhörlich Leben, Freude und Tätigkeit weckt,
sicher das lebendigste und schönste Sinnbild eines großen Herrschers. …

3 Stellt anhand der Abbildungen und der Quelle 1 Vermutungen an über das Verhältnis des Königs zu seinen Untertanen.
4 Der französische Bischof Bossuet (1627–1704) sagte: „Oh Könige, ihr seid Göttern gleich!" Was sollte damit zum Ausdruck gebracht werden?

Absolutismus*:
(lat. = absolutus = losgelöst).
Bezeichnung für die Epoche vom 16. bis 18. Jahrhundert, in der Ludwig XIV. und seine Regierungsform in Europa als Vorbild galten. Der Monarch besaß die uneingeschränkte Herrschaftsgewalt. Er regierte losgelöst von den Gesetzen und forderte von allen Untertanen unbedingten Gehorsam.*

Im Schloss von Versailles

Skulpturen aus Pflanzen
Ein ganzes Heer von Gärtnern, hierarchisch gegliedert und regelrecht in Bataillone eingeteilt, war in Versailles beschäftigt. Um die Natur zu zähmen, sie schöner zu machen, wurden Sträucher, Bäume und Hecken beschnitten. Das Laubwerk wurde auf klare und präzise Formen zurechtgestutzt, bis die Hecken und Bäume manchmal ein recht sonderbares Aussehen bekamen.

1 **Schloss Versailles. Blick aus dem königlichen Schlafzimmer. Die Gartenfront des Schlosses ist 580 m lang und hat 375 Fenster.** Gemälde von Pierre Denis Martin. 1722.

Ein Schlafzimmer im Zentrum des Schlosses

Die Prinzessin Liselotte von der Pfalz, die mit einem Bruder des Königs verheiratet war, schrieb über Versailles:

> **Q1** … Es herrscht hier in Versailles eine Pracht, die du dir nicht ausdenken kannst. An Marmor und Gold wurde nicht gespart. Edelsteine, Spiegel, Edelhölzer, Teppiche, wohin du schaust. Köstliche Gemälde und Statuen an den Wänden. Und erst die Springbrunnen, Wasserkünste und Pavillons in dem riesigen Park. Denke dir nur, alle Alleen, Wege und Wasserläufe sind auf das Schlafzimmer des Königs, das im Zentrum des Schlosses liegt, ausgerichtet. …

Versailles war ursprünglich eine sumpfige Einöde. In einem „Sumpf, in dem Nattern, Kröten und Frösche hausten" – so berichtet ein Zeitgenosse –, ließ der König das Jagdschlösschen seines Vaters zur glanzvollen Residenz erweitern. Von 1661–1689 bauten bis zu 36 000 Arbeiter an der Schlossanlage. 6 000 Pferde wurden zum Transport der Materialien eingesetzt. In den ausgedehnten Parkanlagen wurde ein See von 700 m Länge angelegt. Um die 1400 Brunnen und Fontänen mit Wasser zu versorgen musste ein kleiner Fluss gestaut werden. Im Zentrum der ganzen Anlage stand das Schloss. In ihm befanden sich fast 2 000 Räume, dazu große Säle und riesige Flure. Bei den zahlreichen Festen, die der König veranstalten ließ, fanden hier über 20 000 Menschen Platz. In der Nacht leuchteten dazu über 200 000 Lampions. Der König zeigte sich auf diesen Festen bisweilen im Gewand eines römischen Sonnengottes.

Trotz all der Pracht herrschte im Schloss eine qualvolle Enge. Versailles beherbergte nahezu 20 000 Menschen. Der gesamte Hofstaat, adlige Herrschaften und ihre Familien, Minister und Beamte lebten seit dem Umzug im Jahre 1682 in einem Schloss, das höchst unpraktisch eingerichtet war. Nur wenige Räume waren beheizbar und es fehlten Bäder und Toiletten. Die Damen mussten den Körpergeruch mit starkem Parfum überdecken und die vornehmsten Herren verrichteten ihre Notdurft oft auf den Treppen. Doch wer in Frankreich etwas werden und bedeuten wollte, musste sich in die Nähe des Königs begeben und alles tun, um ihm aufzufallen.

1 *Überlegt, aus welchen Gründen der König sein Schlafzimmer ins Zentrum des Schlosses verlegen ließ.*

Ein König im Schlafrock

Wer darf dem König beim Anziehen helfen?

Schloss Versailles war das Zentrum Frankreichs. Der König bestimmte nicht nur über das Leben seiner Untertanen, sondern auch über das Leben am Hof. Die strenge Hofetikette* schrieb jedem Höfling den Tagesablauf vor.
Über die tägliche „Zeremonie des Ankleidens" berichtet ein Herzog:

Q2 … Morgens weckt den König der erste Kammerdiener. Dann treten der Reihe nach fünf verschiedene Gruppen von Menschen in das Schlafzimmer.
Zuerst kommt die „vertrauliche Gruppe": Das sind seine Kinder, der erste Arzt und der erste Chirurg. Es folgt die „große Gruppe": Zu ihr gehören der Meister der Garderobe, Friseure, Schneider, verschiedene Diener und die Kammerdamen der Königin. Man gießt dem König aus einer vergoldeten Schale Franzbranntwein über die Hände. Dann bekreuzigt sich der König und betet. Anschließend erhebt er sich aus dem Bett und zieht die Pantoffeln an. Der Großkämmerer reicht ihm den Schlafrock.
In diesem Augenblick wird die dritte Gruppe hereingelassen: verschiedene Diener, weitere Ärzte und Chirurgen und die königlichen Nachttopfträger. Der Kammer-Edelmann nennt dem König die Namen der vor der Tür wartenden Edelleute.
Diese treten als vierte Gruppe ein: Es sind dies die Mantel- und Büchsenträger, Kaplan und Hofprediger, Hauptmann und Major der Leibgarde, der Oberjägermeister, der Oberwolfsjäger und Oberbrotmeister, Gesandte und Minister.
Der König wäscht sich jetzt die Hände und zieht sich aus. Zwei Pagen ziehen ihm die Pantoffeln aus. Das Hemd wird beim rechten Ärmel vom Großmeister der Garderobe, beim linken Ärmel vom ersten Diener der Garderobe entfernt. Ein anderer Diener trägt ein frisches Hemd herbei.
In diesem feierlichen Augenblick wird die fünfte Gruppe hereingelassen, die einen großen Teil der übrigen Hofgesellschaft umfasst.

Etikette:*
Regeln, die beim Umgang mit anderen Menschen einzuhalten sind, besonders gegenüber Höhergestellten.

2 Der König wird angekleidet. Farblithografie von Maurice Leloir, 19. Jahrhundert.

Diener bringen dem König jetzt die Kleider. In einem Körbchen werden ihm verschiedene Halsbinden gezeigt, von denen er eine auswählt. Der Vorstand der Taschentücher-Abteilung bringt auf einem silbernen Teller drei Taschentücher zur Auswahl. Schließlich überreicht ihm der Garderobenmeister Hut, Stock und Handschuhe. Der König kniet nochmals nieder zum Gebet. Dann erteilt er die Tagesbefehle und bestimmt das Programm des Tages. …

2 Beschreibt die Abbildung. Beachtet dabei auch die Haltung der einzelnen Personen.
3 Sucht in Quelle 2 die Textstelle, die zu dieser Abbildung passt.
4 Überlegt, was der König über die Anwesenden gedacht haben könnte.

Ludwig XIV. im Gewand eines Sonnengottes.

Der König und seine Untertanen

1 Der Bauernstand trägt die ersten zwei Stände. Tauben und Kaninchen, die der Bauer nicht erlegen durfte, verursachen Ernteschäden. Kolorierte Radierung von 1789.

Die ständische Gesellschaft

Die französische Gesellschaft, über die Ludwig uneingeschränkt herrschen wollte, war seit Jahrhunderten in Stände* eingeteilt. Die höheren Geistlichen gehörten zum ersten, der Adel zum zweiten Stand. Als Angehörige der ersten beiden Stände genossen sie bestimmte Privilegien*. Sie mussten z. B. keine Steuern bezahlen und erhielten von den Bauern Abgaben und Dienste. Fast alle Steuern, die der König einnahm, wurden vom dritten Stand bezahlt. Hierzu zählten Kaufleute, Anwälte oder Bankiers, die in den Städten lebten und die Landbevölkerung, leibeigene Bauern und Tagelöhner, die die Mehrheit der Bevölkerung stellten.

1 Entwerft mit Hilfe des Textes und der Abbildung 1 ein Schaubild zum Aufbau der Ständeordnung im Absolutismus.

Aus Adligen werden Höflinge

Als Ludwig XIV. im Jahr 1661 die Regierung übernahm, gab es in Frankreich viele Adlige, Klöster, Bischöfe und Städte, die alle selbst regieren wollten. Alte Rechte gestatteten es ihnen, in ihren Territorien zu herrschen und unabhängig vom König zu entscheiden. „Ich aber wollte" – so schrieb Ludwig XIV. – „die oberste Leitung ganz allein in meinen Händen halten." Der König verlangte, dass sich die Adligen künftig an seinem Hof in Versailles aufhielten. Das aufwendige Leben am Hof, die Feste oder der Zwang sich gemäß der höfischen Mode zu kleiden waren sehr kostspielig. Viele Adlige gerieten daher in finanzielle Schwierigkeiten und Ludwig nutzte dies aus. Er gewährte den Adligen, die in seiner Gunst standen, gut bezahlte Ämter, die politisch keine Bedeutung hatten. Wichtig für die Regierung des Landes und für die Durchführung der königlichen Befehle waren nur die oberen Beamten, die der König einsetzte. Sie waren Ludwig zu absolutem Gehorsam verpflichtet und jederzeit absetzbar. In ganz Frankreich überwachten sie die Steuereinziehungen und den Straßenbau, sie kontrollierten die Zölle und führten bei Gericht den Vorsitz. Über alle besonderen Vorkommnisse erstatteten sie dem König sofort Bericht und warteten auf seine Anordnungen.

2 Erklärt, wie sich unter Ludwig XIV. der Einfluss und die Stellung des Adels veränderte.

„Ein König, ein Glaube, ein Gesetz"

Ludwig hielt sich für einen König von Gottes Gnaden. Er glaubte, dass er seine Regierungsweise nur vor Gott zu rechtfertigen habe und dass seine Anordnungen dem göttlichen Willen entsprächen. Die katholische Kirche, der Ludwig angehörte, unterstützte die Auffassung des Königs. Doch viele Untertanen gehörten zu den Hugenotten, den Anhängern der Reformation in Frankreich. Im Edikt von Nantes war den Hugenotten im Jahr 1598 die freie Ausübung ihrer Religion gewährt worden. Ludwig XIV. erneuerte dagegen den alten Grundsatz der französischen Könige: „Ein König, ein Glaube, ein Gesetz." Im Jahr 1685 verbot er den Protestantismus und ließ alle Kirchen der Reformierten niederreißen. Den Hugenotten wurde es zudem verboten, auszuwandern oder Besitz aus Frankreich zu entfernen. Viele Hugenotten

---

Stände*:
Gesellschaftliche Gruppen, die sich voneinander durch Herkunft, Beruf und eigene Rechte abgrenzen. Im Mittelalter unterschied man drei Stände: Geistlichkeit, Adel, Bauern und Bürger.

Privilegien*:
Sonderrechte, Vorrechte.

Die Stützen der königlichen Macht

2 Die Stützen der absolutistischen Macht.

traten nun aus Angst um ihr Leben zum katholischen Glauben über oder sie flohen trotz des königlichen Verbots ins Ausland, z. B. nach Preußen.
Die katholische Kirche aber räumte dem König bestimmte Rechte ein. Ludwig XIV. ernannte fortan die Bischöfe und er hatte die Aufsicht über das Kirchenvermögen.

3 Erklärt die Bedeutung des Grundsatzes: „Ein König, ein Glaube, ein Gesetz."

„Allzeit bereit!" – Ludwig XIV. und sein stehendes Heer*

Ludwig XIV. brauchte eine schlagkräftige Armee, um seine Herrschaft gegen aufständische Untertanen durchzusetzen. Vor allem aber wollte er Frankreich zum mächtigsten Staat Europas machen. Mit Energie betrieb Ludwig XIV. daher den Aufbau eines stehenden Heeres, das auch in Friedenszeiten einsatzbereit unter Waffen stand. Immer mehr Soldaten wurden für längere Zeit angeworben, mit neuen Waffen und gleichen Uniformen ausgerüstet. Frankreich hatte 1664 etwa 45 000, bis 1703 schon fast 400 000 Mann täglich einsatzbereit und war damit die stärkste Militärmacht Europas geworden. In mehr als der Hälfte seiner Regierungszeit führte Ludwig deshalb Kriege gegen verschiedene Nachbarstaaten, die etwa 1 200 000 Menschen das Leben gekostet haben.

4 Zahlreiche militärische Bezeichnungen wurden im 17. und 18. Jahrhundert von anderen europäischen Armeen übernommen (siehe Randspalte). Informiert euch über Begriffe, die ihr nicht kennt, in einem Lexikon.

Wer soll das bezahlen?

Die häufig geführten Kriege und der Unterhalt der Armee kosteten fast die Hälfte des gesamten Staatshaushaltes. Hinzu kamen riesige Summen für die Hofhaltung und für den Bau des Schlosses in Versailles. Das Ziel des Königs war es daher, die Staatseinnahmen immer weiter zu erhöhen, doch das Land verarmte immer mehr. In einem Bericht an den König im Jahr 1678 heißt es:

> Q … Von allen Seiten kommt man zu mir mit der Bitte dem Könige vorzustellen, wie man ganz außer Stande ist, die Abgaben zu bezahlen. Es ist sicher und ich spreche davon, weil ich es genau weiß, dass der größte Teil der Einwohner unserer Provinz während des Winters nur von Eichel- und Wurzelbrot gelebt hat und dass man sie jetzt das Gras der Wiesen und die Rinde der Bäume essen sieht. …

5 Spielt folgende Szene: Der König und der Finanzminister beraten, wie sie die Staatseinnahmen erhöhen können.

Stehendes Heer*:
Im Mittelalter wurden Heere nur für einen Krieg aufgestellt. Die Söldner und die Landsknechte wurden nach Kriegsende wieder entlassen. Seit dem 17. Jahrhundert schufen die absolutistischen Herrscher jedoch Armeen, die auch in Friedenszeiten einsatzbereit unter Waffen standen.

Zahlreiche militärische Bezeichnungen aus der französischen Armee wurden im 17. und 18. Jahrhundert von anderen europäischen Armeen übernommen, so z. B.: Infanterie, Artillerie, Kavallerie, Leutnant, Munition, General und Proviant.

Ludwigs Staat ist bankrott

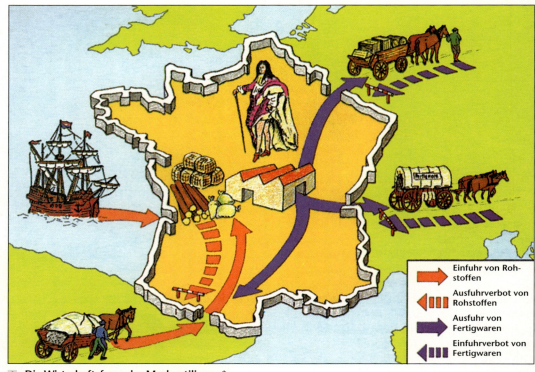

1   Die Wirtschaftsform des Merkantilismus*.

Merkantilismus*:
(von lat. mercator = Kaufmann). Staatlich gelenkte Wirtschaftsform des Absolutismus. Durch intensiven Handel sollte möglichst viel Geld in das Land kommen, möglichst wenig Geld das Land verlassen. Die Regierung erhöhte daher die Ausfuhr von Fertigwaren und erschwerte die Einfuhr ausländischer Waren durch hohe Zölle.

Der König in Not
Nur wenige Jahre nach dem Regierungsantritt Ludwigs XIV. war der französische Staat bereits restlos verschuldet. Colbert, der Finanzminister des Königs, erkannte, dass die normalen Steuereinnahmen niemals ausreichen würden um die hohen Ausgaben des Königs zu decken. Um den immer neuen Geldforderungen nachkommen zu können entwickelte er daher ein neues Wirtschaftssystem, den Merkantilismus. Schon diese Bezeichnung lässt deutlich erkennen, dass Colbert in der Förderung des Handels und Gewerbes seine Hauptaufgabe sah.

Colbert und die neue Wirtschaftspolitik
Um möglichst viel Geld hereinzubekommen schlug Colbert folgendes Verfahren vor: Frankreich importiert billige Rohstoffe; diese werden von französischen Handwerkern zu Fertigwaren verarbeitet und anschließend ins Ausland verkauft. Um den Handel innerhalb Frankreichs zu erleichtern wurden Maße, Gewichte und das Münzwesen vereinheitlicht. Außerdem ließ er zahlreiche Straßen und Kanäle bauen.

Da die kleinen Handwerksbetriebe nicht in der Lage waren Fertigwaren in höherer Stückzahl zu produzieren, förderte Colbert den Aufbau von Manufakturen. Manufakturen waren größere Betriebe, in denen die Arbeit zwar von Hand geschah, die gesamte Herstellung aber in einzelne Arbeitsvorgänge zerlegt wurde.

1   *Tragt mit Hilfe von Abbildung 1 in eine Liste ein:*
– alles, was von Colbert gefördert wurde (linke Spalte),
– alles, was von Colbert verboten wurde (rechte Spalte).
Erläutert die einzelnen Maßnahmen.

In einer Stecknadelmanufaktur
Über die Arbeit in einer Stecknadelmanufaktur schrieb Adam Smith, der schottische Wirtschaftsfachmann, etwa 100 Jahre später:

Merkantilismus – die neue Wirtschaftspolitik

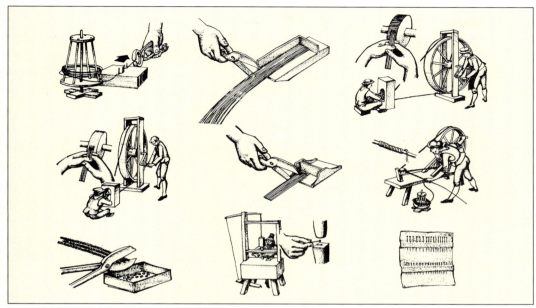

2 Wichtige Arbeiten in einer Stecknadelmanufaktur.

Q1 … Einer zieht den Draht, ein anderer richtet ihn ein, ein Dritter schrotet ihn ab, ein Vierter spitzt ihn zu, ein Fünfter schleift ihn am oberen Ende, damit der Kopf angesetzt wird … so wird das wenig wichtige Geschäft der Stecknadelfabrikation in ungefähr 18 verschiedene Verrichtungen verteilt … Ich habe eine kleine Fabrik dieser Art gesehen, wo nur zehn Menschen beschäftigt waren und manche daher zwei oder drei verschiedene Verrichtungen zu erfüllen hatten. Obgleich nun diese Menschen sehr arm und darum nur leidlich mit den nötigen Maschinen versehen waren, so konnten sie doch, wenn sie tüchtig daranhielten, zusammen zwölf Pfund Stecknadeln täglich liefern. …

2 Ein Pfund Stecknadeln enthielt über 4 000 Nadeln mittlerer Größe. Rechnet aus, wie viele Nadeln jeder Mitarbeiter nach Quelle 1 an einem Tag herstellen konnte.
3 Beschreibt mit Hilfe von Quelle 1 die Arbeitsvorgänge auf der Abbildung 2. Erklärt die Vorteile dieser Arbeitsweise gegenüber einem herkömmlichen Handwerksbetrieb.

Der Merkantilismus und seine Nachbarn

Colbert hatte mit seiner Wirtschaftspolitik Erfolg. Die Einnahmen des Staates verdoppelten sich in kurzer Zeit. Voller Bewunderung schrieb der Botschafter Venedigs:

Q2 … Colbert unterlässt nichts um die Industrien anderer Länder in Frankreich heimisch zu machen. Er versucht auf englische Art die französischen Häute zu gerben, damit sie die englischen Felle ersetzen. Holland hat man die Art der Tuchmacherei entlehnt wie auch den Käse, die Butter und andere Besonderheiten. Deutschland hat man die Hutmacherei und die Fabrikation des Weißblechs und viele andere industrielle Arbeiten abgesehen. Italien die Spitzen und Spiegel. Das Beste, was man in allen Weltteilen hat, stellt man jetzt in Frankreich her und so groß ist die Beliebtheit dieser Erzeugnisse, dass von allen Seiten die Bestellungen einlaufen. …

4 Sprecht über die Folgen, die der französische Merkantilismus für die übrigen Staaten Europas haben musste.

Jean-Baptiste Colbert (1619–1683), Finanzminister Ludwigs XIV. und Vertreter des Merkantilismus.

Europa im Barock

1 **Neues Palais im Park Sanssouci in Potsdam.** Der spätbarocke Bau stammt aus dem Jahr 1763–1769.

Barock*:
(portug. = schiefrund). Der ursprünglich italienische Kunststil setzte sich gegen Ende des 17. Jahrhunderts in ganz Europa durch. Es entstanden zahlreiche barocke Schloss- und Kirchenbauten mit prunkvollen Verzierungen, die Kraft und Fülle ausdrücken sollten.

Putte. Rekonstruktion.

Kleine Versailles in ganz Europa

Voller Bewunderung blickten viele Fürsten und Könige in Europa nach Frankreich. Versailles und Ludwig XIV. waren ihre großen Vorbilder und sie bemühten sich die Lebensweise und die Baukunst des französischen Absolutismus nachzuahmen.

So wurden in vielen kleineren und größeren Fürstentümern prächtige Schlösser gebaut. Umgeben waren sie von großflächigen Parkanlagen mit Blumenbeeten und Rasenflächen in geometrischen Formen; auch die Natur hatte sich dem Herrscherwillen unterzuordnen. Künstlich angelegte Seen und Kanäle sowie zahlreiche Brunnen mit hoch aufschießenden Fontänen erfreuten jeden Besucher.

Diese Gartenarchitektur und den neuen Baustil bezeichnete man als Barock*. „Barocco" nannte man in Portugal minderwertige Perlen mit unregelmäßiger Oberfläche. Das Wort „Barock" steht also für das Verschnörkelte, auch das Überladene, für das Unregelmäßige, das von der vorausgegangenen Kunst abweicht. Von außen gesehen waren die Barockbauten oft recht einfach gehalten, umso mehr Wert wurde auf die Ausgestaltung der Innenräume gelegt. Große Festsäle, die sich bisweilen über zwei Stockwerke erstreckten, und prächtige Treppenhäuser waren Zeichen der fürstlichen Macht und des Reichtums.

Beeindruckende Beispiele dieser herrschaftlichen Bauten sind u. a. der Zwinger in Dresden und das Berliner Schloss.

In barocker Bauweise entstanden auch viele katholische Kirchen. Helle Räume mit warmen Goldtönen, große Gemälde mit liebenswürdigen Heiligen und kleine lustige Engelchen (Putten) vermittelten den Menschen den Eindruck, zwischen Himmel und Erde bestehe eine enge, glückliche Verbindung. Die Menschen sollten vor dem Himmelreich, vor Gott, keine Angst haben, sondern durch diesen Prunk frohe Hoffnung auf das prächtige Jenseits schöpfen.

1 *Informiert euch, welche Barockbauten es in eurer Nähe gibt. Schreibt an die betreffenden Verkehrsämter und bittet um die Zusendung von Informations- und Bildmaterial.*

2 *Erklärt anhand dieses Materials die Besonderheiten des neuen Kunststils.*

Geschichte vor Ort: „Die Barockperle der Mark"

1 Das Zisterzienserkloster in Neuzelle.

2 **Stiftkirche St. Marien.** Mittelschiff – Blick auf den Hochaltar.

Das Zisterzienserkloster Neuzelle
Das Kloster Neuzelle wurde 1268 von dem Meißner Markgrafen Heinrich dem Erlauchten gegründet. Die Mönche, die in Neuzelle lebten, gehörten dem Zisterzienserorden an. Dieser hatte sich seit 1098 über ganz Europa verbreitet und war dabei vor allem wirtschaftlich sehr erfolgreich gewesen. Je wohlhabender und einflussreicher die Zisterzienser wurden, desto mehr waren sie daran interessiert, ihre Klöster und Kirchen möglichst herrschaftlich und prachtvoll zu gestalten, damit ihr Äußeres der Stellung des Ordens entsprach.

In Neuzelle geschah dies in der Zeit des Barock, besonders unter dem Abt Martinus Graff (1727–1741). Die ehemals gotische Kirche wurde umgestaltet. Sie erhielt ihre heutige prunkvolle Gestalt, die dem Kloster auch seinen Beinamen bescherte – Barockperle der Mark Brandenburg.
1 *Plant eine Exkursion nach Neuzelle und bereitet euch entsprechend vor. Nähere Informationen bekommt ihr unter folgender Adresse:*
Tourismus-Information Neuzelle
Stiftsplatz 7
15898 Neuzelle
Tel.: 03 36 52-61 02.
2 *Sucht in Neuzelle nach typischen Merkmalen des Barock in der Architektur, in der Malerei, in der Skulptur oder auch in der Gesamtanlage. Fertigt Skizzen oder Fotografien an und stellt damit eine Wandzeitung zusammen. – Vielleicht macht ihr daraus sogar eine Art Schnipseljagd. Das müsst ihr aber mit eurem Lehrer vereinbaren, denn die Vorbereitungen für eine Schnipseljagd sind sehr zeitaufwendig!*
3 *Versucht vor Ort noch mehr über die Geschichte des Klosters in Erfahrung zu bringen. Vielleicht könnt ihr sogar kurze Interviews mit Menschen machen, die in Neuzelle wohnen. Fragt sie, was sie über Kloster und Ort wissen und wie sie ihre „Barockperle" sehen.*

Leben wie ein Fürst

1 **Festbankett mit August III., Kurfürst von Sachsen und Maria Josepha, der Frau des Kurfürsten.** Szene aus dem DDR-Film „Sachsens Glanz und Preußens Gloria" von 1985.

Adlige Frau in der Mode zur Zeit des Absolutismus.

Folgende Wörter stammen aus der französischen Sprache: Allee, Etage, Balkon, Jackett, Frack, Madame, Frisur, Perücke, Garderobe, elegant, Toilette, Kavalier, Uniform, Kompliment, Ballett.

Barock als Lebensstil

Als Barock bezeichnete man den gesamten Lebensstil der gehobenen Bevölkerungsschicht in der Zeit des Absolutismus: die Kleidung, die Möbel, die Musik und das Benehmen. Ausgehend von Versailles wurde der barocke Lebensstil am Hofe der Fürsten, aber auch durch wohlhabende Bürger und reiche Bauern nachgeahmt. Aufgemalte Erker, Girlanden und Fensterumrahmungen verliehen ihren Häusern ein herrschaftliches Aussehen. Französisch war „in" und viele Modeneuheiten kamen aus Frankreich. Die Damen z. B. trugen Reifröcke über einem Gestell aus Fischbein, schnürten ihre Taille eng zusammen und türmten ihr Haar gewaltig auf – notfalls mit Haarzusatz. In schwere Kleidung eingezwängt, die bis zu einem Zentner wog, konnten sie nur würdevoll schreiten.

Streng geregelt war das Benehmen in den gehobenen Schichten. So gehörte es zur Höflichkeit, dass ein Herr der Dame den Vortritt überließ. Am Hofe der Fürsten sprach man überwiegend Französisch und auch die wohlhabenden Bürger versuchten dies nachzuahmen. Sie mischten zumindest französische Wörter in ihre Unterhaltung.

1 *Versucht die französischen Wörter in der Randspalte durch deutsche Beschreibungen zu ersetzen.*

2 **Das Borthenreuther-Haus in Schneeberg/Sachsen.** Portalansicht. Erbaut 1725/26.

Zum Weiterlesen: Die königliche Lockenpracht

Der absolutistische König Ludwig XIV. hatte nicht nur die politische Macht, er bestimmte auch die Mode und das kulturelle Leben. Man sagte, dass der neueste französische Trend, wenn er nach England oder Deutschland gelangte, in Paris schon wieder unmodern war. Über die Mode der Männer zur Zeit Ludwigs heißt es in einem Jugendbuch:

Lockenpracht

Ludwig führte am französischen Hof die Perücke ein – böse Zungen meinen um seine eigene Kahlköpfigkeit zu verdecken. Die „Allongeperücke" (langlockige, über die Schultern reichende Perücke) verlieh Würde und Autorität und jeder feine Herr trug sie. Das eigene Haar darunter war kurz geschnitten oder der Kopf ganz kahl geschoren. Die Damenfrisuren erreichten nicht die Pracht der Männerperücken, doch wurde um 1690 als Gegenstück zur Allongeperücke die „Fontageperücke" modern. Diese Hochfrisur türmte sich bis zu 20 cm auf dem Scheitel. Sie war an einem Drahtgestell befestigt, mit Bändern und Spitzen verziert und verjüngte sich nach oben.

Die arbeitende Bevölkerung trug keine Perücken, da diese teuer waren und bei der Arbeit behinderten. Blasse Haut galt bei Männern und Frauen als vornehm. Als Kontrast benutzte man Rouge und Lippenstift sowie Schönheitspflästerchen aus schwarzem Taft in den verschiedensten Formen, z. B. Sonnen, Monde, Sterne. Baden und Waschen galt als ungesund. Starkes Make-up und Schönheitspflaster waren daher nötig um Schmutz und Hautflecken zu kaschieren. Körpergeruch versuchten Frauen wie Männer durch Parfüm zu überdecken.

Deutsche Herren

Die Kleidung dieser Männer (siehe Abbildung) entspricht der Mode um 1670. Beide tragen einen flachen, breitkrempigen Hut, aus dem sich später der Dreispitz entwickelt. Die Schuhe hatten eckige Kappen und manchmal wurde das Oberleder umgeschlagen, sodass das Futter sichtbar wurde.

Weitere Informationen über die Mode zur Zeit des Sonnenkönigs findet ihr in dem Buch von L. Rowland-Warne: Kleidung & Mode. Von der Toga bis zur Mode der Punks. Gerstenberg Verlag.

Absolutismus auch in England?

1 **König Jakob I. von England.** Zeitgenössisches Gemälde von N. Hilliard.

2 **Der englische König Karl I. (1600–1649).** Zeitgenössisches Gemälde von N. Hilliard.

1603–1625:
Jakob I., König von England.

1625–1649:
Karl I., König von England.

Der König – Herr über Leben und Tod?
Voller Bewunderung blickten die Fürsten ganz Europas nach Frankreich. Versailles und Ludwig XIV. waren ihre großen Vorbilder. Auch die englischen Könige wollten jetzt eine absolutistische Herrschaft errichten.
So schrieb Jakob I. (1566–1625), der im Jahre 1603 König von England wurde:

> **Q1** … Die Könige waren schon da, bevor es Stände oder Rangabstufungen innerhalb der Stände gab, bevor Parlamente gehalten oder Gesetze gemacht wurden. Die Könige verteilten das Land, das ursprünglich ihnen allein gehörte; sie riefen Ständeversammlungen ins Leben und entwarfen Regierungsformen. Daraus folgt, dass die Könige Urheber und Schöpfer der Gesetze waren, und nicht umgekehrt. …

Die Ansprüche des Königs waren unvereinbar mit den Rechten des englischen Parlaments, das seit 1332 aus zwei Häusern bestand: Im Oberhaus saßen die vom König berufenen Mitglieder des hohen Adels, also Grafen und Herzöge, Äbte und Bischöfe.

Dem Unterhaus gehörten gewählte Vertreter des Landadels und der Städte an. Nur mit Zustimmung des Parlaments – so war es seit langem Brauch – durfte der König Steuern erheben oder Gesetze erlassen. Zum Streit zwischen Parlament und König kam es aber erst unter dem Nachfolger Jakobs I. Sein Sohn Karl I., der 1625 König wurde, sagte in seiner Thronrede vor dem Parlament:

> **Q2** … Abschließend möchte ich sagen: Ich befehle euch allen, die ihr hier anwesend seid, wohl zur Kenntnis zu nehmen, was ich euch gesagt habe … keines der Häuser des Parlaments, mögen sie vereinigt oder getrennt sein, hat irgendwelche Befugnis ein Gesetz zu erlassen oder zu interpretieren ohne meine Zustimmung. …

Rücksichtslos versuchte Karl I. seine Machtansprüche durchzusetzen. Das Parlament, das auf seine Rechte nicht verzichten wollte, wurde 1629 von ihm aufgelöst.

1 Erläutert anhand der Abbildung 3:
– Wer ist im Parlament vertreten?
– Wie ist die Macht im Parlament verteilt?

Parlament und Krone in England

3 Die Eröffnung des Parlaments im Oberhaus, 1523. In der Mitte sitzt der König auf dem Thron, vor ihm sitzen in der Mitte die Richter, außerdem sieht man zwei Schreiber, kniend. Auf der linken Seite sitzen die Bischöfe und Äbte (= geistliche Lords), auf der rechten die Angehörigen des Hochadels.

Parlament:
(lat. parlamentum = Unterredung, Verhandlung).
Seit dem Mittelalter übernahmen Ständevertretungen die Aufgabe, den Herrscher zu beraten. Aus solch einer Versammlung entwickelte sich das älteste Parlament: das englische. Es bestand aus zwei Häusern. Im Oberhaus saßen vor allem die Angehörigen des Hochadels, im Unterhaus die gewählten Vertreter des niederen Adels und der Städte. Die wichtigsten Aufgaben des Parlaments waren die Gesetzgebung und die Bewilligung von Steuern.

Rebellion und Bürgerkrieg

1 Oliver Cromwell wird am 20. April 1653 zum Lord-Protector gewählt. Kreidelithographie, koloriert, 1855, von Theodor Hosemann (1807–1875).

1649:
Hinrichtung des englischen Königs Karl I.

1649–1658:
Cromwell herrscht als Diktator in England.

Exil*:
(lat.: exilium = Verbannung) Bezeichnet das erzwungene oder freiwillige Verlassen des Heimatlandes.

„Alle Vögel sind ausgeflogen"

Erst elf Jahre später, als in Schottland ein Aufstand gegen den König ausbrach und Karl I. dringend Geld brauchte, um ein schlagkräftiges Heer aufzustellen, rief er es erneut zusammen. Widerwillig gestand er den Parlamentariern ihre alten Rechte der Steuerbewilligung wieder zu. Dennoch kam es zum Streit. Das Parlament bestand darauf, dass das Heer von Männern seines Vertrauens geführt werde, der König hingegen strebte selbst nach dem Oberbefehl. Um das Parlament einzuschüchtern klagte der König fünf Abgeordnete, die durch ihren Widerstand besonders hervorgetreten waren, des Hochverrats an. Da das Parlament die Verhaftung seiner Mitglieder ablehnte, erschien der König am folgenden Tag selber im Unterhaus. Ein Zeitgenosse berichtet:

Q1 … Die Tür zum Unterhaus wurde aufgestoßen, Seine Majestät betrat das Haus … Dann begann der König zu sprechen: „Meine Herren, es tut mir Leid, dass ich aus solchem Anlass zu Ihnen kommen muss. Gestern sandte ich einen Wachtmeister mit einem sehr wichtigen Auftrag, nämlich um einige zu verhaften, die auf meinen Befehl wegen Hochverrats angeklagt sind. Ich erwartete Gehorsam, nicht aber eine Botschaft. Deshalb bin ich gekommen, um festzustellen, ob die Angeklagten sich hier befinden. … Nun schön, ich sehe, dass alle Vögel ausgeflogen sind. So erwarte ich von Ihnen, dass Sie sie mir schicken, sobald sie sich hier wieder einfinden. …

1 Versetzt euch in die Lage der Parlamentarier. – Was könntet ihr dem König geantwortet haben?

Der König wird geköpft

Das herrische Auftreten Karls I. war für die Parlamentarier das Signal zum Kampf gegen den König. Der Bürgerkrieg begann. Erst 1648 gelang es dem Heer des Parlaments unter Führung Oliver Cromwells, eines Landadeligen, die königlichen Truppen endgültig zu besiegen. Der König wurde gefangen genommen, von einem Gericht wegen Hochverrats zum Tode verurteilt und am 30. Januar 1649 öffentlich hingerichtet.

2 Sprecht darüber, was die Hinrichtung eines Königs für die Herrschaftsform des Absolutismus bedeuten könnte.

Cromwells Diktatur

Nach der Hinrichtung des Königs übernahm Oliver Cromwell die Regierungsgeschäfte. Unbedingt verlassen konnte er sich dabei auf seine Truppen. Mit ihrer Hilfe löste er im Jahre 1653 auch das Parlament auf, das auch ihm gegenüber auf seine Rechte pochte. Nach der Auflösung des Parlaments regierte Cromwell wie ein Diktator. Politische Gegner ließ er festnehmen und einkerkern. Über 12 000 politische Gefangene saßen bei seinem Tode im Jahre 1658 im Gefängnis.
Nach dem Tode Cromwells beschloss das neugewählte Parlament die Monarchie wieder einzuführen. Die Krone wurde Karl II., einem Sohn Karls I., der im Exil* in Frankreich lebte, angeboten.

England, die Insel der Freiheiten?

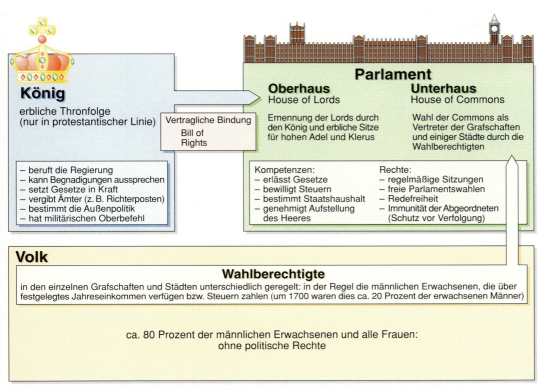

2 Die Monarchie in England nach der „Glorreichen Revolution".

„Glorius Revolution" und „Bill of Rights"

Obwohl Karl II. versprochen hatte, die alten Rechte des Parlaments zu achten, zeigten sich schon bald die bekannten Gegensätze zwischen König und Krone. Der Konflikt zwischen Krone und Parlament verschärfte sich, als Karls Thronfolger, Jakob II. (1663–1701), die Macht übernahm. Wieder brachen überall im Land Unruhen aus. Um endlich wieder Frieden zu bekommen, wurde die Königskrone jetzt Wilhelm III. von Oranien (1650 bis 1702) angeboten, der mit Maria, der ältesten Tochter des Königs verheiratet war. Als Wilhelm mit einem großen Heer in England erschien, floh Jakob II. nach Schottland. Da der Machtwechsel unblutig verlief, nannte man ihn in England die „Glorreiche Revolution".

Mit seiner Flucht – so stellte das Parlament fest – habe der König auf den Thron verzichtet. Vor ihrer Krönung bestätigten Maria und Wilhelm dem Parlament alle seine Rechte:

Q2 … Steuern für die Krone ohne Erlaubnis des Parlaments für längere Zeit oder in anderer Weise, als erlaubt und bewilligt, zu erheben, ist gesetzwidrig.
Es ist gegen das Gesetz, es sei denn mit Zustimmung des Parlaments, eine stehende Armee im Königreich in Friedenszeiten aufzustellen oder zu halten.
Die Wahl von Parlamentsmitgliedern soll frei sein. Die Freiheit der Rede und der Debatten und Verhandlungen im Parlament darf von keinem Gerichtshof infrage gestellt werden. …

Mit den „Bill of Rights" wurde in England der König an das vom Parlament geschaffene Gesetz gebunden und somit der Weg zur parlamentarischen Demokratie begonnen.

3 Erläutert mit Hilfe von Quelle 2 und des Schemas (Abbildung 2),
– welche Rechte das Parlament und
– welche der König besitzt.

1688:
Glorius Revolution

1689:
Bill of Rights. Bestätigung der Rechte des Parlaments.

Peter der Große: Ein Zar als Reformer?

1 Peter I. besichtigt in England die königlichen Werften. Zeitgenössisches Gemälde.

*1689–1725:
Zar Peter I. regiert in Russland als absolutistischer Herrscher.*

Peter I. will Russland modernisieren

Im 17. Jahrhundert war Russland nicht nur ein großes, sondern auch ein sehr rückständiges Land, das sich vom übrigen Europa völlig abgeschlossen hatte. Ein Wissenschaftler schrieb:

> **M** … Die Zaren halten ihre Untertanen grundsätzlich in Unwissenheit, sonst würden sie nicht Sklaven bleiben wollen. Es ist den Russen verboten, außer Landes zu gehen, weil sie sonst die Anschauungen anderer Völker kennen lernen und auf den Gedanken kommen könnten, ihre Ketten zu sprengen. …

Dies änderte sich schlagartig, als Peter I. als Zar die Alleinherrschaft über Russland erlangte. Er wollte Russland modernisieren. Dazu brauchte er qualifizierte Fachleute, die die Techniken Westeuropas kannten und beherrschten.

Schon als Kind hatte sich Peter für technische Neuerungen interessiert. Um seinen Wissensdurst zu stillen, ging er so oft er konnte in die „Deutsche Vorstadt" Moskaus. Hier lebten fast 28 000 Menschen aus ganz Europa: Wissenschaftler, Techniker, Künstler und Handwerker.

Der Zar lernte in den Werkstätten eines Zimmermanns, eines Steinmetzen, eines Buchdruckers und eines Schmiedes.

Außerhalb von Moskau baute sich Peter zudem eine eigene kleine Stadt mit Häusern, Reitställen und Lagerschuppen, mit Mauern, Toren und Türmen. Mehrere hundert Kinder aus allen Bevölkerungsschichten holte er hier zusammen. Er übte mit ihnen Schlachtordnungen und ließ sie ausbilden in der Kriegstechnik.

Ingenieure und Sprengmeister, Brückenbauer, Schiffsbauer und Navigatoren waren ihre Lehrer. Diese „Lehrer", zumeist deutsche Handwerker, waren es auch, die in Peter I. frühzeitig den Wunsch wach werden ließen, die Erfindungen und technischen Neuerungen selber in Westeuropa kennen zu lernen. 1697/98 reiste der Zar ins westliche Ausland. Ihn interessierte alles, was der Modernisierung seines Landes dienlich sein konnte.

1 Als der Zar ins westliche Ausland reiste, schrieb er: „Bin im Stande des Lernenden und brauche solche, die mich lehren." – Erklärt diese Aussage. Berücksichtigt hierzu auch die Abb. 1.

„Der Bart muss ab!"

2 Zar Peter I. in der Kleidung eines holländischen Schiffbauers. Gemälde, um 1698.

3 Bartschur eines Adligen (Bojaren). Kolorierter zeitgenössischer Holzschnitt.

Der Zar auf Bildungsreise

In Amsterdam arbeitete der Zar unerkannt als einfacher Zimmermann mehrere Monate lang auf einer Schiffswerft. Auch in London, Berlin und Wien hielt er sich einige Zeit auf. Überall lernte er Spezialisten kennen: Architekten, Handwerker, Künstler, tüchtige Seeleute und Offiziere. Er holte sie alle – insgesamt über 900 Fachleute – nach Russland. Sie sollten ihm helfen bei der Verwirklichung seiner Pläne für den Aufbau einer modernen Wirtschaft. Als der Zar 1698 nach Russland zurückkehrte, war er fest entschlossen Russland nach dem Vorbild der westeuropäischen Staaten zu verändern. Er begann eine absolutistische Herrschaft zu entfalten, die keinen Widerspruch gegen seine Umgestaltungspläne duldete.

Die Reformen unter Peter I.

Zunächst förderte der Zar die Einrichtung von Manufakturen, vor allem für Textilien, Waffen und Erze. Den Unternehmern überließ er ganze Dörfer mit den leibeigenen Bauern, die nun als Arbeiter in die Fabriken gehen sollten. Um die Waren innerhalb des Landes schneller befördern zu können, ließ er holländische Experten Kanäle bauen; sie sollten Russlands Flüsse miteinander verbinden.
Ebenso wichtig war ihm eine gründliche Schulausbildung. Im ganzen Land ließ er deshalb Schulen bauen. Adlige, die heiraten wollten, mussten den Nachweis erbringen, dass sie lesen, rechnen und schreiben konnten. Ohne diese Kenntnisse konnten sie auch nicht in die Armee eintreten. Adlige, die sich gegen diese Reformen wandten, ließ er hinrichten. Alle Männer, so bestimmte der Zar außerdem, mussten anstelle der traditionellen russischen jetzt moderne westeuropäische Kleidung tragen. Außerdem wurden sie gezwungen, ihre Bärte abzuschneiden. Die Bärte galten dem Zaren als Zeichen der Verbundenheit mit der russischen Vergangenheit. Doch die Bartverordnung des Herrschers verursachte überall Empörung, da nach überlieferter Auffassung der Bart ein Geschenk Gottes war. Der Zar reagierte auf die Proteste: Von nun an musste jeder für das Vorrecht einen Bart zu tragen eine hohe Steuer zahlen.

2 Zeigt auf, wie auf Abbildung 3 das Verhältnis zwischen dem alten und neuen Russland dargestellt ist.

Bart oder Steuer
Die russischen Männer mussten sich rasieren oder, wenn sie ihren Bart behalten wollten, eine Steuer bezahlen. Eine Münze (oben) bewies, dass die Steuer bezahlt war.

St. Petersburg – Russlands „Fenster nach Europa"

1 **St. Petersburg.** Die Residenz- und Hafenstadt entstand aus dem Sumpf. Am linken Ufer der Newa ist der Winterpalast zu sehen, am rechten die 1725 gegründete Akademie der Wissenschaften. Gemälde aus dem 18. Jahrhundert.

Die Strelitzen, die Palastwache, die Iwan IV. im 16. Jahrhundert geschaffen hatte, erhoben sich 1698 gegen den jungen Zaren Peter, der gerade im Ausland weilte. Peter kehrte eiligst zurück. Erbarmungslos ließ er 1182 Strelitzen hinrichten.

Petersburg – die neue Hauptstadt

Die Maßnahmen des Zaren stießen vor allem in Moskau auf offenen oder versteckten Widerstand. Es kam zu Aufständen, die von ihm blutig niedergeschlagen wurden. Adlige und ein bequemer und bestechlicher Beamtenapparat boykottierten die Reformen. Für Peter wurde Moskau so immer mehr zum Symbol der Rückständigkeit.

In einer heutigen Darstellung heißt es:

> **M** … Peter wollte daher eine andere Stadt, ungebunden, frei von zählebigen Überlieferungen. Die Traditionen sollten auf dem Land gerne weiterleben, seine Hauptstadt sollte der Welt zugewandt sein, den Nachbarn, dem offenen Meer, eine Metropole des Handels, des Gewerbes, Verwaltungsmittelpunkt und uneinnehmbare Festung, ein Hafen von Weltrang …

Im Jahre 1703 begannen die Bauarbeiten für das künftige Petersburg in einem sumpfigen Gelände. Alle Bauarbeiter Russlands wurden hier eingesetzt; im übrigen russischen Reich durften nur Holzhäuser gebaut werden. Als der Zar 10 Jahre später hier einzog, waren fast 30 000 Arbeiter beim Bau der neuen Stadt ums Leben gekommen.

2 **Die Sommerresidenz des Zaren in der Stadt Petrodworez (Peterhof).** 30 km von St. Petersburg entfernt ließ der Zar sein „russisches Versailles" bauen. Das prachtvolle Schloss wurde zwischen 1714 und 1728 errichtet.

1 Erklärt mit Hilfe des Textes (M) die Bezeichnung Petersburgs als „Fenster Europas".
2 Eine Arbeitsgruppe informiert sich in Lexika und Sachbüchern über das weitere Schicksal von St. Petersburg und berichtet darüber der Klasse.

Methodenseite: Bilder im Geschichtsunterricht

Bilder als Geschichtsquellen
Außer schriftlichen Quellen liefern uns auch Bilder wichtige Informationen. Bilder können zeigen, was Menschen in früheren Zeiten wichtig war, was sie gedacht und erhofft oder wie sie gelebt haben. Manche bildlichen Darstellungen sind leicht zu verstehen, z. B. wenn sie Szenen aus dem Alltagsleben zeigen. Andere Bilder geben uns auf den ersten Blick vielleicht Rätsel auf, weil ihre Aussagen nicht eindeutig sind. Die folgende Anleitung soll euch helfen, Bilder möglichst genau und richtig auszuwerten.

Peter I. besichtigt in England die königlichen Werften. Zeitgenössisches Gemälde.

1. Beobachtung und Beschreibung
Zunächst geht es um eine möglichst genaue Beobachtung und Beschreibung des Bildes. Das heißt, man erzählt zunächst nur einfach das, was man sofort klar erkennen kann, also Menschen, Gegenstände, Ereignisse. Auf diese Weise könnt ihr die Fragen beantworten:
– Was ist dargestellt?
– Ist die Darstellung naturgetreu?
– Gibt es einen Mittelpunkt, auf den der Blick gerichtet wird?
– Verstärken Vorder- oder Hintergrund einen bestimmten Eindruck?

1 Beschreibt die Abbildung 1 mit Hilfe dieser Fragen.

2. Erklärung der Personen und Gegenstände
Erst wenn ihr alle Einzelheiten genau beschrieben habt, geht es an die Erklärung. Also:
– Welche Personen oder Ereignisse sind hier dargestellt?
– Ist das Bild zeitgenössisch oder lebte der Künstler erst sehr viel später, d.h., entspringt das Bild seiner eigenen Erfahrung oder eher seinem Wunsch nach einer ganz bestimmten Art der Darstellung?
– Wollte der Künstler vielleicht mit seinem Bild einen ganz bestimmten Zweck erreichen?
– Kennt ihr Bilder, die dieselben Personen oder Ereignisse darstellen? Dann ist es sinnvoll, einen Vergleich durchzuführen.

2 Erklärt mit Hilfe dieser Fragen die Abbildung 1. – Informationen zum Künstler findet ihr in einem Lexikon. Vielleicht könnt ihr euch auch im Zeichenunterricht über das Bild unterhalten.

3. Die Deutung des ganzen Bildes
Erst nach der Beschreibung und der Erklärung aller Einzelheiten folgt die Deutung des Bildes insgesamt. Dazu ist es notwendig, einen Zusammenhang herzustellen zwischen den einzelnen Personen und ihren Tätigkeiten. Wenn ihr euch sicher seid, könnt ihr für das Bild auch einen eigenen Titel finden, der den Inhalt kurz zusammenfasst.

3 Sucht einen kurzen Titel für die Abbildung und begründet eure Auswahl.

4. Der Eindruck des Betrachters
Es gibt Bilder, die gefallen einem sofort, andere wiederum lehnt man genauso schnell ab. Eure Einstellung zu einem Bild könnt ihr verständlich machen, wenn ihr euch selber folgende Fragen stellt:
– Wie wirkt diese Darstellung auf mich?
– Was spricht mich an, was nicht?
– Was finde ich interessant und warum?
– Welche Fragen ergeben sich für mich durch das Bild?

4 Schreibt eure Empfindungen bei diesem Bild mit wenigen Worten auf und sprecht anschließend gemeinsam darüber.

Das Zeitalter der Aufklärung

1 Vortrag eines Gelehrten im Salon der Madame Geoffrin in Paris. Gemälde von G. Lemmonier, um 1745.

Aufklärung*:
Reformbewegung, die im 18. Jahrhundert in fast allen Lebensbereichen zu neuen Ideen und Denkweisen führte. In der Politik richteten sich die Aufklärer gegen die uneingeschränkte Macht des Königs. Die Aufklärer traten ein für Meinungsfreiheit, für Offenheit gegenüber anderen Meinungen und ein von Vernunft geprägtes Handeln.

Der Mensch: Bürger oder Untertan?
Der Hofprediger Ludwigs XIV. hatte 1682 geschrieben:

Q1 … Die Menschen werden allesamt als Untertanen geboren. Der Fürst blickt von einem höheren Standpunkt aus. Man darf darauf vertrauen, dass er weiter sieht als wir. Deshalb muss man ihm ohne Murren gehorchen. Derjenige, der dem Fürsten den Gehorsam verweigert, wird als Feind der menschlichen Gesellschaft zum Tode verurteilt.

War diese Auffassung wirklich richtig? Wurden alle Menschen als Untertanen geboren? Waren sie nur dazu da, um einem König zu dienen und zu gehorchen? Je mehr sich der Absolutismus in Frankreich und Europa durchsetzte, desto lauter wurde die Kritik an dieser Herrschaftsform. Es waren vor allem französische Dichter, Philosophen und Schriftsteller, die sich zu Beginn des 18. Jahrhunderts hiergegen zur Wehr setzten. Das Zeitalter der Aufklärung* begann. So schrieb der französische Philosoph Diderot:

Q2 … Kein Mensch hat von der Natur das Recht erhalten über andere zu herrschen. Die Freiheit ist ein Geschenk des Himmels und jedes Mitglied des Menschengeschlechtes hat das Recht sie zu genießen, sobald es Vernunft besitzt.

„Alle Menschen", so betonten auch andere aufgeklärte Gelehrte, „sind von Natur aus frei und gleich." Es ist höchste Zeit, dass jeder Bürger, jeder Bauer seine alten Rechte zurückgewinnt.

1 *Vergleicht die Äußerungen des Hofpredigers (Q1) mit der Äußerung Diderots (Q2).*

Gewaltenteilung statt Alleinherrschaft
Die Freiheit des Menschen ist immer dann bedroht, wenn zu viel Macht in der Hand eines Einzelnen vereint ist. Der Philosoph Montesquieu schlug deshalb vor die Macht im Staat aufzuteilen:

Q3 … In jedem Staat gibt es drei Arten von Gewalten: die gesetzgebende, die ausführende und die richterliche Gewalt.
Um den Missbrauch der Gewalt unmöglich zu machen müssen die Dinge so geordnet sein, dass die eine Gewalt die andere im Zaum hält.
Wenn die gesetzgebende Gewalt mit der ausführenden in einer Person vereinigt ist, dann gibt es keine Freiheit. Man muss dann nämlich befürchten, dass ein Herrscher tyrannische Gesetze gibt um sie als Tyrann auch auszuführen.
Es gibt keine Freiheit, wenn die richterliche Gewalt nicht von der gesetzgebenden und von der ausführenden Gewalt getrennt ist: Wenn die richterliche Gewalt mit der gesetzgebenden vereinigt wäre, so würde die

Die Welt soll „vernünftig" werden

2 Charles Montesquieu, französischer Staatsphilosoph. Kupferstich, um 1800.

3 Titelbild der von Diderot herausgegebenen Enzyklopädie*. Um 1751.

Enzyklopädie:
Ein Nachschlagewerk, das französische Gelehrte im 18. Jahrhundert herausgaben. Das gesammelte Wissen der Menschheit sollte hier umfassend dargestellt werden. Viele führende Wissenschaftler arbeiteten an der Enzyklopädie mit, die zu einem Standardwerk der Aufklärung wurde.

Gewalt über Leben und Freiheit der Bürger willkürlich sein; denn der Richter wäre zugleich Gesetzgeber.
Wäre die richterliche Gewalt mit der ausführenden Gewalt verbunden, dann könnte der Richter die Macht eines Unterdrückers besitzen. ...

2 Erklärt mit Hilfe von Q3 die Grafik in der Randspalte. Überlegt, worin das Neue gegenüber dem Absolutismus liegt.

Vernunft statt Glauben

Die Aufklärer stellten die Macht des Königtums ebenso in Frage, wie den Anspruch der Kirche, Entwicklungen im Bereich der Wissenschaft oder im Erziehungswesen bestimmen zu können. Nicht der Glaube und ungeprüfte Überzeugungen, sondern die Vernunft und der Beweis sollten die Grundlage aller Erkenntnisse sein. Der deutsche Philosoph Immanuel Kant (1724–1804) beschrieb Aufklärung folgendermaßen:

Q4 ... Aufklärung ist der Ausgang des Menschen aus seiner selbst verschuldeten Unmündigkeit. Selbst verschuldet ist diese Unmündigkeit, wenn die Ursache derselben nicht am Mangel des Verstandes, sondern am Mangel des Mutes liegt. ... Habe den Mut dich deines Verstandes zu bedienen. ...

In Frankreich, vor allem in Paris, trafen sich wohlhabende Bürger und Bürgerinnen in Salons und hörten dort Vorträge von Gelehrten. Zugleich entstanden zahlreiche Akademien, an denen Wissenschaftler gemeinsam forschten und experimentierten. Um exakter messen und beobachten zu können erfanden sie neue Instrumente, wie z. B. das Mikroskop. Die Forschungsergebnisse wurden in Enzyklopädien* zusammengefasst um sie allen Menschen zugänglich zu machen (siehe Abb. 3). Die Aufklärer wollten die Menschen durch Bildung und Erziehung dazu anleiten, die Vernunft richtig zu gebrauchen.

Die Ideen der Aufklärung verbreiteten sich rasch in ganz Europa und beeindruckten auch viele Fürsten. Zu ihnen gehörte auch Friedrich II. (1740–1786), der König von Preußen, der bereit war, wichtige Forderungen der Aufklärung zu berücksichtigen (s. S. 104f.).

3 Wie kann man sich den „Mangel an Mut" der Menschen damals in Frankreich erklären?
4 Überlegt euch Beispiele für vernünftiges und unvernünftiges Handeln. Begründet eure Meinung.

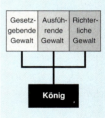

Die Staatsordnung des Absolutismus.

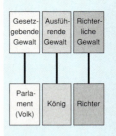

Die Gewaltenteilung nach Montesquieu.

Werkstatt Geschichte: Wissen ist Macht!

Wer wird Minister?
Wie ihr wisst, besuchte Peter, bevor er Zar von Russland wurde, häufiger die sog. „Deutsche Vorstadt" Moskaus. Hier traf er auf Künstler, Geschäftsleute, Techniker und Wissenschaftler aus ganz Europa. Peter interessierte sich für alle Neuerungen in den westlichen Ländern und ebenso für die politischen Ereignisse. Unermüdlich stellte er Fragen.

Wer von euch – so versprach er – mir alle meine Fragen beantworten kann, wird später einmal bei mir Minister. – Hättet ihr eine Chance gehabt?

Spielanleitung
– Ihr könnt dieses Spiel zu zweit, aber auch zu dritt oder viert spielen.
– Ihr braucht einen Würfel und für jeden Mitspieler einen Spielstein.
– Um beginnen zu können, müsst ihr eine Sechs würfeln. Manche Spielfelder haben eine Zahl. Kommt ihr auf dieses Feld, müsst ihr die entsprechende Frage beantworten.
– Wer viel weiß, kommt zügig voran und hat Chancen auf den Ministerposten. Ob die Antwort richtig ist, entscheidet im Zweifelsfall eure Lehrerin oder euer Lehrer (richtig = ✓, falsch = f).

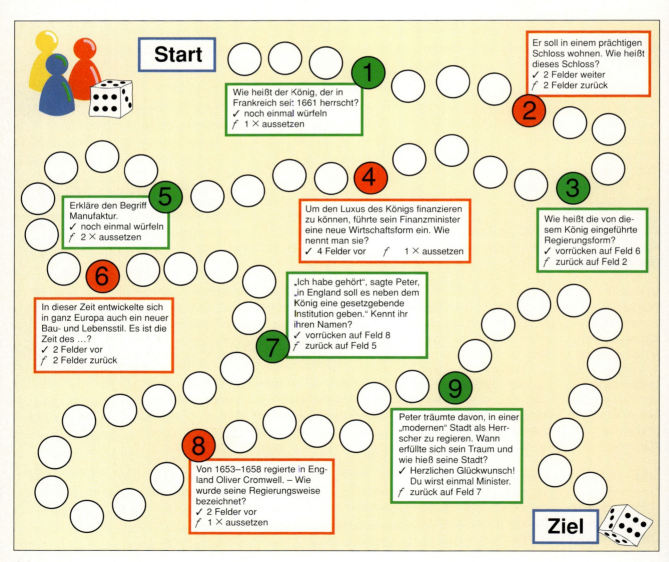

Zusammenfassung

„Der Staat bin ich" – Ludwig XIV., der Sonnenkönig

Der französische König Ludwig XIV. (1643–1715) beseitigte das Mitspracherecht der Stände. So konnte er eine absolute, d. h. unumschränkte Herrschaft ausüben. Äußeres Zeichen der Machtfülle und herausragenden Stellung des französischen Königs war das Schloss in Versailles. Bau und Unterhalt dieses Schlosses, das aufwendige Leben am Hofe des Königs sowie der Unterhalt der Bürokratie und des Heeres erforderten ungeheure Summen. In dieser Situation entwickelte der Finanzminister Colbert das Wirtschaftssystem des Merkantilismus. Die Einnahmen des Staates verdoppelten sich jetzt, die Ausgaben aber waren noch immer weit höher. Als Ludwig XIV. 1715 starb, hinterließ er ein total verschuldetes Land.

England: Parlament und König

Wie Ludwig XIV., so wollten auch die Könige in England eine absolute Herrschaft errichten. Ihren Machtansprüchen widersetzte sich aber das englische Parlament, das seit 1332 aus zwei Häusern bestand: Im Oberhaus saßen die vom König berufenen Mitglieder des hohen Adels, im Unterhaus die gewählten Vertreter des Landadels und der Städte. Seit Karl I. (1625–1649) gab es immer wieder erbitterte Auseinandersetzungen bis hin zu Bürgerkriegen zwischen den Herrschern und dem Parlament. Erst unter Wilhelm III. kam es mit der Bill of Right im Jahre 1689 zu einer Einigung. Englands Weg zur parlamentarischen Demokratie beginnt.

Russland – ein Zar als Reformer

Russland war im 17. Jahrhundert ein sehr rückständiges Land. Dies änderte sich schlagartig, als Peter I. (1682 bis 1725) die Herrschaft in Russland übernahm. In den Jahren 1697/98 bereiste er Westeuropa, um sich mit den technischen Erfindungen vertraut zu machen. Von überall holte er Spezialisten nach Russland, die ihn bei seinen Reformen unterstützen sollten. Manufakturen wurden ebenso in großer Zahl errichtet wie die Schulen im ganzen Land. Neue Hauptstadt des Landes wurde St. Petersburg, wohin der Zar im Jahre 1713 seinen Regierungssitz verlegte.

Die Kunst des Barock

Überall in Europa entstanden nach dem Vorbild von Versailles prächtige Schlösser, die die Macht und den Reichtum ihrer Erbauer zeigen sollten. Als Barock bezeichnet man neben dem Baustil den gesamten Lebensstil der oberen Schichten in dieser Zeit.

1643–1715

Herrschaft des französischen Königs Ludwig XIV.

1689

Mit der „Glorreichen Revolution" und den „Bill of Rights" werden die Rechte des englischen Parlaments bestätigt.

1689–1725

Zar Peter I. regiert in Russland als absolutistischer Herrscher.

1600–1750

Schlösser, Kirchen und Klöster werden im barocken Stil gebaut.

Absolutismus in Preußen und Sachsen

Nicht nur in Frankreich, auch in Deutschland gab es im 18. Jahrhundert Könige und Fürsten, die ihr Land absolut regierten und zu einem mächtigen Staat in Europa machen wollten. In Sachsen war es der Kurfürst August der Starke, der durch prächtige Bauten wie den Zwinger in Dresden und durch rauschende Feste seine Macht und seinen Reichtum zeigen wollte. Dresden wurde zum glänzendsten Hof in Deutschland. In Preußen hingegen legten die Könige keinen Wert auf große Feste und Luxusgüter. Sparsamkeit und Disziplin galten Friedrich I., der auch Soldatenkönig genannt wurde, als höchste Werte. Nicht gespart wurde allerdings bei den Ausgaben für das Militär, dass die Macht Preußens zeigen und erweitern sollte.
Besondere Aufmerksamkeit widmete Friedrich I. seiner Potsdamer Leibgarde, die nur aus auffallend großen Männern bestehen durfte. Für die „langen Kerls", das in ganz Europa belächelte Hobby Friedrich Wilhelms, gab der König riesige Summen aus. Für den größten „langen Kerl", den 2,14 Meter großen Iren Kirkland, soll der Soldatenkönig 9000 Taler gezahlt haben …

Absolutismus in Preußen und Sachsen

1250 1300 1350 1400 1450 1500 1550 1600 1650 1700 1750 1800 1850 1900 1950

1 Feierliche Belehnung des Burggrafen Friedrich von Nürnberg mit der Mark Brandenburg und der Kurfürstenwürde am 18. April 1417 auf dem Konzil zu Konstanz; links Kaiser Sigismund, rechts Friedrich.

1417–1918:
Herrschaft der Hohenzollern in Brandenburg-Preußen.

1640–1688:
Friedrich Wilhelm, „Der große Kurfürst", herrscht in Preußen.

1644:
Kurfürst Friedrich Wilhelm beginnt mit dem Aufbau eines stehenden Heeres, das zum ersten Mal nicht auf den Kaiser, sondern nur auf den brandenburgischen Landesherren vereidigt wird.

Die Hohenzollern als Kurfürsten von Brandenburg

Es war der 18. April des Jahres 1417. An diesem Tag belehnte Kaiser Sigismund auf dem Konzil zu Konstanz den Burggrafen Friedrich VI. aus dem Geschlecht der Hohenzollern feierlich mit der Mark Brandenburg und dem Kurfürstentitel. „Friedrich I., Markgraf und Kurfürst von Brandenburg", so nannte der Burggraf sich jetzt stolz. Mit der Belehnung Friedrichs begann die fünfhundertjährige Herrschaft des Hauses Hohenzollern in der Mark Brandenburg, die erst 1918 durch die Novemberrevolution beendet wurde.
Unter Friedrichs Nachfolgern konnte das kleine Herrschaftsgebiet durch geschickte Heiratspolitik, durch Kauf und Eroberungen immer mehr erweitert werden. Zu Beginn des 17. Jahrhunderts kamen schließlich im Westen noch Kleve, Mark und Ravensberg hinzu, im Osten das Herzogtum Preußen.
1 Sucht die geerbten Gebiete auf der Abbildung 2. Achtet dabei auf den Verlauf der Reichsgrenze.

Ein Kurfürst als absoluter Herrscher

Die einzelnen Landesteile lagen weit zerstreut auseinander. Jedes Gebiet hatte seine eigene Rechtssprechung und Verwaltung. Ein Gefühl der Zusammengehörigkeit der kurfürstlichen Untertanen untereinander gab es nicht. Dies änderte sich erst unter Friedrich Wilhelm (1640–1688), der schon zu Lebzeiten „Der große Kurfürst" genannt wurde.
Friedrich Wilhelm war ein absoluter Herrscher. Alle kurfürstlichen Lande sollten ab jetzt nur noch ein Oberhaupt haben – und das konnte nur der Kurfürst selber sein. Als Erstes schaffte er deshalb die Sonderrechte des Adels – vor allem das Recht der Steuerbewilligung – ab. Adlige, die sich dagegen wehrten, ließ er zum Tode verurteilen. Vereinheitlicht wurde auch die Verwaltung seines Herrschaftsgebietes. Alle wichtigen Anordnungen wurden von ihm selbst getroffen. Weiteres Ziel seiner Politik war es, diesen Staat in Europa „gewaltig" und stark zu machen. Dazu diente das stehende Heer mit fast 30 000 Berufssoldaten aus allen Landesteilen.

Preußens Aufstieg zur Großmacht

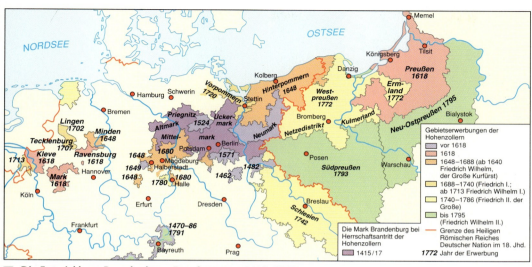

2 Die Entwicklung Brandenburg-Preußens von 1415–1795.

„Menschen sind der größte Reichtum" – Preußen als Einwanderungsland

Brandenburg-Preußen war nach dem Dreißigjährigen Krieg ein ausgeblutetes und entvölkertes Land. Frankreich dagegen stand auf dem Höhepunkt seiner politischen und wirtschaftlichen Machtentfaltung, als Ludwig XIV. im Jahr 1685 mit der Aufhebung des Edikts von Nantes den Protestantismus verbot (s. Seite 78). Viele Hugenotten flohen nun trotz des königlichen Verbots ins Ausland und etwa 20 000 kamen nach Brandenburg-Preußen, unter ihnen tüchtige Handwerker, Händler sowie Wissenschaftler. Gemessen an der damaligen Bevölkerung war dies eine riesige Zahl und schon zu Beginn des 18. Jahrhunderts war jeder dritte Berliner ein Franzose. Sie waren der Einladung des Kurfürsten Friedrich Wilhelm gefolgt, der am 29. Oktober 1685 das Edikt von Potsdam erließ, „um unseren bedrängten Glaubensgenossen eine sichere und freie Zukunft zu offerieren".

Durch die Gewährung zahlreicher Privilegien und finanzieller Unterstützung lockte der Kurfürst die Hugenotten ins Land und die Einwanderer dankten es ihrer neuen Heimat in vielfältiger Weise: Handel, Handwerk und landwirtschaftliche Anbaumethoden wurden verbessert. Durch den Fleiß der Hugenotten kam es zur Gründung zahlreicher neuer Textilbetriebe, von Glas- und Luxusindustrien, neue Sprach-, Ess- und Lebensgewohnheiten verfeinerten die noch ziemlich rauhen Sitten, der Export kam in Schwung und neues Geld floss ins Land und in die Kasse des Landesfürsten.

2 In seinem Testament schrieb der Kurfürst: „Menschen halte ich für den größten Reichtum." – Erklärt diese Aussage.

Friedrich III. wird König von Preußen

Nachfolger des Großen Kurfürsten wurde sein Sohn Friedrich III. (1688–1713). An der weiteren Ausdehnung seines Herrschaftsgebietes war er nicht besonders interessiert. Sein ganzes Streben ging vielmehr dahin, den französischen König Ludwig XIV. nachzuahmen. Im Jahre 1701 ließ er sich in Königsberg zum „König in Preußen" krönen. Der Name „Preußen" setzte sich bald als Bezeichnung für das gesamte Herrschaftsgebiet durch und verdrängte den Namen „Brandenburg". Einen Namen machte sich Friedrich durch den Bau des Schlosses Charlottenburg und die Gründung der Universität Halle im Jahre 1694. Als der König im Jahr 1713 starb, hinterließ er seinem Sohn einen völlig verschuldeten Staat, aber auch einen unschätzbaren Wert: die preußische Königskrone.

1688–1713:
Friedrich III. herrscht als Kurfürst und seit 1701 als König in Preußen.

29. Oktober 1685:
Kurfürst Friedrich Wilhelm erlässt das Edikt von Potsdam.

Friedrich Wilhelm I. – der „Soldatenkönig"

1 Geselligkeit am Hof König Friedrich Wilhelms I.: Das Tabakskollegium. Der König mit seinen Beratern beim „abendlichen Stammtisch", wo es derb zuging. – Rechts neben dem König sitzt der Kronprinz, der spätere König Friedrich II. Gemälde von 1737/38.

1713–1740: Friedrich Wilhelm I. herrscht in Preußen.

Der König löst den Hofstaat auf

Mit eiserner Strenge brachte König Friedrich Wilhelm I. (1713–1740) den Staatshaushalt wieder in Ordnung. Kaum war sein Vater zu Grabe getragen, verkaufte Friedrich Wilhelm dessen Krönungsmantel. Jeder einzelne Diamantenknopf hatte damals 30 000 Dukaten gekostet. Über die weiteren Sparmaßnahmen heißt es in einer Darstellung:

> **M1** … Der größte Teil des Hofstaates wurde aufgelöst; die kostbaren Weine des Hofkellers wurden versteigert. Die zahlreichen Lustschlösser ließ der König vermieten oder in Dienstwohnungen oder Lazarette verwandeln. Das kostbare Silber- und Goldgerät aus den Schlössern – über 7 000 Zentner, sagt man – wurde nach Berlin gebracht und für die Münzprägung benutzt. Der Erlös aus all diesen schönen Dingen trug dazu bei, die Schulden zu bezahlen oder militärische Ausgaben zu bestreiten. …

Der König war nicht nur ein sparsamer, er war auch ein sehr strenger Herrscher. Das bekamen vor allem auch seine Beamten zu spüren. Sie waren zu unbedingtem Gehorsam verpflichtet. Selbstloser Einsatz und Sparsamkeit wurden von ihnen verlangt, die selber nur einen geringen Lohn erhielten bei einem zwölfstündigen Arbeitstag.

Was er unter Sparsamkeit und Strenge verstand, lebte der König seinen Untertanen vor. Er selber überwachte das Familienleben; für jedes kleine Vergnügen musste man zunächst bei ihm die Erlaubnis einholen. Die Kinder durften ihre Mutter nur in seinem Beisein sehen. Seine Tochter Wilhelmine (1709–1758) schrieb:

> **Q** … Wir führten das traurigste Leben von der Welt. Früh, so wie es sieben schlug, weckte uns die Übung von dem Regimente des Königs auf. Sie fand vor unseren Fenstern, die zu ebenem Boden waren, statt. Das ging unaufhörlich: Piff, puff, und den ganzen Morgen hörte das Schießen nicht auf. Um zehn Uhr gingen wir zu meiner Mutter und begaben uns mit ihr in die Zimmer neben denen des Königs, wo wir den ganzen Morgen verseufzen mussten. Endlich kam die Tafelstunde. Das Essen bestand aus sechs kleinen, übel zubereiteten Schüsseln, die für vierundzwanzig Personen hinreichen mussten, sodass die meisten vom Geruche satt werden mussten. Am ganzen Tisch sprach man von nichts als von Sparsamkeit und Soldaten. …

1 Überlegt, was die Kinder des Königs über die Lebensweise ihres Vaters gesagt haben könnten.

Preußen wird Militärstaat

Zwangsdienst im preußischen Heer

König Wilhelm I. regierte insgesamt 27 Jahre. In dieser Zeit vergrößerte er das Heer von 38 000 Mann auf über 82 000 Soldaten. Von den Staatseinnahmen gingen über 50 Prozent an das Militär. Die Vorliebe des Königs für das Heer war im ganzen Land so bekannt, dass man ihn nur noch den „Soldatenkönig" nannte. Die Ausbildung war außerordentlich hart. Der tägliche, oft stundenlange Drill auf dem Exerzierplatz gehörte zum Alltag der Soldaten, die als Erste auch den militärischen Gleichschritt einübten. Da es nicht genügend Freiwillige gab, führte der König die Zwangsrekrutierung ein. Jeder Soldat musste eine zweijährige Dienstzeit ableisten und außerdem noch 18 Jahre lang jährlich zwei Monate zum Militärdienst (siehe auch Seite 106).

2 Erläutert anhand der Tabelle Abb. 2 die Entwicklung Preußens zum Militärstaat.

Die Flucht des Kronprinzen

Der König wollte mit aller Gewalt aus seinem Sohn auch einen „tüchtigen Soldaten und einen sparsamen Haushalter" machen. Doch der Kronprinz verachtete den Militärdienst und fürchtete das strenge Regiment seines Vaters. Im Jahre 1730 flüchtete er nach England zusammen mit seinem Freund, dem Leutnant Hans Hermann von Katte. Sie wurden unterwegs gefangen genommen und vor ein Kriegsgericht gestellt. Die Richter weigerten sich, den Thronfolger zu verurteilen, verhängten aber über den Leutnant eine lebenslängliche Freiheitsstrafe. Der König selber änderte sie in ein Todesurteil und zwang seinen Sohn, der Hinrichtung seines Freundes zuzusehen.

3 Seht euch die Abbildung 3 an und besprecht das Verhalten des Königs.

3 Kronprinz Friedrich muss der Hinrichtung seines Freundes zusehen. Kupferstich, um 1740.

Das Vermächtnis des Königs

Friedrich Wilhelm I. starb am 31. Mai 1740 im Stadtschloss zu Potsdam. Über seine Regierungszeit heißt es in einer heutigen Darstellung:

> **M2** … Bescheidenheit und Selbstlosigkeit, Härte bei der Erfüllung der Pflicht sind als preußische Tugenden verstanden worden und wohl nicht das schlechteste Vermächtnis eines Königs. Wo gibt es heute einen Staat, der schuldenfrei wirtschaftet oder sogar Überschüsse erzielt. …

4 Sprecht über die Aussage in M2. – Wie würde eure Beurteilung aussehen?

Auszug aus einer Chronik zur Geschichte Brandenburgs:

3. Juli 1713:
Mit Erstaunen beobachtet die Bevölkerung Potsdams den Einzug der 600 Soldaten der „Roten Grenadiere", der Leibwache des Königs, in ihre Stadt. Durch den beginnenden Ausbau Potsdams als Garnisonsstadt steigt die Einwohnerzahl von 1500 (1713) auf über 11000 (1738).

1718:
Direktor und Landrat der Uckermark beschweren sich über anhaltende gewaltsame Rekrutierungen für das preußische Heer durch die Werber Friedrich Wilhelms I. Die Bauern würden bei der Einbringung der Ernte stark behindert, die nächste Saat sei durch Arbeitskräftemangel gefährdet.

1722:
In der Garnisonsstadt Potsdam wird ein Waisenhaus für die zahlreichen Militärwaisen und Soldatenkinder gegründet. Es dient auch als Rekrutierungsanstalt für das Heer und die Potsdamer Gewehrmanufaktur, in der zeitweilig 50 Kinder täglich bis zu zehn Stunden arbeiten müssen.

Das Heer in Brandenburg Preußen			Heeresstärken in Europa 1740		Soldaten je 1000 Einwohner 1740	
Jahr	Bevölkerung	Heer	Frankreich	200 000	Frankreich	10
1660	–	8 000	Preußen	82 000	Preußen	37
1688	1,50 Mio.	30 000	England	36 000	England	5
1740	2,24 Mio.	82 000	Österreich	110 000	Österreich	8
1786	5,43 Mio.	188 000	Russland	170 000	Russland	9
			Sachsen	26 000	Sachsen	15

2 Militär in Brandenburg-Preußen und in Europa.

Aufgeklärter Absolutismus in Preußen

1 **Friedrich II. mit dem französischen Aufklärer Voltaire im Schloss Sanssouci in Potsdam.** Ausschnitt aus einem Gemälde von Christian Peter Jona Haas. Um 1790.

1740–1786: Friedrich II. der Große herrscht als König in Preußen.

Die Fürsten sollen zum Wohl des Volkes arbeiten

Nach dem Tode des Soldatenkönigs wurde sein Sohn als Friedrich II. am 31. Mai 1740 zum König gekrönt. Der junge Königssohn war seinen Zeitgenossen nur bekannt als ein Mann, der die Musik liebte und selber Flöte spielte, sich für die Wissenschaften und Künste interessierte, alles Soldatische aber verachtete.

Friedrich hatte schon 1739 geschrieben:

Q1 … Der Fürst von echter Art ist nicht da zum Genießen, sondern zum Arbeiten. Das erste Gefühl, das er haben muss, ist das der Vaterlandsliebe, und das einzige Ziel, auf das er seinen Willen zu richten hat, … ist: für das Wohl seines Staates Großes und Heilsames zu leisten … Die Gerechtigkeit muss die Hauptsorge eines Fürsten sein, das Wohl seines Volkes muss jedem anderen Interesse vorangehen. Der Herrscher, weit entfernt, der unbeschränkte Herr seines Volkes zu sein, ist selbst nichts anders als sein erster Diener. …

1 *Vergleicht die Aussage Friedrichs II. über die Stellung eines Herrschers mit der Auffassung Ludwigs XIV. (vgl. S. 74 f.). Worin seht ihr die wichtigsten Unterschiede?*

„Ohne Ansehen der Person"

Eine der ersten Regierungsmaßnahmen Friedrichs II. bestand darin, die Folter abzuschaffen, mit der man bisher fast jedes Geständnis erzwingen konnte. Noch wichtiger aber wurde seine Forderung nach einer Trennung der Gewalten in der Rechtssprechung. So schrieb er 1752:

Q2 … Ich habe mich entschlossen, niemals in den Lauf des gerichtlichen Verfahrens einzugreifen, denn in den Gerichtshöfen sollen die Gesetze sprechen und der Herrscher schweigen. …

Nur ein einziges Mal verstieß Friedrich II. gegen diesen Entschluss. Anlass war der Fall „Müller Arnold". Der Landrat von Gerstorf hatte 1779 dem Müller Arnold das Wasser abgegraben, durch das die Mühle angetrieben wurde. Der Müller weigerte sich daraufhin, noch länger die Pacht an den Landrat zu bezahlen. Ein Gericht verurteilte ihn deshalb zur Prügelstrafe. Außerdem wurde er ins Gefängnis geworfen und von seiner Mühle vertrieben. Der König setzte die Richter ab und ließ sie ins Gefängnis werfen.

In der Zeitung vom 14. Dezember 1779 veröffentlichte er folgenden Text, der sich in ganz Europa wie ein Lauffeuer verbreitete:

Der Herrscher als erster Diener des Volkes?

2 Ein Kind will seinen Ball zurückhaben, der unter den Schreibtisch des Königs gerollt ist. Kupferstich aus der Regierungszeit Friedrichs II.

3 In seinem Hut bietet ein Offizier dem erschöpften König Wasser zum Trinken an. Kupferstich aus der Regierungszeit Friedrichs II.

Q3 … Die Richter müssen nun wissen, dass der geringste Bauer, ja was noch mehr ist, der Bettler, ebenso wohl ein Mensch ist wie seine Majestät. Vor der Justiz sind alle Leute gleich, es mag ein Prinz sein, der gegen einen Bauern klagt oder umgekehrt. Bei solchen Gelegenheiten muss nach der Gerechtigkeit verfahren werden, ohne Ansehen der Person. …

In den folgenden Tagen zogen Tausende von Bauern nach Berlin vor das Schloss, mit Bittbriefen in den Händen und dem Ruf: „Es lebe der König, der dem armen Bauern hilft."
2 Der gesamte Adel Berlins ergriff Partei für das Vorgehen des Landrats und die Richter. – Überlegt, wie sie ihre Haltung begründet haben könnten. – Was würdet ihr ihnen antworten?
3 Kupferstiche mit Anekdoten aus dem Leben Friedrichs II. waren im Volk weit verbreitet und beliebt. Zeigt anhand der Abb. 2 und 3, wie Friedrich II. als Herrscher dargestellt wird. Vermutet, warum solche Bilder im Volk sehr beliebt waren.

„Alle Religionen müssen toleriert werden"
Als aufgeklärter Herrscher trat der preußische König auch dafür ein, tolerant gegenüber allen Religionen zu sein. Auf die Anfrage, ob auch ein Katholik das Bürgerrecht erwerben dürfe, schrieb er:

Q4 … Alle Religionen sind gleich und gut, wenn nur die Leute, die sie bekennen, ehrliche Leute sind. Und wenn Türken und Heiden kämen und wollten sich in diesem Land niederlassen, so wollen wir ihnen Moscheen und Kirchen bauen. Ein jeder kann bei mir glauben, was er will, wenn er nur ehrlich ist. …

Die Reformen und Anordnungen des Königs riefen immer wieder Erstaunen hervor. In einer heutigen Darstellung heißt es:

M … Der Preußenkönig hob die Zensur für den nicht politischen Teil der Presse auf, er schaffte die Folter bei Verhören ab und untersagte die Prügelstrafe in den Kadettenanstalten; er kurbelte die Wirtschaft an und befahl den Bau einer Oper in Berlin und förderte in seinem Land Kunst und Wissenschaft … Die Sonne der Aufklärung ging nicht mehr in Paris, sondern in Berlin auf …

Deutschland, ja ganz Europa blickte nach Sanssouci. Dichterlesungen wurden gehalten, Konzerte veranstaltet. Die Tafelrunde des Königs, an der gebildete Männer von dem Herrscher zum Meinungsaustausch eingeladen wurden, war in ganz Europa berühmt.

Aufgeklärter Absolutismus:
Der Versuch einiger Herrscher in der Spätzeit des Absolutismus, ihre Herrschaftsform mit den Gedanken der Aufklärung zu vereinen. Dabei gewannen z. B. die Vorstellungen von der Gleichheit der Menschen vor dem Gesetz oder der Duldung verschiedener Religionen an Bedeutung.

Machtkämpfe in Europa

1 **Kaiserin Maria Theresia (1740–1780).** Gemälde von Carl Blaas.

2 Preußen und Österreich im Jahre 1740.

1740–1745: Kriege um Schlesien.

Friedrich II. fällt in Schlesien ein

Als Friedrich II. im Jahre 1740 preußischer König wurde, wusste man von ihm nur, dass er die Musik liebte, die Schriften der Aufklärer las und alles Soldatische verachtete. Umso überraschter war man, als der junge König, kaum hatte er den Thron bestiegen, Österreich sofort den Krieg erklärte. – Sein Ziel hieß Schlesien, das bislang von Österreich besetzt war. „Wenn man im Vorteil ist, soll man ihn ausnutzen, oder nicht?", so hatte er seine Minister gefragt. Der Vorteil schien im Jahre 1740 auf seiner Seite zu liegen. Der habsburgische Kaiser Karl VI. war gestorben. Nachfolgerin wurde seine Tochter Maria Theresia, erst 23 Jahre alt. Aus dieser Schwächung Österreichs, wie Friedrich meinte, wollte er jetzt seinen Vorteil ziehen. Fünf Jahre dauerte der Kampf. Endlich, am Weihnachtsabend 1745 kam es in Dresden zum Friedensschluss. Friedrich erhielt ganz Schlesien und erkannte dafür Franz I., den Gatten Maria Theresias, als deutschen Kaiser an.
Würde sich Österreich mit seiner Niederlage abfinden? Diese Frage beschäftigte Friedrich II. immer wieder.

1 *Wie beurteilt ihr das Vorgehen Friedrichs?*
2 *Sucht auf der Abbildung 2 die von Friedrich II. eroberten Gebiete.*

Am Vorabend eines europäischen Krieges

Ständig ließ sich Friedrich II. von seinen Spionen über Maria Theresia berichten. Voller Sorge vernahm er die Nachricht, dass das österreichische Heer immer größer werde. Mit den europäischen Herrschern schloss die österreichische Kaiserin Bündnisse gegen Preußen, und zwar mit Frankreich, Russland, Polen und Schweden. Friedrich schloss deshalb im Januar 1756 ein Bündnis mit England. Schon zuvor war er ständig bestrebt gewesen, die Armee zu stärken, die bis 1756 auf 150 000 Mann anwuchs.

Exerzieren für den Krieg

Tag für Tag wurden Preußens Soldaten gedrillt. Viele suchten zu fliehen, bis zu 9 000 Mann im Jahr. Wer beim Fluchtversuch erwischt wurde, musste mit harten Strafen rechnen. Ulrich Bräker, ein Schweizer, der in der preußischen Armee diente, berichtet:

Q1 … Wir mussten zusehen, wie man Deserteure durch 200 Mann achtmal die lange Gasse auf und ab Spießruten laufen ließ, bis sie atemlos dahinsanken – und des folgenden Tages aufs Neue dranmussten. Die Kleider wurden ihnen vom zerhackten Rücken heruntergerissen und wieder frisch

Der Siebenjährige Krieg

3 **König Friedrich II. bei der Wachparade in Potsdam.** Gemälde von Vigée-Lebrun. 1778.

drauflosgehauen, bis Fetzen geronnenen Blutes ihnen über die Hosen herabhingen. Was auf dem Exerzierplatz vorging, war nicht viel anders. Auch da war des Fluchens und Prügelns der prügelsüchtigen Offiziere und des Gejammers der Geprügelten kein Ende. Oft mussten wir fünf Stunden lang in unserer Montur eingeschnürt wie geschraubt stehen, in die Kreuz und Quere pfahlgerad marschieren und ununterbrochen blitzschnelle Handgriffe machen. ...

3 Überlegt, welches Ziel mit dieser harten Bestrafung verfolgt wurde. – Sprecht auch über das stundenlange Exerzieren. – Was sollte damit erreicht werden?

Preußen überfällt Sachsen

Am 29. August 1756 überfielen die preußischen Truppen das mit Österreich verbundene Sachsen. Dies war der Beginn des Siebenjährigen Krieges (1756–1763). Es ging in diesem Krieg zwischen Preußen und Österreich um die Vorherrschaft in Europa. Gleichzeitig kämpften auch Frankreich und England gegeneinander; der Sieger – so glaubten die beiden Mächte – würde dann auch alleine die nordamerikanischen Kolonien beherrschen (s. Seite 118f.). Waren die Feldzüge Friedrichs II. anfangs noch erfolgreich, so sollte sich dies bald ändern. Im August 1759 erlitt das preußische Heer in der Schlacht von Kunersdorf eine vernichtende Niederlage. Noch am gleichen Abend schrieb Friedrich II. an einen Minister:

Q2 ... Mein Rock ist von Schüssen durchlöchert, zwei meiner Pferde sind getötet, mein Unglück ist, dass ich noch lebe. Alles flieht und ich bin nicht mehr Herr meiner Leute. Man wird in Berlin gut tun, an seine Sicherheit zu denken. Das ist ein grausames Missgeschick, ich werde es nicht überleben ... Ich habe keine Hilfsmittel mehr, und um nicht zu lügen, ich halte alles für verloren. Den Untergang meines Vaterlandes werde ich nicht überleben. Leben Sie wohl für immer. ...

Soweit sollte es allerdings nicht kommen. Auch die gegnerischen Kräfte waren langsam erschöpft. Schließlich waren alle beteiligten Mächte so geschwächt, dass es im Jahre 1763 zum Friedensschluss kam. Der Besitz von Schlesien wurde dabei Friedrich II. endgültig zugesprochen.

4 Für Friedrich II. hatte sich dieser Krieg gelohnt. – Wie werden darüber ein Soldat, eine Kriegerwitwe, ein Bauer gedacht haben?

1756–1763: Siebenjähriger Krieg.

Ein Staat wird geteilt ...

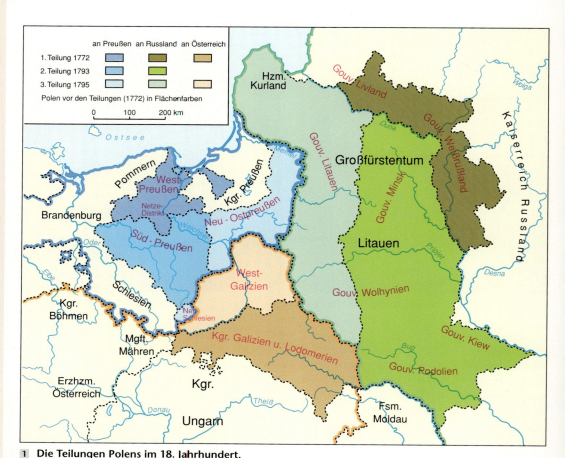

1 Die Teilungen Polens im 18. Jahrhundert.

Der Adler im Wappen Polens – das älteste polnische Staatssymbol.

Drei Großmächte teilen Polen unter sich auf

Erbittert hatten Friedrich II. und Maria Theresia um den Besitz Schlesiens gekämpft. Bei der Aufteilung Polens hingegen waren sie sich weitgehend einig. Polen – so dachte die österreichische Regierung – könnte einen Ersatz darstellen für das verloren gegangene Schlesien. Polnische Gebiete zu erobern schien auch Russland erstrebenswert zu sein. Auf diese Weise konnte es seine Grenze weiter nach Westen verschieben. An polnischen Gebieten interessiert war auch Preußen, um eine Landverbindung mit Ostpreußen herzustellen. Mit heftigem polnischen Widerstand brauchten die Großmächte nicht zu rechnen, da Polen uneins war.
Schon 1731 hatte Friedrich II., damals noch Kronprinz, geschrieben:

Q1 ... Da die preußischen Länder ... so zerschnitten und getrennt sind, halte ich es für die notwendigste Maßnahme, sie einander anzunähern oder die abgetrennten Teile zu sammeln, die natürlicherweise zu den Teilen gehören, die wir besitzen. So das polnische (Ost-)Preußen, das immer zum Königreich gehört hat und davon nur durch die Kriege der Polen gegen den Deutschen Orden getrennt wurde ...
Wenn dieses Land gewonnen ist, hat man damit nicht nur einen völlig freien Weg von Pommern zum Königreich Preußen, man hält auch die Polen im Zaum, man kann ihnen Gesetze vorschreiben, weil sie nicht auf ihre Waren verzichten können, wenn sie diese die Weichsel und Pregel herabführen, was nicht mehr ohne unsere Zustimmung geschehen kann. ...

... und verschwindet von der Landkarte?

2 „Die Lage des Königreichs Pohlen im Jahr 1773". Die Kaiserin von Russland (links), der Kaiser von Österreich und der preußische König (rechts) zeigen auf der polnischen Karte ihre Gebietsansprüche. In der Mitte der polnische König, Stanislaus II., der auf die göttliche Gerechtigkeit verweist. Zeitgenössischer Kupferstich von Johann E. Nilsson.

Im Jahre 1772 teilten die drei Großmächte etwa ein Drittel des polnischen Staatsgebietes unter sich auf (s. Abbildung 1). In einem Brief an den österreichischen Reichskanzler schrieb Maria Theresia:

Q2 … In dieser polnischen Sache, bei der das offenbare Unrecht himmelschreiend gegen uns ist, muss ich bekennen, dass ich mich zeitlebens noch nie so geschämt habe. Bedenken Sie, was wir in aller Welt für ein Beispiel geben, wenn wir um ein elendes Stück Polens unsere Ehre und unseren Ruf aufs Spiel setzen. …

1 Lest den Text von Q1 und Q2. – Spielt folgende Situation: Maria Theresia und Friedrich II. unterhalten sich über die Teilung Polens; was könnten sie gesagt haben?

2 Wie beurteilt ihr die Forderungen Friedrichs II.?
3 Erklärt und vergleicht die Körperhaltungen der Monarchen in Abbildung 2.
4 Der polnische König zeigt in Abbildung 2 auf die göttliche Gerechtigkeit. – Was will er damit zum Ausdruck bringen?

Das Ende des polnischen Staates

Friedrich II. sah in den dazugewonnenen Gebieten „eine ausgezeichnete und sehr vorteilhafte Erwerbung", um die er sich in den nächsten Jahren auch kümmerte. Die Leibeigenschaft, die es in Polen noch gegeben hatte, wurde jetzt aufgehoben. Über 12 000 Kolonisten wurden in den teilweise nur schwach besiedelten Gebieten angesiedelt, mehr als fünfzig Dörfer gegründet. Überall entstanden Schulen, um die Ausbildung zu fördern und damit auch bessere Arbeitskräfte zu bekommen.

Nur gut zwanzig Jahre später griffen die drei Großmächte erneut in Polen ein, das 1793 gezwungen wurde, weitere Gebiete abzutreten. Drei Jahre später wurde ganz Polen besetzt und aufgeteilt:

Polens Staatsgebiet und Bevölkerung		
Jahr	1000 km²	Mio. Einwohner
1770	735	11,8
1772	525	7,3
1793	215	3,2
1795	0	0

Die polnische Bevölkerung bewahrte trotz der Teilungen ihre gemeinsame Sprache, ihre Kultur und ein Bewusstsein der Zusammengehörigkeit. Mehrfach erhoben sich die Polen gegen die Fremdherrschaft, doch alle Aufstände wurden blutig niedergeschlagen. Es dauerte 123 Jahre bis zur Wiederherstellung des polnischen Staates im Jahre 1918.

5 Vergleicht die Karte (Abbildung 1) mit den Zielen, die Friedrich II. in der Quelle 1 nennt.
6 Fasst das Schicksals Polens anhand des Textes und der Tabelle (M) zusammen.

1795/96: Ganz Polen wird durch die Großmächte Österreich, Russland und Preußen besetzt und aufgeteilt.

Alltag und Politik in Preußen

1 Das Gemälde „Der König überall". Es zeigt Friedrich II., der kontrolliert, ob seine Anweisungen zum Kartoffelanbau befolgt wurden. Den Anbau der nahrhaften Frucht befahl der König, weil hungernde Untertanen als Soldaten nicht zu gebrauchen waren. Gemälde von R. Warthmüller, 1886.

1764:
Zur Verbesserung der Ernährungslage verfügt Friedrich II. einen Kartoffelanbauzwang. Die Kartoffelernte steigt in der Kurmark Brandenburg dadurch von 6,9 Millionen Kilogramm (1765) auf 25,1 Millionen Kilogramm (1773) und auf 152,4 Millionen im Jahre 1801.

Die Besiedlung des Oderbruchs

„Künftig greife ich keine Katze mehr an, außer um mich zu verteidigen." Dieser Ausspruch des preußischen Königs nach den Schlesischen Kriegen (1740–1745) zeigte, dass er sich künftig ganz dem Aufbau seines Landes widmen wollte. Eine wichtige Aufgabe sah er dabei in der Urbarmachung sumpfiger Gebiete. Er selber schrieb dazu im Jahre 1752:

Q1 ... Ich habe es für meine Pflicht gehalten, für das Wohl des Staates zu sorgen, und das auf jede Weise ... Nach dem Frieden (1745) nahm ich mir vor, herauszufinden, wodurch die Provinzen wieder aufgerichtet werden könnten ...
Längs der Oder und der Neiße zog sich ein Streifen unangebauten, wilden und unzugänglichen Sumpflandes. Ich begann damit, die Sümpfe von Damm bei Stettin zu entwässern. Man arbeitete an einem Deich, um die Oder einzudämmen und verteilte dann das neue Land an die Erbauer der dort angelegten Dörfer. Dieses Werk wird im nächsten Jahr vollendet und das Land mit ungefähr 4000 Seelen besiedelt sein.
Zwischen Freienwalde und Küstrin überschwemmt die Oder die schönsten Wiesen und setzte unaufhörlich ein herrliches Gebiet unter Wasser, das dadurch unbrauchbar wurde ... Durch die Eindämmung des Flusses wird ein Gebiet gewonnen, wo 6000 Seelen ihre Nahrung, Ackerland und Viehweiden finden. Wenn ich am Leben bleibe, wird die ganze Besiedlung im Jahre 1756 beendet sein ... Überall sind Dörfer angelegt, die in der Mehrzahl bereits fertig sind ... Wenn ich alles seit 1746 zusammenzähle, bin ich jetzt beim 122. Dorf. ...

Mit diesen Maßnahmen gewann Friedrich II. über 100 000 ha Acker- und Weideland hinzu. Immer wieder reiste der König selber durch das Land, um sich selber einen Eindruck von dem Erfolg seiner Bemühungen zu verschaffen. Um die urbar gemachten Ländereien bebauen zu können, ließ Friedrich II. in ganz Europa Kolonisten anwerben. Tausende folgten seinem Ruf. Sie erhielten etwas Geld als Startkapital und die Zusage, das Land an ihre Kinder weitergeben zu dürfen.

1 Nennt die Maßnahmen, durch die Friedrich II. den Wohlstand des Landes vermehren wollte.
2 Beschreibt die Abbildung 1. – Welches Gespräch zwischen dem König und den Bauern und Bäuerinnen könnte es gegeben haben?

Leben und Leiden auf dem Lande

2 Arbeit auf dem Lande. Auch unter Friedrich II. blieb die Leibeigenschaft der Bauern erhalten und ihre Verpflichtungen, den Gutsherren auf dem Feld Gesindedienste zu leisten. Aquarell von 1802.

Bevölkerung in der Kurmark Brandenburg:
In der Kurmark leben um 1735 etwa 450 000 Menschen, davon mehr als die Hälfte auf dem Land. Die durchschnittliche Einwohnerzahl einer brandenburgischen Stadt beträgt nur 2647 Bewohner, die vornehmlich von Ackerbau, Brennerei und Brauerei leben. Nur in der „Großstadt" Berlin mit etwa 80 000 Einwohnern und in der Umgebung der Hauptstadt gibt es Manufakturen mit teilweise hohen Beschäftigungszahlen.

Willkür der Gutsherren – Frondienste der Bauern: „Eine widerwärtige Einrichtung"
Dass die Kolonisten das Land an ihre Kinder vererben durften, war in Brandenburg-Preußen damals keine Selbstverständlichkeit. Häufig verfuhren die Gutsherren bei der Vergabe der Bauernhöfe recht willkürlich. Außerdem belasteten sie ihre Untertanen mit immer neuen Frondiensten. Auch körperliche Misshandlungen muss es immer wieder gegeben haben. „Unsere Grundherrschaft", so klagten z. B. einige Bauern, „hat uns immerfort gequält und von Jahr zu Jahr neue Bedrückungen ersonnen und durch Schläge, Gefängnis und Geldstrafen zu erzwingen gewusst." Immer wieder griff der König ein, um wenigstens die schlimmsten Missstände zu beseitigen. So ließ er z. B. das Bauernlegen* verbieten, denn schließlich sollten die Bauern auch in Zukunft Soldaten stellen und das Steueraufkommen gewährleisten. Insgesamt aber konnte sich der König mit seinen Bemühungen gegen den Adel kaum durchsetzen. So schrieb er 1777:

Q2 … Sicherlich ist kein Mensch dazu geboren, der Sklave von seinesgleichen zu sein. Mit Recht verabscheut man diesen Missbrauch und meint, man brauche nur zu wollen, um diese barbarische Unsitte abzuschaffen. Dem ist aber nicht so: … Der Ackerbau ist auf der Bauern Frondienste zugeschnitten. Wollte man diese widerwärtige Einrichtung mit einem Male abschaffen, so würde man die ganze Landwirtschaft über den Haufen werfen. Der Adel müsste dann für einen Teil der Verluste, die er an seinen Einkünften erleidet, entschädigt werden. …

3 Schreibt aus der Quelle Begriffe heraus, die der König für die Leibeigenschaft der Bauern verwendet.
4 Erklärt mit eigenen Worten die Haltung des Königs zur Abschaffung der Leibeigenschaft.

3 Gutsherrliches Züchtigungsrecht. Kupferstich Ende des 18. Jahrhunderts.

Bauernlegen:*
Bezeichnung für die bis in das 18. Jahrhundert übliche Vertreibung der Bauern von ihren Hofstellen durch den Grundherren, der das Land in Besitz nahm.

Von der Verheerung zum Wiederaufbau

Friedrich II. in seinen letzten Lebenstagen auf der Terrasse von Sanssouci. Rechts daneben der Kammerhusar.

Bettelnde Soldatenfrau. In der verlustreichsten Schlacht des Krieges starben in sieben Stunden 35 000 Menschen: Soldaten im Dienst des preußischen Königs, der österreichischen Kaiserin und der russischen Zarin. Radierung von Daniel Chodowiecki, 1764.

Preußen nach dem Siebenjährigen Krieg

Die Bemühungen des Königs um den Aufbau des Landes erlitten durch den siebenjährigen Krieg einen schweren Rückschlag. Als der Krieg vorbei war, waren ihm über 500 000 Menschen zum Opfer gefallen. In den Provinzen Preußen, Brandenburg, Schlesien und Pommern waren die Menschenverluste besonders hoch. Friedrich II. schrieb über sein Land:

> Q … Um sich einen Begriff von der allgemeinen Zerrüttung zu machen, muss man sich völlig verheerte Landstriche vorstellen: Städte, die von Grund auf zerstört, 13 000 Häuser, die bis auf die letzte Spur vertilgt waren. Nirgends bestellte Äcker, kein Korn zur Ernährung der Einwohner; 60 000 Pferde fehlten den Bauern zur Feldarbeit, und im ganzen hatte sich die Bevölkerung um 500 000 Seelen gegenüber dem Jahre 1756 vermindert (bei 4,5 Millionen Einwohnern). Adel und Bauern waren so ausgeplündert, dass ihnen nur das nackte Leben blieb. …

Mehr als zwei Jahrzehnte widmete der König jetzt seine ganze Kraft dem Wiederaufbau des zerstörten Landes. Über 900 Dörfer wurden neu gegründet und fast 60 000 Siedlerstellen angelegt. Auf diese Weise konnten rund 300 000 Einwanderer aus aller Herren Länder angesiedelt werden. Über 15 000 Häuser ließ der König in den ersten 7 1/2 Jahren nach dem Krieg bauen. Allein in Schlesien wurden in sechs Jahren 750 Schulen errichtet, da in Preußen seit 1763 die allgemeine Schulpflicht für Kinder vom 5. bis zum 14. Lebensjahr galt. Ehrgeizige Straßenbauvorhaben wurden in Angriff genommen und die Manufakturen wieder verstärkt gefördert. Die Erfolge konnten sich sehen lassen: Preußen hatte sich in langjährigen Kämpfen in Europa eine Großmachtstellung erobert. Durch die Maßnahmen Friedrichs II. wurde es auch zu einer starken Wirtschaftsmacht.

Noch kurz vor seinem Tode wollte der König sich um die Befreiung der Bauern aus der Leibeigenschaft kümmern und gab dazu entsprechende Anweisungen. Ihre Durchsetzung erlebte er nicht mehr. Friedrich II. starb am 17. August 1786.

1 Friedrich II. bezeichnete sich als aufgeklärten Monarchen und als „ersten Diener des Staates". Welche Maßnahmen des Königs entsprachen diesem Anspruch, welche nicht?

2 Schreibt einen kurzen Bericht, in dem ihr den König aus eurer Sicht schildert.

Werkstatt Geschichte: Der König und die Kartoffel

Kartoffelsupp – die ganze Woche Kartoffelsupp

Wie kein anderer Herrscher bemühte sich Friedrich II. um einen intensiven Kartoffelanbau. Seine Untertanen wussten mit der neuen Frucht jedoch zunächst nichts anzufangen, wie ein zeitgenössischer Bericht zeigt:

Q … Im Jahre 1745 erhielt Kolberg durch die Güte des großen Friedrich ein ganz besonderes Geschenk. Es waren Kartoffeln, die damals bei uns noch kein Mensch kannte. Ein großer Frachtwagen voll kam auf dem Markt an und durch Trommelschlag wurde in der ganzen Stadt bekannt gemacht, dass jeder Gartenbesitzer sich zu einer bestimmten Stunde vor dem Rathaus einfinden sollte. Seine Majestät der König hätte jedem ein Geschenk zugedacht. Es gab eine große Aufregung in der Stadt, umso mehr, weil die meisten nicht wussten, was das Geschenk zu bedeuten hatte.
Die Ratsherren zeigten nun den Leuten die neue Frucht. Dann wurde eine umständliche Anweisung vorgelesen, wie die Kartoffel gepflanzt und bewirtschaftet und wie sie dann gekocht und zubereitet werden sollte.
… die guten Leute nahmen die Knollen in die Hand und rochen, schmeckten und leckten daran. Kopf schüttelnd zeigte sie einer dem anderen; man brach sie auseinander und warf sie den Hunden vor. …

Allmählich gewöhnte sich die Bevölkerung jedoch an die neue Frucht und Kartoffeln kamen bald fast täglich auf den Tisch. Dem Beispiel Friedrichs II. folgten bald auch andere Herrscher, sodass sie zum Hauptnahrungsmittel in vielen deutschen Ländern wurde.

Rezept für die Kartoffelsuppe

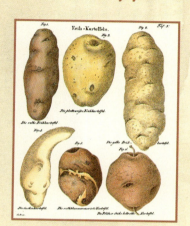

Zutaten:
1 kg Kartoffeln,
250 g Mohrrüben,
250 g Lauch,
2 mittelgroße Zwiebeln,
2 l Fleischbrühe oder Schinkenknochenbrühe,
Salz, Pfeffer, Lorbeerblatt,
1 Bund Petersilie,
125 g fetter Speck.

Zubereitung:
Die geschälten und in Würfel geschnittenen Kartoffeln werden zusammen mit dem Gemüse sowie Salz, Pfeffer und Lorbeerblatt in der Brühe gegart. Den Speck sehr fein würfeln und auslassen, die Zwiebeln, sehr klein gehackt, darin goldgelb rösten. Die fertige Suppe mit diesem Zwiebel-Speck-Gemisch übergießen und mit gehackter Petersilie überstreuen. (Die kalte Fettschicht aß man auf Brot).

1 Wenn ihr wissen wollt, wie die Kartoffelsuppe, die damals mehrmals in der Woche auf den Tisch kam, schmeckte, kocht sie einmal gemeinsam nach (siehe Rezept).
2 Ihr könnt außerdem ein kleines Kochbuch zusammenstellen, das nur Gerichte mit Kartoffeln enthält (wie z. B. Kartoffelsalat, Kartoffelklöße usw.). – Guten Appetit!

August der Starke und Kursachsen

1 Aufzug der Wagen und Reiter für ein Ringrennen der Damen, das am 6. Juni 1709 in Dresden ausgetragen wurde. Das hölzerne Amphitheater wurde später von August dem Starken durch den barocken Zwinger ersetzt.

1694–1733: Friedrich August I., Kurfürst von Sachsen.

Am Hofe August des Starken

Friedrich II. war erst 16 Jahre alt, als er mit seinem Vater im Jahre 1728 nach Dresden reist. Mit Erstaunen und Bewunderung sah er, in welchem Luxus der sächsische Kurfürst lebte. Der junge preußische Kronprinz sah sich alle Zimmer und Säle des prachtvollen Schlosses ganz genau an und mit Vergnügen nahm er an den festlichen Bällen teil. Und davon gab es am Hofe des sächsischen Kurfürsten August des Starken (1694–1733) mehr als genug. Ein Zeitzeuge schrieb:

Q1 … Hier gibt es immer Maskeraden, Helden- und Liebesgeschichten, verirrte Ritter, Abenteuer, Jagden und Schützenspiele, Kriegs- und Friedensaufzüge. Alles spielt; man sieht zu, spielt mit und lässt mit sich spielen. …

August der Starke war im Jahre 1694 Kurfürst von Sachsen geworden. Seinen Beinamen verdankt er seinen enormen Kräften. Zeitzeugen berichteten, dass er Taler verbiegen, Hufeisen zerbrechen und einem Stier mit einem Hieb den Kopf vom Rumpf trennen könne. Als junger Prinz hatte August der Starke Bildungs- und Vergnügungsreisen durch mehrere europäische Länder unternommen. Besonders beeindruckt hatte ihn dabei auch das Hofleben in Versailles, die prunkvollen Feste und das Schloss des Sonnenkönigs, der zu seinem Vorbild wurde. Auch wenn der preußische Kronprinz die Tage in Dresden genoss, hatte er zu diesem Leben doch eine ganz andere Einstellung als August der Starke. So schrieb er neun Jahre später:

Q2 … Die angenehmen Beschäftigungen sind die Musik, die Lust- und Trauerspiele, die wir aufführen, die Maskeraden und die Schmausereien, die wir geben. Ernsthafte Beschäftigungen behalten indessen den Vorzug und ich darf wohl sagen, dass wir nur einen vernünftigen Gebrauch von den Vergnügungen machen, indem sie uns nur zur Erholung dienen …

1 *Der junge Kronprinz befindet sich mit seinem Vater auf der Rückreise. – Welches Gespräch könnte zwischen dem Soldatenkönig und seinem Sohn stattgefunden haben?*

Sachsen als Großmacht?

August der Starke als Landesherr
Um die prachtvollen Bauten in seiner Residenzstadt Dresden (s. Seite 106) und das aufwendige Hofleben zu bezahlen, förderte auch August der Starke die Ansiedlung von Manufakturen zur Erzeugung von Seiden-, Leinwand- und Baumwollgeweben. Mit diesen Waren konnte der Ost-West-Handel belebt werden. Besonders ertragreich waren die Einnahmen aus dem Silber- und Erzbergbau und die erste europäische Porzellanmanufaktur, die 1710 in Meißen gegründet wurde.

Die Erfindung des weißen Goldes
Der aus Preußen geflohene Apotheker Johann Friedrich Böttger (1682–1719), der eigentlich im Auftrag des Kurfürsten künstlich Gold herstellen sollte, erfand stattdessen ein Verfahren zur Herstellung von Porzellan. Am Hofe erkannte man schnell den Wert dieser Erfindung, denn qualitätsvolles Porzellan war teuer und musste bisher aus China nach Europa eingeführt werden. Immer feinere Gegenstände aus Porzellan wurden nun in Meißen hergestellt und über die Leipziger Messe verkauft. Doch auch die mit dem „weißen Gold" aus Meißen erzielten Einnahmen minderten die Geldnot des ehrgeizigen Kurfürsten nicht. So wuchs mit dem Glanz des Hofes die Last der Abgaben, die die Bevölkerung zu tragen hatte, was zu einer zunehmenden Verarmung führte.

2 *Auch in Preußen entstanden Porzellanmanufakturen. Informiert euch über die Geschichte der Königlichen Porzellan-Manufaktur in Berlin, findet heraus, wie Porzellan hergestellt wird.*

Ein Sachse als König von Polen
Wie andere absolutistische Herrscher, so strebte auch August der Starke danach, seine Macht und sein Territorium zu vergrößern. Die Gelegenheit dazu bot sich, als der polnische König Johann Sobierski 1696 starb und der polnische Adel einen neuen König wählen musste. Durch die Zahlung großer Bestechungssummen konnte der sächsische Kurfürst die Gunst der polnischen Adligen für sich gewinnen. Außerdem trat er – wie von der polnischen Verfassung gefordert – zum katholischen Glauben über. Johann Michael Loen, ein Gelehrter, meinte dazu 1723:

2 August II., der Starke, König von Polen und Kurfürst von Sachsen. Statuette aus Steinzeug (Höhe 11 cm). Meißen, um 1710.

Q3 … Es ist bekannt, dass er (August der Starke) von Jugend auf nicht mehr glaubte, als was viele unserer Fürstenkinder insgeheim zu glauben pflegen: nämlich, dass ein Gott im Himmel sei, sie aber als Fürsten auf Erden tun könnten, was sie wollten. …

3 *Überlegt, wie die sächsischen Untertanen auf den Konfessionswechsel ihres Königs reagiert haben könnten. – Wie beurteilt ihr dieses Verhalten?*

Im Jahr 1697 wurde August zum polnischen König gewählt. Er zählte nun zu den mächtigen Herrschern in Europa, obwohl Sachsen in seiner politischen Bedeutung weit hinter der Preußens zurücklag. Mehr noch: Unter August III., dem Sohn und Nachfolger Augusts des Starken, wurde Sachsen zum Spielball der Großmächte und mit dem siebenjährigen Krieg endete der sächsische Traum von einer europäischen Großmacht. Das von preußischen und österreichischen Truppen ausgeplünderte Sachsen musste im Frieden von 1763 (s. Seite 107) auf die polnische Krone verzichten.

Porzellanmarken:

Meißen (AR = August Rex), Besitzermarke Augusts II. und III., 1723–1763.

Meißen (Schwertermarke), 1725–1763, 1813–1924 und gegenwärtig.

Berlin (Zeptermarke), seit 1763; in der vorliegenden Form seit 1870.

Berlin (Zepter mit KPM = Königliche Porzellan-Manufaktur), 1837–1844.

Geschichte vor Ort: Willkommen in Elbflorenz!

1 Blick auf die Brühlsche Terrasse und auf die Silhouette der Dresdner Altstadt. Rechts die Oper.

2 Tanzender Komödiant, genannt Mezzetin. Aus der Porzellansammlung des Zwingers in Dresden.

August der Starke: Bauherr und Kunstsammler

Der sächsische Kurfürst ist heute nicht wegen seiner Bemühungen um die polnische Königskrone so berühmt, sondern wegen seiner Tätigkeit als Kunstsammler und Bauherr. In mehreren europäischen Ländern waren seine Agenten jahrelang unterwegs, um berühmte Gemälde aufzukaufen. Auch Edelsteine von sagenhaftem Wert, wertvolles Porzellan und Goldschmiedearbeiten wurden von August dem Starken und später auch von seinem Sohn mit Leidenschaft und ohne Rücksicht auf die Kosten gesammelt. Sie begründeten eine weltberühmte Kunstsammlung, die noch heute in Dresden bewundert und von vielen Besuchern der Stadt besichtigt wird. Gleichzeitig setzte in Dresden und in der Umgebung der Stadt unter August dem Starken eine rege Bautätigkeit ein. Der Kurfürst selbst entwarf Pläne und Skizzen zum Ausbau der Stadt. Berühmte Architekten errichteten im Stile des Barock zahlreiche Bauwerke wie das Schloss oder das japanische Palais, den Zwinger oder das Taschenbergpalais, die Dresdens Ruf als „Elbflorenz" und als Stadt der Kunst und Kultur begründeten. In der Umgebung Dresdens entstanden die Schlösser Moritzburg, Pillnitz und Großsedlitz.

1 Stellt euch vor, ihr sollt als Fremdenführer eine historische Stadtführung durch Dresden leiten. Das Thema der Führung lautet: August der Starke – Dresdens „Bau-Herr". – Informiert euch über wichtige Bauwerke aus dieser Zeit. (Geschichtsbücher, Reiseprospekte und der Verkehrsverband in 01067 Dresden, Friedrichstraße 24, helfen euch weiter).

2 Gestaltet eine Wandzeitung mit eurer Route durch Dresden und mit Abbildungen von den Bauwerken, die ihr besichtigen wollt.

3 Erarbeitet in Gruppen jeweils zu einem Bauwerk einen erklärenden Text für die Besucher. Sprecht die Texte auf Tonband oder Kassette und tragt eure Ergebnisse in der Klasse zusammen.

Zusammenfassung

Preußen auf dem Weg zur Großmacht
Seit dem Jahre 1415 regierten in Brandenburg die Hohenzollern als Kurfürsten und später auch als Könige. In den folgenden Jahrhunderten erweiterten sie ihr zunächst kleines Herrschaftsgebiet durch geschickte Heiratspolitik, Eroberungen und Kauf immer mehr. Um den Bewohnern der zerstreuten Landesteile das Gefühl der Zusammengehörigkeit zu vermitteln, kam es unter Kurfürst Friedrich Wilhelm (1640–1688) zu einer Vereinheitlichung der Rechtssprechung und der Verwaltung. Sein Sohn Friedrich III. (1688–1713) ließ sich 1701 zum „König in Preußen" krönen; der Name setzte sich bald für das gesamte Herrschaftsgebiet durch.

Friedrich Wilhelm I. von Preußen (1713–1740) und August der Starke von Sachsen (1694–1733)
Sparsamkeit – Pflichtbewusstsein – Disziplin, auf die Beachtung dieser „preußischen" Tugenden legte der „Soldatenkönig" größten Wert. Große Feste, Beschaffung kostbarer Luxusgüter lehnte er ab. Nicht gespart wurde allerdings bei den Ausgaben für das Heer. Preußen verfügte damals über die viertstärkste Armee in Europa und über die am besten ausgebildetste.
Ganz anders als in Preußen ging es am Hofe von August dem Starken in Sachsen zu, der sich 1697 zum König von Polen krönen ließ. Wichtig für ihn waren als Zeichen der absolutistischen Macht prächtige Bauten wie der Dresdner Zwinger oder die Moritzburg sowie rauschende Feste. Sie sollten seine Macht und seinen Reichtum demonstrieren.

Friedrich II. (1740–1786): „Erster Diener des Staates"
Friedrich II., auch „der Große" genannt, war ein Vertreter des aufgeklärten Absolutismus. Unter ihm wurden Folter und Zensur der Presse abgeschafft oder eingeschränkt. Vor dem Gesetz – so betonte er immer – sind alle Menschen gleich. Gegenüber den unterschiedlichen Glaubensbekenntnissen war er tolerant. Um sein Herrschaftsgebiet zu erweitern, überfiel er 1740 Schlesien.
Nach dem Siebenjährigen Krieg (1756–1763) konnte Friedrich II. diese Eroberung endgültig behalten. Sein Land aber hatte unter dem langjährigen Krieg furchtbar gelitten und es brauchte viele Jahre, bis es sich von den Verwüstungen erholt hatte. Weil der Staat Preußen die drohende Vernichtung hatte abwenden können, wuchs nun sein Ansehen und sein politischer Einfluss in Deutschland und in Europa. Preußen wurde eine europäische Großmacht.

1417
Beginn der Herrschaft der Hohenzollern in Preußen.

1713–1786
Aufstieg Preußens zur europäischen Großmacht.

1694–1733
August der Starke, Kurfürst von Sachsen und König von Polen.

1756–1763
Siebenjähriger Krieg.

Wer mit dem Schiff nach Amerika reist, wird an der Hafeneinfahrt von New York durch die Freiheitsstatue begrüßt, die 1886 als Geschenk des französischen Volkes errichtet wurde. Die Inschrift auf dem Sockel der 95 Meter hohen Statue lautet: „Lasst zu mir kommen eure müden, armen, bedrängten Massen, die danach lechzen, in Freiheit zu atmen. Den unglücklichen Haufen eurer Küste. Schickt sie mir, die Obdachlosen, vom Sturm Gepeitschten. Ich erhebe mein Licht neben der goldenen Pforte."

Dieser Einladung folgten seit dem 18. Jahrhundert Millionen Europäer. In Massen verließen die Menschen ihre Heimat, um sich in Nordamerika, dem „Land der unbegrenzten Möglichkeiten", eine neue Existenz aufzubauen. Ob sich diese Hoffnungen erfüllten und wie eine neue, die amerikanische Nation entstand, könnt ihr auf den folgenden Seiten erfahren. Und es geht um die Folgen, die die Besiedlung der „Neuen Welt" für die Freiheit und das Leben ihrer Ureinwohner hatte, die Indianer, die hier Landwirtschaft trieben, jagten und fischten. Von ihnen lernten die ersten Siedler, wie man in dem fremden Erdteil überleben konnte.

„Neue, freie Welt – Amerika"

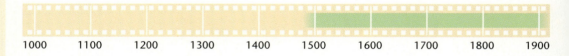

1 Englische Kolonien in Nordamerika.

Q ... 25. Juni 1607. Ein Indianer kam zu uns mit einer Friedensbotschaft des Häuptlings. Sie wollten unsere Freunde sein. Und wir sollten in Frieden säen und ernten können. ...

Ähnlich war es, als die Engländer an anderen Orten Kolonien anlegten. Das Land, in das die Siedler kamen, war von Indianervölkern besiedelt, die hier Landwirtschaft trieben, jagten und fischten. Von ihnen lernten die Siedler, wie man in dem fremden Erdteil überleben konnte.

Weitere Siedler folgten bald:
- 1629 kamen Puritaner, die ihrer religiösen Überzeugung wegen verfolgt wurden, aus England mit der „Mayflower" nach Amerika und landeten in Plymouth.
- Am Hudson siedelten die Niederländer unter Peter Stuyvesant. Sie kauften im Jahre 1626 die Insel Ma-na-hat-an (Manhattan = Himmlische Erde) von den Indianern für Glasperlen und rotes Tuch im Wert von 24 Dollar. Die Siedlung erhielt den Namen „Nieuw Amsaterdam", von England wurde sie unter dem Namen New York übernommen.
- Vertriebene englische und irische Katholiken begründeten Maryland.
- Angehörige der Sekte der Quäker besiedelten 1682 unter Führung von William Penn das nach ihm benannte „Pennsylvania". William Penn hat seine Glaubenslehre auf zwei Reisen in den Jahren 1671 und 1677 auch in Deutschland verkündet. Eine kleine Quäkergemeinde hatte sich daraufhin u. a. in Krefeld zusammengefunden.
- Der Bericht William Penns über das freie und christliche Leben in Amerika bewog im Jahre 1683 dreizehn Familien in Krefeld, die Überfahrt zu wagen. Sie landeten in Philadelphia und gründeten die Siedlung „Germantown".

Es dauerte nicht lange, bis diesen deutschen Auswanderern weitere folgten: Im Laufe der

Die Besiedlung durch Europäer

Nachdem Christoph Kolumbus im Jahre 1492 Amerika entdeckt hatte, unternahmen im folgenden Jahrhundert zahlreiche Seefahrer aus Europa Entdeckungsreisen an die Küste des neuen Kontinents. Die Eroberung und die Besiedlung der „Neuen Welt" durch Spanier, Portugiesen, Niederländer, Franzosen und Engländer begann. 1607 gründeten englische Siedler Jamestown, die erste englische Niederlassung in Nordamerika (siehe Abbildung 1). Die Ureinwohner des Landes, die Indianer, halfen ihnen in der ersten Zeit. Sie überließen ihnen Land und schenkten ihnen Lebensmittel. So heißt es in dem Tagebuch des Siedlers E. Winfield:

1607:
Engländer gründen Jamestown, die erste dauerhafte Siedlung an der Ostküste Nordamerikas.

Die ersten Kolonisten

2 Puritaner auf dem Weg zur Kirche im 17. Jahrhundert. Gemälde von 1867.

3 William Penns Friedensvertrag mit den Indianern von 1682. Lithografie aus dem 19. Jahrhundert.

letzten 300 Jahre waren es über 7 Millionen Deutsche, die in Amerika eine neue Heimat suchten.

1 Vergleicht die Karte (Abbildung 1) mit einer Karte der USA in eurem Atlas.
2 Stellt eine Liste der 13 Kolonien in der Reihenfolge ihrer Gründung auf.
3 Beschreibt die Menschen in Abbildung 2 (Kleidung, Gesten ...). Überlegt, warum sie in dieser Ordnung marschieren und was die beiden Menschen an der Spitze des Zuges besprechen.
4 Untersucht das Verhältnis zwischen den frühen Siedlern und den Indianern in der Abbildung 3. Vergleicht mit dem, was ihr über ihre spätere Geschichte wisst.
5 Versucht die Aussprüche in der Randspalte zu übersetzen. Besprecht, was sie über das Leben der Siedler aussagen.

In dem Buch „Poor Richard's Almanack" beschrieb Benjamin Franklin die Vorstellungen der Puritaner von einem gottgefälligen Leben. In dem Bestseller aus dem Jahr 1733 heißt es unter anderem:

Early to bed and early to rise, makes a man healthy, wealthy and wise.

Well done is better than well said.

A ploughman on his legs is higher than a gentleman on his knee.

At the working man's house hunger looks in, but dares not enter.

Das Leben in den Kolonien

1 **Siedler in Amerika.** Das Haus einer Siedlerfamilie in Custer County/Nebraska. Foto vom 1886.

Bevölkerungswachstum in den USA von 1800–1860:

1800:   5,3 Mio.
1820:   9,6 Mio.
1840: 17,0 Mio.
1860: 31,5 Mio.

„Jeder kann sich hier niederlassen"
Wie die 13 Familien aus Krefeld, so zogen in den nächsten Jahrhunderten Millionen Menschen aus ganz Europa nach Amerika. Besonders in Zeiten bitterer Armut und Unterdrückung sahen sie in der Auswanderung ihre letzte Chance. Der Entschluss, die Heimat zu verlassen, bedeutete für die Auswanderer zunächst einmal eine lange, strapaziöse und häufig auch lebensgefährliche Seereise anzutreten. Und nach der Ankunft in der Neuen Welt machten Krankheiten, das ungewohnte Klima und Hunger den Einwanderern vor allem in den ersten Monaten das Leben sehr schwer. Das zeigte sich auch bei den 13 Familien aus Krefeld. Statt „Germantown" nannten einige diese Niederlassung zunächst „Armentown". Doch schon ein Jahr später hatte sich die Situation gebessert. Feste Fachwerkhäuser waren inzwischen errichtet worden, umgeben von kleinen Blumen- und Gemüsebeeten. Die Bewohner von Germantown hielten Kontakt mit ihrer alten Heimat. Ihre Berichte machten auf die Daheimgebliebenen großen Eindruck. Weitere Siedler folgten. Einer von ihnen schrieb im Jahre 1760:

Q1 … Es gibt so viel gutes Land, das noch unbestellt ist, dass ein jung verheirateter Mann ohne Schwierigkeiten ein Stück Grund und Boden erwerben kann, auf dem er mit Frau und Kindern ein zufrieden stellendes Auskommen hat. Die Steuern sind so niedrig, dass er sich darum keine Sorgen machen muss. Die Freiheiten, die er genießt, sind so groß, dass er sich wie ein Fürst auf seinen Besitzungen fühlen kann. Jeder kann sich hier niederlassen, kann bleiben, seinem Gewerbe nachgehen, auch wenn seine religiösen Grundsätze noch so merkwürdig sind. Und er wird durch die Gesetze so in seiner Person und in seinem Eigentum geschützt und genießt solche Freiheiten, dass man von einem Bürger hier geradezu sagen kann, er lebe in seinem Haus wie ein König. …

Es gab aber auch Einwanderer, deren Hoffnungen sich nicht sogleich erfüllten. So schrieb im Jahre 1879 Heinrich Kreuzfeld an seinen Bruder Johann:

Q2 … Die meisten Europäer denken, dass Amerika das Land ist, wo Milch und Honig fließen. Keineswegs, es ist hier so schlecht, wenn nicht schlechter, wie in Europa. Ich bin seit zwei Jahren nicht mehr im Geschäft. Ich und mein Kompagnon mussten den Fruchthandel und das Warenlager-Geschäft aufgeben wegen Mangel an Mitteln und zu großer Konkurrenz.

Was ist ein Amerikaner?

2 Aus dem Neu-Ruppiner Bilderbogen, um 1838.

3 Aus dem Neu-Ruppiner Bilderbogen, um 1838.

Im Frühjahr werde ich ins Eisgeschäft gehen, den Wirten, Brauern, Metzgern usw. das nötige Eis zu liefern. Bitte, lieber Johann, schicke mir einstweilen so viel Geld wie du kannst. Bitte, schicke es sofort. ...

1 Vergleicht die beiden Berichte miteinander. Was wird in dem Bericht aus dem Jahre 1760 (Q1) besonders lobend erwähnt, auf welche Probleme macht der Brief (Q2) aufmerksam?

Viele Nationalitäten – eine Nation?

Die 13 Kolonien unterstanden den englischen Gesetzen, die in London gemacht wurden. Alle Siedler galten rechtlich als Engländer. Doch England war fern und viele Probleme verlangten eine rasche Lösung. So gab es in den Kolonien auch eine Art Selbstverwaltung. In den Siedlerversammlungen berieten und beschlossen gewählte Vertreter die gemeinsamen Probleme und legten für alle gültige Regelungen fest.

Die Selbstverwaltung, aber auch der Kampf ums tägliche Leben ließ die Menschen aus den verschiedenen Nationen bald zu einer Nation zusammenwachsen. Ein Einwanderer schrieb 1782:

Q3 ... Was ist eigentlich ein Amerikaner, diese neue Art Mensch? Er ist kein Europäer und auch nicht Nachkomme eines Europäers. Er ist eine seltsame Mischung, die es nirgendwo auf der Welt gibt. Ich kenne einen Mann, dessen Großvater Engländer war, dessen Frau Holländerin war, dessen Sohn eine Französin heiratete, und dessen vier Söhne jetzt Frauen von vier verschiedenen Nationalitäten haben. Er ist ein Amerikaner ...

2 Wertet die Statistik in der Randspalte auf dieser Seite aus. Erstellt eine Liste der Herkunftsländer und ordnet sie nach der Größe der Einwandererzahlen.

3 Überlegt, wie aus Angehörigen ganz verschiedener Nationen in kurzer Zeit Amerikaner wurden.

4 Vermutet, welche Folgen sich aus der wachsenden Einwohnerzahl ergaben (siehe die Statistik in der Randspalte S. 122).

Irland und Frankreich
90 000

Holland
79 000

Afrika
757 000

Deutschland
176 000

Schottland
222 000

England und Wales
2 606 000

Herkunft der Menschen in den Kolonien. 1790.

Wem gehört das Land?

1 Goldgräber in Kalifornien. 1848.

2 Plakat einer Eisenbahngesellschaft, die Siedlern Land anbietet.

Auf dem Zug nach Westen

Für die zahllosen Siedler reichte das Land in den ersten Kolonien schon bald nicht mehr aus. Immer weiter drangen sie deshalb nach Westen vor und trafen dabei auf zahlreiche Indianerstämme. Fast 500 Indianervölker lebten um 1800 in Nordamerika und die drei wichtigsten Gruppen waren
- die Ackervölker im nordöstlichen Waldland,
- die Jägervölker in den Prärien,
- die Bauern- und Hirtenvölker im Südwesten.

Über sie schrieb Hug Henry Brackenridge, ein bekannter amerikanischer Dichter und Schriftsteller, im Jahre 1872:

> **Q1** … Ich bin weit davon entfernt, auch nur im Traum anzunehmen, dass die Indianer ein Recht auf Land haben könnten, von dem sie seit Jahrtausenden keinen anderen Gebrauch machen als die Tiere. Es ist deshalb undenkbar, dass sie einen Anspruch auf Land haben. Sie müssen deshalb – und das ist Gottes Wille – von diesem Land vertrieben werden … Indianer haben das Aussehen von Menschen …, aber wie sie uns im Augenblick entgegentreten, erscheinen sie eher als Tiere, teuflische Tiere … Wer käme schon auf den Gedanken, mit Wölfen, Klapperschlangen, Jaguaren und Koyoten über Garantien für Eigentum an Land zu verhandeln. Es gilt, sie zu dezimieren. …

1 Aus Quelle 1 wird die Einstellung vieler Siedler zu den Indianern deutlich. – Stellt die wichtigsten Aussagen zusammen und besprecht die Einstellung der Weißen zu den Indianern. Berücksichtigt hierzu auch die Abbildung 2.

Macht geht vor Recht: Das Beispiel der Nez Percé

Die Nez Percé waren ein kleines Indianervolk, das auf dem Columbia-Plateau (in den heutigen USA-Staaten Idaho und Oregon) von der Pferdezucht lebte. Um 1850 ließen sich Siedler am Rande des Nez-Percé-Gebietes nieder. Sie forderten von den Indianern: „Verkauft uns weite Teile eures Landes. Einen Rest des Landes lassen wir euch als Reservation*. Wir bieten euch außerdem 200 000 Dollar." Die Indianer gaben nach. Doch 1861 wurde in dem Gebiet, das den Nez-Percé geblieben war, Gold gefunden. Schon im Sommer ka-

Reservation*:
Siedlungsräume, die den Indianern durch die Regierung zugewiesen wurden. Im Verhältnis zu ihren früheren Territorien waren dies enge und ungünstig gelegene Gebiete. Zudem wurden sie nun von amerikanischen Beamten beaufsichtigt, den „Indian Agents".

Goldgräber, Siedler und Indianer

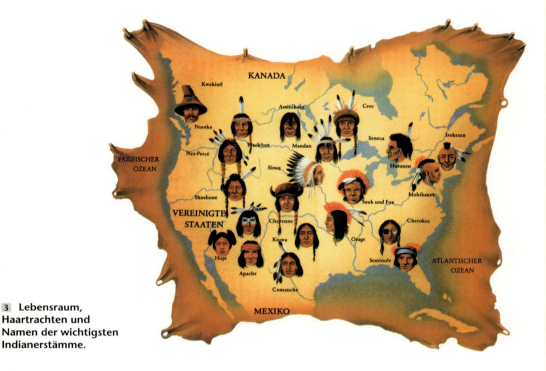

3 Lebensraum, Haartrachten und Namen der wichtigsten Indianerstämme.

men 10 000 Weiße in das Gebiet der Indianer. Die USA setzten wieder eine Verhandlung an und die Indianer sollten einen Vertrag unterschreiben. Wieder sollten sie dieses Land an die Regierung verkaufen. Voller Erbitterung antwortete darauf der Häuptling:

Q2 … Ich habe nie gesagt, dass das Land mir gehört und dass ich damit tun könne, was mir beliebt. Nur der kann über Land verfügen, der das Land geschaffen hat … Ich habe einige der großen weißen Häuptlinge gefragt, woher sie das Recht haben, dem Indianer zu sagen, er müsse sich an einem bestimmten Platz aufhalten, während er die weißen Männer hingehen sieht, wo es ihnen gefällt. Sie können mir keine Antwort geben. …

Gewaltsam wurden die Nez-Percé vom amerikanischen Militär in eine Reservation gebracht. Die Häuptlinge wurden gezwungen einen Vertrag zu unterschreiben, der ihnen nur noch ein Zehntel ihres Landes ließ. Dafür sollten sie Nahrung, Kleidung und Schulen von den Weißen erhalten. Eine Gruppe junger Indianer überfiel nun aus Enttäuschung und Wut Ansiedlungen der Weißen, die das Militär zur Unterstützung herbeiholten. Nun hetzte das Militär die Nez Percé unerbittlich. In fünf großen Schlachten konnten die Indianer siegen, doch immer neue Truppen folgten ihnen. Am Ende mussten sie vor der Übermacht kapitulieren und General Miles versprach, die Überlebenden in ihre Heimat zurückzubringen. Aber statt in ihre Berge wurden sie in die Wüste geschafft, wo viele starben. 1878 wurden die Reste des Volkes nach Oklahoma in eine Reservation gebracht. In ihre Heimat durften sie nicht zurückkehren. Ähnlich wie den Nez Percé erging es auch den anderen Indianervölkern. Lebten vor der Kolonialisierung noch mehr als 1 Million Indianer in den USA, so waren es zu Beginn des 20. Jahrhunderts nur noch 200 000, denen bestimmte Reservate zugewiesen worden waren. Sie kämpfen noch heute um ihre Rechte und Entschädigung für die geraubten Länder.

2 Besprecht das Verhalten der Weißen und der Nez Percé. Berichtet in der Klasse, was ihr über Indianer wisst. – Seht euch dazu auch die Stammesnamen auf der Abbildung 3 an.

Indianer jagen Bisons. Sie waren das Hauptnahrungsmittel der Prärieindianer. Darüber hinaus lieferte der Bison das Material für die verschiedensten Gebrauchsgegenstände von der Zeltplane bis zur Schlittenkufe. Doch während Anfang des 19. Jahrhunderts auf den Großen Ebenen der USA noch 50 Millionen dieser Tiere lebten, waren es im Jahr 1889 nur noch 635 Bisons. Weiße Berufsjäger und Siedler hatten das wichtigste Tier in dieser Landschaft ausgerottet.

Zum Weiterlesen: Der Weg der Tränen

1 „Der Weg der Tränen" zeigt die Vertreibung der Cherokee aus ihrer Heimat. Gemälde von Robert Lindneux von 1942.

Die Vertreibung die Cherokee
Die Heimat der Cherokee waren die Gebirgstäler der südlichen Appalachen. 1827 gab sich der Stamm nach dem Vorbild der Vereinigten Staaten eine Verfassung, die einen gewählten Oberhäuptling, einen Senat und ein Repräsentantenhaus vorsah. Zivil- und Strafgesetze wurden verabschiedet und ein oberster Gerichtshof eingerichtet. Um diese Zeit entwickelte sich die Nation der Cherokee zu einem nahezu perfekten Sozial- und Wohlfahrtsstaat, in dem es keine Arbeitslosigkeit und keine Armut gab. Es entstanden Schulen, Kirchen, Hospitäler und Bibliotheken, Baumwollspinnereien, Ziegeleien und Bergwerke wurden von den Indianern betrieben. Sogar eine Porzellanfabrik wurde von ihnen gegründet.

Vielleicht wurde den Cherokee jedoch gerade diese Anpassung an die Kultur der weißen Amerikaner zum Verhängnis. Der beträchtliche Wohlstand der Stammesangehörigen erweckte den Neid ihrer weißen Nachbarn. Als in Georgia Gold gefunden wurde, war dies für die Weißen ein willkommener Vorwand, die Umsiedlung der Cherokee zu verlangen.

1830 unterzeichnete Präsident Andrew Jackson das Indianer-Umsiedlungsgesetz. Es half nichts, dass ein begabter Redner unter den Cherokee, John Ross, sich leidenschaftlich gegen die Umsiedlung aussprach. Es half nichts, dass das Oberste Gericht gegen die Verschickung der Cherokee entschied und dass sich bekannte Persönlichkeiten für die Cherokee einsetzten. Acht Jahre wehrte sich der Stamm mit allen ihm zur Verfügung stehenden politischen und rechtlichen Mitteln gegen die Enteignung und die Abschiebung in die wasserarme Steppe von Oklahoma. 1838 bestand Präsident Martin van Buren ungeachtet aller Proteste darauf, die Aussiedlung durchführen zu lassen. Damit begann der „Weg der Tränen". Der Bundesstaat Georgia zwang die Cherokee, ihren Landbesitz zu Schleuderpreisen zu verkaufen. Viele Häuser und Besitzungen der Cherokee wurden geplündert. Soldaten begannen die Cherokee-Familien zusammenzutreiben und sie in Sammellager zu schleppen. Schlecht mit Lebensmitteln versorgt und zu einem Dasein unter katastrophalen Wohnverhältnissen gezwungen, starben bereits viele Indianer in diesen hastig errichteten Lagern. ... Der erste erzwungene Treck nach Oklahoma brach im Frühjahr 1838 auf und war bis in den Sommer unterwegs. Auf der Wegstrecke über 800 amerikanische Meilen litten die Menschen vor allem unter der Hitze. Ein zweiter Zug folgte im Herbst und Winter 1838 während der Regenzeit. Die Wagen blieben häufig im Schlamm stecken. Die Temperaturen bewegten sich um den Gefrierpunkt. Es schneite heftig. Eisstürme setzten ein. Während der Wartezeit in den Sammellagern und auf den zwei Zügen starben insgesamt 4000 Cherokees, fast ein Viertel des gesamten Stammes. Epidemien von Cholera, Typhus und Masern, die während des Aufenthaltes im Indianerterritorium ausbrachen, forderten weitere Opfer.

Weitere Informationen über die Cherokee und viele andere Indianerstämme findet ihr in dem Buch von Frederik Hetmann: Indianer, Ravensburger Buchverlag 1990.

Werkstatt Geschichte: Leben im Wigwam

Langhaus der Irokesen.

Wickiup der Apache.

Tipi der Sioux-Indianer.

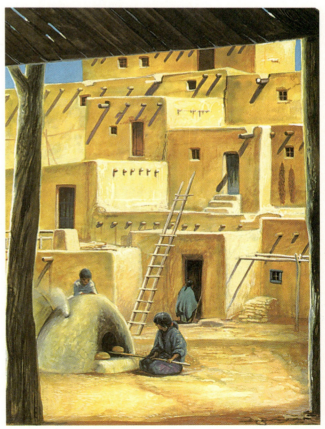

Häuser der Pueblo-Indianer.

1 Beschreibt die Hausformen der Indianer.
2 Was sagen die verschiedenen Hausformen über die Lebens- und Wirtschaftsweise der Stämme aus, die sie bewohnten?
3 Informiert euch mit Hilfe von Lexika und Büchern über die genannten Indianerstämme. Weitere Informationen bekommt ihr z. B. aus dem Buch von R. Crummenerl und P. Klaucke: Das große Arena-Buch der Indianer. Arena-Verlag 1996.

Der Kampf um die Unabhängigkeit

[1] **Die Boston-Tea-Party.** Lithografie von 1846.

1773:
Boston Tea-Party. Aus Protest gegen britischen Zoll auf Teeeinfuhren stürmen amerikanische Kolonisten drei Schiffe und werfen die Teeladung in das Wasser des Bostoner Hafens.

Selbstbewusste Kolonisten

Die Selbstverwaltung der Kolonien, die Anstrengungen um die Erschließung des Landes sowie der gemeinsame Kampf gegen die Indianer hatte unter den Siedlern ein Gemeinschaftsgefühl entstehen lassen. Sie waren stolz auf ihre Leistungen und sie waren selbstbewusst. Adlige, denen sie zu gehorchen hatten, gab es hier nicht. Jeder – so lautete die allgemeine Überzeugung –, der sich anstrengt, Mut beweist und vorwärts kommen will, kann es zu Ansehen und Wohlstand bringen; insofern waren sie alle gleich.

Von England trafen zudem Nachrichten ein über die „Glorreiche Revolution", die den Bürgern mehr politische Freiheit und Gleichheit vor dem Gesetz brachte. Sollte das, was im Mutterland rechtens war, nicht auch in den Kolonien möglich sein? – An dieser Frage entzündete sich ein Streit zwischen den Kolonisten und dem englischen Mutterland mit weit reichenden Folgen.

„No taxation without representation"

Die englische Staatskasse litt wegen der Kriege mit Frankreich unter ständiger Geldnot. Geld aber, so meinte das englische Parlament, könnte man aus den Kolonien holen, denen es wirtschaftlich sehr gut ging. So wurden die Kolonisten mit immer neuen Steuern belegt. Vor allem auf Rohstoffe und Fertigwaren, die aus England in die Kolonien kamen, wurden Zölle erhoben. Das ging den amerikanischen Bürgern zu weit. Sie verweigerten schließlich jede Zahlung mit dem Hinweis, dass sie im englischen Parlament nicht vertreten seien: „No taxation without representation", so hieß es bald auf zahlreichen Kundgebungen. Außerdem beschlossen die Siedler, keine englischen Waren mehr zu kaufen.

1 Beschreibt die Abbildung 1.
2 Stellt Vermutungen auf, warum die Weißen den Indianern zujubelten.

Englische Untertanen in Amerika?

Die Boston-Tea-Party

Wie stark der Widerstand in der Bevölkerung gegenüber England war, sollte sich schon bald zeigen. Als die englische Regierung Ende September 1768 zwei Regimenter nach Boston schickte, verweigerten die Bürger den Soldaten Quartier; als englische Soldaten von Amerikanern in Boston mit Knüppeln und Schneebällen bedrängt wurden, erschossen die Soldaten fünf Zivilisten. In den Kolonien sprach man nun vom Bostoner Blutbad; der Widerstand gegen das Mutterland nahm weiter zu und erfasste jetzt alle 13 Kolonien. Die englische Regierung lenkte ein und nahm die Steuern zurück. Es blieb allein die Teesteuer. Mit ihr wollte England zeigen, dass man das Recht habe, zu jeder Zeit beliebige Steuern von den Kolonien zu erheben. Dadurch wurde der Teezoll auch für die Kolonisten zu einer Grundsatzfrage. Als im Dezember 1773 drei Teeschiffe im Hafen von Boston landeten, schlichen 50 Männer, Tomahawks in den Händen und die Gesichter gefärbt wie Indianer, an den Kai, wo die Schiffe vertäut waren. Sie überwältigten die Schiffswachen und warfen die gesamte Teeladung ins Hafenwasser. Die Antwort Englands ließ nicht lange auf sich warten. Neue Truppen wurden in die Kolonien gesandt. Der Hafen von Boston wurde geschlossen. Dies stellte für die Bevölkerung eine besondere Härte dar, da Tausende von Familien von ihm lebten.

2 Der Geist von 1776. Gemälde von A. M. Willard (1836–1918).

3 Beschreibt und begründet das Verhalten der englischen Regierung und der Siedler. Hätte es andere Möglichkeiten gegeben, um den Konflikt zu lösen?

Vom Widerstand zur Rebellion

Die Maßnahmen der britischen Regierung hatten indessen nicht den gewünschten Erfolg, da alle Kolonien zusammenstanden. Es kam zu einem Krieg der amerikanischen Siedler gegen die britischen Truppen, der von 1775 bis 1783 dauerte. Oberbefehlshaber der amerikanischen Truppen wurde George Washington. Angeheizt wurde die Empörung in der Bevölkerung durch eine Flugschrift, die Thomas Paine im Jahre 1776 mit dem Titel „Common Sense" (was jeder für vernünftig hält) herausgab:

Q … Die Zeit der Debatten ist vorbei. Waffen als letztes Mittel entscheiden den Streit. Der König hat das Schwert gewählt und der Kontinent hat die Herausforderung angenommen. Aber, werden einige fragen, wo ist der König von Amerika. Ich will es euch sagen, Freunde: Dort oben regiert Er und richtet keine Verheerung der Menschheit an wie das königliche Untier … (Hier aber) setzte man feierlich einen Tag fest zur öffentlichen Bekanntmachung der Verfassung, um der Welt zu zeigen, dass in Amerika das Gesetz König ist. …

4 Erklärt die Bedeutung des Satzes „In Amerika ist das Gesetz König." Vergleicht mit dem Anspruch der absolutistischen Herrscher in Europa.

5 Beschreibt die drei Soldaten auf der Abbildung 2 und notiert, was euch auffällt. Erklärt den Titel des Bildes und die Absicht des Künstlers.

1775–1783: Nordamerikanischer Unabhängigkeitskrieg.

„Amerika den Amerikanern"

1 Der amerikanische General General Nathan Heard verliest die amerikanische Unabhängigkeitserklärung vor den Truppen. Zeitgenössisches Gemälde.

Flagge der dreizehn vereinigten Staaten von Nordamerika aus dem Jahr 1775 und 1789.

4. Juli 1776: Unabhängigkeitserklärung der dreizehn nordamerikanischen Kolonien.

Die Kolonien werden unabhängig

Der Krieg in Amerika wurde immer heftiger. Um ein gemeinsames Vorgehen der dreizehn Kolonien abzusprechen, trafen sich im Mai 1775 die Vertreter der Kolonisten zu einem Kongress. Die Vertreter waren von Bürgerversammlungen gewählt worden. Im Kongress war man sich nicht einig, ob man sich ganz von England lösen sollte. Noch im Herbst 1775 waren fünf Kolonien für ein Zusammengehen mit England, die anderen wollten sich selbstständig machen.

Radikale Flugblätter und Kriegsmeldungen beeinflussten die öffentliche Meinung dahingehend, dass immer mehr Menschen für eine gänzliche Trennung von England eintraten.

In den einzelnen Kolonien wurden die Anhänger Englands vertrieben. So konnte die Unabhängigkeit der dreizehn Kolonien von England beraten und am 4. Juli 1776 erklärt werden.

In der Unabhängigkeitserklärung hieß es:

Q … Folgende Wahrheiten erachten wir als selbstverständlich: Alle Menschen sind gleich geschaffen. Sie sind von ihrem Schöpfer mit unveräußerlichen Rechten ausgestattet. Dazu gehören Leben, Freiheit und Streben nach Glück.

Zur Sicherung dieser Rechte sind unter den Menschen Regierungen eingesetzt, die ihre rechtmäßige Macht aus der Zustimmung der Regierten herleiten.

Wenn eine Regierungsform diese Zwecke gefährdet, ist es das Recht des Volkes, sie zu ändern oder abzuschaffen und eine neue Regierung einzusetzen … Demnach verkünden wir, die im Allgemeinen Kongress der Vereinigten Staaten von Amerika versammelten Vertreter, feierlich: … dass diese vereinigten Kolonien freie und unabhängige Staaten sind und von Rechts wegen sein müssen, dass sie losgelöst sind von aller Pflicht gegen die britische Krone, dass jede politische Verbindung zwischen ihnen und dem Staate Großbritannien ein für allemal aufgehoben ist. …

1 *Fasst die Gründe zusammen, welche die Kolonisten dazu brachten, die Unabhängigkeit zu erklären.*
2 *Überlegt, welche Rechte für Frauen und Sklaven gesichert werden.*
3 *Erläutert, womit die Einsetzung von Regierungen begründet wird.*
4 *Versucht herauszufinden, warum die Unabhängigkeitserklärung ein „revolutionärer" Text ist. Kennt ihr ähnliche Texte?*

Wie soll der neue Staat geordnet werden?

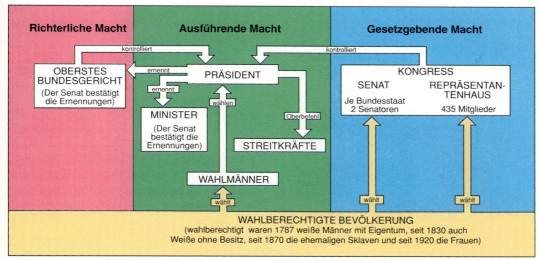

2 Die Verfassung der Vereinigten Staaten von Amerika.

1787: Die Verfassung der USA wird am 4. März verabschiedet. Zwei Jahre später wird George Washington der erste Präsident der USA.

Ein Staat ohne König

Nach der Gründung der „Vereinigten Staaten" im Jahr 1776 musste die Unabhängigkeit erst gegen die im Lande stehende englische Armee erkämpft werden. Dies gelang nach vielen schweren Kämpfen unter der Leitung von George Washington und mit Hilfe der Franzosen, der alten Gegner der Engländer. 1783 musste England die Unabhängigkeit der dreizehn ehemaligen Kolonien anerkennen. Gleichzeitig stellte sich für den neuen Staat die Frage, wie er geführt und geordnet werden sollte. Dabei waren zwei wichtige Punkte zu klären:
- Wie der Name es besagt, waren die USA ein Staat, der aus vielen einzelnen Staaten bestand, den ehemaligen Kolonien. Jede dieser einzelnen Kolonien hatte eine eigene Regierung; jetzt aber brauchte man auch eine Zentralregierung für das ganze Land;
- In der Unabhängigkeitserklärung war festgehalten worden, dass das Volk selbst seine Vertreter wählen sollte, die das Land regieren. Wie aber sollte ein solcher Staat, den es noch nirgends gab, aussehen?

5 Zu den beiden oben angesprochenen Punkten passen die Begriffe „Bundesstaat" und „Demokratie". Könnt ihr beide erklären? Kennt ihr weitere Bundesstaaten?

6 Versucht durch eine gemeinsame Diskussion Antworten auf beide Fragen zu finden.

Die Verfassung der Vereinigten Staaten

Um den neuen Bundesstaat zu organisieren, sandten die einzelnen Staaten ihre Vertreter nach Philadelphia. In langen Beratungen suchte man nach den wichtigen Gesetzen, die das staatliche Leben regeln sollten; solche Regelungen bezeichnet man als „Verfassung".

Die amerikanische Verfassung, auf die man sich schließlich einigte und die heute noch in groben Zügen gilt, ist auf drei besonders wichtigen Grundsätzen aufgebaut:
- Alle Macht soll von Vertretern ausgeübt werden, die auf bestimmte Zeit vom Volk in ihr Amt gewählt werden.
- Die Macht im Staat ist dreigeteilt: in die gesetzgebende Macht, welche die Gesetze beschließt; in die ausführende Macht, welche die Gesetze in die Tat umsetzt, und in die richtliche Macht, welche die Einhaltung der Gesetze überwacht.
- Die drei Teile der Macht kontrollieren sich gegenseitig; niemand darf an mehr als einem teilhaben.

7 Versucht den Sinn der drei Grundsätze zu erklären.

George Washington (1732–1799).

Menschenrechte – nicht für Sklaven

Ein in einem Netz gefangen gehaltener Sklave an der Küste Kongos, der darauf wartet verschifft und verkauft zu werden. Foto 19. Jahrhundert.

„Am I not a woman and a sister?" Das Motiv findet sich auf der Rückseite einer Medaille, die seit 1834 durch Gegner der Sklaverei in England und in Amerika verbreitet wurde.

Sklaven werden wie Vieh behandelt

Von Anfang an verlief die wirtschaftliche Entwicklung in den Südstaaten anders als in den Nordstaaten: Im Norden entwickelte sich – begünstigt durch reichhaltige Kohlen- und Eisenlager – schon bald eine umfangreiche Industrie. Große Städte entstanden, in denen Handel, Handwerk und große Betriebe zu Hause waren.

Im Süden gab es nur wenig Industrie, dafür aber große Plantagen. Angebaut wurden Reis, Zuckerrohr, Tabak und Baumwolle. Während der Sommermonate herrschte hier ein drückend heißes und schwüles Klima, das die weißen Farmer nur schwer ertrugen. Wie früher die Spanier schon, holten die Siedler daher Sklaven ins Land, die die Schwerstarbeit auf den Baumwollfarmen leisten sollten. Die Sklaven wurden in Westafrika von berufsmäßigen Sklavenjägern zusammengetrieben, in langen Märschen an die Küste und per Schiff nach Amerika gebracht. In Amerika angekommen, wurden die Sklaven auf großen Auktionen versteigert. Der ehemalige Sklave Solomon Northrop beschreibt in seinen Erinnerungen aus dem Jahr 1835 den Verlauf einer Sklavenauktion:

Q … Mr. T. Freeman, Veranstalter des Sklavenmarktes in New Orleans, begab sich am frühen Morgen zu seinem „Vieh". Bei dem gewohnten Fußtritt für die älteren Männer und Frauen und manchem Peitschenknall für die jüngeren Sklaven dauerte es nicht lange, bis alle auf den Beinen waren. Zuerst wurden wir angewiesen, uns sorgfältig zu waschen. Dann wurden wir neu eingekleidet – billig, aber sauber. Darauf wurden wir in einen großen Saal geführt, wo der „Markt" stattfinden sollte. Dann trafen die Kunden ein, um Freemans „neuen Warenposten" zu besichtigen. Freeman ließ uns den Kopf heben, während die Kunden unsere Hände, Arme und Körper abtasteten, uns herumdrehten und sich unsere Zähne zeigen ließen. An diesem Tag wurden die meisten Sklaven verkauft. Ein Mann kaufte auch den kleinen Randall. Seine Mutter Eliza rang die Hände und weinte laut. Sie bat den Mann, sie selbst auch zu kaufen. Der Mann antwortete, dass er dazu nicht in der Lage sei. …

Die meisten Sklaven lebten unter menschenunwürdigen Bedingungen. Ihre Besitzer behandelten sie wie eine Sache. Strafen – für das geringste Vergehen oder aus reiner Willkür – gehörten zum Alltag der Sklaven. Der Katalog der Strafen reichte vom Essensentzug bis zur Markierung mit Brenneisen. Vor allem die Peitsche wurde von den Verwaltern auf den Plantagen oder von extra dafür eingesetzten „Auspeitschern" verwendet.

1 Sprecht über die Sorgen der Mutter, deren Kind allein verkauft wird.
2 Beschreibt anhand der Quelle, wie der Sklavenhandel vor sich gegangen ist.
3 Vergleicht die Behandlung der Sklaven mit den Forderungen der amerikanischen Unabhängigkeitserklärung.
4 Beschreibt die Vorgänge auf der Abbildung Seite 133. Begründet, warum die Gegner der Sklaverei gerade diese Szenen darstellten.

Werkstatt Geschichte: „Gesichter der Sklaverei"

Gesichter der Sklaverei. Flugschrift, die von nordamerikanischen Gegnern der Sklaverei verbreitet wurde. Um 1836.

Bürgerkrieg zwischen den Nord- und den Südstaaten

1861–1865: Bürgerkrieg zwischen den Nord- und den Südstaaten der USA.

1 **Abraham Lincoln bei einem Truppenbesuch.** Foto 1862.

Frauen aus den Nordstaaten stellten während des Krieges diese Topflappen her. Sie wurden verkauft, um mit dem Geld die Soldaten und ihre Familien zu unterstützen.

Der Kampf um die Einheit der USA

Die Amerikaner in den Nordstaaten forderten die Abschaffung der Sklaverei, da sie mit den Menschenrechten nicht vereinbar sei. Diese Forderung stieß bei den Südstaaten auf erbitterten Widerstand, denn der Wohlstand der Farmer beruhte auf der Sklaverei.
Als im Jahre 1860 Abraham Lincoln, der Kandidat der Nordstaaten, zum Präsidenten gewählt wurde, erklärten die Südstaaten geschlossen ihren Austritt aus der Union. Sie bildeten einen eigenen Bund, „die konföderierten Staaten von Amerika", und wählten einen eigenen Präsidenten.
Abraham Lincoln, dessen oberstes Ziel die Einheit der USA war, rief zum Kampf auf:

Q1 … Ein Teil unseres Landes meint, die Sklaverei ist richtig und sollte ausgedehnt werden, während der andere meint, sie ist schlecht und sollte nicht ausgedehnt werden. Ob der allmächtige Lenker der Nationen mit seiner ewigen Wahrheit und Gerechtigkeit auf der nördlichen Seite oder der südlichen steht, diese Wahrheit und Gerechtigkeit werden beim amerikanischen Volk sicher den Sieg davontragen. … Ich ordne an und verkünde, dass alle als Sklaven gehaltenen Personen frei sind und fortan frei bleiben sollen. Die staatlichen Behörden der Vereinigten Staaten, einschließlich der Militär- und Marinebehörden, gewährleisten die Freiheit dieser Personen.

Zwischen den Süd- und Nordstaaten kam es zu einem erbitterten Bürgerkrieg, der von 1861–1865 dauerte und über 600 000 Menschen das Leben kostete. Die Nordstaaten, an Menschen und Material weit überlegen, zwangen 1865 die Südstaaten zur völligen Kapitulation. Am 31. Januar 1865 wurde in die amerikanische Verfassung folgender Zusatz aufgenommen:

Q2 … Innerhalb der Vereinigten Staaten oder an irgendeinem ihrer Zuständigkeit unterstehenden Ort darf keine Sklaverei und kein unfreiwilliges Dienstverhältnis bestehen …

Nur wenige Monate später wurde Abraham Lincoln von einem fanatischen Südstaatler ermordet. Die Sklaverei war abgeschafft, doch die Farbigen wurden auch weiterhin verachtet. Aus dem Sklavenproblem wurde ein Rassenproblem, das die USA auch heute noch beschäftigt.

1 *Ein Südstaatler schreibt einen Brief an den amerikanischen Präsidenten, in dem er für die Beibehaltung der Sklaverei eintritt. – Welche Argumente könnte er anführen?*

Zusammenfassung

Amerika – neue freie Welt
Zahlreiche Menschen, die in Europa religiös oder politisch unterdrückt wurden oder in wirtschaftliche Schwierigkeiten geraten waren, wanderten nach Amerika aus. Virginia wurde die erste von insgesamt 13 englischen Kolonien. Die Auswanderer nahmen das Risiko einer strapaziösen und gefährlichen Reise auf sich, um für sich eine neue Heimat zu suchen. Die gemeinsamen Bemühungen um die Bewältigung der zahlreichen Probleme ließen die Einwanderer schon bald zu einer neuen, der amerikanischen Nation zusammenwachsen.

Die Gründung eines demokratischen Staates
England versuchte seine Staatskasse auf Kosten der Kolonien aufzufüllen. Als die Kolonien sich dagegen wehrten (Bostoner Tea-Party) und stärkere Mitspracherechte verlangten, schickte England Truppen nach Amerika. Es kam zum Krieg, der von 1775–1783 dauerte. Bereits am 4. Juli 1776 erklärten die Kolonien ihre Unabhängigkeit vom Mutterland. Im Jahre 1789 gaben sich die dreizehn Gründerstaaten eine eigene Verfassung, in die – erstmals in der Geschichte – das Prinzip der Gewaltenteilung aufgenommen wurde.

Menschenrechte – nicht für alle
Um für die vielen Einwanderer genügend Land zu haben, wurden die Gebiete im Westen der USA immer mehr erschlossen. Die hier lebenden Indianer wurden meist gewaltsam vertrieben und in Reservationen zwangsweise umgesiedelt. Noch schlimmer erging es den Sklaven, die man aus Westafrika einführte. Erst nach dem Bürgerkrieg zwischen den Süd- und Nordstaaten (1861–1865) wurde die Sklaverei auch von der Verfassung her verboten. – Geblieben ist bis heute die Benachteiligung der schwarzen Bevölkerung in den USA.

Zum Nachdenken

1 Erzählt die in den Bildern dargestellte Geschichte. Besprecht, welche Erfahrung der Indianer ihr zugrunde liegt.

1607

Engländer gründen Jamestown, die erste dauerhafte Siedlung an der Ostküste Nordamerikas.

1775–1783

Nordamerikanischer Unabhängigkeitskrieg.

1787

Verabschiedung der Verfassung der USA.

1865

Ende des Bürgerkriegs zwischen den Süd- und Nordstaaten. Abschaffung der Sklaverei.

Die Französische Revolution

„Freiheit, Gleichheit und Brüderlichkeit!" forderten rund 20 000 bewaffnete Männer und Frauen, die am 14. Juli 1789 durch Paris zogen. Schließlich versammelte sich die aufgebrachte Volksmenge vor der Bastille, dem verhassten Stadtgefängnis, und forderte den Kommandanten zur Übergabe auf. Es kam zu einer Schießerei und nun schleppten die wütenden Angreifer Kanonen herbei, stürmten die Bastille und befreiten die in den Kellern angeschmiedeten Häftlinge. Den abgeschlagenen Kopf des Kommandanten spießte man auf eine Stange und trug ihn im Triumphzug durch die Stadt.

Die Erstürmung der Bastille versetzte Paris in einen Freudentaumel und bis heute wird der 14. Juli in ganz Frankreich als Geburtsstunde der Demokratie und der Menschen- und Bürgerrechte gefeiert. Sie gilt als das wichtigste Ereignis der „Grande Révolution", mit der die tausendjährige Königsherrschaft ihrem Ende zuging. Doch der König, der sich etwa 30 km entfernt in seinem Schloss in Versailles aufhielt, erkannte nicht die Bedeutung des Aufstandes. Er notierte am Abend in sein Tagebuch: „Juli 1789. 14. nichts."

Die Französische Revolution

1250 1300 1350 1400 1450 1500 1550 1600 1650 1700 1750 1800 1850 1900 1950

1 Die Lage des Dritten Standes. Zeitgenössischer Stich.

Revolution:
(Lat. = Umwälzung).
Der meist gewaltsame Umsturz einer bestehenden politischen und gesellschaftlichen Ordnung.

Lebenshaltungskosten in Frankreich 1789.
Es kosteten:
ein Vier-Pfund-
Brot: 14,5 Sous
0,5 Liter Wein 5,0 Sous
Miete täglich 3,0 Sous
250 g Fleisch 5,0 Sous

Ein Bauarbeiter verdiente am Tag in Paris ca. 18 Sous.

Verschwendung am Hof – Hungerrevolten im Land

Im Jahre 1774 wurde Ludwig XVI. König von Frankreich. Durch die Verschwendungssucht seiner Vorgänger übernahm Ludwig XVI. einen total verschuldeten Staat. Ganz Frankreich erhoffte sich von Ludwig XVI. eine Wende zum Guten: Wird der neue König die Staatsschulden tilgen und die Steuern senken? Wird er das ausschweifende Leben am Hofe beenden? Doch die Hoffnungen wurden enttäuscht. Ludwig XVI. interessierte sich nicht für die Fachgespräche mit seinen Ministern. Lieber hielt er sich in seiner Schlosserwerkstatt auf oder ging auf die Jagd. Wie seine Vorgänger gab er das Geld mit vollen Händen aus und der Adel tat es ihm nach. Immer häufiger erschienen nun in Frankreich Flugschriften, die sich gegen die Vorherrschaft des Adels richteten und die die Unzufriedenheit im Lande schürten. So hieß es in einer Flugschrift aus dem Jahr 1788:

Q1 … Steht auf gegen den Klerus, den Adel. Duldet nicht, dass ungefähr 600 000 Menschen vierundzwanzig Millionen das Gesetz aufzwingen! Völker, denkt an die Lasten, die ihr tragt. Schaut euch um nach den Palästen, den Schlössern, die gebaut sind mit eurem Schweiß und euren Tränen! Vergleicht eure Lage mit der dieser Prälaten und Großen. Sie nennen euch Gesindel! Lasst sie erkennen, dass Gesindel diejenigen sind, die auf eure Kosten leben und sich mästen an eurer Arbeit. …

Die Missernten der letzten Jahre hatten zu Hungersnöten und zu einer Verteuerung der Lebensmittel geführt. In den Städten kam es zu Volksaufläufen. Handwerker und Arbeiter stürmten die Bäckerläden in Paris.

1 *Bauern, Arbeiter und Handwerker sprechen über das Flugblatt. – Welche Folgerungen könnten sie daraus ziehen?*

2 *Vergleicht Q1 mit der Abbildung 1. Welche Sätze aus Q1 passen zu der Karikatur?*

3 *Seht euch den Verdienst des Bauarbeiters und die damaligen Lebenshaltungskosten in Paris an (Randspalte). – Für welche notwendigen Ausgaben fehlten ihm das Geld?*

Die Krise des Absolutismus

2 Café der Patrioten. Überall in den Cafés und in den Salons wurde über eine politische Neuordnung diskutiert. Zeitgenössisches Gemälde.

Der Adel – eine göttliche Einrichtung?

Unruhen gab es nicht nur unter Arbeitern und Handwerkern. Auch Rechtsanwälte und Ärzte, Kaufleute und Gutsbesitzer sprachen sich immer deutlicher gegen ein absolutistisches Herrschaftssystem aus, das den Staat in den Ruin führte. Überall, auf den öffentlichen Plätzen wie in den Cafés debattierten Menschen über Politik, über die Ideen der Aufklärung und der amerikanischen Unabhängigkeitserklärung. In ihr hieß es: „Alle Menschen sind von Natur aus frei und gleich an Rechten geboren." Eine solche Freiheit gab es aber in Frankreich noch nicht. Gegen die massive Kritik setzte sich der Adel mit einer Schrift zur Wehr:

Q2 … Die Garantie der persönlichen Steuerfreiheit und der Auszeichnungen, die der Adel zu allen Zeiten genossen hat, sind Eigenschaften, die den Adel besonders hervorheben; sie können nur dann angegriffen werden, wenn die Auflösung der allgemeinen Ordnung erstrebt wird. Diese Ordnung hat ihren Ursprung in göttlichen Institutionen: die unendliche und unabänderliche Weisheit hat Macht und Gaben ungleichmäßig verteilt …

In einem zeitgenössischen Theaterstück sagt hingegen ein Diener zu seinem adeligen Herrn:

Q3 … Weil Sie ein großer Herr sind, bilden Sie sich ein, auch ein großer Geist zu sein. Geburt, Reichtum, Stand und Rang machen Sie stolz. – Was taten Sie denn, mein Herr, um so viele Vorzüge zu verdienen? Sie gaben sich die Mühe, auf die Welt zu kommen; das war die einzige Arbeit Ihres ganzen Lebens. …

4 Stellt fest, welche Vorteile der Adel für sich in Anspruch nimmt. – Wie begründet er seine bevorzugte Stellung?

5 Überlegt, was ein Adliger auf die Vorwürfe in Q3 geantwortet haben könnte.

Von der Finanz- zur Staatskrise

Im Jahre 1788 stand der französische König Ludwig XVI. vor einer katastrophalen Situation. Die Schuldenlast des Staates hatte sich in den letzten 15 Jahren verdreifacht und betrug nun 5 Milliarden Livres. Die notwendigen Ausgaben waren beträchtlich höher als die Steuereinnahmen. Der Dritte Stand war weitgehend verarmt und litt schon jetzt unter den hohen Abgaben und Steuern. Um Geld aufzutreiben, hatte der König versucht Steuern auch vom Adel und von der Geistlichkeit zu erheben, die sich aber weigerten ihre ererbten Vorrechte aufzugeben.

6 Berechnet mit Hilfe der Angaben im Text und in der Randspalte, wie viele Jahre der französische Staat zur Tilgung seiner Schulden benötigen würde, wenn er nur Einnahmen wie 1788 hätte, aber keine Ausgaben.

Verteilung der Ausgaben

Militär 26 %
Hof 6 %
Schuldendienst 55 %
Sonstiges 13 %

Einnahmen 503 Mio. Livres
Ausgaben 629 Mio. Livres

Der Staatshaushalt im Jahre 1788.

139

Der Beginn der Revolution

1 Als die Einberufung der Generalstände für den Mai 1789 bekannt wird, versammeln sich in jeder Gemeinde die Einwohner, um, dem Brauch entsprechend, ihren Beschwerdebrief zu verfassen. Rekonstruktion.

Generalstände*:
Die Versammlung der Vertreter der drei Stände von ganz Frankreich seit dem Beginn des 14. Jahrhunderts. Sie wurden in der Zeit des Absolutismus nicht einberufen. Die Generalstände hatten vor allem das Recht der Steuerbewilligung.

Der König beruft die Generalstände* ein

Der Dritte Stand weitgehend verarmt, das Land dem Bankrott nahe, keine Lösung der Finanzkrisen in Sicht, das war die Situation Frankreichs zu Beginn des Jahres 1789.
In dieser verzweifelten Lage beschloss Ludwig XVI. die Vertreter aller drei Stände nach Versailles einzuberufen. Gemeinsam sollten sie über eine Lösung der Finanzkrise beraten, gemeinsam nach einer Lösung suchen. Am 5. Mai 1789 – so ließ er es im ganzen Land von den Kanzeln verkünden – treffen sich die Abgeordneten in Versailles. Im Februar und März fanden die Wahlen statt.

> Der 1. Stand (120 000 Geistliche) wählte 300 Abgeordnete
> Der 2. Stand (350 000 Adlige) wählte 300 Abgeordnete
> Der 3. Stand (24,5 Mio. Franzosen) wählte 600 Abgeordnete

Schon Ende April trafen die ersten Abgeordneten in Versailles ein. Täglich brachten staubbedeckte Postkutschen Gruppen weiterer Abgeordneter aus dem ganzen Land herbei. In ihrem Gepäck führten die Vertreter des Dritten Standes Beschwerdehefte mit, zusammengestellt von Bauern, Handwerkern, Landarbeitern, armen Landpfarrern. 60 000 Hefte sind es insgesamt. Alle enthielten immer wieder die gleichen Klagen, wie z.B.: Die Abgaben sind zu hoch, die Bauern werden von ihren Grundherren wie Sklaven behandelt, viele sind dem Verhungern nahe. Die Beschwerdebriefe sollten dem König gezeigt werden. Doch auch die Adligen hatten Briefe verfasst, in denen sie mehrheitlich erklärten, dass sie „der Abschaffung der von den Vorfahren ererbten Rechte niemals zustimmen" würden.

1 *Berechnet, wie viele Abgeordnete den Ersten und Zweiten Stand vertreten hätten, wenn für diese Stände das gleiche Zahlenverhältnis gültig gewesen wäre wie für den Dritten Stand.*
2 *Versucht folgendes Gespräch: Vertreter des Ersten und des Zweiten Standes unterhalten sich über die Beschwerdehefte des Dritten Standes.*

Von den Generalständen zur Nationalversammlung

2 **20. Juni 1789: Der Schwur im Ballhaus.** Gemälde von J. Louis David. Um 1790.

Wer vertritt das Volk?
Alle Abgeordneten waren vollzählig versammelt, als am 5. Mai 1789 der König in einem Saal seines Schlosses die Sitzung der Generalstände eröffnete. Gespannt warteten vor allem die Vertreter des Dritten Standes darauf, wie der König auf die Beschwerdehefte und die darin enthaltenen Forderungen reagieren würde. Doch der König sprach nicht von Reformen, er wünschte nur die Zustimmung zu neuen Steuern. Nach dem König sprach der Finanzminister noch drei Stunden über die Staatsschulden. Dann wurden die Abgeordneten entlassen. Sie sollten jetzt – jeder Stand für sich – über die Steuervorschläge des Königs beraten und abstimmen. Jeder Stand hätte dabei eine Stimme. Gegen diese Anordnung des Königs wehrten sich die Abgeordneten des Dritten Standes. Sie verlangten eine gemeinsame Beratung aller Abgeordneten und eine Abstimmung nach Köpfen. Doch der König und fast alle Abgeordneten des Ersten und Zweiten Standes lehnten diese Forderungen ab.
Am 17. Juni 1789 erklärten schließlich die Abgeordneten des Dritten Standes:

> **Q** … Wir sind die Vertreter von 24 Millionen Franzosen. Wir sind die einzigen und wahren Vertreter des ganzen französischen Volkes. Deshalb geben wir unserer Versammlung den Namen „Nationalversammlung". Wir werden Frankreich eine Verfassung geben, die allen Franzosen die gleichen Rechte garantiert …

3 Begründet, warum der Dritte Stand das Recht für sich in Anspruch nahm, sich zur Nationalversammlung zu erklären.

Der Schwur im Ballhaus
Als der König aus Empörung über das Vorgehen des Dritten Standes den Sitzungssaal sperren ließ, versammelten sich die Abgeordneten in einer nahe gelegenen Sporthalle, dem sog. Ballhaus. Hier schworen die Abgeordneten am 20. Juni 1789, sich nicht zu trennen, bis sie eine Verfassung für Frankreich verabschiedet hätten. Als der König versuchte die Nationalversammlung aufzulösen, riefen die Abgeordneten ihm zu: Die „Versammelte Nation empfängt keine Befehle". Von der Entschlossenheit des Dritten Standes beeindruckt, gab der König nach. Am 27. Juni 1789 forderte der König die anderen beiden Stände auf, sich der Nationalversammlung* anzuschließen. Damit war das Ende der Stände gekommen.

---

5. Mai 1789:
Der König eröffnet die Sitzung der Generalstände in Versailles.

17. 6. 1789:
Die Versammlung der Vertreter des 3. Standes erklärt sich zur Nationalversammlung.

27. Juni 1789:
Der König empfiehlt den Vertretern der anderen beiden Stände den Anschluss an die Nationalversammlung.

Nationalversammlung*:
Eine verfassunggebende Versammlung von Abgeordneten, die die ganze Nation repräsentiert.

Der Dritte Stand erhebt sich

1 Das Erwachen des Dritten Standes. Karikatur aus dem Jahr 1789.

14. Juli 1789: Eine große Menschenmenge stürmt in Paris die Bastille.

Eine blau-weiß-rote Kokarde*, das Abzeichen der Revolutionäre.

Der Sturm auf die Bastille

Die Pariser Bevölkerung verfolgte die Ereignisse in Versailles voller Ungeduld. Hunger herrschte seit Wochen in der Stadt. Die ersten Hungertoten hatte man schon begraben müssen. Es kam der Verdacht auf, Adlige würden Getreide hamstern, um den Dritten Stand gefügig zu machen.

Alle Hoffnungen richteten sich daher auf die Abgeordneten der Nationalversammlung. Sie hatten gezeigt, dass sie sich für die Bevölkerung einsetzen wollten. Umso größer war die Wut der Bevölkerung, als sie erfuhr, dass der König Truppen um Paris zusammenzog, fast 20 000 Mann. Sie sollten, so hieß es, die Abgeordneten vertreiben. In ganz Paris ertönte daher der Schrei: „Zu den Waffen!" – Man brach die Läden der Waffenhändler auf. Alle Glocken läuteten Sturm. Stühle, Tische, Fässer, Pflastersteine wurden auf die Straße geworfen, um Barrikaden zu errichten.

Am 14. Juli 1789 versammelte sich die Menge vor der Bastille, dem verhassten Staatsgefängnis. Man forderte den Kommandanten zur Übergabe auf. Er lehnte ab und ließ sofort das Feuer eröffnen; mehr als 100 Menschen wurden getötet. Die Belagerer schleppten daraufhin Kanonen herbei, eroberten die Bastille, befreiten die in den Kellern angeschmiedeten Häftlinge und töteten einige Soldaten und den Kommandanten. Seinen Kopf spießte man auf eine Stange und trug ihn im Triumphzug durch die Stadt.

Ludwig XVI. zog daraufhin die Truppen vollständig ab. Am 17. Juli kam er selbst nach Paris. Im Rathaus heftete er sich das Abzeichen der Revolutionäre an, die blau-weiß-rote Kokarde*. Blau und rot waren die Farben der Stadt Paris, weiß die Farbe des Königshauses. Dies – so versicherte der König – sei ein Zeichen für den ewigen Bund zwischen ihm und dem Volk.

1 *Lest nochmals nach, was der König bis jetzt gesagt oder angeordnet hatte. – Wie beurteilt ihr dann seine Aussage von einem ewigen Bund zwischen ihm und dem Volk?*

2 *Stellt euch vor, ihr wäret damals Reporter gewesen. – Verfasst zu dem Bild einen kurzen Zeitungsbericht, in dem ihr auch die Stimmung in der Bevölkerung schildert.*

Die Revolution ergreift das Land

Die Nachricht von der Erstürmung der Bastille verbreitete sich wie ein Lauffeuer in ganz Frankreich. Sie löste vor allem bei den Bauern große Freude aus. Seit Monaten hatten sie auf die Beantwortung ihrer Beschwerdehefte gewartet. Nichts war geschehen. Die Erstür-

„Der König nach Paris!"

2 Tausende von Frauen ziehen von Paris nach Versailles. Sie forderten vom König Brot und die Unterschrift unter die Beschlüsse der Nationalversammlung. 5. Oktober 1789. Zeichnung eines Unbekannten.

mung der Bastille war für sie das Zeichen, jetzt ebenfalls selbst zu handeln. Die Bauern verweigerten die weitere Zahlung von Abgaben und Steuern. Sie bewaffneten sich mit Sensen, Dreschflegeln, Mistgabeln und Jagdgewehren und drangen gewaltsam in die Schlösser ihrer Grundherren ein.

Um die Bauern zu beruhigen, beschloss die Nationalversammlung, sofort zu handeln. In einer stürmischen Nachtsitzung vom 4. auf den 5. August 1789 wurde beschlossen:

> **Q** ... 1. Die Leibeigenschaft wird abgeschafft.
> 2. Die Gerichtsbarkeit des Grundherren wird beseitigt.
> 3. Die Sonderrechte für die Jagd, Taubenschläge und Gehege werden aufgehoben.
> 4. Der Zehnte und andere Rechte des Herren können in Geld entrichtet oder durch Geldzahlungen abgelöst werden.
> 5. Mit Beginn des Jahres 1789 sind alle Bürger gleich steuerpflichtig. ...

Nach diesen Beschlüssen beruhigte sich zunächst die Lage auf dem Lande.

3 *Erklärt die Behauptung: Die Beschlüsse dieser Sitzung waren die Sterbeurkunde für die alte Gesellschaftsordnung.*

Der König: Freund oder Feind der Revolution?

Die Nationalversammlung forderte den König auf, ihre Beschlüsse zu unterschreiben. Ludwig XVI. weigerte sich mit der Bemerkung: „Nie werde ich einwilligen, meine Geistlichen und meinen Adel zu berauben." Gleichzeitig ließ er erneut Truppen in der Nähe von Versailles zusammenziehen. Die Empörung hierüber war bei der Bevölkerung in Paris grenzenlos. Hinzu kamen Wut und Enttäuschung darüber, dass sich die Versorgung mit Brot noch immer nicht gebessert hatte.

Am Morgen des 5. Oktober 1789 versammelten sich zahlreiche Frauen vor dem Rathaus von Paris. Sie verlangten Brot, doch es gab keines. Spontan beschlossen sie, nach Versailles zu ziehen. Über 7000 Frauen waren es schließlich, die sich auf den Weg machten: Brot und Unterschrift des Königs – so lauteten ihre Forderungen. Am Abend erreichen sie Versailles, am folgenden Morgen dringen sie in das Schloss ein. Immer lauter werden die Rufe: „Der König nach Paris!" Ludwig XVI. gibt sofort nach. Abends treffen die Massen mit dem König in Paris ein. Man ruft: „Wir bringen den Bäcker, die Bäckerin und den kleinen Bäckerjungen." Dies war der letzte Tag des Königs im Schloss zu Versailles, dem Zentrum des französischen Absolutismus. Die Beschlüsse der Nationalversammlung wurden von ihm unterschrieben.

4 *Welche Hoffnungen drücken sich in dem Ruf aus: „Wir bringen den Bäcker!"?*

5 *Überlegt, warum gerade so viele Frauen an dem Marsch nach Versailles beteiligt waren.*

4./5. August 1789: Die Nationalversammlung beschließt die Abschaffung der Leibeigenschaft und die Aufhebung aller Privilegien

"Freiheit, Gleichheit und Brüderlichkeit"

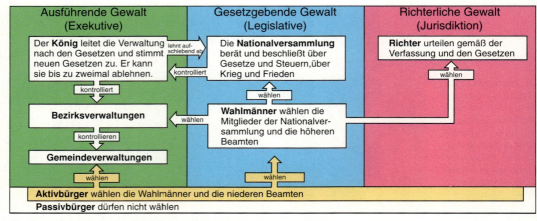

1 Der Staatsaufbau Frankreichs nach der Verfassung von 1791

Die Erklärung der Menschen- und Bürgerrechte

Drei Wochen nach der Aufhebung der Vorrechte verkündete die Nationalversammlung die Menschen- und Bürgerrechte. Freiheit (liberté), Gleichheit (egalité) und Brüderlichkeit (fraternité) sollten die Grundlage bilden für die neue Verfassung und für eine neue Form des Zusammenlebens. Am 26. August 1789 wurden die Menschen- und Bürgerrechte in ganz Frankreich bekannt gegeben:

> **Q1** … Die Menschen werden frei und gleich an Rechten geboren und bleiben es.
> 2. Diese Rechte sind: Freiheit, Eigentum, Sicherheit und Widerstand gegen Unterdrückung.
> 3. Der Ursprung jeder Herrschaft liegt beim Volk.
> 4. Die Freiheit besteht darin, alles tun zu können, was einem anderen nicht schadet.
> 6. Alle Bürger haben das Recht, an der Gestaltung der Gesetze persönlich oder durch ihre Vertreter mitzuwirken.
> 10. Niemand darf wegen seiner Ansichten oder Religion bestraft werden …
> 11. Die freie Mitteilung der Gedanken und Ansichten ist eines der kostbarsten Menschenrechte. Daher kann jeder Bürger frei sprechen, schreiben, drucken …

1 Aus den Rechten, die in Q1 genannt werden, seht ihr, welche Zustände vorher geherrscht haben. Beschreibt sie.

2 Überlegt, welche Rechte bereits für euch als Schüler wichtig sein könnten.

Die Macht des Königs wird eingeschränkt

Im Jahre 1791 wurde endlich auch die neue Verfassung verkündet. Der Titel für Ludwig XVI. lautete jetzt: „Durch Gottes Gnade und die Verfassungsgesetze König der Franzosen". Damit löste die konstitutionelle, d.h. an die Verfassung gebundene Monarchie* die absolute Monarchie ab. Zu den Wahlen zugelassen wurden die so genannten Aktivbürger. Das waren etwa vier Millionen Franzosen, die über ein bestimmtes Mindesteinkommen verfügten. Etwa drei Millionen Bürger wurden dadurch vom Wahlrecht ausgeschlossen. Diese Einschränkung des Wahlrechts führte zu heftigen Auseinandersetzungen. In einem Zeitungsartikel hieß es:

> **Q2** … Aber was meint ihr eigentlich mit dem so oft gebrauchten Wort „Aktivbürger"? Die aktiven Bürger, das sind die Eroberer der Bastille, das sind die, welche den Acker bestellen, während die Nichtstuer im Klerus und bei Hofe trotz ihrer Riesenbesitzungen weiter nichts sind als kümmerliche Pflanzen …

3 Beschreibt anhand von Schema 1, was sich mit der Verfassung von 1791 gegenüber der Zeit des Absolutismus verändert hat.
4 Besprecht, ob es für das eingeschränkte Wahlrecht eine stichhaltige Begründung gab.

---

26. August 1789:
Erklärung der Menschen- und Bürgerrechte.

1791:
Die neue Verfassung wird verkündet. Frankreich wird eine konstitutionelle Monarchie.

Konstitutionelle Monarchie*:
Bezeichnung für eine Herrschaftsform, bei der die Macht des absoluten Königs durch eine Verfassung (= Konstitution) eingeschränkt wird.

Werkstatt Geschichte: Auch Kinder haben Recht(e)

Welche Rechte sind euch am wichtigsten?

1 Ordne die Zahlen den Buchstaben zu.

2 Jeder Schüler und jede Schülerin gibt den fünf Rechten, die für ihn/sie am wichtigsten sind, je einen Punkt. Sammelt das Ergebnis an der Tafel und erstellt für eure Klasse eine Hitliste der Rechte.

3 Stellt mit Hilfe der Abbildungen auf dieser Seite (Spiel-)Karten her. Mischt die Karten gut durch und verteilt die verschiedenen Rechte untereinander.

4 Nun soll jeder für das Recht, das ihm zugefallen ist, eine kleine Rede halten. Ein Gegensprecher oder eine Gegensprecherin versucht diese Argumente zu widerlegen.

1. Recht auf Nahrung
2. Recht auf Gleichberechtigung von Mann und Frau
3. Recht auf gesunde Umwelt
4. Recht auf Frieden
5. Recht auf Liebe
6. Recht auf Anerkennung
7. Recht auf Freiheit
8. Recht auf Wahlen
9. Recht auf medizinische Betreuung
10. Recht auf Demonstrationsfreiheit
11. Recht auf Religionsfreiheit
12. Recht auf Arbeit
13. Recht auf Gleichheit vor Gericht
14. Recht auf Meinungsfreiheit
15. Recht auf Bildung
16. Recht auf Asyl als Flüchtling
17. Recht auf gleichen Lohn für gleiche Arbeit

N =

G =

M =

J =

C =

K =

A =

D =

E =

B =

Q =

I =

O =

P =

F =

H =

L =

145

Frankreich wird Republik

1 Die Verhaftung König Ludwigs XVI. auf der Flucht 1791. Zeitgenössischer farbiger Stich eines Unbekannten.

Republik:
(lat.: res publica = die öffentliche Sache). Begriff für eine Staatsform mit einer gewählten Regierung, in der das Volk oder ein Teil des Volkes die Macht ausübt.

22.4.1792:
Die französische Nationalversammlung erklärt den verbündeten europäischen Mächten den Krieg.

Der König auf der Flucht

Am 20. Juli 1791 um Mitternacht floh der König, als Kammerdiener verkleidet, zusammen mit seiner Familie heimlich aus Paris. Sein Ziel war die deutsche Grenze. Vor ihm waren schon mehr als 40 000 Adlige ins Ausland geflohen. Sie wollten sich nicht damit abfinden, keine Vorrechte mehr zu haben. Vom Ausland aus bereiteten sie den Kampf gegen die Revolution vor. Mit den geflohenen Adligen wollte sich der König verbünden. Sein Ziel war es, mit einer Armee nach Paris zurückzukehren, um die absolute Macht wieder an sich zu reißen. Nur einen Tag später konnte man in Paris auf Plakaten lesen:

> **Q1** ... Mitteilung an die Bürger, dass ein fettes Schwein aus den Tuilerien entflohen ist. Wer ihm begegnet, wird gebeten, es in seinen Stall zurückzubringen. Eine angemessene Belohnung wird er dafür erhalten. ...

Am gleichen Tag hieß es in einer Pariser Zeitung:

> **Q2** ... Volk, da hast du die Treue, die Ehre und die Religion der Könige. Misstraue ihren Eiden! In der letzten Nacht hat Ludwig XVI. die Flucht ergriffen ... Der absolute Machthunger, der seine Seele beherrscht, wird ihn bald zu einem wilden Mörder machen. Bald wird er im Blute seiner Mitbürger waten, die sich weigern, sich unter sein tyrannisches Joch zu beugen. ...

Noch am gleichen Abend wurde der König auf der Flucht erkannt und gezwungen, nach Paris zurückzukehren. Als er am 25. Juni 1791 wieder in Paris eintraf, war es totenstill. Schweigend standen die Soldaten rechts und links der Straße, die Gewehre nach unten gekehrt.

1 *Beschreibt die Vorgänge auf Bild 1. – Achtet auch auf die Haltung und den Gesichtsausdruck des Königs und der übrigen Personen.*

2 *Beschreibt die Gefühle und Stimmungen, die in Q1 und Q2 ausgedrückt werden. – Was wird ihm vorgeworfen?*

Die Revolution in Gefahr

Die Gefahr für die Französische Revolution war mit der Rückkehr des Königs aber noch nicht beseitigt. Die übrigen europäischen Herrscher fürchteten nämlich, dass die Revolution auch auf ihre Länder übergreifen könne. Preußen und Österreich schlossen ein Militärbündnis gegen die Revolution. Um ihren Gegnern zuvorzukommen, erklärte die Nationalversammlung am 22. April 1792 den verbündeten europäischen Mächten den Krieg.

Europäische Fürsten bedrohen Frankreich

2 **Auszug der Freiwilligen aus Paris 1792.** Gemälde von Edouard Detaille, 1907.

Die französischen Soldaten zogen mit großer Begeisterung in diesen Krieg, aber sie waren schlecht ausgebildet. Außerdem ließ die Königin den feindlichen Generälen den französischen Feldzugsplan zuspielen. Es kam zu Niederlagen. Die gegnerischen Truppen drangen in Frankreich ein. Die Wut des Volkes gegen den König als einen Feind der Revolution kannte jetzt keine Grenzen mehr. Im August 1792 stürmte die Menge das Schloss. Der König floh in die Nationalversammlung. Hier wurde er für abgesetzt erklärt und verhaftet.

„Ludwig muss sterben, weil das Vaterland leben muss"

Noch am gleichen Tag wurden Neuwahlen ausgeschrieben. Bei dieser Wahl sollten jetzt alle Bürger stimmberechtigt sein. Nur einen Monat später, im September 1792, trat die neue Nationalversammlung zusammen. Sie bezeichnete sich jetzt als Nationalkonvent. Den größten Einfluss an diesem Konvent hatte eine Gruppe besonders radikaler Abgeordneter, die Jakobiner*. Einer ihrer mächtigsten Männer war Robespierre. Er wollte die Revolution mit Hilfe von Terror endgültig durchsetzen. Schon in seiner ersten Sitzung am 21. September verkündete der Nationalkonvent das Ende der Monarchie und den Beginn Frankreichs als Republik. Im Dezember befasste sich der Konvent mit dem Schicksal des Königs. Robespierre hielt eine leidenschaftliche Rede.

Q3 ... Was mich angeht, so verabscheue ich die Todesstrafe, und für Ludwig habe ich weder Hass noch Liebe, nur seine Missetaten verabscheue ich. Aber ein König, dessen Name allein schon für unsere Nation den Krieg bedeutet, stellt für das öffentliche Wohl eine Gefahr dar. Mit Schmerz spreche ich die verhängnisvolle Wahrheit aus: Es ist besser, dass Ludwig stibt, als dass 100 000 tugendhafte Bürger umkommen: Ludwig muss sterben, weil das Vaterland leben muss. ...

Am 17. Dezember wurde mit 387 zu 334 Stimmen das Todesurteil gefällt. Vier Tage später wurde Ludwig hingerichtet. Frankreich, das keinen König mehr hatte, wurde zur Republik.

3 *Findet heraus, ob die Verurteilung des Königs durch den Nationalkonvent der neuen Verfassung entsprach (siehe Seite 144).*
4 *Sammelt Argumente für und gegen die Verurteilung des Königs.*
5 *Nehmt Stellung zu Q3 und tauscht eure Meinung darüber aus.*

21.1.1793: *Hinrichtung Ludwigs XVI. Frankreich wird Republik.*

Jakobiner*: *Ein politischer Klub während der Französischen Revolution, dessen Mitglieder sich erstmals in dem ehemaligen Pariser Kloster St. Jacob trafen. Nach der Abspaltung der gemäßigten Gruppe der Girondisten wurde der Name nur noch für radikale Republikaner verwandt.*

Die Schreckensherrschaft

1793:
Mit der Einrichtung der Revolutionsgerichte und dem „Gesetz über die Verdächtigen" beginnt die „Schreckensherrschaft", eine Zeit des Terrors und der Willkür.

1 „Hier ruht ganz Frankreich". Robespierre richtet als letzter Überlebender den Henker hin. Flugblatt von 1793.

Sansculotten*:
(frz. = ohne Kniehosen). Bezeichnung für Pariser Revolutionäre, die aus den Unterschichten stammten. Sie trugen lange Hosen, um sich auch in der Kleidung vom Adel zu distanzieren.

Der Terror beginnt: „Wer nicht für uns ist, der ist gegen uns"

Der König hingerichtet, die französischen Truppen auf der Flucht vor feindlichen Heeren und immer wieder Hungersnöte – Frankreich kam nicht zur Ruhe. Viele Menschen wendeten sich daher ab von der Revolution und den Revolutionären. In einem Brief aus dieser Zeit heißt es:

> **Q1** … Es wird aufgerufen, sich freiwillig zur Armee gegen die Preußen zu melden. Tausende tun das. Bald werden die ersten 40 000 Mann abmarschieren. Sie sind voller Begeisterung. Aber sie fragen sich: „Was wird geschehen, wenn wir weg sind?" Es gibt Tausende von Gegnern der Revolution in Paris. Werden diese Gegner nicht unsere Abwesenheit benutzen, um unsere Frauen und Kinder zu ermorden? …

Um mit den vielfältigen Problemen fertig zu werden, übertrug der Nationalkonvent die Macht auf zwei Ausschüsse:
– Die Mitglieder des Wohlfahrtsausschusses waren zuständig für die Versorgung der Bevölkerung, die Errichtung von Rüstungsbetrieben, für das Militär und die Polizei. Vorsitzender dieses Ausschusses wurde Robespierre, der gegenüber den wahren oder auch nur angeblichen Gegnern der Republik keine Gnade kannte.
– Der Sicherheitsausschuss hatte die Aufgabe, „Feinde der öffentlichen Ordnung" aufzuspüren und verhaften zu lassen.

Beide Ausschüsse wurden von den Jakobinern beherrscht. Unterstützung fanden sie vor allem bei den Kleinbürgern, die man auch als Sansculotten* bezeichnete.
Einige unbedachte Äußerungen genügten bereits, um als Feind der Republik zu gelten. Am 11. Oktober 1793 erließ der Sicherheitsausschuss folgende Bekanntmachung:

> **Q2** … Merkmale zur Kennzeichnung von Verdächtigen
> 1. Wer Versammlungen des Volkes durch hinterhältige Reden und Zwischenrufe stört.
> 2. Wer die Großpächter und habgierigen Händler bedauert, gegen die Maßnahmen ergriffen wurden.
> 3. Wer dauernd die Worte Freiheit, Republik und Vaterland im Munde führt, aber mit ehemaligen Adligen verkehrt und an ihrem Schicksal Anteil nimmt.
> 4. Wer die republikanische Verfassung mit Gleichgültigkeit aufgenommen hat. …

1 Vergleicht diese Liste mit den Artikeln 10 und 11 in der Erklärung der Menschenrechte (siehe Seite 144).

Vor dem Revolutionsgericht

Noch im gleichen Jahr wurde ein besonderes Revolutionsgericht gebildet, das die Feinde der Republik aburteilen sollte. Gegen seine Entscheidungen gab es keine Einspruchsmöglichkeiten. In einem zeitgenössischen Bericht heißt es:

Die Revolution frisst ihre Kinder

2 Verhör vor dem Revolutionsgericht. 1792.

Q3 … Verhöre und Verteidigungen gab es nicht mehr. Zeugen wurden keine vernommen. Wer im Gefängnis sitzt, ist bereits zum Tode verurteilt.
Der öffentliche Ankläger kommt kaum mehr zur Ruhe. In einem Raum neben seinem Büro wirft er sich nachts für einige Stunden auf die Pritsche, um dann aufgeschreckt wieder an den Schreibtisch zu wanken. … Es gibt Verhandlungen, wo 100 oder 150 Angeklagte schon vor der Verhandlung als schuldig in die Listen eingetragen wurden… Der eine Richter vertreibt sich die Zeit damit, Karikaturen der Angeklagten zu zeichnen, andere sind oft betrunken. …

Ein Mitglied des Wohlfahrtsausschusses erklärte später: „Wir wollten nicht töten, um zu töten. Wir wollten unsere Vorstellungen um jeden Preis durchsetzen." Ungefähr 500 000 Menschen wurden verhaftet, etwa 40 000 hingerichtet, darunter auch Kinder von zehn bis zwölf Jahren.
2 Erklärt, welche Kritik die Abbildungen 1 und 2 an dem Vorgehen der Jakobiner und an dem Revolutionsgericht zum Ausdruck bringen.
3 Diskutiert, warum eine Einspruchsmöglichkeit gegen Gerichtsurteile notwendig ist.

Der Erfolg der Revolutionstruppen und das Ende des Terrors

Durch die Einführung der allgemeinen Wehrpflicht im Jahr 1793 war die Stärke der französischen Truppen auf über 900 000 Soldaten angewachsen. Damit waren sie ihren Gegnern zahlenmäßig überlegen, die sie im Jahre 1794 endgültig aus Frankreich vertreiben konnten. Die Revolution schien gerettet. Die Mehrzahl der Abgeordneten im Nationalkonvent sahen jetzt in der Fortführung der Schreckensherrschaft keinen Sinn mehr. Am 27. Juli 1794 ließen sie Robespierre verhaften und bereits einen Tag später hinrichten.
Nur ein Jahr später – im Jahr 1795 – beschloss der Nationalkonvent die dritte Verfassung der Revolution. Als erstes wurde die Gewaltenteilung wieder eingeführt. Außerdem erhielten die Bürger mit höherem Einkommen auch wieder größere Rechte bei den Wahlen. Die eigentlichen Regierungsgeschäfte wurden einem Direktorium von fünf Konventsmitgliedern übertragen. Den wirtschaftlichen Verfall konnte aber auch diese Regierung nicht aufhalten. Das Direktorium wurde daher bei der Bevölkerung immer unbeliebter. Schließlich konnte die allgemeine Ordnung nur noch mit Hilfe des Militärs aufrechterhalten werden.
4 Überlegt, warum das Direktorium als Erstes wieder die Gewaltenteilung einführte.

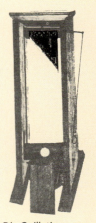

Die Guillotine, von Dr. Louis erfunden und von Dr. Guillotin für den Vollzug der Todesstrafe vorgeschlagen, erlangt während der Schreckensherrschaft ihre traurige Berühmtheit. An einem Tag werden einmal 54 Enthauptungen in 28 Minuten durchgeführt.

Werkstatt Geschichte: Der Tod eines Königs

1 **Paris, 21.1.1793. Die Hinrichtung des französischen Königs Ludwigs XVI.** Die Rekonstruktionszeichnung enthält 20 Fehler bzw. Gegenstände, die erst später entstanden oder erfunden wurden.

Auf Fehlerjagd
Am 21.1.1793 wurde der französische König von den Revolutionären in Paris hingerichtet. Unser Zeichner hat auch dieses Ereignis festgehalten (Abbildung 1). Doch unser Zeichner ist kein Experte für Geschichte, das habt ihr schon auf den Seiten 28 und 29 in diesem Buch herausgefunden. Auch diesmal sind ihm einige Fehler unterlaufen, die ihr nun – als Reisende durch die Geschichte – aufspüren sollt. Es geht um insgesamt 20 zeitverschobene Gegenstände, die erst nach 1793 erfunden wurden, die also nicht in das Bild und die Zeit passen.

So findet ihr die Fehler
1 Lest den Text „Paris, 21.1.1793".
2 Sucht auf der Abbildung 1 die 20 zeitverschobenen Gegenstände und löst das Silbenrätsel.
3 Vergleicht eure Lösung mit der Lösung im Anhang (Seite 257).
Hier findet ihr auch weitere Informationen zur Geschichte der zeitverschobenen Gegenstände.

Paris, 21.1.1793
Reisender, du befindest dich in Paris an einem kalten Januarmorgen des Jahres 1793. In Kürze wird eine Hinrichtung stattfinden. In dem dunstigen Morgenlicht erscheint das Gesicht des Verurteilten unter der Guillotine besonders blass. Er öffnet den Mund zum Sprechen. Doch sofort beginnt jeder Trommler auf dem Platz laut loszutrommeln, sodass die letzten Worte des Königs untergehen. Der Lärm ist ohrenbetäubend. Aber selbst wenn die Menge die Rede hören könnte, würde sie kaum eine Rettung versu-

Werkstatt Geschichte: Der Tod eines Königs

chen. Dafür ist es längst zu spät. Seit beinahe vier Jahren gibt es in Frankreich eine Revolution. Das Land hatte früher unter der Herrschaft des Königs und der reichen Adligen gestöhnt, die im Luxus lebten, während die meisten Menschen des Volkes unter bitterer Armut litten. Als der König daran ging, die Steuern zu erhöhen, um seine Kriege im Ausland zu finanzieren, revoltierte das Volk. Einer der ersten Akte des Aufruhrs war der Sturm auf das Bastille-Gefängnis im Jahre 1789, der zum Ausbruch der Französischen Revolution führte.
Die imposanten Gebäude rundum sind mit Brettern vernagelt und diejenigen Reichen, die sich in Sicherheit bringen konnten, halten sich hinter verschlossenen Türen verborgen. Es ist nicht der Reichtum an sich, der den Zorn und Hass der Revolutionäre aufgestachelt hat, sondern die Tatsache, dass das Wohlleben der wenigen Reichen mit dem Elend der vielen erkauft wird. Die rund um den Platz wehenden Fahnen werden dir bekannt vorkommen. Die Revolutionäre zeigen ihre Unterstützung für die Sache durch das Tragen roter Kappen mit einer blauweißen Roset-

te. Die blau-weiß-rote Fahne ist noch heute die Nationalflagge Frankreichs, genannt die Trikolore. Unter dem Dröhnen der Trommeln wartet die berühmte Guillotine auf ihr königliches Opfer. Auch die Welt wartet. Zwar gibt es Rundfunk und Fernsehen noch nicht, doch die Zeitungen sind zu einem wichtigen Mittel für die schnelle Verbreitung von Nachrichten geworden. Diese Nachrichten verstärken das bereits vorhandene Gefühl in der ganzen westlichen Welt, dass die einfachen Menschen und nicht nur die Reichen und Mächtigen das Recht haben, über ihre Regierung und ihr Leben zu entscheiden. Die Revolutionäre um dich herum verleihen ihrem Glauben Ausdruck mit dem Ruf nach „Freiheit, Gleichheit, Brüderlichkeit". In wenigen Sekunden wird die Nachricht vom Tod des Königs aus Paris bis in die entferntesten Winkel Europas und der weiteren Welt hinausdringen. Jedenfalls so schnell, wie ein Reiter auf einem guten Pferd sie tragen kann. Täglich werden große wissenschaftliche Entdeckungen gemacht, doch für die merkwürdigen Funken mit dem Namen Elektrizität ist noch keine nützliche Verwendung gefunden. Und auch die Revolutionierung von Industrie und Verkehr durch die kürzlich erfundene Dampfmaschine steht noch bevor.

Weitere Fehlerrätsel findet ihr in dem Buch von Nicola Baxter und Mike Taylor: Auf Fehlerjagd quer durch die Geschichte. Christians-Verlag, München 1996.

Silbenrätsel

alarm – an – an – ball – band – band – base – ben – bur – chen – cher – de – fern – fla – ham – ge – ge – ge – ge – ge – gel – gen – ger – häu – hoch – hun – il – ka – ka – ke – kehrs – kehrs – ket – kran – la – la – laut – leit – lei – lus – ma – mera – mini – meln – mos – müt – ne – nen – nis – park – pla – rät – rock – sche – schi – seh – ser – spre – sprech – steel – te – te – ter – ther – ton – trier – trom – uhr – ver – ver – wehr – ze – zei – zin

Kopiert diese Seite ab. Aus den Silben könnt ihr dann die Begriffe herausfinden, die die 20 zeitverschobenen Gegenstände bezeichnen.

Der Aufstieg Napoleons

1 Zeitgenössische Darstellung Napoleons.

Hahn? Elefant? Löwe?
Die Wahl des Wappentiers für das Kaiserreich war Anlass für eine heftige Diskussion im Staatsrat. Im letzten Augenblick wählte Napoleon den Adler, der an das Wappen Karls des Großen und an die Feldzeichen der Römer erinnerte.

1799–1821:
Napoleon herrscht – zunächst als Konsul, dann als Kaiser – über Frankreich.

Napoleon: Vom unbekannten Offizier zum Kaiser der Franzosen

Nach dem Sturz Robespierres kehrte in Frankreich wieder Ruhe ein. Die Bevölkerung war allmählich der ständigen politischen Auseinandersetzungen überdrüssig. Man begann wieder dem gewohnten Alltagsleben nachzugehen. Voller Erstaunen schrieb ein junger Mann aus Korsika, der sich zu dieser Zeit in Paris aufhielt, an seinen Bruder:

Q1 … Man lebt hier ziemlich ruhig. Im Theater wird ein wenig Lärm um die Melodien gemacht, die nach der Marseillaise klingen. Die Jugend scheint dieses Lied nicht zu wollen. Dieses Volk gibt sich dem Vergnügen hin: Tänze, Theaterstücke, Frauen, die hier die schönsten der Welt sind, werden zur Hauptsache. Wohlhabenheit, Luxus, guter Umgangston, alles ist zurückgekehrt. An die Schreckensherrschaft erinnert man sich nur wie an einen Traum. Was mich angeht, so bin ich zufrieden; mir fehlt nur der Kampf. …

Der junge Mann hieß Napoleon Bonaparte. Er wurde am 15. August 1769 auf Korsika geboren. Im Alter von 9 Jahren wurde er auf eine Schule nach Frankreich geschickt. Da er nur schlecht Französisch sprach, galt er unter seinen Mitschülern nicht viel. Mit 15 Jahren besuchte er die Pariser Militärschule. Aufgrund seiner hervorragenden Kenntnisse schloss er bereits nach einem Jahr die Ausbildung ab und wurde – noch 16-jährig – zum Offizier ernannt.

Napoleon schloss sich von Anfang an den Revolutionären an. In den Kriegen führte er seine Soldaten durch rücksichtslosen Einsatz von Sieg zu Sieg. Schnell wurde er zum General befördert. Im Jahr 1796 erhielt er die Führung über eine Armee, die in Oberitalien gegen die Österreicher kämpfen sollte. Wiederum hatte er Erfolg. Die Soldaten waren von ihm restlos begeistert und verehrten ihn.

Voller Selbstbewusstsein erklärte Napoleon 1797 einem Diplomaten:

Q2 … Glauben Sie vielleicht, dass ich eine Republik begründen will? Welcher Gedanke! Das ist eine Wahnvorstellung, in die die Franzosen vernarrt sind, die aber auch wie so manches andere vergehen wird. Was die Franzosen brauchen, das ist Ruhm, die Befriedigung ihrer Eitelkeiten; aber von Freiheit, davon verstehen sie nichts. Das Volk braucht einen Führer, einen durch Ruhm und Siege verherrlichten Führer, und keine Theorien übers Regieren, keine Phrasen und Reden der Ideologen.
Der Frieden liegt nicht in meinem Interesse. Sie sehen ja, was ich jetzt in Italien bin. Ist der Friede geschlossen und ich stehe nicht mehr an der Spitze des Heeres, so muss ich auf die Macht und auf die hohe Stellung, die ich erworben habe, verzichten.
Ich möchte Italien nur verlassen, um in Frankreich eine ebensolche Rolle zu spielen, wie sie mir hier zufällt. Dieser Augenblick ist aber noch nicht gekommen.

General Bonaparte beendet die Revolution

2 Die Kaiserkrönung Napoleons. Napoleon krönt seine Frau, nachdem er sich selbst zum Kaiser gekrönt hatte. Gemälde von Louis David. 1804.

1 *Welches Ziel strebt Napoleon an?*
2 *Napoleon sagte: Das Volk braucht einen Führer. Was meint ihr dazu?*

Napoleon I. – ein französischer Kaiser

Unbeirrbar verfolgte Napoleon sein Ziel: in Frankreich die gleiche Stellung zu erlangen, wie er sie bei der Armee hatte. Am 9. November 1799 drang er mit seinen Soldaten in das Parlamentsgebäude ein, setzte die Regierung ab und übernahm selbst die Regierungsgewalt.

Zu den ersten Maßnahmen Napoleons gehörte die Reform der Rechtsprechung. Zu seiner Zeit gab es noch mehr als 300 verschiedene Gesetzessammlungen, nach denen ein Fall vor Gericht entschieden werden konnte. Napoleon ersetzte sie durch ein einziges großes Gesetzeswerk, den so genannten Code Napoléon*. Damit wurde die Forderung der Revolution nach Gleichheit aller Bürger vor dem Gesetz verwirklicht. Dieses Gesetzbuch wurde auch zur Grundlage des Bürgerlichen Gesetzbuches in Deutschland. Auch andere Ergebnisse der Revolution blieben unter seiner Herrschaft erhalten, so
– das Recht aller Bürger auf persönliche Freiheit,
– der Schutz des Eigentums,
– die Besteuerung nach dem Vermögen des Steuerpflichtigen.

Die wirtschaftliche Lage verbesserte sich zusehends. Das Verkehrsnetz wurde weiter ausgebaut, große Ausgaben wurden gemacht zum Aufbau einer starken Industrie, die zudem durch hohe Einfuhrzölle geschützt wurde. Nach weiteren militärischen Erfolgen ließ sich Napoleon schließlich im Jahr 1804 von seinen Anhängern zum Kaiser der Franzosen ausrufen.

3 *Betrachtet Abbildung 2 und überlegt, was sie über die Herrschaft Napoleons aussagt.*
4 *Vermutet, welche Erwartungen der neue Herrscher erfüllte und welche er enttäuschte.*

Code Civil/Code Napoleon*:
Die Gesetzessammlung tritt 1804 in Kraft und bildete einen der Hauptpfeiler, auf denen Napoleons Macht ruhte. Seine 2281 Artikel sichern unter anderem die in der Revolution erworbenen Freiheiten und Rechte und dienten den meisten europäischen Staaten als Vorbild.

Werkstatt Geschichte: Die Revolution als Rollenspiel

Ein Bauer
Ein Adliger
Ein Aufklärer
Ein wohlhabender Bürger
Ein Geistlicher
Eine Adlige
Eine revolutionäre Kleinbürgerin

1 Versetzt euch in die abgebildeten Figuren aus der Französischen Revolution. Überlegt, was sie am Ende der Revolution empfunden haben könnten und wie sie die Revolution beurteilten.

2 Schreibt auf, was in den „Denkblasen" der Figuren stehen könnte.

3 Spielt ein Gespräch zwischen den abgebildeten Figuren. Thema: Soeben wurde bekannt, dass Napoleon zum Kaiser gekrönt wurde.

Zusammenfassung

Freiheit – Gleichheit – Brüderlichkeit
Adel und hohe Geistlichkeit, die dem Ersten und Zweiten Stand angehörten, genossen alle Privilegien und führten oft ein aufwendiges Leben. Die dafür notwendigen Gelder sollte immer wieder der Dritte Stand aufbringen, der hauptsächlich aus Bauern bestand. Die Unzufriedenheit im ganzen Land wuchs und wurde durch mehrere Hungersnöte noch weiter angefacht. In Flugblättern wurde zum Umsturz der herrschenden Ordnung aufgerufen.

Die bürgerliche Revolution
In dieser Notlage berief der König die Vertreter der drei Stände ein, um sich höhere Steuern bewilligen zu lassen. Die Vertreter des Dritten Standes erklärten sich zur Nationalversammlung, da sie mehr als 95 % der Bevölkerung zählten. Bald darauf erklärten Adlige und Geistliche vor der Nationalversammlung den Verzicht auf ihre Privilegien. Im August 1789 wurden die Menschenrechte verkündet. Seit dem Fluchtversuch des Königs 1791 verschlechterte sich die Stimmung in der Bevölkerung gegen ihn zusehends mehr. Mit der neuen Verfassung von 1791 wurde die absolute Monarchie von der konstitutionellen Monarchie abgelöst.

Von der Republik zum Kaiserreich
Die Revolution schien von vielen Seiten bedroht. Um ihre Ziele zu verwirklichen, gingen die Revolutionäre deshalb immer radikaler vor. Die Schreckensherrschaft der Jakobiner fand erst mit der Hinrichtung von Robespierre ein Ende. 1795 stellte eine neue Verfassung die Dreiteilung der Gewalten wieder her. – Ein Direktorium führte die Regierungsgeschäfte.

Der Aufstieg Napoleons
Die Unfähigkeit des Direktoriums, die wirtschaftliche Lage zu bessern, weckte bei vielen Franzosen den Wunsch nach einem starken Mann. Diese Chance nutzte Napoleon, der 1799 die Macht an sich riss und sich im Jahre 1804 zum Kaiser ausrufen ließ.

Zum Nachdenken
Die Nationalversammlung beschloss 1792 die Einführung einer neuen Zeitrechnung: das Jahr 1 der Republik. Die Monate und die Tage erhielten neue Bezeichnungen. Die Heiligennamen, die bisher die einzelnen Tage bezeichneten, wurden durch Namen aus der Pflanzen- und Tierwelt ersetzt.

1 *Überlegt, was diese Maßnahmen bewirken sollten.*

14.7.1789

Sturm auf die Bastille.

1791

Die Nationalversammlung verabschiedet die neue Verfassung.

1792/1793

Frankreich erklärt den verbündeten europäischen Mächten den Krieg. Beginn der Schreckensherrschaft.

9.11.1799

General Bonaparte übernimmt die Macht und beendet die Revolution.

Europa und Napoleon

Den Aufstieg und den Fall Napoleons zeigt diese deutsche Karikatur von 1814. Nach seinem Ableben möge der französische Kaiser in der Hölle schmoren – das wünschte der Zeichner dem Herrscher und viele Deutsche und Europäer teilten seine Meinung. Dabei wurden die französischen Truppen von der Bevölkerung der eroberten Gebiete zunächst begrüßt, da sie neue Freiheiten und die Reform überlebter Verhältnisse versprachen. Doch die Herrschaft Napoleons wurde von den Völkern bald als Unterdrückung empfunden. Warum dies so war, wie Napoleon Europa veränderte und warum er seine Macht wieder verlor, darum geht es in dem folgenden Kapitel …

Europa und Napoleon

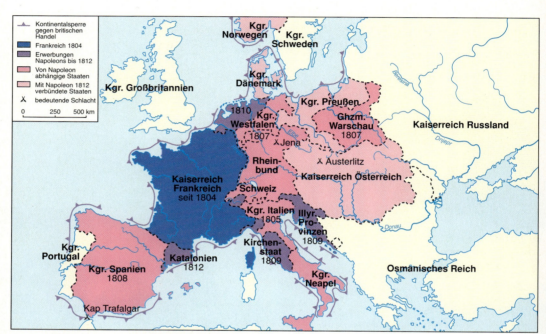

1 Europa unter der Herrschaft Napoleons.

Der Engländer Horatio Nelson litt an der Seekrankheit, galt aber dennoch als der beste Admiral der „Royal Navy", der damals mächtigsten Flotte der Welt. Der unerbittliche Gegner der Franzosen musste seine Entschlossenheit zum Kampf teuer bezahlen. 1794 verlor er ein Auge, 1797 einen Arm; er starb 1805 bei Trafalgar, als er seine Matrosen zum Sieg führte.

„Aus allen Völkern Europas muss ich ein Volk machen"

Mit der Krönung im Jahre 1804 trug nun zum ersten Mal seit über 900 Jahren nicht mehr ein deutscher Herrscher die Kaiserkrone, sondern der Franzose Napoleon. Und Napoleon ließ von Anfang an keinen Zweifel daran, dass er der Kaiser in ganz Europa sei. Über seine außenpolitischen Ziele sagte er:

> Q … Europa wird nicht zur Ruhe kommen, bevor es nicht unter einem einzigen Oberhaupte steht, unter einem Kaiser, der Könige als seine Beamte hat und der seinen Generalen Königreiche gibt.
> Wir brauchen ein europäisches Gesetz, einen europäischen Gerichtshof, eine einheitliche Münze, die gleichen Gewichte und Maße. Wir brauchen dieselben Gesetze für ganz Europa … Aus allen Völkern Europas muss ich ein Volk machen und aus Paris die Hauptstadt der Welt. …

1 Nennt die Ziele Napoleons, die er in der Quelle anspricht, und stellt einen Bezug zur Abbildung 1 her.
2 Ein „Vereintes Europa" ist auch heute ein wichtiges politisches Ziel. Berichtet, was ihr darüber wisst.

Wirtschaftskrieg gegen England

Napoleons Truppen eilten von Sieg zu Sieg. Mit ihrem Ruf „Friede den Hütten, Krieg den Palästen" konnten sie die Bevölkerung der unterworfenen Gebiete zunächst sogar für Napoleon begeistern. Es dauerte nicht lange, bis ganz Mitteleuropa unterworfen war (Abbildung 1). Nur England vermochten Napoleons Soldaten nicht zu erobern. Eine französische Kriegsflotte wurde im Jahre 1805 von dem englischen Admiral Nelson bei Trafalgar sogar vernichtend geschlagen.
Um England dennoch gefügig zu machen, entschloss sich der Kaiser zu einem Wirtschaftskrieg. Im Jahre 1806 erließ Napoleon

Frankreichs Expansion in Europa

2 Kontinentalsperre. Englische Waren werden verbrannt. Frankfurt a. M., 1810.

die Kontinentalsperre, d.h., er verbot den europäischen Ländern jeglichen Handel mit England. Um diesem Gesetz Nachdruck zu verleihen, kontrollierten französische Beamte und Soldaten immer wieder Geschäfte und Haushalte. Alle Waren und Gegenstände, die aus England oder den englischen Kolonien stammten, wurden beschlagnahmt. Vor den Städten wurde die Beute in großen Scheiterhaufen verbrannt. Die Briten wehrten sich gegen diese Maßnahmen. Sie kaperten alle europäischen Schiffe, die sie auf See antrafen. Der europäische Kontinent war damit abgesperrt. Seefahrt und Fernhandel kamen zum Erliegen. Während England jedoch sich neue Absatzmärkte in Südamerika erschließen konnte, litt der Kontinent unter fehlenden Absatzmöglichkeiten von Getreide und Holz. In Deutschland fehlten bald der englische Stahl und die Werkzeuge, die daraus hergestellt wurden. Es fehlten zudem die Kolonialwaren, die man bisher aus England bezogen hatte, wie: Kaffee, Tee, Zucker, Gewürze und Baumwolle. Viele Menschen wurden arbeitslos. Sein Ziel, England wirtschaftlich niederzuringen, erreichte der Kaiser jedoch nicht.

3 *Nennt die Folgen der Kontinentalsperre für Matrosen, Kaufleute, Handwerker oder Hausfrauen. – Überlegt, wie die Stimmung gegen Napoleon dadurch beeinflusst werden konnte.*

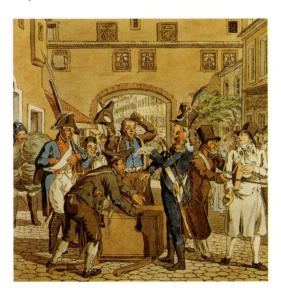

3 Französische Soldaten kontrollieren am Stadttor von Leipzig, dem Hauptumschlagplatz der Schmuggler, ob die Waren aus Großbritannien stammen. Stadtgeschichtliches Museum Leipzig.

1806:
Napoleon erlässt die Kontinentalsperre gegen England.

Napoleon verändert Deutschland

1 Mitteleuropa vor 1789.

2 Mitteleuropa zwischen 1806 und 1815.

Säkularisation*:
(lat.: saeculariis = weltlich).
Der Begriff bezeichnet die Überführung von Kirchengütern in weltlichen Besitz. Säkularisationen fanden z. B. während der Reformation, der Französischen Revolution und in Europa unter Napoleon statt.

Rheinbund*:
Im Jahr 1806 traten 16 deutsche Reichsstädte und Fürstentümer aus dem Deutschen Reich aus. Sie gründeten den Rheinbund, dessen Schutzherr Napoleon war.

Drei Millionen Menschen erhalten neue Herrscher

Mit dem siegreichen Vordringen der französischen Truppen begann eine völlige Umgestaltung des Deutschen Reiches. Schon im Jahre 1801 hatten die deutschen Fürsten sich damit einverstanden erklärt, dass die von Napoleons Soldaten eroberten Gebiete links des Rheins auf Dauer zu Frankreich gehören sollten. Für deutsche Fürsten, die hierdurch Gebietsverluste erlitten, wurde eine Entschädigung vereinbart. Nach zweijährigen Beratungen stand das Ergebnis fest:
– Enteignung aller geistlichen Landesherren; ihre Gebiete wurden an weltliche Fürsten verteilt, dieser Vorgang wird Säkularisierung* genannt.
– Fast alle Reichsstädte und zahllose Kleinstaaten wurden ebenfalls mächtigeren Territorialherren zugeordnet.
Etwa 300 kleine Herrschaftsgebiete verschwanden so von der Landkarte. Drei Millionen Menschen wurden neuen Herrschern unterstellt. Später erhob Napoleon die Fürsten von Bayern und Württemberg zu Königen.

1 Vergleicht die Karten 2 und 3 und beschreibt die Veränderungen.
2 Vergleicht Karte 2 mit einer heutigen Karte Deutschlands. – Welche heutigen Bundesländer sind schon erkennbar?

Das Ende des Deutschen Reiches

Im Jahre 1806 schlossen sich 16 deutsche Fürsten mit ihren neuen Gebieten unter der Vorherrschaft Napoleons zum Rheinbund* zusammen. Die Rheinbundstaaten erkannten Napoleon als ihren Schutzherrn an. Sie verpflichteten sich, Frankreich im Bedarfsfall mit Truppen zu unterstützen. Gleichzeitig erklärten sie ihren Austritt aus dem „Heiligen Römischen Reich Deutscher Nation".
Auf diese Nachricht hin und unter dem Druck Napoleons verzichtete Franz II. auf die deutsche Kaiserkrone und nannte sich nur noch „Kaiser von Österreich". Das war das Ende des Heiligen Römischen Reiches Deutscher Nation nach einer fast tausendjährigen Geschichte.

Französisches Recht in Deutschland

In zahlreichen Staaten des Rheinbundes und in Polen wurde zwischen 1806 und 1810 der

Der Triumph über Preußen

3 **Napoleon zieht am 27. Oktober 1806 in das vom König verlassene Berlin ein.** Zeitgenössische Zeichnung.

„Code civil" – seit 1804 auch „Code Napoleon" genannt – eingeführt (siehe auch Seite 153). Zahlreiche Artikel des Zivilgesetzbuches waren durch die Ideen der französischen Revolution beeinflusst, wie z. B. Freiheit des Eigentums, die Abschaffung des Zunftzwangs oder die Gleichheit der Bürger vor dem Gesetz. Viele Menschen im Rheinland und in Polen begrüßten das neue, einheitliche Recht.
3 Besprecht, welche Vorteile die Einführung des „Code civil" mit sich brachte.

Preußen am Ende?

Außerhalb des Rheinbundes verblieben fast nur noch Preußen und Österreich. Doch auch diese beiden Großmächte wurden von Napoleon vernichtend geschlagen: Österreich 1805 und 1809, Preußen 1806 in der Doppelschlacht von Jena und Auerstedt. Noch bevor Napoleon am 27. Oktober 1806 in Berlin einrückte, besuchte er das Grab Friedrichs des Großen in Potsdam. Als Zeichen seines Triumphes ließ er dessen Degen, Orden und Schärpe nach Paris bringen. Im Friedensvertrag von Tilsit (1807) musste der preußische König alle Gebiete westlich der Elbe abtreten sowie die in den polnischen Teilungen (s. S. 108 f.) erworbenen Gebiete. Außerdem blieb Preußen weiterhin von der französischen Armee besetzt und musste Kriegsentschädigungen und Requisitionen* bezahlen. Preußens führende Rolle in Europa schien beendet.
4 Lest die Bekanntmachung des Berliner Stadtkommandanten. Was sagt sie aus? Was überrascht euch?
5 Wie hätte die Bekanntmachung in ähnlicher Situation in Paris zur Zeit der Revolution ausgesehen? Entwerft ein Plakat.

> Der König hat eine Bataille verlohren. Jetzt ist Ruhe die erste Bürgerpflicht. Ich fordere die Einwohner Berlins dazu auf. Der König und seine Brüder leben!
> Berlin, den 17. October 1806.
> Graf v. d. Schulenburg.

4 **Aufruf des Gouverneurs von Berlin, Graf Wilhelm von Schulenburg.** 1806.

Requisitionen*
Beschlagnahmungen für Heereszwecke.

14.10.1806:
Vernichtende Niederlage Preußens in Jena und Auerstedt gegen das französische Heer.

1807:
Der Frieden von Tilsit besiegelt den Zusammenbruch Preußens.

Reformen für den Aufstieg Preußens

1 Der preußische Minister und Reformer Karl Freiherr vom und zum Stein.

Q1 … Der Wahn, dass man der französischen Revolution am sichersten durch Festhalten am Alten entgegentreten könne, hat geradezu dazu beigetragen, diese Revolution zu fördern …
Eine Revolution im guten Sinne – das ist unser Ziel. Demokratische Grundsätze in einer monarchischen Regierung: Dieses scheint mir die angemessene Form für den gegenwärtigen Zeitgeist. …

1 *In Preußen herrschten weitgehend ähnliche Zustände wie in Frankreich vor der Revolution.*
– Stellt Vermutungen an, was Hardenberg mit seiner Forderung nach einer „guten Revolution" gemeint haben könnte.

1806:
Beginn des Reformwerks: Preußische Bauern werden befreit.

„Eine Revolution im guten Sinne"
Preußen besiegt, seine Armee vernichtend geschlagen, das Land fast halbiert. – Wie hatte dies nur passieren können – so fragten sich jetzt verantwortliche Politiker, und sie wussten auch die Antwort: Die meisten Bürger fühlten sich für ihren Staat nicht verantwortlich. Ob sie unter der Herrschaft eines französischen Kaisers oder eines preußischen Königs lebten, war ihnen eigentlich gleichgültig. In ihrem Leben veränderte sich dadurch nichts. Mehr noch: Als Napoleon im Oktober 1806 in Berlin einmarschierte wurde er von zahlreichen Menschen freudig begrüßt. Viele Politiker in Preußen traten daher für umfassende Reformen ein. Der preußische Staat sollte völlig umgestaltet werden. Aus Untertanen sollten Staatsbürger werden, die bereit waren, sich für diesen Staat einzusetzen. Karl August von Hardenberg (1750 bis 1822), einer der führenden Reformer, schrieb im Jahre 1807, nur ein Jahr nach der Niederlage:

Preußische Bauern werden befreit
Zu den Befürwortern einer Reform gehörte auch der Reichsfreiherr Karl vom und zum Stein. Der König ernannte ihn am 30. September 1807 zum Ersten Minister. Nur wenige Tage später, vom 9. Oktober 1807, wurde das Gesetz über die Bauernbefreiung verabschiedet. („Oktoberedikt"). Bauern, die in Preußen einem Gutsherrn unterstanden, durften bis dahin ihr Land nicht verlassen. Sie mussten ihren Grundherrn um Erlaubnis bitten, wenn sie heiraten wollten, und konnten von ihm sogar verkauft werden. Jetzt waren sie freie Leute, da das Gesetz alle Gutsuntertänigkeit in Preußen abschaffte.
Sie mussten ihrem Gutsherrn allerdings eine Entschädigung zahlen, indem sie ihm bis zur Hälfte ihres Landes abgaben. Der verbliebene Rest reichte oft nicht zur Ernährung der Familie aus. Viele Bauern verdingten sich deshalb als Landarbeiter, gingen in die Städte oder wanderten in die USA aus.
Das Oktoberedikt sah auch die freie Berufswahl für alle Stände vor. Durch die Einführung der Gewerbefreiheit wurde dieser Teil der Reform allerdings erst im Jahr 1811 umgesetzt. Ziel der Reform war es, die Wirtschaft anzukurbeln und damit die Finanzkraft des Staates zu stärken:

Q2 … §2 Jeder Edelmann ist, ohne allen Nachteil seines Standes, befugt, bürgerliche Gewerbe zu betreiben; und jeder Bür-

Neue Rechte für die Untertanen?

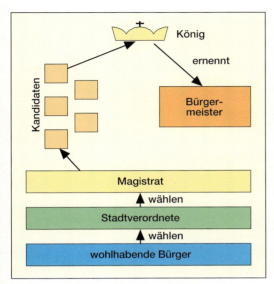

2 Die neue Städteordnung nach Stein.

3 Feierliche Amtseinführung der ersten preußischen Stadtverordnetenversammlung in der Berliner Nicolaikirche am 6. Juli 1809. Kolorierter Stich.

ger oder Bauer ist berechtigt, aus dem Bauern- in den Bürger- und aus dem Bürger- in den Bauernstand zu treten …

2 Erklärt mit Hilfe des Textes (Q2), warum der Zunftzwang in Preußen abgeschafft wurde. Überlegt, welche Vor- und welche Nachteile mit der Gewerbefreiheit verbunden waren.
3 Mehrere Bauern unterhalten sich über das Oktoberedikt. – Was könnten sie gesagt haben?

Die Bürger sollen sich selbst verwalten
Dem Ziel, aus Untertanen freie und verantwortungsvolle Bürger zu machen, diente auch die im November 1809 verkündete Städteordnung. Mit diesem Gesetz erhielten die Städte ihre Selbstverwaltung zurück, die sie in der Zeit des Absolutismus verloren hatten. Nicht mehr vom König eingesetzte Beamte, sondern die Bürger selber sollten durch ihre Abgeordneten die Stadt verwalten. Wählen durfte allerdings nur, wer ein Haus besaß oder mehr als 200 Taler im Jahr verdiente. Das waren z. B. in Berlin von ungefähr 150 000 Einwohnern nur etwa 10 000 Bürger.
4 Erklärt mit Hilfe der Abbildung 2 die Bedeutung der Städteordnung für die Selbstverwaltung der Bürger.

Das Volksheer ersetzt die Söldnerarmee
Die französischen Revolutionssoldaten waren von Sieg zu Sieg geeilt, weil sie für ihr Vaterland kämpften. Anders die preußische Armee: Hier dienten viele Söldner, die mit falschen Versprechungen angelockt und dann zum Kriegsdienst gepresst worden waren. Wer konnte, versuchte zu fliehen. Im Krieg hatte das Heer versagt. Deshalb wurde jetzt auch eine Heeresreform durchgeführt. Aus dem Söldnerheer wurde ein Volksheer, indem man die allgemeine Wehrpflicht verordnete. Die Prügelstrafe und das Spießrutenlaufen wurden ebenso abgeschafft wie die Vorrechte des Adels. Jeder tüchtige Soldat konnte Offizier werden. Der Militärdienst galt jetzt als „Ehrendienst an Staat und Nation".
Weil die Reformer überzeugt waren, dass nur gut ausgebildete Bürger ihre Pflichten und Rechte wahrnehmen könnten, wurde auch das Unterrichtswesen reformiert. Zahlreiche Volksschulen und Gymnasien wurden gebaut, die Ausbildung der Lehrer verbessert. In Berlin wurde die Friedrich-Wilhelms-Universität eröffnet.
5 Erklärt die Aussage im Heeresgesetz: Alle Bewohner des Staates sind geborene Verteidiger desselben.

1808:
Die neue Städteordnung tritt in Kraft und stärkt die Selbstverwaltungsrechte der Bürger.

1813:
Einführung der allgemeinen Wehrpflicht.

163

Die Freiheitskriege

1 **Französische Soldaten erschießen Aufständische in Spanien 1808.** Gemälde von F. de Goya, 1814.

Der Gastwirt Andreas Hofer ist die Seele des Tiroler Aufstands gegen Napoleon. Als Kämpfer für „Gott, den österreichischen Kaiser und das Vaterland" wird er 1810 erschossen.

„Die Gärung ist auf dem höchsten Grad angelangt"

Im Jahre 1811 stand Napoleon auf dem Höhepunkt seiner Macht. Unumschränkter Herrscher war er über Frankreich, die deutschen Staaten, und weite Teile Europas. Vereinzelte Widerstände in Spanien, Österreich oder auch in Preußen nahm er nicht ernst. Von so einem braven Volk – so meinte er damals – habe er nichts zu befürchten.

Warnend schrieb ihm sein Bruder Jerome, den er zum König von Westfalen gemacht hatte:

Q1 … Ich weiß nicht, Sire, unter welchem Gesichtspunkt Ihre Generale und Agenten die öffentliche Meinung in Deutschland betrachten. Wenn sie von Unterwerfung, Ruhe und Schwäche sprechen, so täuschen Sie sich, Eure Majestät. Die Gärung ist auf dem höchsten Grad angelangt: Falls ein Krieg mit Russland ausbrechen sollte, werden alle zwischen Rhein und Oder gelegenen Gegenden der Schauplatz einer ausgedehnten und lebhaften Erhebung werden.
Die Verzweiflung der Völker, die nichts mehr zu verlieren haben, da ihnen alles genommen wurde, ist zu fürchten. …

Napoleon nahm von den Warnungen seines Bruders keine Notiz. Im Gegenteil – die deutschen Staaten wurden erneut aufgefordert, noch mehr Soldaten zu stellen und Steuern zu zahlen, um einen Krieg gegen Russland führen zu können.

Moskau in Flammen

Es gab nur noch einen mächtigen Herrscher in Europa, der sich den Anordnungen Napoleons widersetzte – Zar Alexander I. von Russland. Unbekümmert trieb er auch weiterhin einen regen Handel mit England. Napoleon musste erkennen, dass das Handelsverbot für England keine Gefahr darstellte, solange der Handel über Russland weiterlief. So entschloss er sich, auch gegen Russland in den Krieg zu ziehen.

Im Jahre 1812 marschierte er mit seiner Großen Armee in Russland ein. Sie bestand aus fast 600 000 Soldaten, darunter etwa 160 000 Deutsche. Napoleon hatte gehofft, in einer großen Schlacht zu einem schnellen Sieg zu kommen, doch die russische Armee wich immer weiter zurück. Mit Gewaltmärschen versuchte Napoleon die russischen Truppen einzuholen. Für die Soldaten bedeutete dies wochenlanges ermüdendes Marschieren und schon auf dem Vormarsch wurde die Verpflegung knapp. Die Russen

Der Untergang der „Grande Armée"

2 Der Rückzug der „großen Armee". Zeitgenössische Federzeichnung von Adam Klein.

verbrannten bei ihrem Rückzug sämtliche Vorräte, sodass das nachfolgende Heer Napoleons fast nichts zu essen vorfand. Nach zweieinhalb Monaten erreichten die ersten Truppen des Kaisers endlich Moskau, wo die „Grande Armée" ihr Winterquartier beziehen wollte. Doch die Stadt bot den Soldaten ein gespenstisches Bild. Die Bewohner hatten Moskau verlassen. Proviant für die Truppen war nicht vorhanden. Wenige Tage nach dem Einzug Napoleons zündeten russische Soldaten Moskau an. Fast die ganze Stadt wurde durch den Brand zerstört.

„Mit Mann und Ross und Wagen"

Napoleon musste den Rückzug befehlen. Halb verhungert, von eisiger Kälte geschwächt, traten die Soldaten den langen Heimweg an. Nun gingen die russischen Truppen zum Angriff über. Sie zwangen Napoleon, sich auf den Wegen zurückzuziehen, auf denen seine Armee nach Russland hineinmarschiert war. Aber hier waren alle Vorräte vernichtet, alle Häuser verbrannt. Ungezählte Soldaten kamen um.

Auf dem Rückzug musste das Heer über die Beresina. Der Fluss war von Eisschollen bedeckt und unpassierbar. Hier zerbrachen die Reste des großen Heeres. Ein Augenzeuge berichtet:

Q2 … Und die Tausende … sahen einzig in der schmalen Brücke, die nur wenige zugleich passieren konnten, den Weg zu ihrer Rettung. Alles drängte gegen die Brücke. Hunderte, die schon die Brücke erreicht zu haben glaubten, wurden in die Flut gedrängt und fanden hier das Ende … Jede Spur von Ordnung, … jedes menschliche Gefühl hatte aufgehört. Nur den einen Gedanken klar denkend: Du musst dich retten, koste es, was es wolle. Die Führer einiger Kanonen brachen sich schonungslos mit denselben Bahn durch die gedrängten Haufen, ohne danach zu sehen, dass ihr Weg über Menschen ging. …

Von etwa 600 000 Soldaten kehrten nur etwa 30 000 zurück. Zerlumpt, ausgemergelt, viele todkrank, so erreichten sie die deutsche Grenze. Ein 18-jähriger Schüler schrieb damals ein Gedicht, das in ganz Deutschland berühmt wurde. Es begann mit den Worten: „Mit Mann und Ross und Wagen, so hat sie Gott geschlagen …"

1 Sprecht über das Verhalten der Menschen an der Beresina (Q2).
2 Vermutet, wie die Menschen in den deutschen Staaten auf diese Niederlage reagiert haben könnten. – Denkt auch an das Schreiben von Napoleons Bruder (Q1).

1812–1813: Napoleons Krieg gegen Russland endet mit dem Untergang der „Grande Armée".

Preußen erklärt Napoleon den Krieg

1 **Auszug deutscher Studenten in den Freiheitskrieg 1813.** Wandgemälde von Ferdinand Hodler in der Friedrich-Schiller-Universität in Jena. 1909.

März 1813:
Der König von Preußen, Friedrich Wilhelm II., erklärt Frankreich den Krieg.

Die preußischen Befreiungskriege

Mit der vernichtenden Niederlage Napoleons war der Augenblick gekommen, den die Menschen in ganz Europa herbeigesehnt hatten. Der Freiheitskampf brach in voller Stärke los. Ein neues Nationalbewusstsein* wurde vor allem in Deutschland zur beherrschenden Kraft des Widerstandes gegen Napoleon.
In einem Aufruf an alle Deutschen hieß es:

> **Q1** … Nicht Bayern, nicht Braunschweiger, nicht Hannoveraner, nicht Hessen, nicht Holsteiner, nicht Österreicher, nicht Preußen, nicht Sachsen und nicht Schwaben. Alles, was sich Deutsch nennen darf – nicht gegeneinander, sondern: Deutsche für Deutsche …

Trotz der vernichtenden Niederlage Frankreichs im russischen Feldzug konnte der preußische König nur widerwillig zum Krieg gegen Napoleon bewegt werden. Die öffentliche Stimmung drängte jedoch zum Kampf gegen Frankreich. An den Universitäten wurde die nationale Stimmung geschürt. Tausende junger Leute meldeten sich freiwillig zum Kriegsdienst und Dichter feierten den bevorstehenden Krieg gegen Napoleon als „Heiligen Krieg". Schließlich konnte sich auch der König der nationalen Begeisterung nicht mehr entziehen. Nach längerem Zögern folgte der König von Preußen dem Drängen seiner Ratgeber und im März 1813 erklärte Preußen den Krieg an Frankreich.
Über die Stimmung in Preußen im März 1813 schrieb der russische Offizier Friedrich von Schubert:

> **Q2** … Es wurden … Freiwillige aufgerufen, die Untertanen beschworen, alle möglichen Opfer zu bringen, um das Vaterland vom Joche der Franzosen zu befreien, und diese Aufforderung fiel nicht auf taube Ohren. Alles strömte herbei. Der Landmann verließ seinen Pflug und stellte sich mit seinen Söhnen, um gegen den Feind zu fechten; die Jugend verließ die Universitäten, die Schulen, Beamte ihre einträglichen Posten …; jeder brachte, was er an Geld oder Geldeswert hatte …

1 *Erklärt den Begriff „Nationalbewusstsein" mit Hilfe von Q1.*
2 *Zeigt anhand von Q2, wie aus Untertanen Bürger geworden sind.*

Die Völkerschlacht bei Leipzig

2 Völkerschlacht bei Leipzig. Kampf vor dem „Grimmaischen Tor" am 19. Oktober 1813. Gemälde von E.W. Straßberger. Museum für die Geschichte der Stadt Leipzig.

Napoleons Herrschaft wird in Leipzig beendet

Vor der Kriegserklärung an Frankreich hatte der preußische König ein Neutralitätsabkommen mit Russland abgeschlossen. Österreich, England und Schweden traten dem Bündnis gegen Frankreich bei. Napoleon selbst zögerte keinen Augenblick, mit eilig zusammengezogenen Soldaten nach Deutschland zu ziehen, um den Widerstand im Keim zu ersticken. Zur entscheidenden Schlacht kam es im Oktober 1813 bei Leipzig. Am 14. Oktober 1813 – dem Jahrestag der Schlacht von Jena und Auerstedt – traf Napoleon hier ein mit einer Armee von fast 200 000 Soldaten. Zwei Tage später begann der Kampf mit einer stundenlangen Kanonade auf beiden Seiten, die – wie ein Beobachter schrieb – die Erde erbeben ließ. Nach vier Tagen erbitterter Kämpfe – 100 000 Soldaten starben allein in dieser Schlacht – hatten die Alliierten den Sieg errungen. Die Fürsten des Rheinbundes sagten sich von Napoleon los. Die verbündeten Heere konnten Napoleon aus Deutschland vertreiben und am 1. Januar den Rhein überschreiten. Ein halbes Jahr später zogen preußische und russische Truppen in Paris ein und zwangen Napoleon abzudanken. Er wurde auf die Mittelmeerinsel Elba in die Verbannung geschickt. Die Macht übernahm jetzt König Ludwig XVIII., ein Bruder des hingerichteten Ludwig XVI.

„Der letzte Flug des Adlers"

Napoleon kehrte 1815 noch einmal nach Frankreich zurück. Völlig unerwartet landet er mit 1000 Soldaten in Südfrankreich. Die Bevölkerung jubelte ihm zu, die Truppen liefen zu ihm über und Ludwig XVI. floh, als Napoleon Paris erreichte. Erneut konnte er ein Heer aufstellen, wurde aber in der Schlacht von Waterloo im heutigen Belgien von einem englisch-preußischen Heer endgültig besiegt. Erneut musste Napoleon abdanken. Man brachte ihn auf die kleine Insel St. Helena im Südatlantik, wo er 1821 starb.

3 Wiederholt nochmals die wichtigsten Etappen von Napoleons Aufstieg und Fall. – Seht euch dazu auch die Karikatur auf der Auftaktseite an (S. 156–157).

4 Stellt die Ursachen für Napoleons Untergang zusammen.

14. 10. 1813:
Völkerschlacht bei Leipzig.

1815:
Verbannung Napoleons.

Zum Weiterlesen: Ein preußisches Freikorps

1 Szene aus dem DEFA-Spielfilm „Lützower" mit Jaecki Schwarz (links) und Jürgen Reuter als Hauptmann Friesen.

Die „Schwarzen" in Dresden

Dresden, 1813, zur Zeit Napoleons. … Beim Denkmal verteilte ein Junge Bekanntmachungen. Filo ließ sich so einen Zettel geben und begann neugierig den Inhalt zu entziffern.

„Sammelt euch zu uns, tüchtige Männer des unterjochten Sachsenlandes" stand darauf. „Landsleute sind wir, Brüder sind wir. Ja, für die Freiheit dieses Landes wollen wir fechten und, wie Gott will, siegen oder sterben." Sie las es laut im Gehen, deklamierte die Sätze die Große Meißner Gasse entlang. „Ursel, hast du das gehört? Was sind das für welche?"

Ursel zuckte die Achseln. „Spinner allesamt. Als obs nicht schon genug Soldaten gäb auf beiden Seiten. Und wer soll die Arbeit machen?"

Auch Veit brachte ein solches Flugblatt mit. Er sah anders aus als sonst. Irgendwie verklärt, fand Filo, richtig schön.

Der Aufruf, so erfuhr sie, stammte von den „Schwarzen", einem preußischen Freikorps, das ein gewisser Major Lützow vor ein paar Wochen ins Leben gerufen hatte. „Die Schwarzen"? Die hatte sie doch erst vorgestern gesehen. Weil Sonntag war und so mildes Frühlingswetter, war die ganze Familie vors Tor spaziert, zum Linckeschen Bad, einem Kaffeegarten. Dort hatten die „Schwarzen" mit ihren schwarzen Monturen im Freien gesessen und Lieder gesungen. Lieder, in denen es um Kämpfen ging, um blitzende Schwerter und darum, wie gerne sie fallen würden, wenn nur recht viele Feinde auch fielen. Die Leute waren ganz aus dem Häuschen gewesen und hatten ihnen Glück gewünscht für den Kampf gegen Napoleon. Filo hatte sie dann nicht weiter beachtet, weil sie Gustchen die ersten Schwalben zeigte, die gerade aus Afrika gekommen waren. Sie flogen hin und her über die Gasthaustische, mit ihrem hellen Gezwitscher. Als wollten sie feststellen, ob alles noch so war wie letztes Jahr, als sie es verlassen hatten.

Das Einzige, was Filo an den „Schwarzen" aufgefallen war, erschien ihr so drollig, dass sie laut herausgeplatzt war. Sie hatten die Brust dick auswattiert und glichen vollbusigen Damen.

„Das soll wohl als Kugelfang dienen", vermutete Onkel Leberecht. „Nimm dich zusammen, Filo. Man lacht nicht über Menschen, die sich einer edlen Sache verschrieben haben. Das sind alles Freiwillige."

Jetzt lehnte Veit an der Kredenz und las stehend den ganzen Aufruf vor. „Sollen eure Speicher, eure Keller noch länger die Henkersknechte füttern? Sollen eure Söhne noch länger für die Raserei eines schamlosen Ehrgeizes geschlachtet werden? Lasst diese große Zeit nicht kleine Menschen finden!"

Veit ließ den Zettel sinken. „Stellt euch vor, sie haben Männer aus allen Berufen unter ihrem Banner – Geistliche, Künstler, Ärzte und Lehrer, Handwerker, Studenten und Landwirte. Und alle haben nur ein einziges Ziel: den verfluchten Napoleon dahin zu schicken, wo er hergekommen ist – zurück nach Frankreich. Versteht ihr nicht? Das ganze Volk tut sich zusammen, ohne dass ein Fürst es ruft. Das ist einmalig. Das hat es noch nie gegeben."

Er sah jeden einzeln an, als meine er gerade ihn besonders. Dann sagte er leise: „Ich hab mich auch gemeldet. In drei Tagen muss ich fort."

Es war totenstill in der Stube. Dann kam ein Wimmern von Tante Male. Sie versuchte es mit dem Taschentuch zu unterdrücken, aber sie schaffte es nicht. …

Wie es weitergeht, erfahrt ihr in dem Buch von Karla Schneider. Die abenteuerliche Geschichte der Filomena Findeisen. Abenteuer-Roman. Verlag Beltz & Gelberg. 1996.

Geschichte vor Ort: Napoleon in Berlin-Brandenburg

24. und 27. Oktober 1806
Mit dem Einzug Napoleons in Potsdam und Berlin rücken 130 000 Franzosen in die Mark ein und es beginnt für Brandenburg die napoleonische Fremdherrschaft. In Berlin kommt es in großem Umfang zu Einquartierungen französischer Truppen. Zwischen 12 000 und 30 000 Soldaten mussten täglich untergebracht und versorgt werden. Letzteres bedeutete Naturallieferungen für die Soldaten (Lebensmittel u. Ä.), aber auch Zahlungen (Kontributionen für den Unterhalt der Besatzungstruppen (insgesamt ein Betrag von 2,7 Millionen Talern).

Dezember 1808
Die Mark wird von den Franzosen geräumt. Die Besetzung der Festung Küstrin währt bis zum 20. März 1813.

1812
Brandenburg wird Durchmarschgebiet der Franzosen nach Russland. Von Anfang an regt sich jetzt der Widerstand gegen die Besetzer und Berlin wird zu einem Zentrum der antinapoleonischen Stimmung.

März 1813
Nach der Niederlage der Grande Armée verlassen die Franzosen Berlin. Die einrückenden russischen Truppen werden von der Bevölkerung aufs freundlichste willkommen geheißen.

März bis Juli 1813
10 000 Männer und Jugendliche, vor allem Studenten und Gymnasiasten, folgen dem Aufruf des Königs und dienen in den preußischen Freiwilligenkompanien. Nach der Kriegserklärung des Königs an

2 Französisches Heerlager bei Berlin-Charlottenburg. 1808.

Napoleon melden sich neben einfachen Bürgern viele Gelehrte und Künstler für den preußischen Landsturm. Sie wollten ein Beispiel des neuen Staats- und Nationalbewusstseins geben. So schrieb die Schriftstellerin Bettina von Arnim:

> M … Es war seltsam anzusehen, wie bekannte Gelehrte und Freunde mit allen Arten von Waffen zu jeder Stunde über die Straße liefen, so mancher, von denen man vorher sichs kaum denken konnte, dass sie Soldaten wären. Stelle dir zum Beispiel Savigny vor, der mit dem Glockenschlag 3 wie besessen mit einem langen Spieß über die Straße rennt, der Philosoph Fichte, mit einem eisernen Schild und langem Dolch …

Doch zum Einsatz des Berliner Landsturmes kommt es glücklicherweise nicht.

August bis Oktober 1813
Mehrmals versuchte Napoleon Berlin zurückzuerobern und er setzte hierfür eine 65 000 Mann starke Armee in Marsch. Das Vorhaben aber scheiterte vor den Toren Berlins in der Schlacht bei Großbeeren (23. August 1813). Im Vorfeld der Völkerschlacht zu Leipzig (Oktober 1813) musste die französische Armee weitere empfindliche Niederlagen auf brandenburgischem Gebiet hinnehmen, so in Hagelberg (27. August) und in Dennewitz (6. September), und sie wird schließlich aus der Mark verdrängt.

1 Erstellt eine kleine Chronik für euren Heimatort mit den wichtigsten Ereignissen aus der Zeit der napoleonischen Besetzung. Informationen bekommt ihr in der Bücherei oder im Heimatmuseum.

Ein neue Ordnung für Europa?

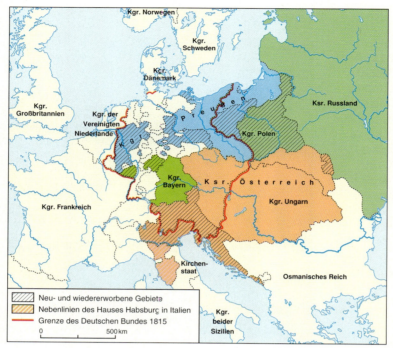

1 Europa 1815.

Fürsten und Diplomaten befestigen in Wien die alte Ordnung

Napoleons Truppen waren geschlagen, seine Herrschaft zusammengebrochen. Wie sollte es jetzt weitergehen? Um diese Frage zu lösen, luden die Siegermächte Österreich, Russland, England und Preußen die Fürsten Europas zu einem Kongress nach Wien ein. Die Herrscher oder ihre Gesandten von fast 200 Staaten, Herzog- und Fürstentümer folgten der Einladung.

Jene Fürsten, die von Napoleon vertrieben worden waren, forderten jetzt die Rückgabe ihrer Gebiete. Gemeinsames Ziel aller Teilnehmer war es, die alte Ordnung wiederherzustellen.

Der Wiener Kongress begann am 18. September 1814. Über neun Monate zogen sich die Beratungen hin. Unter dem Vorsitz des österreichischen Staatskanzlers Fürst Metternich einigte man sich auf folgende Grundsätze:

– keine der fünf europäischen Großmächte (Frankreich, Großbritannien, Österreich, Preußen, Russland) soll ein Übergewicht über eine andere Macht bekommen. Nur so könne man den Frieden sichern.

Die von Napoleon beseitigten Monarchien werden wiederhergestellt.

– Frankreich wird wieder Königreich in den Grenzen von 1789.

– Preußen wird um die Rheinprovinz, Westfalen und Teile von Sachsen vergrößert.

– Die Vormachtstellung Frankreichs in Europa soll dauerhaft beseitigt werden. Deshalb werden an seinen Grenzen starke Staaten geschaffen: Die Niederlande und Belgien werden zu einem Königreich vereinigt.

Länder und Provinzen, Städte und Grenzstreifen wurden während der Verhandlungen zwischen den Fürsten hin und her geschoben. An die Folgen für die betroffenen Menschen dachte niemand. Die Fürsten beharrten darauf, über das Schicksal der Völker allein bestimmen zu können.

1 *Beschreibt die Gebietsveränderungen für Preußen und Österreich anhand der Karte.*
2 *Stellt Vermutungen an, wie die Menschen auf die Beratungen des Wiener Kongresses reagiert haben könnten.*

1814–1815: Wiener Kongress.

Wiener Kongress und Deutscher Bund

2 Sitzung des Deutschen Bundestages in Frankfurt. Anonymer Stich, Ende 19. Jahrhundert.

Nationale Einheit oder Deutscher Bund?

Das Deutsche Reich war 1806 zerbrochen. Viele Deutsche hofften jetzt, dass nun endlich die Einheit Deutschlands geschaffen würde. In einer an den Kongress gerichteten Botschaft hieß es:

Q ... Europas Fürsten haben Deutschland von der Knechtschaft unter Napoleon befreit. Jetzt beraten sie in Wien. Welcher wahre Deutsche kann jetzt träge und schläfrig abwarten, was werden wird? Wer fühlt jetzt nicht voller Begeisterung, dass der Zeitpunkt da ist, wo der Deutsche an der Donau und am Rhein den an der Elbe und Weser als einen Mitbruder umarmen möchte?
Jetzt ist die Zeit, wo die Herrscher erkennen, dass die Völker nicht um ihretwillen, sondern sie um der Völker willen da sind. Jetzt ist die Zeit, wo nicht mehr wie bisher den Menschen die Hälfte des Arbeitsschweißes abgepresst wird, um elende Höflinge, ... kostbare Jagden, die Menge unnützer Schlösser und eine Kriegsmacht zu unterhalten, die nicht dem Schutz des Vaterlandes dient, sondern nur ... für die Großmannssucht des Herrschers. Diese Zeiten – wer zweifelt daran – sind vorbei. ...

Der Verfasser des Flugblattes irrte sich. Die Großmächte wollten kein mächtiges Deutsches Reich. Auch die deutschen Fürsten wollten keinen starken deutschen Kaiser über sich haben. So schuf man nur einen losen Deutschen Bund mit 35 Fürstentümern und vier freien Städten (Hamburg, Bremen, Lübeck und Frankfurt/M.). Die Gesandten der Fürsten bildeten die Bundesversammlung, auf der Beschlüsse nur mit Zweidrittelmehrheit gefasst werden konnten. Ob die Beschlüsse dann auch tatsächlich durchgeführt wurden, lag im Ermessen der Einzelstaaten.

3 *Spielt folgende Szene: Der Verfasser der Flugschrift nimmt an den Beratungen der Fürsten teil. Was wird er sagen und was werden ihm die Fürsten antworten?*

4 *Beschreibt die Abbildung 2. Achtet auf Kleidung, Gesten und Haltung der Menschen und auf die Einrichtung. Stellt einen Bezug her zu den Aussagen in Q.*

1815: Die 39 deutschen Einzelstaaten schließen sich im Deutschen Bund zusammen.

Methodenseite: Arbeiten mit Karikaturen

Der korsische Kreisel voll in Fahrt. Karikatur von George Cruikshank, 1814.

Was ist eine Karikatur?
Das Wort Karikatur kommt aus dem Italienischen und bedeutet so viel wie überladen oder übertragen. Eine Karikatur ist ein Spott- oder Zerrbild. Sie gibt menschliche, gesellschaftliche, politische oder wirtschaftliche Handlungen übertrieben wieder. Damit will sie den Blick auf ein besonderes Ereignis richten.

„Der korsische Kreisel" als Beispiel
Napoleon wird in dieser Karikatur (siehe Abbildung) als Kreisel von Herrschern und Marschällen mit Peitschen ins Rotieren gebracht. Von links sind zu sehen: der preußische Feldherr Blücher, der schwedische König, der russische Zar, der österreichische Kaiser und der britische Feldherr Wellington.

Der Kreisel wird entschlüsselt
Mit Hilfe folgender Arbeitsschritte könnt ihr die Bedeutung der Karikatur (siehe Abbildung) herausfinden.
1 *Beschreibt, wie Napoleon, die Herrscher und Heerführer dargestellt sind, achtet dabei auf Kleidung, Ausrüstung und Bewegung.*
2 *Tragt zusammen, was ihr über den Ausgang der Kriege Napoleons wisst.*
3 *Zeigt an Beispielen, wie der Zeichner den Niedergang der „Großen Armee" darstellt.*
4 *Findet heraus, wodurch Napoleon lächerlich gemacht wird.*
5 *Überlegt, welche Absicht der Zeichner mit der Karikatur verfolgte. Er wollte sicher mehr, als nur Napoleon lächerlich zu machen.*

Karikaturen deuten
Grundsätzlich helfen euch folgende Arbeitsschritte, wenn ihr eine Karikatur deuten wollt:
1. Schritt: Betrachtet die Karikatur genau und schildert euren ersten Eindruck.
2. Beschreibt Einzelheiten der Abbildung. Haltet fest, was ihr noch nicht erkennen könnt.
3. Achtet auf Textelemente wie z. B. Bildunterschriften und versucht herauszufinden, ob sich die Texte auf bestimmte Gegenstände oder Personen beziehen.
4. Versucht herauszufinden, worum es bei der Karikatur geht: Was ist das Thema der Abbildung.
5. Formuliert, was mit der Karikatur ausgedrückt werden soll. Welche Meinung nimmt der Zeichner zum Thema ein?

Zusammenfassung

Frankreichs Expansion in Europa
Nachdem Napoleon seine Macht als Kaiser von Frankreich gefestigt hatte, verfolgte er konsequent sein Ziel, Herrscher über ganz Europa zu werden. Im Jahr 1803 wurde unter seinem Einfluss die Neugliederung des Deutschen Reiches eingeleitet. Mit der Gründung des Rheinbundes, in dem sich die Fürsten Mittel- und Westdeutschlands unter der Führung Napoleons zusammenschlossen, wurde das alte Reich aufgelöst. Von der politischen Landkarte Deutschlands verschwanden über 300 Reichsritterschaften, geistliche Fürstentümer usw. In Preußen wurden nach der Niederlage bei Jena und Auerstedt die schon längst überfälligen Reformen durchgeführt: Bauernbefreiung und Gewerbefreiheit, Städte- und Heeresreform bereiteten den Neuaufstieg des Landes vor.

Die Befreiungskriege
Der Widerstand gegen die Herrschaft Napoleons regte sich seit 1808 überall in Europa. Napoleons Überfall auf Russland leitete schließlich seinen Untergang ein. Von den etwa 600 000 Soldaten der „Großen Armee" kehrten nur 30 000 in ihre Heimat zurück. Nun schlossen Preußen, Russland, Schweden und Österreich ein Bündnis gegen Frankreich. Ein neues Nationalbewusstsein wurde vor allem in Deutschland zur beherrschenden Kraft des Widerstandes gegen Napoleon. Nach der Niederlage in der Völkerschlacht bei Leipzig (14.10.1813) musste Napoleon abdanken; er wurde auf die Insel St. Helena verbannt, wo er 1821 starb.

Wiener Kongress und Deutscher Bund
Viele Deutsche hatten gegen Napoleon und für die Einheit Deutschlands gekämpft. Auf dem Wiener Kongress im Jahre 1815 wurde aber beschlossen, die Aufteilung des Deutschen Reiches in kleinere und größere Fürstentümer beizubehalten. Die Fürsten gründeten lediglich einen „Deutschen Bund" aus 35 Fürstentümern und vier Stadtstaaten.

Zum Nachdenken
Napoleon wird heute von vielen Menschen als großer Mann verehrt.
1 *Was spricht für, was gegen eine solche Verehrung Napoleons.*

1806

Vernichtende Niederlage der Preußen gegen das französische Heer bei Jena und Auerstedt.

1807

Die Bauernbefreiung leitet die Reformen in Preußen ein.

1812/1813

Untergang der „Großen Armee" in Russland. Beginn der Befreiungskriege.

1814/1815

Wiener Kongress und Gründung des Deutschen Bundes.

Demokratischer Aufbruch in Deutschland

In der Nacht vom 18. auf den 19. März 1848 ging das Volk in Berlin auf die Barrikaden. Ein verlustreicher Kampf gegen das Militär begann. Schließlich musste der preußische König den Barrikadenkämpfern nachgeben. Er ließ die Truppen aus Berlin abziehen und gestattete Pressefreiheit, Versammlungsfreiheit und Wahlen für eine Volksvertretung. Den gefallenen Freiheitskämpfern erwies der König die letzte Ehre, als diese auf dem Schlossplatz in Berlin aufgebahrt wurden. Dabei trug er eine Armbinde in Schwarz-Rot-Gold, den Farben der Revolution.

Schlagartig änderte sich mit dem Sieg des Volkes das politische Treiben in der preußischen Hauptstadt. Keine Parlamentsdebatte, die nicht von den Berlinern durch Sympathie- oder Missfallenskundgebungen kommentiert wurde, durch Demonstrationen und Umzüge, freche Plakate und scharfsinnige Flugschriften. Doch auch in München, in Paris oder Wien bestimmten zu dieser Zeit debattierende Straßenklubs, Volksfeste und Volksversammlungen, politische Puppenspiele und Straßentheater das Straßenbild. In ganz Europa hatte sich im Frühjahr 1848 das Volk gegen die Fürsten erhoben. Wie es dazu kam und ob der „Völkerfrühling" für die alten Mächte und den Absolutismus das Ende bedeutete, könnt ihr in diesem Kapitel erfahren.

Demokratischer Aufbruch in Deutschland

1800 1810 1820 1830 1840 1850 1860 1870 1880 1890 1900 1910 1920 1930 1940

31.10.1817:
Wartburgfest zum Gedenken an den Beginn der Reformation und die Völkerschlacht bei Leipzig.

Friedrich Ludwig Jahn (1778–1852):
Der in der Prignitz (Lenz bei Lenzen) geborene Jahn richtet 1811 den ersten Turnplatz in Berlin ein. Als Turnvater Jahn gilt er bis heute als der Begründer des allgemeinen Volkssportes zur körperlichen Ertüchtigung und zur vormilitärischen Erziehung der Jugend.

1 Wartburgfest. Etwa 500 Studenten gedachten am 18. und 19. Oktober 1817 der Völkerschlacht bei Leipzig und dem Beginn der Reformation (1517) mit einem Fest auf der Wartburg. Holzstich um 1880.

Studenten auf der Wartburg

Von den Beschlüssen der Fürsten auf dem Wiener Kongress waren viele Menschen enttäuscht. Sollten sie dafür ihr Blut vergossen haben, waren dafür Hunderttausende in den zahlreichen Schlachten gefallen, dass jetzt alles so blieb wie vorher? Viele Bürger schlossen sich jetzt den Liberalen an. Die „Liberalen" verlangten:
– eine Verfassung für jedes Land
– die Anerkennung der Menschenrechte
– die Beteiligung der Bürger an den politischen Entscheidungen.

Die Unzufriedenheit mit den bestehenden politischen Verhältnissen brachten vor allem die Studenten zum Ausdruck. Sie hatten sich 1815 in Jena zur Deutschen Burschenschaft zusammengeschlossen. Die Farben ihrer Verbindung waren Schwarz – Rot – Gold.

Zwei Jahre später lud die Burschenschaft der Universität Jena für den 31. Oktober 1817 zu einer Gedenkfeier auf die Wartburg ein. Gedacht werden sollte der 300-Jahr-Feier der Reformation und des vierten Jahrestages der Schlacht bei Leipzig. Aus allen deutschen Landen kamen die Studenten herbei. Man sprach von der Freiheit, der deutschen Einheit, von den Toten, die hierfür gefallen waren, und traf sich abends zu einem langen, feierlichen Fackelzug. Einige Studenten entzündeten nach der Feier noch ein Feuer, in das sie die Zeichen der Fürstenherrschaft warfen: eine preußische Polizeivorschrift, einen Husarenschnürleib und Bücher, die die Herrschaft der Fürsten verherrlichten (s. Abbildung 1).

1 Warum erschien den Studenten gerade die Wartburg und die Völkerschlacht geeignet zu sein, um gegen die bestehenden Verhältnisse zu protestieren?

Die Reaktion der Fürsten

Für die Herrschenden war der Wunsch nach mehr Freiheit nichts anderes als ein Aufruf zur Gesetzeslosigkeit. Sie wollten Ruhe und Ordnung. Die deutschen Burschenschaften wurden deshalb 1819 verboten. Die Universitäten wurden mit einem Netz von Spitzeln überzogen. Zeitungen und Flugblätter unterlagen einer strengen Zensur. In ganz Deutschland herrschte jetzt die Furcht vor Bespitzelung, Verhören, Verhaftungen. Die Fahndungslisten der Polizei wurden immer länger. Die Gefängnisse füllten sich mit Professoren und Studenten. Zu den Verhafteten zählte auch der „Turnvater" Jahn*. Er hatte bereits 1811 dazu aufgerufen, einen deutschen Nationalstaat zu errichten. Dafür erhielt er jetzt ohne Prozess sechs Jahre Haft.

2 Beschreibt, was der Zeichner der Karikatur (Abbildung 2) über die Zustände in Deutschland sagen will. – Erfindet für das Bild eine eigene Unterschrift.

Unterdrückung und Protest

2 „Der Denker-Club". Karikatur um 1820.

„Freiheit, Recht und Einheit" – das Hambacher Fest

Die Bürger ließen sich auf Dauer trotz aller Schikanen nicht kleinkriegen. Im Jahr 1832 versammelten sich über 30 000 Demonstranten beim Schloss Hambach in der Pfalz. Sie trugen schwarz-rot-goldene Fahnen (Abbildung 1). Es war die erste politische Massenversammlung in Deutschland. Die Redner nahmen in Hambach kein Blatt vor den Mund.
Der badische Politiker Siebenpfeifer rief den Massen zu:

> **Q** … Vaterland – Freiheit – ja! Ein freies deutsches Vaterland – dies ist der Sinn des heutigen Festes, dies die Worte, den Verrätern der deutschen Nationalsache die Knochen erschütternd. Seit das Joch des fremden Eroberers abgeschüttelt, erwartet das deutsche Volk von seinen Fürsten die verheißene Wiedergeburt; es sieht sich getäuscht.
> Die Natur der Herrschenden ist Unterdrückung, der Völker Streben ist Freiheit. Es wird kommen der Tag, wo … der Bürger nicht in höriger Untertänigkeit den Launen des Herrschers, sondern dem Gesetz gehorcht, wo ein gemeinsames deutsches Vaterland sich erhebt. …

Die Bilder regierender Fürsten wurden verbrannt, die Teilnehmer sangen: „Fürsten zum Land hinaus, jetzt kommt der Völkerschmaus!"

3 *Vermutet, wen der Politiker Siebenpfeifer meint, wenn er von „Verrätern der deutschen Nationalsache" und dem „fremden Eroberer" spricht.*

4 *Benennt die Forderungen, die der Redner stellt. Welche Vorwürfe erhebt er gegen die Fürsten?*

Die Unterdrückungsmaßnahmen werden verschärft

Wie schon zuvor, so antworteten die Fürsten auch jetzt mit noch härteren Unterdrückungsmaßnahmen gegen die nationale und liberale Bewegung. Auf den Ministerkonferenzen in Karlsbad im Jahr 1819 beschlossen sie, die deutschen Burschenschaften zu verbieten. Die Zensur der Presse wurde weiter verschärft, die Rede- und Versammlungsfreiheit aufgehoben. Erneut wanderten Hunderte ins Gefängnis, Tausende flohen ins Ausland, vor allem nach Amerika.

Die schwarz-rot-goldene Fahne wurde schon 1815 von der Jenaer Burschenschaft benutzt. Sie wird in den folgenden Jahren zum Symbol der nationalen und demokratischen Bewegung in Deutschland.

Bürger oder Untertan?

1 „Der arme Poet". Gemälde von Carl Spitzweg.

Biedermeier*:
Bezeichnung für den bürgerlichen Lebensstil zwischen 1815 und 1848. Enttäuscht von der Wiederherstellung der alten Ordnung, die die Bürger aus der Politik verdrängte, zogen sich die Menschen ins Privatleben zurück, um hier Erfüllung zu finden.

„Die Menschen ziehen sich zurück"

1 Beschreibt, welchen Eindruck die Abbildungen 1–3 auf euch machen.

Der Wunsch nach einem großen, geeinten Deutschland hatte sich in Wien nicht erfüllt. Auch die Forderung der Bürger nach mehr Mitbestimmung war von den Fürsten abgelehnt worden. Sie sahen in der Bevölkerung nicht mündige Bürger, sondern Untertanen, die regiert werden müssen. Das Ergebnis des Wiener Kongresses löste daher vor allem in Deutschland Enttäuschung und Verbitterung aus. Viele Menschen zogen sich jetzt in die eigenen vier Wände zurück. Von der Politik wollten sie nichts mehr wissen. Außerdem fürchteten sie die Bespitzelung durch fürstliche Beamte. Nach den Kriegsjahren genossen sie jetzt die stille Behaglichkeit des eigenen Heimes. Biedermeier* nennt man diesen Lebensstil nach einem schwäbischen Lehrer, der in Gedichten die Geborgenheit des häuslichen Glücks pries.

Weil man sich mit der Gegenwart nicht auseinander setzen durfte, beschäftigte man sich mit der Vergangenheit. Die Gebrüder Grimm sammelten in dieser Zeit die deutschen Volksmärchen. Andere schrieben die alten Volkslieder auf, die auch heute noch gesungen werden. Auf diese Weise wurde alles vermieden, was einen Bürger in Konflikt mit den Herrschenden hätte bringen können. Der Schriftsteller Gottfried Kinkel höhnte deshalb:

Q

… Stets nur treu und stets loyal
Und vor allem stets zufrieden.
So hat Gott es mir beschieden.
Folglich bleibt mir keine Wahl.
Ob des Staates alte Karren
Weise lenken oder Narren,
Dieses geht mich gar nichts an;
Denn ich bin ein Untertan.

Jeder Untertan und Christ
Weiß den Dienst und dass daneben
Mit dem Staat sich abzugeben
Keineswegs ersprießlich ist.
Wer nicht herrscht, hört zu den Dummen.
Also warum sollt ich brummen?
Dieses geht mich gar nichts an.
Denn ich bin ein Untertan,
ein Untertan!

2 Beschreibt mit Hilfe des Gedichtes und der Abbildungen den Wandel im politischen Leben und den Rückzug des Bürgertums ins Private.

Die Zeit der „Biedermeier"

2 „Der Sonntagsspaziergang". Gemälde von Carl Spitzweg. 1841.

3 „Die Familie des Berliner Schlossermeisters C.F.A. Hauschild, Stralauer Straße 49". Gemälde von Eduard Gärnter, 1843.

Behaglichkeit statt Prunk
Der Wunsch nach Bequemlichkeit im „trauten Heim" prägte auch die Wohnkultur im Biedermeier. Der Sekretär, das Polstersofa, die Fußbank oder der Vitrinenschrank, in dem die Schmuckstücke der Familie zur Schau gestellt wurden, sind typische Möbel dieser Zeit. Behaglichkeit, Schlichtheit statt Zierrat und Funktionalität hießen die Forderungen, die Biedermeiermöbel für den Mittelstand erfüllen mussten.

Die Revolution von 1848

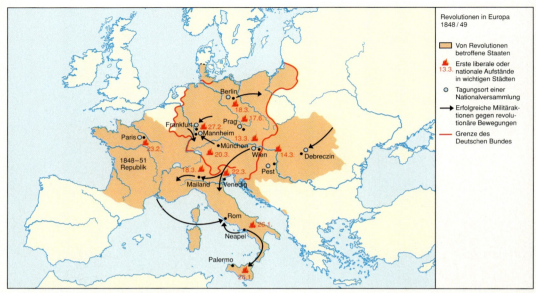

1 Revolutionen in Europa 1848/49.

März 1848:
Revolutionäre Aufstände in Europa. In Paris, Wien und Berlin treten die alten Regierungen zurück. Die Forderung nach Parlamenten, die eine Verfassung beraten sollen, wird erfüllt.

Paris gibt das Signal für Erhebungen in Europa: Das Volk verjagt die Könige

Im Februar 1848 kam es in Paris zu Massendemonstrationen gegen den König und seine Regierung. Die Menschen forderten ein neues Wahlrecht. Nur wer über ein hohes Einkommen verfügte, durfte zur Wahl gehen. Den aufgebrachten Bürgern rief ein Minister zu: „Werdet doch reiche Leute." Die Arbeiter, Tagelöhner und Handwerker fühlten sich hierdurch verhöhnt. Sie stürmten Ende Februar 1848 den Königspalast. Der König musste gehen, die Republik wurde ausgerufen. Dies war das Signal zu zahlreichen Revolutionen in ganz Europa.

In Deutschland gaben viele Fürsten den Forderungen der Aufständischen sofort nach. Sie versprachen, Verfassungen ausarbeiten zu lassen und sich einzusetzen für die Einberufung eines Nationalparlaments. Der Großherzog Leopold von Baden schrieb an den König von Preußen:

Q1 … Meine Zugeständnisse sind teils von zweckmäßiger Art, teils von untergeordneter, teils von keiner nachträglichen Bedeutung. Die erste Aufgabe war, das Land zu beruhigen und zusammenzuhalten. …

1 Stellt mit Hilfe der Karte fest, in welchen Städten im Frühjahr 1848 Aufstände ausbrachen.
2 Überlegt mit Hilfe von Q1, wie ernst gemeint die Zugeständnisse des Großherzogs sind.

Barrikadenkämpfe in Berlin – Höhepunkt der Märzrevolution

Die Nachrichten von der Revolution in Paris und den erfolgreichen Erhebungen in anderen deutschen Staaten führten in Berlin zu zahlreichen politischen Versammlungen. Auf ihnen forderten die Arbeiter von der Regierung Maßnahmen gegen die Arbeitslosigkeit. Bürger, Studenten und Arbeiter forderten zudem gemeinsam Presse- und Redefreiheit, Versammlungsfreiheit, Amnestie der politischen Gefangenen, eine freiheitliche Verfassung und eine allgemeine deutsche Volksvertretung.

Die Lage spitzte sich immer mehr zu. Der preußische König war zunächst nicht bereit, den Forderungen nachzugeben. Er wehrte sich gegen eine geschriebene Verfassung: „Zwischen mir und meinem Volk soll sich kein Blatt Papier drängen." Um die politischen Versammlungen auseinander zu treiben, ließ der König sogar Truppen in die Stadt ein-

Das Volk geht auf die Barrikaden

Abreibungen von Grabplatten auf dem Friedhof der Märzgefallenen im Berliner Friedrichshain. Bei den Straßenkämpfen kamen etwa 200 Menschen ums Leben, meist Handwerker, Arbeiter und Studenten.

2 Barrikadenkämpfe in Berlin, 18./19. März 1848. Aus der Bleiverglasung von Fenstern werden Kugeln gegossen. Farblithografie von F. C. Nordmann. 1848.

rücken. Aber die Protestierenden ließen sich nicht einschüchtern. König Friedrich Wilhelm IV. gab schließlich nach und versprach, dem Lande eine Verfassung zu geben.

Um ihrem König für die Zusage einer Verfassung zu danken, versammelten sich am 18. März 1848 etwa 10 000 Berliner vor dem Schloss. Plötzlich fielen – vermutlich aus Versehen – zwei Schüsse. Die Bürger fühlten sich betrogen. In aller Eile bauten sie Straßenbarrikaden. Auf den Barrikaden wehten schwarz-rot-goldene Fahnen. Mit den primitivsten Waffen wurden die gut ausgebildeten Armeeeinheiten abgewehrt. Schließlich wurde das Militär zurückgezogen.

Am folgenden Tag wurden von den Bürgern die Leichen von 150 Barrikadenkämpfern vor das königliche Schloss getragen. Der König wurde gezwungen, sich vor den Särgen der Gefallenen zu verneigen. Mit einer schwarz-rot-goldenen Binde am Arm musste er durch die Straßen reiten. Am Abend erließ er einen Aufruf:

Q2 … Ich habe heute die alten deutschen Farben angenommen und mich und mein Volk unter das ehrwürdige Banner des Deutschen Reiches gestellt. Preußen geht fortan in Deutschland auf. …

Die Revolution sollte den Berlinern große und kleine Freiheiten bescheren. Von nun an durfte auf der Straße geraucht werden, Presse- und Versammlungsfreiheit ließen ein lebhaftes öffentliches Leben zu. Berlin wurde mit Flugblättern, Maueranschlägen und Plakaten überschwemmt, politisch gleich Gesinnte schlossen sich in den „Klubs" zusammen, den Vorläufern der politischen Parteien. Hatte die Revolution damit auch in Berlin endgültig gesiegt? Eine Antwort mussten die nächsten Monate geben.

3 *Sprecht darüber, was ihr von dem Aufruf des Königs (Q2) haltet.*

4 *Überlegt, was es bedeutet, wenn der König von Preußen die Farben Schwarz-Rot-Gold annimmt.*

18./19. März 1848: Die Berliner Bevölkerung erzwingt in Straßenkämpfen den Abzug des Militärs. Der preußische König bekennt sich zu demokratischen Reformen und der deutschen Einigung.

Die erste deutsche Nationalversammlung

1 **Blick in die Frankfurter Nationalversammlung.** Da kein Saal der Stadt groß genug war, um die Abgeordneten aufzunehmen, wurde die Paulskirche zum Tagungsort gewählt. Auf der Rednertribüne steht der Parlamentspräsident Heinrich von Gagern. Kolorierter Stich, 1848.

18. Mai 1848:
Die erste Sitzung der deutschen Nationalversammlung in der Paulskirche in Frankfurt/M.

28. März 1849:
Verabschiedung der Reichsverfassung durch die Nationalversammlung.

Die Abgeordneten in der Paulskirche

Noch im Frühjahr 1848 wurden überall in Deutschland die Regierungen zum Rücktritt gezwungen. Erstmalig fanden in ganz Deutschland allgemeine und gleiche Wahlen zu einer verfassunggebenden Versammlung statt. Frauen hatten allerdings kein Wahlrecht. Etwa zwei Drittel von den 600 Abgeordneten waren Akademiker, vor allem Professoren, Beamte Juristen und Ärzte. Die übrigen Abgeordneten waren Vertreter der Wirtschaft, wie z. B. Gutsbesitzer, Kaufleute und Industrielle. Arbeiter fehlten in dem Parlament, das am 18. Mai 1848 in Frankfurt am Main zu seiner ersten Sitzung zusammentrat. Ein Abgeordneter berichtete von der ersten Sitzung:

Q1 … Anfangs gab es in der Nationalversammlung noch keine Parteien. Jeder Abgeordnete sprach nur für sich selbst und stimmte auch so ab, wie er allein es für richtig hielt. So zogen sich die Verhandlungen in die Länge, da zu jedem Thema zahllose Abgeordnete sich zu Wort meldeten. Erst im Verlauf der Zeit lernten sich die Abgeordneten untereinander besser kennen und schlossen sich zu Gruppierungen zusammen. Nach den Sitzen, die sie einnahmen, unterschied man sie bald in rechte, linke und liberale Abgeordnete, je nach ihrem politischen Selbstverständnis …

Als ihre wichtigste Aufgabe sah die Nationalversammlung die Ausarbeitung einer Reichsverfassung an, die dann am 28. März 1849 verabschiedet wurde. In der Verfassung wurden die Grundrechte festgelegt:

Q2 … §137 Vor dem Gesetz gilt kein Unterschied der Stände. Der Adel als Stand ist aufgehoben. Alle Standesvorrechte sind abgeschafft.
§138 Die Freiheit der Person ist unverletzlich.

Ein König will kein Kaiser werden

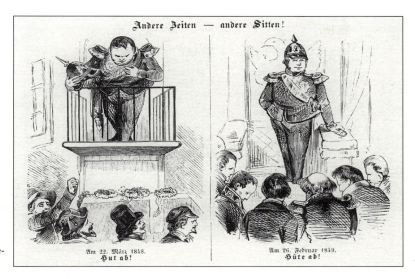

2 Andere Zeiten – andere Sitten! Karikatur 1849.

§ 139 Die Wohnung ist unverletzlich.
§ 143 Jeder Deutsche hat das Recht, durch Wort, Schrift, Druck oder bildliche Darstellung seine Meinung frei zu äußern.
§ 161 Die Deutschen haben das Recht, sich friedlich und ohne Waffen zu versammeln; einer besonderen Erlaubnis bedarf es nicht.
…

1 Begründet, warum für die Frankfurter Nationalversammlung die Bezeichnung „Gelehrtenparlament" aufkam.
2 Besprecht, warum die Abgeordneten als Erstes die Grundrechte ausarbeiteten.

Der Preußenkönig lehnt die Kaiserkrone ab
Die Nationalversammlung diskutierte lange Zeit die Frage, ob das Deutsche Reich eine Republik oder eine Monarchie sein sollte. Man entschied sich schließlich für die Wahl eines Kaisers, der gemeinsam mit dem Parlament die Gesetze erlassen sollte.
Doch wer sollte Kaiser werden? Zwei Möglichkeiten boten sich an: Die Schaffung eines großen Deutschen Reiches unter der Führung Österreichs oder die „kleindeutsche" Lösung ohne Österreich unter der Führung Preußens. Man einigte sich auf die kleindeutsche Lösung unter der Führung Preußens. „Kaiser der Deutschen" sollte Friedrich Wilhelm IV. von Preußen werden. Doch der preußische König lehnte ab. Selbstbewusst schrieb er im Februar 1849:

Q3 … Diese Krone ist nicht die tausendjährige Krone „deutscher Nation", sondern eine Geburt des scheuseligen Jahres 1848. … Untertanen können keine Krone vergeben. … Mit Gottes Hilfe werden wir „oben" wieder „oben" und „unten" wieder „unten" machen. Das ist es, was vor allem Not tut. …

Mit dieser Reaktion des preußischen Königs hatten die Abgeordneten nicht gerechnet. Die meisten Abgeordneten traten nun aus der Nationalversammlung aus, die über keinerlei Machtmittel verfügte, um ihre Beschlüsse durchzusetzen: Die Armee, Polizei und Beamtenschaft standen auf der Seite der Fürsten. Nur 100 Abgeordnete blieben zusammen und gründeten Anfang Mai in Stuttgart ein Rumpfparlament, das allerdings noch im Juli durch württembergische Truppen aufgelöst wurde.

3 Warum boten die Frankfurter Abgeordneten dem preußischen König die Kaiserkrone an?
4 Nennt die Gründe für die Ablehnung der Kaiserkrone durch Friedrich Wilhelm IV. (Q3).
5 Erklärt, auf welche historische Ereignisse die Karikatur (Abb. 2) anspielt. Wie urteilt der Zeichner über den Verlauf der Revolution?

April 1849:
Die Nationalversammlung wählt den preußischen König zum „Kaiser von Deutschland". Der König lehnt ab und die Nationalversammlung löst sich auf.

Das Scheitern der Revolution

> **Mitbürger!**
> Dem gerechten Verlangen des Volkes soll Genüge geschehen! Leipzig wird Dresden nicht verlassen!
> Der Stadtrath hat soeben den Kämpfern freie Fahrt auf der Eisenbahn nach Dresden bewilligt!
> Um Geld für die noch fehlenden Waffen zu erlangen, liegen heute und morgen Subscriptions-Listen aus:
> 1) Querstraße 20 parterre
> 2) Grimm. Straße 16 im Hofe links,
> 3) In der 1. Bürgerschule,
> 4) Im goldnen Hahn in der Hainstr.
> **Eilet, Eure Gaben auf den Altar des Vaterlandes zu legen!** Eilet, wem das Wohl und die Ehre unserer Stadt am Herzen liegt!
> Leipzig d. 5. Mai 1849.
> Im Namen der Urversammlung Leipziger Bürger.
> A. Ruge. C. H. Hoßfeld.

1 Aufruf zur Unterstützung der Dresdner Aufständischen zur Verteidigung der Revolution. Leipzig, 5. Mai 1849.

2 Sächsische Aufständische werden in Gefangenschaft geführt. Neuruppiner Bilderbogen von 1849.

Juni bis Oktober 1848:
Österreichische Truppen schlagen Aufstände in Wien, Prag und Oberitalien nieder.

Dezember 1848:
Gewaltsame Auflösung der preußischen Nationalversammlung durch Friedrich Wilhelm IV.

Mai 1849:
Erhebungen für die Reichsverfassung in den deutschen Kleinstaaten werden durch preußische Truppen niedergeworfen. Die Fürsten schränken das Wahlrecht und andere Grundrechte ein.

Die Fürsten wollen die Macht zurück

Während die Frankfurter Nationalversammlung tagte, schlugen österreichische Truppen revolutionäre Erhebungen in Prag, Oberitalien und Wien nieder. Die führenden Revolutionäre wurden hingerichtet. Unter ihnen auch Robert Blum, ein Abgeordneter der Frankfurter Nationalversammlung, der mit den Wiener Arbeitern und Handwerkern gegen die kaiserlichen Truppen gekämpft hatte. Der Ministerpräsident Fürst Schwarzenberg löste den verfassunggebenden Reichstag auf und verfügte eine neue Verfassung. Auch in Preußen begann noch 1848 die Gegenrevolution. Im September berief Friedrich Wilhelm IV. einen Ministerpräsidenten, der mit Hilfe der Armee für Ruhe und Ordnung sorgen sollte. Berlin wurde durch 40 000 Soldaten unter Führung General Wrangels besetzt. Noch im Dezember löste der König die preußische Nationalversammlung auf. Preußen wurde vom Zentrum der Märzrevolution zur führenden Kraft der Gegenrevolution in Deutschland.

1 Vermutet, wie es zu dem Aufruf der Leipziger Bürgerversammlung (Abbildung 1) kam.

Aufstände für die Reichsverfassung

Nach der Ablehnung der Kaiserkrone durch den preußischen König weigerten sich die großen Staaten Deutschlands, die von der Frankfurter Nationalversammlung beschlossene Verfassung anzuerkennen. Die kleinen Staaten hatten sie dagegen angenommen. Im Frühjahr 1849 versuchten revolutionäre Bürger durch Aufstände die Anerkennung der Verfassung durchzusetzen. Zu solchen Aufstandsbewegungen kam es in Dresden und Elberfeld, im Rheinland und in Süddeutschland (siehe Karte S. 180).

Dresden in Aufruhr

Der sächsische Landtag hatte am 8. April 1849 für die Annahme der Reichsverfassung gestimmt. Noch am gleichen Tage löste König August II. den Landtag auf und auch die Proteste der Bevölkerung konnten den König nicht umstimmen. Als bekannt wurde, dass die Regierung preußische Truppen angefordert hatte, kam es zu gewaltsamen Unruhen. Am 4. Mai – der König und seine Minister waren aus Dresden geflohen – bildeten demokratische Bürger eine provisorische Regierung.

Die Fürsten stellten die alte Ordnung wieder her

3 Rundgemälde von Europa 1849. Die Revolutionäre werden verjagt: vom preußischen König in die Schweiz gefegt, vom französischen Herrscher nach Amerika verschifft. In Frankfurt a. M. verkümmert eine parlamentarische Vogelscheuche.

Der deutsche Michel und seine Kappe im Jahr 1848. Karikatur aus dem Jahr 1848.

Sie rief Demokraten aus ganz Sachsen zur Unterstützung nach Dresden. Am 5. Mai begannen die Kämpfe mit den preußischen Truppen. 5000 Soldaten kreisten die Altstadt ein. Ihnen gegenüber standen etwa 3000 schlecht bewaffnete Aufständische, die nach blutigen Barrikadenkämpfen am 9. Mai aufgeben mussten. Die provisorische Regierung wurde entmachtet. Zahlreiche Aufständische wurden erschossen und die Zuchthäuser des Landes füllten sich mit verurteilten Teilnehmern der Maiaufstände.

Die Wiederherstellung der alten Ordnung

Nicht nur in Dresden, auch in den anderen deutschen Ländern wurden die Aufstände durch preußische Truppen blutig niedergeschlagen. Viele Revolutionäre wurden hingerichtet oder zu hohen Zuchthausstrafen verurteilt. Vor dem Zugriff der Polizei flüchteten viele Menschen ins Ausland, vor allem nach Amerika. Die Fürsten dagegen stellten in den Ländern die alte Ordnung wieder her. Sie behinderten die Arbeit der Landesparlamente und schränkten das Wahlrecht ein. Friedrich Wilhelm IV. erließ für Preußen ohne weitere Absprache mit den gewählten Vertretern des Volkes eigenmächtig eine Verfassung, die dem König eine starke Stellung einräumte. 1850 vereinbarten Preußen und Österreich die Wiederherstellung des alten Deutschen Bundes (s. Seite 171) Die von der Nationalversammlung in Kraft gesetzten Grundrechte wurden 1851 durch den neu zusammengetretenen Frankfurter Bundestag aufgehoben. Einer der Revolutionäre, Johann Jakoby, schrieb 1849 an einen Freund:

> **Q** ... (Die Revolution) ... hat die Lehre erteilt, dass jede Revolution verloren ist, welche die alten wohl organisierten Gewalten neben sich fortbestehen lässt ...

2 Beschreibt mit Hilfe der Abbildung 3 den Verlauf und die Folgen der Gegenrevolution.
3 Erklärt die Aussage von Jakoby (Quelle). Besprecht, ob ihr dieser Aussage zustimmen könnt.
4 Nennt weitere Gründe für das Scheitern der Revolution. Versucht die Gründe nach ihrer Bedeutung zu gewichten.

Werkstatt Geschichte: Wir würfeln Barrikaden

Das braucht ihr
- 2 Würfel,
- 1 Kopie des Puzzles und 1 Kopie des Spielbogens,
- 1 Bogen Zeichenkarton (A4),
- Schere und Kleber.

So geht es
1. Bildet Gruppen mit 3 bis 4 Spielern und Spielerinnen. Klebt das Barrikaden-Puzzle auf einen Karton und schneidet die Teile aus. Legt sie in die Mitte des Tisches.
2. Alle Spieler würfeln. Wer die höchste Zahl hat, darf beginnen. Dann geht es im Uhrzeigersinn weiter.
3. Die Spieler selbst dürfen entscheiden, ob sie mit einem oder mit zwei Würfeln spielen. Ziel ist es, eine der Ziffern zu würfeln, die auf dem Schnipsel stehen (1–12). Wer die entsprechende Ziffer würfelt, darf sich einen Schnipsel nehmen.
4. Der Spieler/die Spielerin dürfen den Schnipsel nur behalten, wenn sie die dazugehörige Frage richtig beantworten und die Lösung auf dem Spielbogen ankreuzen (es gibt immer nur eine richtige Antwort). Wisst ihr die Antwort nicht, müsst ihr den Schnipsel wieder in die Mitte legen.
5. Sind alle Schnipsel verteilt und alle Fragen beantwortet? Dann könnt ihr die Barrikade/das Puzzle zusammenkleben.
6. Nun müsst ihr nur noch das Lösungswort finden (siehe Spielbogen), aufschreiben und fertig!
7. Gewonnen hat
   - der Spieler mit den meisten Schnipseln und
   - die Arbeitsgruppe, die am schnellsten ihre Barrikade zusammengeklebt hat.

Werkstatt Geschichte: Wir würfeln Barrikaden

Spielbogen

1 Der Begründer der deutschen Turnbewegung war zugleich ein Vorkämpfer für die Einheit Deutschlands. Sein Name lautet:

- Helmut Kohl
- Siebenpfeifer
- Friedrich Ludwig Jahn

2 1817 gedachten etwa 500 Studenten der Reformation und der Völkerschlacht bei Leipzig. Das Fest ging in die Geschichte ein als:

- Hambacher Fest
- Osterfest
- Wartburgfest

3 Name des schwäbischen Dichters, der die Behaglichkeit des häuslichen Glücks pries:

- Grimm
- Spitzweg
- Biedermeier

4 Wer gab das Signal zu einer allgemeinen Erhebung im Europa des Jahres 1848:

- die Pariser Februarrevolution
- Aufstände in Baden
- Berliner Barrikadenkämpfer

5 Welcher Ausspruch stammt von dem preußischen König Friedrich Wilhelm:

- Dieses geht mich gar nichts an, denn ich bin ein Untertan.
- Fürsten zum Land hinaus, jetzt kommt der Völkerschmauß.
- Gegen Demokraten helfen nur Soldaten.

6 Wie viele Berliner versammelten sich am 18. März 1848 vor dem Berliner Schloss?

- 1 000
- 10 000
- 100 000

7 Vor wem verneigte sich Friedrich Wilhelm IV. am 21. März 1848:

- vor seiner Gemahlin, die ihren fünfzigsten Geburtstag feierte
- vor den Abgeordneten der preußischen Nationalversammlung, die in Berlin tagte
- vor den Särgen der gefallenen Barrikadenkämpfer, die vor seinem Schloss aufgebahrt waren

8 Wie hieß die Kirche, die zum Tagungsort für die erste deutsche Nationalversammlung wurde?

- Paulskirche
- Gedächtniskirche
- Nikolaikirche

9 Die Verfassung, die die Nationalversammlung 1849 verabschiedete, beinhaltete:

- das Wahlrecht für Frauen
- einen Katalog mit Grundrechten
- das Ende der Monarchie

10 Germania, die deutsche Schutzgöttin, findet ihr in einem Bild in diesem Kapitel. Auf welcher Seite befindet sich die Abbildung mit der Germania?

- Seite 177
- Seite 182
- Seite 187

11 Die Nationalversammlung macht König Wilhelm IV. im April 1849 ein Angebot. Was wurde dem König angeboten?

- die Kaiserkrone
- ein Ministeramt
- eine angemessene Altersversorgung, falls er freiwillig als König von Preußen abdanke

12 In welcher Stadt kam es im Mai 1849 zu Erhebungen für die Reichsverfassung?

- Frankfurt
- Potsdam
- Dresden

Wenn ihr alle Fragen beantwortet und das Puzzle zusammengeklebt habt, seht ihr auf der linken Seite des Barrikadenbildes einen Mann mit einer Fahne. Was steht auf der Fahne? Tragt die acht Buchstaben des Lösungswortes in euer Heft ein:

■ ■ ■ ■ ■ ■ ■ ■

Zum Weiterlesen: Jette und Frieder

Berlin 1848 – Die Geschichte von Jette und Frieder
Die 15-jährige Jette lebt mit ihrer älteren Schwester, der „Sternenkiekerguste", und dem kleinen Fritzchen in einem armseligen Loch über dem Haustor. Jeden Morgen legt ihr der Zimmergeselle Frieder drei Kartoffeln vor die Tür. So beginnt eine zarte Liebesgeschichte. In den 38 deutschen Staaten aber gärt es. Freiheit, Gleichheit und Demokratie sollen das Gottesgnadentum der Fürstenhäuser ablösen. Auf die Hungerrevolten folgt die Revolution 1848, in die auch Frieder, Jette und ihre kleine „Familie" hineingeraten.

… Sie sind längst nicht die Einzigen, die es an diesem Abend in die Innenstadt drängt. Von überall quillt es heran: Arbeitsmänner aus den Maschinenfabriken vor dem Tor, Arbeitsfrauen, Arbeitsburschen, Handwerker und Straßenjungen über Straßenjungen. Alle müssen sie von den im Übermaß erhöhten Kartoffelpreisen erfahren haben, allen steht der Zorn im Gesicht geschrieben. Am Markt angekommen, macht sich Enttäuschung breit. Die Stände haben längst geschlossen; nur drei Polizisten in ihren dunkelblauen, gelb geknöpften, mit karmesinroten Kragen verzierten Röcken und streng in die Stirn gezogenen dreieckigen Hüten stehen auf dem in der Dämmerung düster wirkenden Marktplatz und sehen ihnen erschrocken entgegen. … Doch nun wird irgendwo gerufen, dass es ja noch mehr Märkte gebe, und es geht weiter auf die Innenstadt zu. Einmal wird aus einem Fenster ein Nachttopf entleert – direkt auf sie herab! –, aber ob das Absicht oder Zufall war, lässt sich nicht herausfinden. So drängt alles weiter; die einen schimpfend, weil sie etwas abbekommen haben, die anderen lachend vor Schadenfreude. Und Frieder läuft mit, seltsam erregt von all dem, was da um ihn herum passiert. Dass sie nur auf den Markt wollten, um irgendeinen Händler zu zwingen, die Kartoffeln billiger herzugeben, hat er längst vergessen. Die halbe Stadt scheint auf den Beinen zu sein, ein richtiger Menschenstrom hat sich gebildet. Und Rackebrandt, Roderich, Schorsch, Flips, Nante und er immer vorneweg. Hofft der Altgeselle, dass das Volk, von dem er so oft spricht, sich endlich mal wehrt? Und das vielleicht nicht nur gegen die Marktler?
Jetzt sind sie schon über die Weidendammbrücke hinweg und haben die breite Allee Unter den Linden überquert und es werden immer noch mehr, die herandrängen. Und je größer die Menge, desto mutiger werden die Menschen. „Brot! Brot! Brot!", rufen sie und „Kartoffeln! Wir wollen Kartoffeln!" Ein kesser Bursche mit schief aufgesetztem, sicher irgendwo gestohlenem, vornehmem neuen Hut und buntem Bindeschlips reißt wütend einen Stein aus dem Pflaster, schreit: „Hurra" und wirft zielsicher die erste Gaslaterne ein.
Verwirrt weicht Frieder zurück. Was soll denn das? Sind nicht alle stolz auf die neuen Gaslaternen?
Weitere Steine werden aus dem Pflaster gerissen, immer mehr Laternengehänge splittern und Flips entpuppt sich als einer der geschicktesten und eifrigsten Werfer. Da begreift Frieder endlich: An normalen Abenden machen die Laternen die Stadt sicherer, heute sind sie die besten Verbündeten der Gendarmen! Ist alles finster, kann niemand mehr erkennen, wer durch die Straßen zieht.
Auch Rackebrandt, Schorsch, Nante und Roderich beobachten das wütende Treiben nur stumm. Und als irgendwo geschrien wird, alle Reichen müssen totgeschlagen werden und König und Kronprinz gleich als Allererste, nickt Roderich grimmig. „Wer Unkraut sät, wie will der Veilchen ernten?"
Und dann will das Krachen und Splittern gar kein Ende mehr nehmen. Je schöner und wohlhabender die Häuser, an denen sie vorüberkommen, desto mehr Scheiben gehen zu Bruch. Manche Jungen laufen sogar weit voraus, um noch heile Fenster und Laternen zu finden, und die Nachfolgenden, von der nun immer hektischer vorwärts stürmenden Menge mitgerissen, müssen befürchten, sich in den Unmengen von Scherben die Stiefel oder gar die Füße aufzuschneiden. Ein Bäckerladen, ein Schlächter! Wieder fliegen die Steine in die Fenster. Und dann ist auch das der Menge nicht mehr genug. Alles drängt in die Läden; Brote, Fleischstücke und Würste werden herausgeworfen und kreischende Frauen beginnen sich um die Beute zu balgen …
Erst auf dem Opernplatz, auf dem noch die Gaslaternen brennen, gerät die Menge ins Stocken. Trommelschlagen vor der Universität? – Und da kommen sie auch schon heranmarschiert: unzählige Reihen von Infanteristen. Ihre Pickelhauben glänzen im Laternenlicht, die Bajonette sind aufgesteckt …

Wie es weitergeht, erfahrt ihr in dem Buch von Klaus Kordon,
1848 – Die Geschichte von Jette und Frieder. Verlag Beltz & Gelberg. Weinheim 1997.

Zusammenfassung

Streben nach Freiheit
Gegen die Beschlüsse auf dem Wiener Kongress protestierten Handwerksgesellen, Bürgersöhne und vor allem auch Studenten. Sie forderten Einheit und Freiheit wie z. B. auf dem Wartburgfest (1817) und auf dem Hambacher Fest (1832). – Diese Liberalen wurden von den Fürsten verfolgt und häufig zu harten Gefängnisstrafen verurteilt. Der Wunsch nach mehr Freiheit konnte aber dadurch nicht unterdrückt werden.

Die Revolution 1848
Viele Menschen lebten zu Beginn des 19. Jahrhunderts in großer Armut. Ihre Unzufriedenheit mit den politischen Verhältnissen brach sich schließlich Bahn, als infolge von Missernten noch Hungersnöte ausbrachen. Es kam zu Revolten, die durch Soldaten niedergeschlagen wurden. Ausgehend von Paris, wo im Februar 1848 der König vertrieben und eine Republik ausgerufen wurde, breitete sich die Revolution über ganz Europa aus, so in Italien, Ungarn, Österreich und in Deutschland. Die deutschen Revolutionäre forderten immer wieder die Abschaffung der Adelsvorrechte, politische Mitbestimmung und die Einheit Deutschlands.

Die Frankfurter Nationalversammlung
Sie ging hervor aus allgemeinen und gleichen Wahlen. Die Nationalversammlung beschloss die erste gemeinsame deutsche Verfassung. Ferner beriet sie darüber, welche Staaten dieses geeinte Deutschland bilden sollten. Mit knapper Mehrheit entschied man sich für die kleindeutsche Lösung, also ohne Österreich. Dem preußischen König Friedrich Wilhelm IV. bot man die Kaiserkrone an, die dieser empört ablehnte.

Das Scheitern der Revolution
Während die Frankfurter Nationalversammlung tagte, schlugen österreichische Truppen revolutionäre Erhebungen in Prag, Oberitalien und Wien im Sommer und Herbst 1848 nieder. Das war das Signal für die Gegenrevolution. Auch der preußische König ließ Berlin mit Soldaten besetzen und löste die preußische Nationalversammlung im Dezember 1848 auf. Mit der Ablehnung der Kaiserkrone durch den preußischen König war auch die Arbeit der Nationalversammlung gescheitert. Mit Waffengewalt wurden die Abgeordneten auseinander gejagt. Die alten Mächte eroberten ihre verlorenen Machtpositionen wieder zurück.

1817/1832

Wartburgfest und Hambacher Fest.

März 1848

Die Revolution in Frankreich breitet sich über ganz Europa aus.

18. Mai 1848

Eröffnung der deutschen Nationalversammlung in der Frankfurter Paulskirche.

28. 4. 1849

Der preußische König lehnt die Wahl zum Kaiser ab.

Die industrielle Revolution

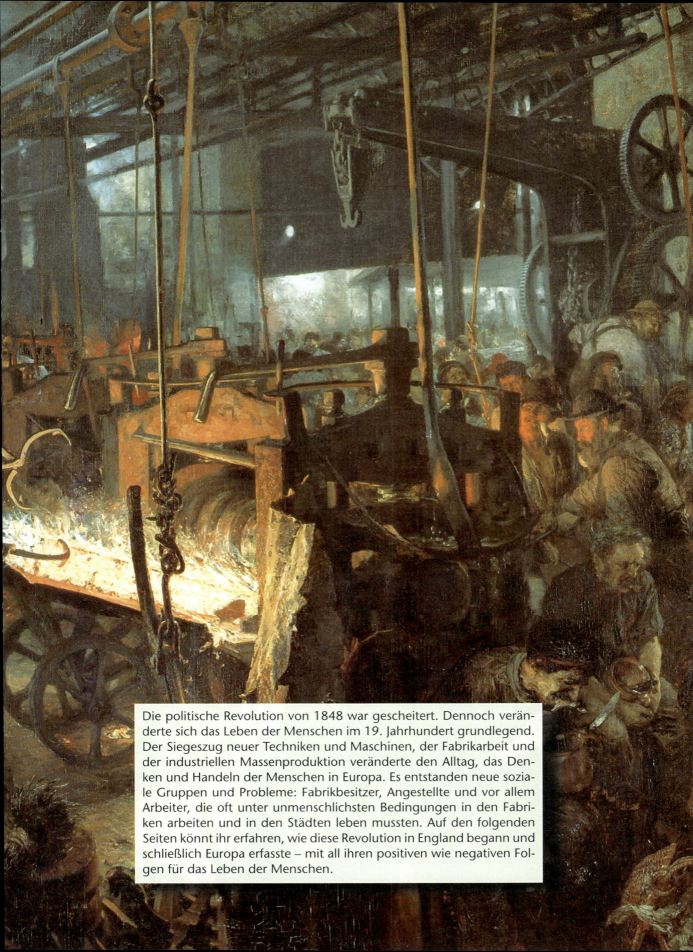

Die politische Revolution von 1848 war gescheitert. Dennoch veränderte sich das Leben der Menschen im 19. Jahrhundert grundlegend. Der Siegeszug neuer Techniken und Maschinen, der Fabrikarbeit und der industriellen Massenproduktion veränderte den Alltag, das Denken und Handeln der Menschen in Europa. Es entstanden neue soziale Gruppen und Probleme: Fabrikbesitzer, Angestellte und vor allem Arbeiter, die oft unter unmenschlichsten Bedingungen in den Fabriken arbeiten und in den Städten leben mussten. Auf den folgenden Seiten könnt ihr erfahren, wie diese Revolution in England begann und schließlich Europa erfasste – mit all ihren positiven wie negativen Folgen für das Leben der Menschen.

Die industrielle Revolution

1250 1300 1350 1400 1450 1500 1550 1600 1650 1700 1750 1800 1850 1900 1950

[1] **Heimarbeiterinnen in England um 1770.** Wolle wird zu Garn verarbeitet. Die Fäden werden zunächst auf dem Spinnrad gesponnen und dann auf eine Garnwinde gewickelt. Rekonstruktion.

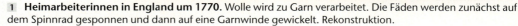
Der Engländer Jethro Tull.

Die Sämaschine, die der Engländer Jethro Tull im Jahr 1701 erfand.

Die Revolution beginnt in England
Im Jahre 1845 schrieb Friedrich Engels, ein deutscher Fabrikant, in seinem Buch über „Die Lage der arbeitenden Klasse in England":

> Q … Vor 60/80 Jahren ein Land wie alle anderen, mit kleinen Städten, wenig und einfacher Industrie und einer verhältnismäßig großen Ackerbaubevölkerung. Und jetzt: Ein Land wie kein anderes, mit einer Hauptstadt von dreieinhalb Millionen Einwohnern, mit großen Fabrikstädten, mit einer Industrie, die die ganze Welt versorgt und die fast alles mit den kompliziertesten Maschinen macht, mit einer fleißigen, intelligenten Bevölkerung, von der zwei Drittel von der Industrie in Anspruch genommen werden, und die aus ganz anderen Klassen besteht, ja, die eine ganz andere Nation mit anderen Sitten und Bedürfnissen bildet als damals … .

1 Informiert euch in einem Lexikon über das Leben von Friedrich Engels.
2 Überlegt, warum man hier von einer „Revolution" spricht.

Voraussetzungen der industriellen Revolution
Wie hatte es zu diesen raschen Veränderungen kommen können, und warum gerade in England? Auf diese Frage gibt es mehrere Antworten, nämlich:
– eine wichtige Voraussetzung war die Steigerung der Ernteerträge durch bessere Anbaumethoden und neue Maschinen. So erfand z. B. der Engländer Jethro Tull im Jahre 1701 die Sämaschine, mit der die Körner gleichmäßig in die Erde gesät werden konnten.
– Neue Früchte aus Nordamerika wie die Kartoffel, aber auch Tomaten und Erbsen ergänzten die Versorgungsmöglichkeiten. Bessere Ernährung sowie ein höheres Maß

Anfänge der industriellen Produktion

2 Die „Spinning Jenny" von 1764. – Drehte man das Rad, zogen und drehten die Spindeln die Wolle automatisch zu Fäden. Ein Mensch konnte daran so viel Garn spinnen wie acht Leute mit herkömmlichen Spinnrädern. Rekonstruktion.

an Sauberkeit und Hygiene in den Haushalten führten zu einem Bevölkerungsanstieg. Zwischen 1700 und 1850 nahm in England die Bevölkerung um das Dreifache zu.
– Je mehr Menschen es gab, desto größer wurde der Bedarf an Kleidung aller Art, vor allem an preisgünstigen Stoffen. Die Garnproduktion der etwa 700 000 Heimarbeiterinnen (siehe Abbildung 1) reichte jetzt nicht mehr aus.
– Wegen der großen Nachfrage nach preisgünstigen Stoffen suchten Großhändler und Unternehmer jetzt nach technischen Möglichkeiten, die Produktion zu erhöhen und gleichzeitig preiswerte Waren zu produzieren.
– Technische Erfindungen und die notwendigen Industriebauten kosteten viel Geld sogar. Doch daran herrschte kein Mangel, denn Kaufleute und Adlige hatten im Übersee- und Sklavenhandel große Reichtümer erworben und konnten die Arbeiten von Technikern und Ingenieuren finanzieren.

Innerhalb nur einer Generation veränderte sich so in England die Arbeitswelt: Von der Heimarbeit, die auch nur in der „Freizeit" ausgeübt werden konnte, kam es jetzt zur Vollarbeitszeit in großen Fabriken* mit oft mehreren hundert Arbeitern und Arbeiterinnen.

3 *Erklärt in eigenen Worten, warum es zunächst in England zur industriellen Revolution kam. Berücksichtigt dabei die Abbildungen 1 und 2.*

Die „Spinning Jenny"

Im Jahre 1761 schrieb die „Gesellschaft zur Förderung des Handwerks und der Manufakturen" einen Wettbewerb aus. Fünfzig Pfund Sterling sollte derjenige erhalten, dem die Erfindung einer Maschine gelänge, „die sechs Fäden Wolle, Flachs, Hanf oder Baumwolle gleichzeitig spinnt, sodass nur eine Person zur Bedienung nötig ist".
Den Preis gewann schließlich James Hargreaves (1740–1778). Im Jahre 1764 stellte er seine Maschine, die er nach seiner Tochter „Spinning Jenny" nannte, der Öffentlichkeit vor. Mit dem Preisgeld richtete er sich eine kleine Werkstatt ein, die von aufgebrachten Webern und Spinnern der Umgebung jedoch schon bald gewaltsam zerstört wurde.

4 *Die Weber und Spinner rotten sich zusammen, um das Haus von Hargreaves zu überfallen. – Was könnten sie gesagt haben?*

Fabrik*:
(lat.: fabrica = Werkstätte). Großbetrieb mit oft mehreren hundert Arbeitern und Arbeiterinnen und maschineller Fertigung von Erzeugnissen. Der Aufstieg der Fabriken und der Niedergang des Heimgewerbes begann in England 1770 mit der Erfindung der „Spinning Jenny". Die Heimarbeiter mussten sich nun als Lohnarbeiter bei den Fabrikbesitzern andienen.

„Mit Volldampf in die Zukunft"

1 Die von James Watt 1769 konstruierte Dampfmaschine.

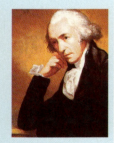

James Watt (1736–1819). Gemälde von 1792.

Abschied vom Webstuhl

Mit den neuen Spinnmaschinen, die zudem ständig verbessert wurden, gab es Garn im Überfluss. Die Webereibesitzer verlangten daher nach leistungsfähigeren Webstühlen, um das Garn auch verarbeiten zu können. Edmund Cartwright (1743–1823), ein Landpfarrer, war es schließlich, der im Jahre 1785 die ersten mechanischen Webstühle konstruierte, die schon bald von Dampfmaschinen angetrieben wurden.

Dampfmaschinen gab es schon seit 1698, aber sie brachten nur geringe Leistung bei gleichzeitig sehr hohem Energieverbrauch. Den Durchbruch schaffte erst James Watt (1736–1819) im Jahre 1769 mit einer Dampfmaschine, die die zehnfache Leistung eines Pferdes erbrachte (10 PS = 10 Pferdestärken). Im Jahre 1810 gab es allein in England schon über 5000 Dampfmaschinen. In den Bergwerken wurden sie eingesetzt zur Förderung der Kohle, sie standen in Wasserwerken, trieben Mühlen an und auf den Feldern zogen sie die schweren Stahlpflüge. Sie fehlten natürlich auch nicht bei den Spinn- und Webmaschinen und in der Landwirtschaft. Für die ländlichen Textilarbeiter und Textilarbeiterinnen entstand durch die Fabriken eine mächtige Konkurrenz. Wie der Konkurrenzkampf ausging, zeigt die folgende Tabelle:

	Kraftgetriebene Webstühle	Ländliche Weber
1810	–	250 000
1813	2 400	–
1820	14 150	250 000
1829	55 500	–
1833	100 000	–
1850	250 000	40 000
1860	–	3 000

(– = keine Angaben vorhanden)

1 Beschreibt die an der Tabelle deutlich werdende Entwicklung im Textilgewerbe. Stellt die Zahlenangaben zeichnerisch dar.
2 Sucht nach Gründen für diese Entwicklung.

Dampf in Bewegung

Waren die ersten Dampfmaschinen noch so schwer, dass man sie nicht von der Stelle bewegen konnte, so baute bereits 1769 der Franzose Nicholas Cugnot einen Dampfwa-

Dampfmaschinen im Einsatz

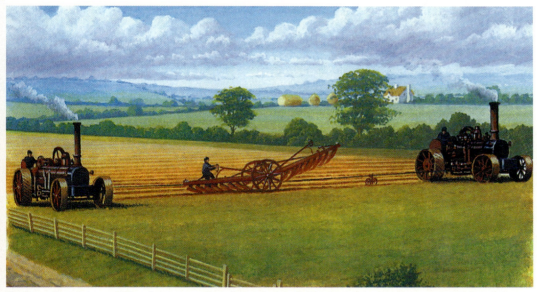

2 Dampfgetriebene Pflüge konnten auf großen, ebenen Feldern am besten eingesetzt werden. Rekonstruktion.

gen, dessen Wasser- und Brennstoffvorräte allerdings nur für eine Fahrt von 15 Minuten ausreichte. Nachdem er an einer Mauer zerschellte, wurde dieses Projekt nicht weiter verfolgt. Englische Techniker bauten leistungsfähigere Dampffahrzeuge, scheiterten aber an dem entschiedenen Widerstand von Fuhrunternehmern, Hufschmieden, Sattlern und Besitzern von Pferdestationen. Als es auch noch zu einigen Verkehrsunfällen kam, erließ das englische Parlament 1836 das „Anti-Dampfwagen-Gesetz". Die „pferdelosen mechanischen Wagen" durften nicht schneller als vier englische Meilen in der Stunde fahren. Außerdem musste 100 m vor jedem Dampfwagen ein Mann vorausgehen und durch das Schwenken einer roten Fahne die Fußgänger und Pferdefuhrwerke vor der „Gefahr" warnen. Dieses Gesetz war bis 1895 in Kraft und verhinderte die Weiterentwicklung der Straßenfahrzeuge.

Umso erfolgreicher waren die Dampflokomotiven des englischen Konstrukteurs George Stephenson (1781–1848). Im Jahre 1825 wurde die erste Bahnlinie der Welt eröffnet zwischen den Bergwerken in Darlington und der Hafenstadt Stockton-on-Tees. Für die 15 km lange Strecke brauchte die Lokomotive mit 34 Wagen insgesamt 65 Minuten.

Wie keine andere Erfindung dieser Zeit hat die Dampflokomotive die Welt verändert. Menschen und ungeheure Warenmengen konnten jetzt in großer Zeit große Strecken überwinden, Rohstoffe konnten in die Industriezentren gebracht und die Bevölkerung in den Großstädten jederzeit mit ausreichenden Lebensmitteln versorgt werden.

Der Dampfmaschine folgten im 19. Jahrhundert noch zahlreiche andere bedeutende Erfindungen und Entdeckungen:

Benz · Edison · Fulton · Daimler · Koch · Liebig · Otto · Pasteur · Siemens · Stephenson · Daguerre · Watt

Glühbirne · Cholerabekämpfung · Entdecker der Bakterien · erstes Automobil · Dynamo · Viertaktmotor · Kunstdünger · Benzinmotor · Dampfmaschine · Fotografie · Lokomotive · Dampfschiff

3 Ordnet den Erfindern die jeweilige Erfindung zu. Nehmt ein Lexikon zu Hilfe.

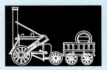

George Stephenson baute seine erste Dampflokomotive 1814. Das Nachfolgemodell, die Rocket, war mit einer Höchstgeschwindigkeit von 47 km/h als erstes Fahrzeug schneller als ein Pferd.

Zum Weiterlesen: Fabriken überall

Eine Baumwollfabrik

Die Textilindustrie wurde durch die Einführung von Maschinen, die mit Wasser- und Dampfkraft angetrieben wurden, völlig umgestaltet. In dieser Fabrik Anfang des 19. Jahrhunderts wurde die Baumwolle zuerst gekämmt, um die Fasern zu strecken. Die Baumwollfasern wurden dann mit einer Spinnmaschine zu Fäden zusammengedreht und auf Spulen gewickelt. Der Antrieb aller Maschinen erfolgte zentral über ein riesiges Wasserrad und ein System von Zahnrädern und Wellen, die viele Gefahren für die Arbeiter bargen. Breite, lange Treibriemen und Räder, die sich schnell drehten, waren überall in der Fabrik zu finden, aber keine der Maschinen hatte trotz dieser zahlreichen beweglichen Teile Schutzschilder oder Sicherheitsbremsen. Oftmals mussten Kinder, da sie klein und gelenkig waren, unter die surrenden Spinnmaschinen kriechen und gerissene Fäden knoten. Kein Wunder, dass sie oft schwer und manchmal sogar tödlich verunglückten.

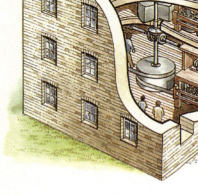

Weitere Informationen findet ihr in dem Buch von Andrew Langley: Die Entwicklung der Industrie. Karl Müller Verlag, 1994.

1 Wasserrad
2 Schulzimmer
3 Spinnmaschinen
4 Kämmmaschinen
5 Spul- und Wickelmaschinen
6 Treibriemen

Zum Weiterlesen: Fabriken überall

Eisen und Kohle

Zwischen 1770 und 1860 stieg die Kohleproduktion in Großbritannien von sechs Millionen auf 66 Millionen Tonnen. Kohle war als Brennstoff unerlässlich für den Betrieb der Dampfmaschinen und für die Eisengewinnung. Und ohne Eisen (und später Stahl) hätte es z. B. keine Eisenbahnschienen, keine Ozeandampfer und keine Werkzeugmaschinen gegeben.
Mit der steigenden Nachfrage brachten die Kohlebergwerke ihren Eigentümern hohe Gewinne, denjenigen aber, die in den Bergwerken arbeiten mussten, brachten sie nur Elend, Krankheit und oft sogar den Tod.

Hüttenarbeiter schieben einen glühend heißen Barren unter den Dampfhammer.

Gefahren im Bergwerk

Zuerst wurde Kohle im Tagebau gefördert, aber später musste tiefer gegraben werden. Man legte senkrechte Schächte an, von denen aus dann seitwärts waagerechte Stollen in die Kohleflöze getrieben wurden. Je tiefer die Schächte und Stollen ins Erdinnere reichten, umso häufiger kam es vor, dass sich Wasser darin ansammelte. Viele der Bergleute mussten ihre ganze Schicht lang im Wasser stehend arbeiten. Erst Anfang des 18. Jahrhunderts wurde das Wasser abgepumpt.
Viele andere Gefahren lauerten auf die Kumpel. Gase aus dem Erdinneren konnten sich entzünden und zu Explosionen führen, Schächte und Stollen einstürzen. Der Kohlestaub führte bei den Bergarbeitern zu Asthma- und Lungenkrankheiten. Die Arbeit selbst war hart, lang und schlecht bezahlt.

Ein Pferd wird in einem speziellen Geschirr in den Schacht hinuntergelassen. Grubenpferde zogen die Loren über die Gleise in den Stollen.

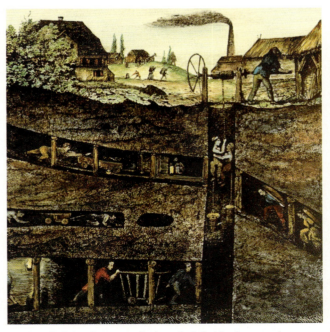

Kinderarbeit in einem englischen Steinkohlenbergwerk.
Lithografie, 1884.

Folgen der Industrialisierung in England

Häuser mit separaten Kellerwohnungen in Merthyr Tydfil/Wales.

In den Abwasserkanälen der englischen Großstädte wimmelte es vor Ratten. Manche Männer verdienten sich damit ihren Lebensunterhalt, diese Ratten zu fangen. Gelegentlich verkauften sie lebendige Ratten an Leute, die mit ihren Hunden Jagd darauf machten.

Die Lage der Arbeiter

Um 1700 lebten in England 85 % der Bevölkerung auf dem Land; etwa 150 Jahre später waren es nur noch 40 %. Millionen Menschen waren in dieser Zeit vom Land in die Städte abgewandert. Die Mechanisierung in der Landwirtschaft hatte sie arbeitslos gemacht. In den Industriestandorten suchten sie jetzt als ungelernte Arbeiter ihren Lebensunterhalt zu verdienen. Ihre Unterkünfte waren klein, dunkel und feucht. Rheuma, Gicht und andere Krankheiten gehörten zu ihrem Alltag. Der Verdienst war schlecht, denn es gab genügend Menschen, die bereit waren, auch für einen geringen Lohn zwölf Stunden und mehr am Tag zu arbeiten; Frauen und Kinder mussten ebenfalls mitarbeiten. War die Auftragslage schlecht, wurden die Arbeiter sofort entlassen; eine Arbeitslosenunterstützung gab es nicht. In einem Bericht des Ingenieurs Max Eyth aus dem Jahre 1861 heißt es:

Q … Was die Industrie Gutes und Böses leistet, lernt man in Manchester kennen. Den Hauptreichtum des Bezirks erzeugen die Millionen Spindeln seiner Baumwollindustrie.
Reichtum! Nirgends in England habe ich bis jetzt eine so bleiche, kranke, von Elend und Unglück angefressene Bevölkerung gesehen, wie sie hier aus den niederen, rauchigen Häusern herausgrinst oder auf den engen, staubigen Gassen der ärmeren Viertel herumliegt …! Töricht wäre es trotzdem, der Industrie einen Vorwurf daraus zu machen. Sie ist und bleibt das einzige Mittel, die 500 000 Menschen hier, die Millionen in England auch nur auf dieser Stufe des Lebens zu erhalten. Nicht die Industrie hat das Hässliche geschaffen, das ihr anhaftet. …

1 Sprecht über den Bericht von Max Eyth. – Was müsste sich nach eurer Meinung ändern, damit sich die Arbeiter „aus diesem Schmutz herausarbeiten" können?

2 Vergleicht diesen Bericht mit jenem von Friedrich Engels (siehe Seite 192).

Methodenseite: Statistiken und Grafiken

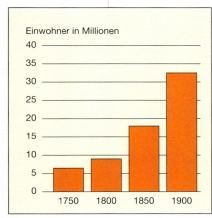

1 Bevölkerungswachstum in England und Wales. 1750–1900. Säulendiagramm.

2 Geburten- und Sterberate in England und Wales. 1750–1900. Kurvendiagramm.

Jahr	Bevölkerungszahl
1750	20 Millionen
1800	23 Millionen
1850	35 Millionen
1900	56 Millionen

3 Bevölkerungsentwicklung in Deutschland von 1750–1900. Statistik.

Wir arbeiten mit Statistiken und Grafiken

Immer wieder arbeiten wir im Geschichtsunterricht mit Statistiken und Grafiken. Sie sollen uns helfen historische Entwicklungen darzustellen und zu vergleichen. Wie das funktioniert und was dabei zu beachten ist, könnt ihr hier am Beispiel der Bevölkerungsentwicklung in Europa erarbeiten. In Europa lebten um 1750 etwa 140 Millionen Menschen; um 1900 waren es bereits 450 Millionen, d. h.: In nur einhundertfünfzig Jahren hatte sich die Bevölkerung Europas mehr als verdreifacht. Ein derartig rasches Bevölkerungswachstum war etwas völlig Neues. Wir sprechen daher von einer Bevölkerungsexplosion. Das erste Land, in dem sich dieser Bevölkerungswandel vollzog, war England (vgl. Grafik 1). Es gibt für diese Entwicklung vor allem zwei Ursachen:
– Infolge der verbesserten medizinischen Versorgung und der höheren Ernteerträge durch den Einsatz von Landmaschinen ging in England seit 1750 die Sterblichkeit stark zurück.
– Die Geburtenrate aber blieb weiterhin gleich hoch (vgl. Grafik 2).

Man kann diese Entwicklung in England und Wales aufzeigen, indem man für jedes Jahr seit 1750 genaue Angaben macht über die Geburten- und Todesfälle sowie die Bevölkerungszahl insgesamt; das wäre dann eine Statistik. Besonders übersichtlich wäre dies indessen nicht. Viel anschaulicher ist eine zeichnerische Darstellung, eine Grafik. Es gibt aber ganz unterschiedliche Grafiken.
Das **Säulendiagramm** (Grafik 1) zeigt uns mehr einen ganz bestimmten Zustand zu einem bestimmten Zeitpunkt.
Das **Kurvendiagramm** (Grafik 2) gibt hingegen eine Entwicklung wieder. Das ist z. B. wichtig, wenn man die Entwicklung in England mit jener in Deutschland vergleichen möchte (siehe Abbildung 3). Seit 1800 ging die Sterblichkeit in Deutschland fast gleichmäßig von 28 pro 1000 Einwohner auf 16 pro 1000 Einwohner im Jahre 1900 zurück. Die Geburtenrate sank im gleichen Zeitraum von 40 auf 27 je Jahr und 1000 Einwohner.

1 Tragt die Angaben zur Bevölkerungsentwicklung in Deutschland in ein Säulendiagramm ein.
2 Verfertigt mit Hilfe der Angaben zu der Geburtenrate und der Sterberate ein Kurvendiagramm.
3 Vergleicht euer Ergebnis mit den Grafiken 1 und 2. Gibt es Unterschiede? Wie sind sie zu erklären?
4 Versucht selber eine Grafik zu erstellen. Ein Beispiel: Die Bevölkerungsentwicklung in eurem Wohn- oder Schulort zwischen 1750–1900. Besorgt euch die entsprechenden Angaben im Rathaus und erstellt mit ihrer Hilfe ein Säulendiagramm und ein Kurvendiagramm.
– Welchen Unterschied stellt ihr zur Entwicklung in England fest?
– Welche Fragen ergeben sich daraus?

Industrielle Revolution in Deutschland

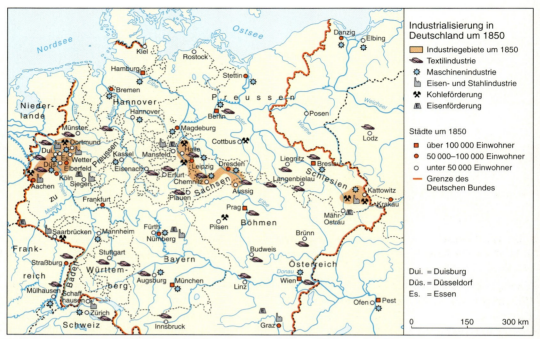

1 Industrialisierung in Deutschland um 1850.

*1833/34:
Gründung des deutschen Zollvereins.*

Deutschland – ein rückständiges Land?
Die industrielle Revolution begann in Deutschland erst spät. Deutschland besaß im Unterschied zu England keine Kolonien, die billig Rohstoffe liefern konnten. Es fehlten ihm damit auch lohnende Absatzmärkte. Auch im Deutschen Reich selber verhinderten die zahllosen Zölle, die unterschiedlichen Währungen und Gewichte in den Einzelstaaten einen großen einheitlichen Wirtschaftsraum.
Im Jahre 1819 klagte der Wirtschaftswissenschaftler Friedrich List:

Q1   … Um von Hamburg nach Österreich, von Berlin in die Schweiz zu handeln, hat man zehn Staaten zu durchschneiden, zehn Zollordnungen zu studieren, zehnmal Durchgangszoll zu bezahlen. Trostlos ist dieser Zustand für Männer, welche wirken und handeln möchten. …

Nur fünfzehn Jahre später waren diese Hindernisse beseitigt: In der Nacht zum 1. Januar 1834 fielen in fast allen deutschen Staaten die Zollschranken. Um Mitternacht setzten sich die wartenden Wagen der Kaufleute unter dem Jubel der Bevölkerung in Bewegung. Diesen Fortschritt für die Kaufleute und Reisenden hatte die Regierung von Preußen in langen Verhandlungen mit den anderen deutschen Staaten erreicht. Unter preußischer Führung schlossen sich in den Jahren 1833/34 fast alle deutschen Länder zu einem „Deutschen Zollverein" zusammen. Der Vertrag enthielt zwei weitere, wichtige Bestimmungen:
– Die Regierungen führten ein gleiches Münz-, Maß- und Gewichtssystem in ihren Ländern ein.
– Jeder Einwohner des Gebietes des deutschen Zollvereins darf sich in jedem deutschen Staat des Zollvereins Arbeit suchen.

1 *Erklärt den Satz: Die wirtschaftlichen Erfordernisse förderten die deutsche Einheit.*

Die Eisenbahn – Motor der Industrialisierung
Nur knapp zwei Jahre nach der Gründung des deutschen Zollvereins fuhr „Deutschlands erste Eisenbahn mit Dampf" am 7. Dezember

„Mit Volldampf hinterher"

2 Der erste deutsche Eisenbahnzug (oben) und der erste Bahnhof der Eisenbahn in Leipzig. Lithografie nach einer Zeichnung von Friedrich List, 1830.

1835 die sechs Kilometer lange Strecke von Nürnberg nach Fürth. Drei Jahre später wurde die Linie Potsdam–Berlin in Betrieb genommen. Etwas unwillig meinte der preußische König Wilhelm III. dazu:

Q2 … Die Ruhe und Gemütlichkeit leidet darunter. Kann mir keine große Seligkeit davon versprechen, ein paar Stunden früher von Berlin in Potsdam zu sein. Zeit wird's lehren. …

Im Jahre 1836 begann die „Leipzig-Dresdner Eisenbahn-Compagnie" mit dem Bau einer 115 km langen Fernstrecke zwischen Leipzig und Dresden. So wie hier wurde in vielen deutschen Staaten der Ausbau des Schienennetzes zügig vorangetrieben, von etwa 200 km im Jahre 1837 auf über 40 000 km um 1880. Die Bahn diente zunächst hauptsächlich dem Personenverkehr und führte zu erheblich verkürzten Reisezeiten (s. Randspalte) Der erste Frachtbrief stammt aus dem Jahre 1836 für den Transport von zwei Bierfässern von Nürnberg nach Fürth. In den nächsten Jahren und Jahrzehnten gewann der Transport von Gütern jedoch immer größere Bedeutung. Vor allem die Kohle- und Erzvorkommen in Oberschlesien, im Ruhrgebiet oder Saarland konnten jetzt schnell zu den großen Industriestandorten befördert werden. Dies erst ermöglichte den raschen Ausbau des Kohlebergbaus und der Eisen- und Stahlindustrie, die in Deutschland zu den wichtigsten Industriezweigen wurden. Durch den Ausbau ihres Schienennetzes wurde aber auch die Bahn selber zur vielleicht wichtigsten Triebkraft bei der Industrialisierung. In einer heutigen Darstellung heißt es:

M … Mit der Vielzahl seiner technischen Bereiche, wie Lokomotiven- und Wagenbau, Oberbau (Bettung und Gleis), Tunnel- und Brückenbau, Hochbau (Bahnhöfe, Lokomotiven- und Wagenhallen, Wasserstationen u.a.), Signalsicherungs- und Nachrichtenwesen, entwickelte sich der Eisenbahnbau innerhalb weniger Jahre zu einem führenden Wirtschaftszweig. …

Voller Bewunderung meinte Friedrich List: „Der Zollverein und das Eisenbahnsystem sind siamesische Zwillinge", denn beide strebten gemeinsam danach, die deutschen Stämme zu einer reichen und mächtigen Nation zu machen.

2 Erklärt den Zusammenhang zwischen dem Eisenbau und der Industrialisierung in Deutschland. Vergleicht mit der Entwicklung in England.

3 Findet mit Hilfe der Karte (Abbildung 1) heraus, wo Deutschlands wichtigste Industriegebiete lagen.

Der Wirtschaftswissenschaftler Friedrich List (1789–1846) war ein wichtiger Vorkämpfer der deutschen Eisenbahnen und des Zollvereins.

Der preußische Weg

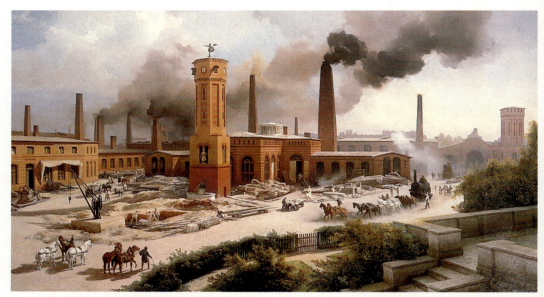

1 **Borsigs Maschinenbauanstalt und Eisengießerei in Berlin.** Gemälde von Karl Biermann 1847.

Peter Wilhelm Christian Beuth (1781–1853). Als Finanzminister und Gründer des „königlichen Gewerbeinstituts" förderte er Preußens Industrialisierung.

Der Staat ergreift die Initiative

Preußen brachte für eine schnelle Industrialisierung die besten Voraussetzungen mit: Arbeitskräfte gab es seit der Bauernbefreiung im Überfluss und Bodenschätze wie Kohle und Eisen gab es ebenfalls. Außerdem verfügte Preußen schon 1830 über ein gut ausgebautes Verkehrsnetz von über 6000 km.

Um den technischen Fortschritt voranzutreiben, förderte der Staat auch die jungen Unternehmer. Risikobereitschaft und private Initiativen galten jetzt als lobenswerte Tugenden. Bei Fabrikbauten oder der Anschaffung von Maschinen gewährte der Staat großzügige Unterstützung. Im Auftrag des Staates gingen sogar zahlreiche „Spione" nach England, um sich dort in den Fabriken ein Bild von den neuesten technischen Entwicklungen zu machen. Ausländische Spezialisten wurden heimlich abgeworben, Maschinenteile nach Preußen gebracht.

Besondere Aufmerksamkeit schenkte der Staat ferner dem Ausbau der technischen Bildung. So wurde in Berlin das Königliche Gewerbe-Institut gegründet. Aufgabe dieses Instituts war es, den Schülern die „moderne Technologie" zu vermitteln, für die es ja nicht mal Lehrbücher gab. Auf diese Weise bildete der preußische Staat junge Unternehmer heran, die die Industrialisierung Preußens in kurzer Zeit bewerkstelligen sollten. Zu den Schülern dieses Instituts gehörte auch der „Lokomotiven-König" August Borsig (1804 bis 1854).

1 Nennt die Unterschiede zwischen dem englischen und dem preußischen Weg zur Industrialisierung.

August Borsig – vom Handwerker zum Lokomotivkönig

Voller Interesse für die neue Technik, kam Borsig, ein gelernter Zimmermann aus Breslau, 1823 nach Berlin, trat in das königliche Gewerbeinstitut in Berlin ein und ließ sich 1825 im Maschinenbau ausbilden. 1836 gründete er – ohne Eigenkapital – eine eigene Maschinenfabrik. Sein erster Auftrag bestand in der Lieferung von 116 000 Schrauben für die Verlegung der Gleise der Strecke Berlin–Potsdam. Da er sich die notwendigen Maschinen noch nicht leisten konnte, beschäftigte er Grenadiere aus der benachbarten Kaserne, die den Blasebalg treten mussten. Die erste Lokomotive ließ er 1841 in Handarbeit bauen. Sie war bei einer Wettbewerbsfahrt wesentlich schneller als die Lokomotive aus Eng-

Borsig und die Eisenbahn

2 Lokomotivmontage bei Borsig im Jahr 1865.

land. Das war der Durchbruch. Borsig erhielt fast alle Aufträge der Preußischen Bahnen. 1854, in seinem Todesjahr, lieferte seine Firma bereits die 500. Lokomotive aus. Fast 2000 Arbeiter verdienten zu dieser Zeit in seinen Fabriken ihren Lebensunterhalt und die von Borsig gegründete Maschinenbauanstalt zählte zu den größten Fabriken Europas.
Der Schriftsteller Heinrich Seidel beschreibt, wie diese Fabriken das Gebiet vor dem Oranienburger Tor bestimmten:

> Q ... Von dem Oranienburger Tor aus reihte sich an ihrer rechten Seite eine große Maschinenfabrik an die andere in fast ununterbrochener Reihenfolge. Den Reigen eröffnete die weltberühmte Lokomotivenfabrik von Borsig ... In den Straßenlärm hinein tönte überall schallendes Geräusch und das dumpfe Pochen mächtiger Dampfhämmer erschütterte weithin den Boden, dass in den Wohnhäusern gegenüber die Fußböden zitterten, die Gläser klirrten und die Lampenkuppeln klapperten. Zu gewissen Stunden war die Straße ein Flussbett mächtiger Ströme von schwärzlichen Arbeitern, die aus all den Fabriktoren einmündeten. ...

3 Im Hammerwerk erfolgte das Ausschmieden großer Eisenteile mit Hilfe von Dampfhämmern.

2 Bekannte Unternehmer dieser Zeit waren auch Friedrich Harkert, Alfred Krupp, Werner von Siemens und Emil Rathenau. – Informiert euch über das Leben dieser Unternehmer und berichtet davon in der Klasse.

Durch Johann Friedrich August Borsig (1804–1854) wurde Berlin zu einem führenden industriellen Standort in Mitteleuropa. Porträt um 1850.

Geschichte vor Ort: Die Industrie im Museum

Industriemuseen in Berlin und Brandenburg

In Industriemuseen werden Gegenstände aus der Zeit der Industrialisierung gesammelt und ausgestellt wie z. B. Webstühle, Dampfmaschinen oder ganze Eisenbahnen. Häufig finden sich auch Gegenstände und Dokumente aus dem Alltag der Menschen: vom Waschbrett bis zum Fahrrad, vom Lohnbuch bis zur Kücheneinrichtung. Auch ganze Industrieanlagen und Fabriken werden als technische Denkmäler erhalten oder wiederhergestellt. Solche Industriemuseen und technische Denkmäler gibt es auch in Brandenburg und Berlin, so z. B.
- in der Stadt Forst das Brandenburgische Textilmuseum und in der Stadt selbst Fabriken, Fabrikantenvillen und Mietshäuser aus dem 19. Jahrhundert.
- in Peitz in Brandenburg ein Eisenhüttenmuseum mit Vorführungen zur Schauschmelze.
- in Berlin ein großes Museum für Verkehr und Technik, das neben zwei Lokschuppen auch eine Hammerschmiede beherbergt.

Viele Kreis- oder Heimatmuseen bieten zudem Abteilungen, die sich mit dem 19. Jahrhundert beschäftigen, so verfügt z. B. das Rathenower Kreismuseum über eine eigene Abteilung zur Entwicklung der optischen Industrie.

Museen zum Mitmachen

Industriemuseen haben oft einen entscheidenden Vorteil gegenüber anderen Museen, denn hier kann man vieles anfassen, weil es robust und solide genug ist. Oft kann der Besucher selbst an Nachbildungen und Modellen ausprobieren, wie z. B. die Weber an einem mechanischen Webstuhl gearbeitet haben oder wie eine Dampfmaschine funktioniert. Wie spannend ein Museumsbesuch wird, hängt aber auch von einer guten Vorbereitung ab.

Einen Museumsbesuch vorbereiten

- Eine Arbeitsgruppe in eurer Klasse kümmert sich um die Organisation: Wann hat das Museum geöffnet? Wie viel kostet der Eintritt für Schulklassen? Gibt es einen Museumsplan? Welche Themen werden angeboten? Viele Museen bieten zudem Führungen oder Vorführungen an, die vorab vereinbart werden müssen, oder auch weiteres Material wie z. B. Arbeits- oder Bastelbögen.
- Ihr könnt in einem großen Museum nicht alles gründlich besichtigen. Deshalb müsst ihr euch zunächst gemeinsam für bestimmte „Themen" entscheiden: Themen können z. B. sein:
a) Womit wurde produziert? Was wurde hergestellt (Maschinen, Technische Einrichtungen, Erfindungen und Produkte)
b) Arbeitsbedingungen im Betrieb (Unfallgefahren, Arbeitszeit)
c) Veränderungen in eurer (Kreis-)stadt durch die Industrialisierung (Einwohnerzahl, Wohnbedingungen, Verkehr, Umweltbelastungen).

Wenn ihr euch für ein Thema entschieden habt, solltet ihr für eure Erkundung einen Fragebogen erstellen. Bei dem Thema „Eisenbahn und Autos – die neuen Verkehrsmittel" könntet ihr z. B. neben Fragen zur technischen Entwicklung folgende Punkte bearbeiten:
- Welche Möglichkeiten des Reisens gab es vorher?
- Wie hat sich das Leben der Menschen durch die neuen Verkehrsmittel verändert? Denkt dabei an die Freizeitmöglichkeiten, an die Versorgung mit Lebensmitteln, an die Entfernungen vom Wohn- zum Arbeitsplatz oder auch zur Schule.
- Welche Eingriffe in die Landschaft wurden nötig, um ein großes Streckennetz zu schaffen?

Festlegen solltet ihr schon zu Beginn eurer Planung, auch vorab, wie ihr eure Erkundungsergebnisse festhalten wollt (Schreibblock, Foto, Video).

Geschichte vor Ort: Die Industrie im Museum

Wagenabteile der 1. Klasse und der 3. Klasse aus der Zeit von 1870–1890. Wiederhergestellt 1987. Museum für Verkehr und Technik in Berlin.

Erkundigt euch vorher, ob Fotografieren – auch mit Blitzlicht – erlaubt ist.

Im Museum
Sicher spricht nichts dagegen, wenn ihr zunächst einmal in Kürze durch das gesamte Museum streift, um euch einen ersten groben Überblick zu verschaffen. Aber bei größeren Museen wird man durch die Fülle der Ausstellungsstücke eher verwirrt oder verliert sogar die Lust an einer weiteren Besichtigung. Man muss sich deshalb auf bestimmte Bereiche konzentrieren. Museen sind entweder zeitlich oder nach bestimmten Themen aufgebaut. Einen Gesamtüberblick findet ihr zumeist im Eingangsbereich. Nach dem Gesamtüberblick geht es ins Detail. Versucht nicht nur die Fragen von eurem Erkundungsbogen zu erforschen; notiert auch unerwartete Informationen und Beobachtungen zu eurem Thema.

Und danach? – Die Auswertung
Zurück in der Schule solltet ihr zunächst eure Ergebnisse zusammentragen.
- Habt ihr etwas Neues oder Spezielles über euer Bundesland oder auch über euren Heimatbereich erfahren?
- Hat sich der Weg ins Museum eurer Meinung nach gelohnt. War die Vorbereitung ausreichend? Was würdet ihr beim nächsten Mal anders machen? Falls ihr mit eurem Ergebnis zufrieden seid, könnt ihr eine Fotoausstellung für die ganze Schule aufbauen: z. B. zu dem Thema: „Die Entwicklung des Verkehrswesens in unserem Heimatraum". Zeichnet dazu auch eine große Karte und verfasst erklärende Texte.

Die Gesellschaft ändert sich

1 **Ein Fabrikbesitzer besichtigt mit Gästen einen Betrieb.** Foto um 1900.

Kapital*:
Ein Vermögen, das im Wirtschaftsprozess eingesetzt wird, damit es sich möglichst schnell und stark vermehrt. Unterschieden wird zwischen Geldkapital und Produktivkapital (Maschinen, Produktionsstätten).

Fabrikbesitzer – die neuen Fürsten?
Innerhalb weniger Jahrzehnte veränderte die Industrialisierung die Machtverhältnisse in der Gesellschaft. In der Ständegesellschaft besaß der Adel durch sein Eigentum an Grund und Boden eine Führungsstellung. In der entstehenden Industriegesellschaft wurde der Besitz von Kapital* wichtiger. Eine neue gesellschaftliche Schicht entstand neben der alten: das Wirtschaftsbürgertum. Deutlich wird dieser Wandel auch in einem Nachruf der „schlesischen Zeitung" auf August Borsig:

> **Q** ... Der Tod Borsigs, des Fürsten der Berliner Industrie, gehört nicht zu den leichtesten Schicksalsschlägen dieser verhängnisvollen Zeit. ... sein Tod erschreckt die gedankenlose Menge eben so sehr, als der Tod bekannter Heerführer und Staatsmänner ... Wenn Borsigs Tod Berlin in eine allgemeine Aufregung versetzte, so verbreitete er in Moabit, dem eigentlichen Fürstentum dieses großen Industriellen, geradezu Entsetzen ...

1 *Erklärt die Bezeichnung Borsigs als „Fürst" und von Moabit als „Fürstentum".*

2 *Sprecht über folgende Aussage: „Der Geldadel ersetzte im 19. Jahrhundert den Geburtsadel."*

Die Arbeiter – eine neue Klasse?
Die großen Fabriken zogen immer mehr Arbeitskräfte an. Zu Hunderttausenden verließen Landarbeiter und Bauern, die nicht genügend Land besaßen, mit ihren Familien die Dörfer. Sie zogen in die Städte in der Hoffnung, Arbeit zu finden. Schon 1882 stellten die über 10 Millionen Arbeiter die Häfte der Erwerbstätigen in Deutschland. Die Arbeiter und Arbeiterinnen in der Industrie bildeten nach ihrer Herkunft und Ausbildung keine einheitliche Gruppe. Da gab es zunächst die gelernten Arbeiter. Sie hatten entweder ein Handwerk bei einem Handwerksmeister oder in der Fabrik einen Beruf wie Schlosser oder Dreher oder Stahlkocher gelernt. Die ungelernten Arbeiter besaßen keine Berufsausbildung. Oft hatten sie vorher als Tagelöhner in der Landwirtschaft gearbeitet. Neben den ungelernten und den gelernten Arbeitern entstand im Laufe der Industrialisierung die Gruppe der angelernten Arbeiter. Zu ihnen zählten die meist weiblichen Arbeitskräfte im Textilgewerbe, die besonders schlecht bezahlt

Kapitalisten, Angestellte und Proletarier

2 **Arbeiter der AEG.** Foto um 1900.

wurden. Trotz dieser Unterschiede hatten alle Arbeiter eines gemeinsam: Sie besaßen zunächst nichts weiter als ihre Arbeitskraft, die sie gegen Lohn dem Fabrikherren zur Verfügung stellten. „Proletarier*" wurde zur geläufigen Bezeichnung für diese Menschen. Auch die Arbeiter selbst entwickelten allmählich das Bewusstsein, aufgrund des gemeinsamen Schicksals als Klasse* zusammenzugehören.

3 Tragt die Merkmale der verschiedenen Arbeitergruppen zusammen. Erkundet, ob es diese Unterscheidung auch heute noch gibt.

Mit Anzug und weißem Hemd – die Angestellten

In jeder größeren Fabrik fiel z. B. Verwaltungsarbeit an, die von Buchhaltern, Schreibern und Kassierern erledigt wurde. Und für die Produktion brauchte man neben Arbeitern auch Ingenieure, Werkmeister und Zeichner. Sie alle wurden „Angestellte" genannt. Ihre hervorgehobene Stellung konnte man schon an ihrer Kleidung – Anzug und weißes Hemd – ablesen. Gegenüber den Arbeitern und Arbeiterinnen genossen die Angestellten Vergünstigungen, wie z. B. kürzere Arbeitszeiten, bezahlten Urlaub oder Gewinnbeteiligungen.

3 **Angestellte.** Foto um 1906.

4 Beschreibt mit Hilfe der Abbildungen 1–3 die Merkmale und die Unterschiede der neuen Schichten.

Proletarier*:
(lat. proles = Nachkommenschaft). Im 19. Jahrhundert Bezeichnung für die Lohnarbeiter, die nichts als ihre Arbeitskraft besitzen.

Klasse*:
Bezeichnung für die Angehörigen einer Gruppe mit gleichen wirtschaftlichen Verhältnissen, insbesondere in Bezug auf den Besitz von Produktionsmitteln (Fabriken, Maschinen etc.).

Der Wandel der Arbeitswelt

1 Französische Karikatur über die Industriearbeit. Um 1910.

Strenge Fabrikordnungen, Arbeitsbücher und ständige Kontrollen sollten die Arbeiter an die neuen Arbeitsbedingungen gewöhnen. Die Lohnauszahlung fand in den Großbetrieben am Freitagabend vor Arbeitsschluss statt. Aus dem Lohnbüro kam ein Angestellter mit weißem Kragen und Krawatte und brachte das Geld. Der Meister oder Vorarbeiter bezahlte dann jedem Arbeiter die errechnete Lohnsumme aus.

Der Fabrikant als Herr im Haus

Der „Berliner Volkskalender" schrieb nach dem Tod des Fabrikanten Borsig:

> **Q1** … Er (Borsig) übte ein Regiment unerbittlicher Strenge, wo es sich um Rechtlichkeit und Pflichterfüllung handelte. Pünktlichkeit, Fleiß und Redlichkeit waren die einzigen Fürsprecher bei ihm. Das Gegenteil hatte die augenblickliche Entlassung ohne Ansehen der Person zur Folge …

So wie Borsig forderten alle Fabrikanten von den Arbeitern und Arbeiterinnen harte Disziplin und die Unterordnung unter eine strenge Fabrikordnung. Das war ihrer Meinung nach notwendig, um die Arbeiter an die neuen Arbeitsbedingungen zu gewöhnen. Anders z. B. als in den kleinen Handwerksbetrieben bestimmten jetzt die Maschinen den Arbeitsablauf. Wurden sie frühmorgens angestellt, mussten alle Arbeiter an ihrem Arbeitsplatz sein. Kontrolliert wurde die Arbeitszeit vom Pförtner, bei dem alle Arbeiter eine Marke abzugeben hatten. Bei Strafe verboten waren „unnötiges Herumlaufen" in den Werkstätten, Rauchen und Alkohol. Widerspruch gegen die Anordnung des Meisters konnte die sofortige Entlassung nach sich ziehen. Die Arbeit an den Maschinen erforderte ständige Aufmerksamkeit und war oft eintönig. Früher hatte ein Handwerker sein Produkt völlig selbstständig herzustellen. Jetzt aber musste ein Fabrikarbeiter bei der Herstellung eines Produktes oft nur wenige oder sogar nur einen einzigen Handgriff ausführen. Die Fließbandarbeit entstand.

1 Beschreibt die Karikatur. Überlegt, was der Zeichner wohl mit dieser Darstellung von industrieller Arbeit aussagen wollte.

2 Besprecht, worin die Vorteile und die Nachteile der Fabrikarbeit lagen.

Arbeiten ohne Ende …

Gegessen wurde gemeinsam in der werkseigenen Kantine (siehe Abbildung 2) oder auch nur schnell in den Pausen zwischendurch. Die Licht- und Luftverhältnisse in den schmutzigen und engen Fabrikhallen waren schlecht. Von allen Seiten dröhnte der Maschinenlärm und die Arbeiter konnten sich oft nur schreiend verständigen. Die Zahl der Unfälle in den Fabriken war hoch. Überall gab es offene Getriebe oder frei laufende Treibriemen, aber keine der Maschinen hatte Schutzschilder oder Sicherheitsbremsen.
Einen eindrücklichen Bericht von den Arbeitsbedingungen gibt Ernst Abbe, der Mitinha-

Der Wandel der Arbeitswelt

2 Mittag bei der Firma Borsig. Gemälde um 1911.

3 Tagesablauf eines Arbeiters.

Entwicklung der durchschnittlichen Arbeitszeit (ungefähr) auf dem Gebiet des Deutschen Reiches:
um 1800: 10 h
um 1850: 12 h
um 1880: 11 h
um 1900: 10 h.

ber der Zeiss-Werke in Jena. Er erzählt von seinem Vater aus der Zeit um 1850:

Q2 ... Die Arbeitszeit währte 14 bis 16 Stunden. Mittagspause gab es nicht. An eine Maschine gelehnt oder auf eine Kiste gekauert, verzehrte mein Vater sein Mittagessen aus dem Henkeltopf mit aller Hast, um mir dann den Topf geleert zurückzugeben und sofort wieder an die Arbeit zu gehen. Mein Vater war eine Hünengestalt von unerschöpflicher Robustheit, aber mit 48 Jahren in Haltung und Aussehen ein Greis, seine weniger starken Kollegen waren aber mit 38 Jahren Greise. ...

Und selbst über die Borsigwerke, die bessere Löhne zahlten und bessere Arbeitsbedingungen boten als viele andere Unternehmen, kursierte in der Berliner Arbeiterschaft um 1900 folgendes Gedicht:

M „Wer nie bei Siemens-Schuckert war,
Bei AEG und Borsig,
Der kennt des Lebens Jammer nicht,
Der hat ihn erst noch vor sich."

Kein Auskommen mit dem Einkommen

Doch trotz der langen Arbeitszeiten reichte der Lohn häufig kaum aus, um die Familien vor dem Verhungern zu bewahren. Da sehr viele Menschen Arbeit suchten, konnten die Unternehmer niedrige Löhne zahlen. Wer arbeitslos oder arbeitsunfähig wurde, erhielt keinerlei Unterstützung. Frauen und Kinder mussten in den meisten Familien mitarbeiten, um die kümmerliche Existenz zu sichern.

3 *Seht euch Abbildung 3 an. – Was hat sich im Vergleich dazu bis heute geändert. – Zeichnet ein eigenes Schema mit euren Arbeits- und Freizeiten.*

Kinder arbeiten in der Fabrik und im Bergbau

1 Kinderarbeit in einer Baumwollspinnerei. 1910.

2 Kinderarbeit im Bergbau. 1908.

Aus einem Gedicht von Thomas Scherr über Kinderarbeit um 1850:

*Noch zählte ich acht Sommer kaum,
Musst' ich verdienen gehn,
Musst' dort in dem Maschinenhaus
Stets auf die Spindeln sehn',
Stand da gebannt Jahr und Tag,
Und Tag und Nächte gleich:
Drum welkten mir die Lippen blau
und meine Wangen bleich.*

Billige Arbeitskräfte

Besonders in der Textilindustrie, aber auch im Bergbau, arbeiteten Kinder, teilweise schon ab dem 6. Lebensjahr. Für die Unternehmer waren Kinder und Jugendliche vor allem billige Arbeitskräfte. In einem Bericht über das Leben eines Fabrikkindes von 1853 heißt es:

Q1 ... Jetzt (im Winter) kommt wieder die Zeit, wo jener arme Junge früh um 4, um 5 Uhr von dem Lager sich erheben und eine Stunde weit durch nasskaltes Gestöber in seine Fabrik eilen muss. Dort mit kurzer Rast für ein karges Mahl ist er beschäftigt den ganzen, ganzen langen Tag. Er arbeitet an einer Maschine, welche Wellen von Staub aufjagend mit rasenden Schlägen die Baumwolle zerklopft, auflockert. ... Den ganzen langen, lieben Tag muss unser Junge in dieser mit dichtem Staub erfüllten Atmosphäre ausharren, sie einatmen, dieses bis in die Nacht hinein, bis 9–10 Uhr abends. Dann endlich heißt es „Stopp" und er eilt seine Stunde Weges nach Hause ...

1 Lest Q1 und stellt fest, wie lange der Junge täglich von zu Hause weg ist.

Die Kinderarbeit wird eingeschränkt

Kritiker der Kinderarbeit verwiesen darauf, dass viele Kinder dauerhaft in ihrer Gesundheit geschädigt wurden und das männliche Jugendliche nicht mehr für den Militärdienst tauglich waren. Gegen eine Einschränkung der Kinderarbeit wehrten sich hingegen die Fabrikanten. Nur durch die billige Arbeit der Kinder könnten sie mit ihren Waren auf dem Weltmarkt konkurrenzfähig bleiben. So dauerte es bis 1839, ehe die preußische Regierung durch ein Gesetz die Kinderarbeit einschränkte. Jetzt durften Kinder erst ab dem 10. Lebensjahr in Fabriken, Berg- und Hüttenwerken beschäftigt werden. Sie mussten außerdem eine dreijährige Schulzeit nachweisen sowie Grundkenntnisse im Lesen und Schreiben.

2 Ein Fabrikant und ein Regierungsvertreter sprechen über Pläne zur Einschränkung der Kinderarbeit. – Was könnten die beiden gesagt haben?

Mutter – Hausfrau – Arbeiterin

3 Arbeiterfamilie in ihrer Berliner Wohnung. Der Mann und das älteste Mädchen (14 Jahre) fehlen auf dieser Aufnahme. Die Großmutter ist anwesend. 1907.

3 *Sammelt Material über Kinderarbeit bei uns und in den Entwicklungsländern und erstellt eine Wandzeitung. Kontaktadresse: terre des hommes, Ruppenkampstraße 11a, 49084 Osnabrück.*

Die Doppelbelastung der Frauen

Nur wenige Arbeiterfrauen konnten sich ausschließlich dem Haushalt und ihren Kindern widmen. Durch das geringe Einkommen ihrer Männer wurden sie zur Heim- oder Fabrikarbeit gezwungen.
So heißt es in einem Bericht der Gewerbeaufsicht aus dem Jahr 1899 über den Tagesablauf einer verheirateten Fabrikarbeiterin:

Q2 … Je nach der Entfernung der Wohnung von der Fabrik, nach dem Beginn der Fabrikarbeit und je nach dem Arbeitsbeginn des Mannes steht die Frau um 3½, 4, 4½ oder 5 Uhr auf … Dann wird das Frühstück zubereitet …, das abends schon vorbereitete und angekochte Essen aufs Feuer gebracht … und in Blechtöpfe gefüllt … Die Kinder werden dann angekleidet, zur Schule geschickt oder zur Hütefrau oder Kinderkrippe gebracht. Von da geht es zur Fabrik … Es gibt viele Arbeiterinnen, die täglich 10 bis 12 Kilometer zu Fuß zur Fabrik zurücklegen müssen. Ist die Entfernung zur Fabrik nicht so weit, eilt sie in der Mittagspause im Schnellschritt heim, macht Feuer, setzt die in Scheiben geschnittenen Kartoffeln auf, wärmt das vorher fertiggestellte Essen auf und isst mit den Angehörigen … Abends dasselbe, Abendessen, Schularbeiten der Kinder, Flicken und Waschen der Kleider und Wäsche. Vorbereitung des Essens für den anderen Tag. Vor 9 Uhr abends endet der Arbeitstag nie, vor 10 Uhr selten und oft erst nach 11 Uhr …

4 *Listet die Tätigkeiten der Fabrikarbeiterin in Q2 auf und nehmt zu ihrer Belastung Stellung.*
5 *Beschreibt die Küche auf der Abbildung 3. Vergleicht mit der Ausstattung heutiger Küchen.*
6 *Überlegt, wie ein Unternehmer die geringere Bezahlung von Frauen gerechtfertigt haben könnte (siehe die Tabelle in der Randspalte). – Was würdet ihr ihm antworten?*

Gleicher Lohn für gleiche Arbeit?
Bei gleicher Arbeit erhielten die Fabrikarbeiterinnen einen geringeren Lohn als die Männer. In einer Baumwollspinnerei wurden z. B. 1888 folgende Schichtlöhne gezahlt:

gelernter Arbeiter 1,34 Mark

ungelernter Arbeiter 1,09 Mark

eine Arbeiterin 0,63 Mark

Städteboom und Wohnungselend

1 **Elendsquartiere vor den Toren Berlins.** Holzstich um 1872.

Spendenpostkarte zur Minderung der Wohnungsnot in Berlin. Gezeichnet von Käthe Kollwitz. 1912.

Auf engstem Raum: 6 Personen in einem Zimmer

Bedrückend für viele Arbeiterfamilien waren neben der Arbeitsbelastung und der ständigen Geldnot die engen und ärmlichen Wohnungen, in denen sie leben mussten:
Werner Sombart, ein Volkswirtschaftler, schrieb 1906 über die Wohnverhältnisse des Proletariats:

> **Q1** … In den meisten deutschen Großstädten wohnt annähernd die Hälfte aller Menschen in Wohnungen, die nicht mehr als ein Zimmer umfassen. Überbevölkert nennt die Statistik eine Wohnung, wenn 6 Personen und mehr in 1 Zimmer, 11 Personen und mehr in 2 Zimmern hausen. Und selbst davon gibt es eine recht erkleckliche Anzahl. In Berlin nahezu 30 000, in Breslau 7 000, in Chemnitz 50 000 …

Zu Hunderttausenden hatten Landarbeiter und Bauern, die nicht genügend Land besaßen, mit ihren Familien die Dörfer verlassen. Die Bevölkerung Berlins wuchs allein in der Zeit zwischen 1800 und 1850 von 153 000 auf 430 000 Einwohner. Schon 20 Jahre später war die Millionengrenze erreicht. In der Stadt – so hofften viele – würden sie Arbeit und Brot finden. Doch eine Arbeitsstelle garantierte noch längst keine Wohnung. Und mit dem explosionsartigen Städtewachstum konnte die Bauwirtschaft nicht Schritt halten. Angesichts der Wohnungsnot zimmerten sich kinderreiche Arbeiterfamilien am Stadtrand Berlins Hütten mit undichten Fenstern oder sie suchten in Kellern, Ställen und auf Dachböden Unterschlupf. Wer konnte, zog mit seiner Familie in eine der großen „Mietskasernen". Hierbei handelte es sich um Wohnblöcke, die von wohlhabenden Bürgern errichtet wurden, weil sie sich davon hohe Einnahmen versprachen. Diese Arbeiterwohnungen bestanden meist aus zwei Zimmern, in denen Familien von sechs bis zehn Personen lebten. In den Betten schliefen oft vier Kinder, zwei am Kopf- und zwei am Fußende. Die Ausstattung der Wohnungen war dürftig. Der einzig beheizbare Raum war die Küche, die zugleich Wohnzimmer war. Wasserleitungen in den Wohnungen gab es noch nicht. Von 1000 Wohnungen in Berlin verfügten

Städteboom und Wohnungselend

2 Mietskasernen um 1900.

3 Grundriss einer Berliner Mietskaserne.

noch 1880 nur 36 über ein Bad. Dennoch waren die Mieten unverhältnismäßig hoch. Da eine Wohnung mit Zimmer und Küche im Schnitt den Wochenlohn eines Arbeiters kostete, vermieteten viele Familie ein Bett oder einen Teil eines Bettes an einen allein stehenden jungen Mann oder eine junge Frau. Diese Personen wurden „Schlafgänger" genannt. In einem Zimmer wurden oft drei oder vier von ihnen untergebracht. Natürlich gab es auch Stadtbewohner, die alles andere als arm waren. Diese Leute wollten nicht in der verschmutzten Innenstadt leben und so bauten sie sich schöne Häuser in den Vororten der Städte.

1 Beschreibt die Wohnungsverhältnisse mit Hilfe des Textes und der Abbildung 2. Vergleicht das Mobiliar mit heutigen Wohnungseinrichtungen.

2 Zeichnet einen Grundriss eurer Wohnung und vergleicht mit Abb. 1.

3 Überlegt, welche Folgen sich aus der Wohnsituation für das Familienleben ergaben.

Familienleben und Fabrikindustrie
Über Auswirkungen der Fabrikindustrie auf das Familienleben berichtete R. Mohl 1835:

Q2 … Nicht nur der Familienvater ist den ganzen Tag vom Hause entfernt, ohne sich der Erziehung und Beaufsichtigung seiner Kinder … irgend widmen zu können, sondern häufig ist auch die Mutter ihrerseits ebenso lange täglich in derselben oder einer anderen Manufaktur beschäftigt. Sobald die Kinder irgend verwendbar sind …, so werden auch sie aus dem Hause gestoßen; bis zu diesem Zeitpunkt aber sind sie ohne alle Aufsicht oder unter einer um eine Kleinigkeit gemieteten, welche schlimmer ist als gar keine. Nicht einmal zu dem gemeinschaftlichen Mahl versammelt sich die Familie immer. Die Entfernung des Fabrikgebäudes … hält davon ab … Häufig dient die armselige und unwohnliche Hütte nur zum gemeinschaftlichen Ausschlafen …

4 Stellt fest, worin R. Mohl (Q2) Gefahren für das Familienleben sah. Überlegt, ob es auch Vorteile gab.

Schilder an der Haustür einer Bürgervilla in Berlin. Um 1900.

Wer löst die soziale Frage?

1 **Werkstatt des Rauhen Hauses, das 1823 gegründet wurde.** Darstellung von 1845.

Soziale Frage*:
Bezeichnung für die Notlage und die ungelösten sozialen Probleme der Arbeiter im 19. Jahrhundert, die mit der Industrialisierung entstanden waren. Dazu zählten z. B. das Wohnungselend, unzumutbare Arbeitsbedingungen, Verelendung aufgrund niedriger Löhne und hoher Arbeitslosigkeit.

Die Kirche greift ein
Angesichts des Elends, in dem die Arbeiter, ihre Frauen und Kinder leben mussten, stellte sich immer dringender die Frage: Was muss geschehen, um die menschenunwürdigen Lebensverhältnisse der Arbeiter zu beseitigen? Auf diese Frage, die man als „Arbeiterfrage" oder „Soziale Frage*" bezeichnete, gab es im 19. Jahrhundert ganz unterschiedliche Antworten:
Schon in der ersten Hälfte des 19. Jahrhunderts setzten sich evangelische und katholische Geistliche mit diesem Problem auseinander. So gründete Heinrich Wichern (1808 bis 1881) bereits 1833 in Hamburg das „Rauhe Haus", in das er verwaiste und obdachlose Kinder aufnahm. Als 1848 der erste „Deutsche Evangelische Kirchentag" stattfand, sagte er in einer Ansprache:

Q1 … Ihr Männer der Kirche, denkt auch an die Not der Menschen außerhalb der Kirchenmauern! Überall, wo die Armen vor Not keine Kraft mehr haben, die Botschaft Christi zu hören, da müsst ihr eingreifen. Alles Predigen wird nichts helfen, wenn nicht zugleich für das leibliche Wohl unserer Brüder gesorgt wird. …

Großes Aufsehen erregte auch ein Rundschreiben von Papst Leo XIII. im Jahre 1891. Er ermahnte darin nicht nur die Arbeiter zur treuen Pflichterfüllung, sondern auch die Arbeitgeber:

Q2 … Unehrenhaft und unmenschlich ist es, Menschen wie eine Ware nur zum eigenen Gewinn auszubeuten … Zu den wichtigsten Pflichten der Arbeitsherren gehört es, jedem das Seine zu geben … Dem Arbeiter den verdienten Lohn vorzuenthalten ist ein großes Verbrechen, das um Rache zum Himmel ruft. …

Besonders erfolgreich wirkte der Gründer der katholischen Gesellvereine, Adolf Kolping (1813–1865). Es gelang ihm in wenigen Jahren, überall im Deutschen Reich „Kolpinghäuser" gründen zu lassen, in denen wandernde Handwerksgesellen Unterkunft und Verpflegung fanden.

1 Welche Voraussetzungen müssen nach Wichern gegeben sein für eine wirksame Verkündigung des christlichen Glaubens?
2 Überlegt, wie Unternehmer oder Arbeiter auf den Satz in dem päpstlichen Rundschreiben „Jedem das Seine" reagiert?

Lösungsversuche von Kirchen und Unternehmern

2 Lokmontage. August Borsig hatte dieses Gemälde zur Verschönerung seiner Villa in Berlin-Moabit in Auftrag gegeben. Gemälde von Paul Meyerheim. 1876.

3 Gartenlaube in der ehemaligen Arbeitersiedlung „Borsigwalde". Mit dem Entschluss der Firmenleitung, ihr neues Werk am Stadtrand Berlins zu errichten, war auch der Bau einer Werkssiedlung für 4800 Arbeiter und 500 Angestellte der Borsigwerke verbunden. Foto um 1900.

Schnitt durch eines der um die Jahrhundertwende in Borsigwalde errichteten Häuser.
Trotz des Neubaus blieben die Wohnverhältnisse eng. In jeder Etage lebte eine mindestens vierköpfige Familie. Von Vorteil waren der kurze Weg zur Arbeit und der kleine Garten hinter dem Haus, der zum Anbau von Gemüse vorgesehen war.

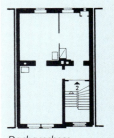
Dachgeschoss

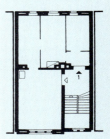
1. Obergeschoss

Fürsorge der Unternehmer

Einzelne Unternehmer versuchten wenigstens in ihren Betrieben das Elend der Arbeiter zu mildern. Zu ihnen gehörte auch August Borsig, dessen Fürsorgeleistungen in der damaligen Zeit als sehr fortschrittlich galten. Borsig zahlte seinen Arbeitern höhere Löhne als viele andere, er richtete für sie eine Kranken- und Sterbekasse ein zur Versorgung Hinterbliebener und senkte allmählich die Arbeitszeit auf zwölf Stunden täglich. Diese Verbesserungen sollten, so sagte Borsig 1848, „nicht allein das Wohl der Arbeiter fördern, sondern auch das Fortbestehen der Fabrik sichern". Ähnlich wie Borsig handelte auch der Unternehmer Alfred Krupp, der für seine Beschäftigten Arbeitersiedlungen bauen ließ, Schulen gründete und Läden einrichtete, in denen die Werksangehörigen Lebensmittel günstig einkaufen konnten. Die Zeitung der „Social-Demokrat" schrieb hierzu 1865:

Q3 … Humanität einzelner Fabrikanten gegen ihre Arbeiter ist ohne Zweifel eine höchst nennenswerte Sache, aber mit der Sozialen Frage haben diese Dinge nichts zu tun. Hierfür ist es ganz gleichgültig, ob es edle Fabrikanten gibt oder nicht, denn es handelt sich nicht darum, im Kleinen, sondern im Großen andere Zustände herzustellen und nicht darum, die Gnade oder den guten Willen einzelner Fabrikanten in Anspruch zu nehmen, sondern die Rechte – man verstehe wohl! – die Rechte der Arbeiter zu erkämpfen. …

3 Welche Ziele verfolgte Borsig mit seinen Maßnahmen?
4 Sprecht über den Eindruck, den die Darstellung von Borsig in der Abbildung 2 machen soll.
5 Spielt ein Gespräch zwischen Borsig oder Krupp und dem Verfasser des Zeitungsartikels.

Streik und sozialer Protest

1 Arbeiter beim Fabrikanten. Ölgemälde von Stanislaw Lenz, 1895.

Alle Räder stehen still …
1 Beschreibt Abbildungen 1 und 2. Achtet auf die Bekleidung und die Haltung der Personen.
2 Vermutet, was die Arbeiter sagen könnten.
3 Diskutiert, welche Möglichkeiten die Arbeiter damals hatten, um ihre Forderung gegenüber dem Fabrikanten durchzusetzen.
4 Betrachtet die Abbildung 3. Erläutert, was mit dem Text gemeint ist.

Die Maßnahmen von Unternehmern und Kirchen reichten nicht aus, um die Notlage der Arbeiter entscheidend zu verbessern. Deshalb kam es immer wieder zu Streiks. Mit den Arbeitsniederlegungen versuchten die Arbeiter ihre Forderungen gegenüber den Unternehmern durchzusetzen. Die Streiks richteten sich vor allem gegen zu lange Arbeitszeiten, zu starke Belastung durch die Maschinenarbeit, zu niedrige Löhne und zu strenge Befehlsgewalt durch die Fabrikherren. Die Streiks zeigten den Arbeitern, dass sie nur zusammen stark genug waren, um ihre Forderungen zu verwirklichen. Solidarität* war die Grundvoraussetzung für die Verbesserung ihrer Lebensbedingungen. Schon 1824 schlossen sich deshalb Arbeiter in England zu so genannten Gewerkschaften* zusammen um gemeinsam für bessere Arbeitsbedingungen zu kämpfen. Obwohl die Gewerkschaften schon 1825 in Großbritannien zugelassen wurden, mussten viele Gewerkschaftsführer um ihr Leben fürchten. Noch 1834 verbannte man acht Landarbeiter aus der englischen Grafschaft Dorset wegen Gewerkschaftsgründung nach Australien.

Die Gewerkschaften
Auch in Deutschland entstanden ab 1848 Gewerkschaften, in denen die Arbeiter Erfahrungen austauschten und gemeinsame Aktionen vorbereiteten. Sie forderten vor allem
– höhere Löhne,
– Beschränkung der täglichen Arbeitszeit auf zehn Stunden, bei Schwerarbeit auf acht Stunden,
– Schutz bei Krankheit, Unfall oder Arbeitslosigkeit.
Außerdem richteten die Gewerkschaften Streikkassen ein, aus denen Arbeiter und Familien bei längerfristigen Streiks unterstützt wurden. Derartige Zusammenschlüsse wurden in einzelnen deutschen Staaten erst ab 1861 zugelassen, in ganz Deutschland erst im Jahre 1872. Ein Arbeiter erinnerte sich an die Schwierigkeiten, die mit der Gründung

---

Solidarität*:
Das Eintreten füreinander; Zusammengehörigkeitsgefühl.

Gewerkschaften*:
Mitte des 19. Jh. schlossen sich zuerst in England Arbeiter zu Organisationen zusammen (Trade Unions), die bessere Arbeitsbedingungen und Löhne anstrebten. Wichtigstes Druckmittel der Gewerkschaften war der Streik, d. h. die zeitweise Niederlegung der Arbeit. Als erste Gewerkschaftsverbände in Deutschland entstand die der Tabakarbeiter (1865) und der Buchdrucker (1866).

Die Proletarier organisieren sich

2 Ein Streik bricht aus. Gemälde von Robert Köhler, 1886.

seines Gewerkschaftsvereins verbunden waren:

Q … Mein Plan, einen Fachverein für meinen Beruf zu gründen, war schneller gedacht als ausgeführt. Die Polizei witterte hinter jeder Arbeitervereinigung revolutionäre Verbindungen. Auch war es nicht so einfach, meine Formerkollegen für den Plan zu begeistern; die Furcht vor Entlassung hielt viele zurück. Im Laufe der Jahre gelang es aber, eine Anzahl tüchtiger und treuer Kollegen zu gewinnen. … Um die Statuten unseres Vereins von der Polizei genehmigt zu erhalten, musste alles vermieden werden, was bei den Behörden Anstoß erregen konnte. Von Streik oder Lohnbewegung durfte im Statut nicht die Rede sein. Deshalb hieß es: „Der Zweck des Vereins ist die Ehre und das Interesse der Former und verwandter Berufsgenossen zu wahren." …

5 Beschreibt die Schwierigkeiten der Arbeiter, die sich in Gewerkschaften organisierten.
6 Nennt die Ziele der Gewerkschaften damals.
7 Erkundigt euch, welche Gewerkschaften es heute gibt und wofür sie sich einsetzen.

3 Bildpostkarte der Gewerkschaften. Um 1910.

Gewerkschaften und Arbeitskämpfe. Im Deutschen Reich sind 2,5 Millionen Arbeiter (mehr als ein Viertel aller Arbeiter) in den freien Gewerkschaften organisiert, fast eine Million in der Sozialdemokratie.

Zahl der Arbeitskämpfe im Deutschen Reich:
1848:
49 Arbeitskämpfe
1869:
152 Arbeitskämpfe
1871:
158 Arbeitskämpfe
1872:
352 Arbeitskämpfe
1881:
15 Arbeitskämpfe
1884:
60 Arbeitskämpfe
1890:
390 Arbeitskämpfe
1891:
226 Arbeitskämpfe.

Auf dem Weg zur Arbeiterpartei

1875:
Gründung der „Sozialistischen Arbeiterpartei Deutschlands", die ab 1890 „Sozialdemokratische Partei Deutschlands" hieß.

Produktionsmittel*:
Güter, mit denen produziert werden kann (z. B. Maschinen).

1 Postkarte zum Wahlrecht. Um 1912.

Die Entstehung der SPD

Die Gewerkschaften wollten die Arbeitsbedingungen der Arbeiterschaft verbessern, höhere Löhne und kürzere Arbeitszeiten erreichen. Das war Ferdinand Lassalle (1825 bis 1864), einem Journalisten, zu wenig. Er gründete 1861 den Allgemeinen Deutschen Arbeiterverein (ADAV). Sein Ziel war das Wahlrecht für alle Arbeiter; diese sollten dann Abgeordnete wählen, die ihre Interessen im Parlament vertreten würden. Die Lösung der sozialen Frage erwartete Lassalle also vom Staat. Außerdem forderte die Partei die Verwaltung der Fabriken durch die Arbeiter. Eine zweite Arbeiterpartei wurde 1869 in Eisenach von dem Drechslermeister August Bebel (1840–1913) und dem Zeitungsredakteur Wilhelm Liebknecht gegründet. Anders als Lassalle setzte diese Partei ihre Hoffnungen zunächst auf eine Revolution. Im Jahre 1875 schlossen sich beide Parteien zur „Sozialistischen Arbeiterpartei Deutschlands" zusammen, die ab 1890 „Sozialdemokratische Partei Deutschlands" (SPD) hieß. Das Parteiprogramm der SPD enthielt unter anderem folgende Ziele:
– Allgemeines Wahlrecht für alle Staatsangehörigen vom 20. Lebensjahr an
– direkte Gesetzgebung durch das Volk
– Verwandlung der Produktionsmittel* in gesellschaftliches Gemeingut
– Abschaffung aller sozialen Ungleichheit. Verbot der Kinderarbeit und Schutzgesetze für das Leben und die Gesundheit der Arbeiter.

Die SPD wird stärkste Partei

Trotz des Verbots und der Verfolgung durch die kaiserliche Reichsregierung unter Bismarck wurde die SPD schnell zur stärksten Partei in Deutschland. Strittig blieb in der SPD jedoch bis ins 20. Jahrhundert die Frage, wie die im Parteiprogramm enthaltenen Ziele erreicht werden sollten. War es möglich eine sozialistische Gesellschaft auf friedlichem Wege und durch Reformen durchzusetzen oder konnte dies nur durch einen revolutionären Umsturz gelingen?

1 Nehmt Stellung zu den Forderungen der Sozialdemokratie aus der Sicht eines Unternehmers.

Reform oder Revolution?

„Ein Gespenst geht um in Europa"
Im Jahr 1848 erschien eine Schrift mit dem Titel „Manifest der kommunistischen Partei":

Q1 ... Ein Gespenst geht um in Europa – das Gespenst des Kommunismus. ... Zweck der Kommunisten ist die Eroberung der politischen Macht durch das Proletariat ... Die Kommunisten erklären es offen, dass ihre Zwecke nur erreicht werden können durch den gewaltsamen Umsturz aller bisherigen Gesellschaftsordnung. Mögen die herrschenden Klassen vor einer kommunistischen Revolution zittern. Die Proletarier haben nichts zu verlieren als ihre Ketten. Sie haben eine Welt zu gewinnen.
Proletarier aller Länder vereinigt! ...

2 Karl Marx (1818–1883).

Verfasser des Manifestes waren Karl Marx und sein Freund Friedrich Engels (s. Seite 192). Sie zählten zu den schärfsten Kritikern der sozialen Missstände und hatten mit ihren Schriften großen Einfluss auf die politische Diskussion innerhalb der Arbeiterparteien. Die wirtschaftlichen und politischen Veränderungen ihrer Zeit erklärten sie 1848 wie folgt:

Q2 ... Die ganze Gesellschaft spaltet sich mehr und mehr in zwei große feindliche Lager, in zwei große einander direkt gegenüberstehende Klassen – Bourgeoisie* und Proletariat. Am Anfang kämpfen die einzelnen Arbeiter, dann die Arbeiter einer Fabrik gegen den einzelnen Bourgeois, der sie direkt ausbeutet. ... Mit der Vereinigung der Arbeiter sind der Untergang der Bourgeoisie und der Sieg des Proletariats unvermeidlich. ...

Mit dem Zusammenschluss der Arbeiterschaft zu einer machtvollen revolutionären Bewegung würde sich – so Marx – das Proletariat von der Unterdrückung befreien, die politische Herrschaft an sich reißen und das Privateigentum an Produktionsmitteln abschaffen.

2 Haltet fest, worin Marx und Engels die Lösung des Klassengegensatzes zwischen Bourgeoisie und Proletariat sahen.
3 Informiert euch in einem Lexikon über das Leben von Karl Marx.

Kritik an den Lehren von Marx und Engels
Eduard Bernstein (1850–1932), führender Politiker der SPD trat für eine Anpassung der Lehren von Marx und Engels an die veränderten Verhältnisse ein.
Im Jahre 1899 schrieb er, dass die Voraussagen von Marx und Engels nicht eingetroffen seien. Die Zahl der Besitzenden – so stellte er fest – sei nicht kleiner, sondern größer geworden. In den Industrieländern – so schrieb er außerdem – habe sich eine Entwicklung vollzogen, die so nicht voraussehbar gewesen sei:
– es wurden Fabrikgesetze zum Schutz der Arbeiterinnen und Arbeiter erlassen
– die Gewerkschaften können ungehindert für die Verwirklichung ihrer Ziele kämpfen
– das Leben wurde allgemein eher demokratischer, d. h., auch die Arbeiter können in vielen Bereichen auf die politischen Entwicklungen Einfluss nehmen
– die Bourgeoisie ist mit dieser Entwicklung weitgehend einverstanden und bekämpft sie nicht.
Bernstein kam daher zu der Schlussfolgerung, dass die Notwendigkeit für einen großen Zusammenbruch der bisherigen Gesellschaftsordnung nicht mehr gegeben sei.

4 Erläutert in eigenen Worten, warum Bernstein eine gewaltsame Lösung der sozialen Frage nicht mehr für notwendig hielt.

1848:
Karl Marx und Friedrich Engels verfassen das „Manifest der kommunistischen Partei".

Bourgeoisie*:
(frz. = Bürgertum). Bezeichnung für das Besitz- und Bildungsbürgertum, das im 19. Jahrhundert auch an politischem Einfluss gewann. Hierzu gehörten z. B. Unternehmer, Bankiers oder Professoren.

Frauen kämpfen um ihre Rechte

1 Bei einer Arbeiterinnenversammlung treffen sich sozialdemokratische Frauen, um ihre Interessen zu diskutieren.
Illustrierte Zeitung. Leipzig Holzstich von Carl Koch. 1890.

Clara Zetkin wurde 1857 in Wiederau bei Rochlitz geboren. Seit ihrer Ausbildung am Lehrerinneninstitut in Leipzig betätigte sie sich in der sozialistischen Bewegung. Sie leitete die Frauenzeitschrift „Die Gleichheit" und zählte zu den Führungsfiguren der proletarischen Frauenbewegung.

„Frau und Arbeiter haben gemein, Unterdrückte zu sein"

Mit diesem Satz begann August Bebel sein Buch: Die Frau und der Sozialismus, das im Jahre 1879 veröffentlicht wurde. Bebel forderte darin die Frauen auf, die Gleichberechtigung im Berufsleben und in der Politik „Hand in Hand mit der proletarischen Männerwelt" durchzusetzen. Arbeiterinnen und Arbeiterfrauen sollten sich deshalb der Sozialdemokratie anschließen. Tatsächlich setzte sich die SPD als einzige Partei für das Frauenwahlrecht ein. Viele Frauen folgten daher dem Aufruf Bebels, wurden aber oft auch hier zunächst enttäuscht. So schrieb die Fabrikarbeiterin Adelheid Popp (1869–1939), die der Partei 1885 beitrat:

Q1 … Nie hörte oder las ich von Frauen in Versammlungen und auch alle Aufforderungen meiner Partei-Zeitung waren immer nur an die Arbeiter, an die Männer gerichtet … Auch wurde in den Versammlungen nur für Männer gesprochen. Keiner der Redner wendet sich auch an die Frauen. Es schien alles nur Männerleid und Männerelend zu sein. …

Die sozialdemokratische Frauenbewegung engagierte sich für die Interessen der Arbeiterinnen, indem sie neben dem Frauenwahlrecht auch kürzere Arbeitszeiten und gleiche Löhne für Männer und Frauen forderte. Seit Mitte der 90er Jahre nahmen die Frauen verstärkt an Arbeitskämpfen teil. In Berlin gab es den ersten großen Arbeitskampf im Februar 1896. Etwa 20 000 Beschäftigte der Konfektionsindustrie, unter ihnen eine große Anzahl von Frauen, streikten für höhere Löhne und für die Anerkennung von Lohntarifen. Der Streik griff auch auf andere Städte über – nach Cottbus, Dresden, Erfurt, Halle und Stettin. Die Arbeiter und Arbeiterinnen erreichten in Berlin eine Lohnerhöhung bis zu 30 % und die proletarische Frauenbewegung erlebte durch diese Aktionen einen gewaltigen Aufschwung.

1 Spielt ein Streitgespräch zwischen einem Arbeiter und einer Arbeiterin über die Forderung nach gleichem Lohn für Männer und Frauen.

Dürfen Mädchen auf das Gymnasium?

Andere Ziele hatte der bürgerliche „Allgemeine Deutsche Frauenverein", der 1865 in Leipzig gegründet worden war. Seine zentralen Forderungen waren das Recht auf Arbeit und die Erweiterung der Erwerbstätigkeit für Frauen. So schrieb eine Frau, die aus einem begüterten Elternhaus kam, im Jahr 1863:

Q2 … Während man es für einen jungen Mann als eine Sache der Ehre ansieht, sich sein Brot zu erwerben, betrachtet man es als eine Art von Schande, die Töchter ein Gleiches tun zu lassen. Nimmt eine Kaufmannstochter, eine Professorentochter eine

Bürgerliche und proletarische Frauenbewegung

Gesetz-Sammlung für die Königlichen Preußischen Staaten – Nr. 20 –

Wir Friedrich Wilhelm, von Gottes Gnaden, König von Preußen etc. …
verordnen für den ganzen Umfang der Monarchie, … was folgt: …

§8

Für Vereine, welche bezwecken politische Gegenstände in Versammlungen zu erörtern, gelten außer vorstehenden Bestimmungen nachstehende Beschränkungen:
a) Sie dürfen keine Frauenspersonen, Schüler und Lehrlinge als Mitglieder aufnehmen.
Frauenspersonen, Schüler und Lehrlinge dürfen den Versammlungen und Sitzungen solcher politischen Vereine nicht beiwohnen. Werden dieselben auf die Aufforderung des anweisenden Abgeordneten der Obrigkeit nicht entfernt, so ist Grund zur Auflösung der Versammlung oder der Sitzung (§ 5.6.) vorhanden.

2 Auszug aus dem preußischen Vereinsgesetz von 1851. Illustrierte Zeitung. Leipzig 1890.

3 Aufruf zum 4. internationalen Frauentag. Der Berliner Polizeipräsident hielt die Schlagzeile für eine Beleidigung der Obrigkeit und verbot die Plakatierung. 1914.

Stelle als Lehrerin, als Gesellschafterin oder als Kindergärtnerin an, so wird dieses Ereignis irgendwie beschönigt. Es heißt, sie haben eine so große Vorliebe für den Verkehr mit Kindern. …

Während die Frauen aus proletarischen Familien gezwungen waren für den kargen Lebensunterhalt der Familie mitzuarbeiten, durften Frauen aus bürgerlichen Verhältnissen ohne die Zustimmung ihrer Ehemänner keinem Gewerbe nachgehen. Und bis zum Ende des 19. Jahrhunderts war es Mädchen und Frauen verboten, das Gymnasium zu besuchen oder zu studieren. Viele Männer und Frauen teilten die Meinung, die Max Planck, Direktor eines Universitätsinstituts in Berlin, um 1900 äußerte:

Q3 … Man kann doch nicht stark genug betonen, dass die Natur selbst der Frau ihren Beruf als Mutter und Hausfrau vorgeschrieben hat und Naturgesetze unter keinen Umständen ohne schwere Schädigungen umgangen werden können. …

2 Bewertet die Argumente Plancks zur Ablehnung des Frauenstudiums (Q3).
3 Stellt mit Hilfe von Q2 die Berufe fest, in denen bürgerliche Frauen arbeiten konnten.

Erfolge der Frauenbewegung

Die Möglichkeiten der Frauenbewegung, ihre Forderungen durchzusetzen, wurden durch die preußische Regierung stark eingeschränkt. Das Vereinsgesetz von 1850 (s. Abb. 2) untersagte es den Frauen, sich in den Vereinen mit Politik zu beschäftigen. Doch die Frauen gründeten die von der Polizei verbotenen Vereine immer wieder neu. Allein der bürgerliche „Bund deutscher Frauenvereine" zählte um 1900 über 70 000 Mitglieder. Als das preußische Vereinsgesetz 1908 aufgehoben wurde, durften Frauen sich zwar versammeln und Mitglied in einer Partei oder Gewerkschaft werden. Das Frauenwahlrecht wurde aber erst im Jahre 1918 eingeführt.

4 Überlegt, wie die Frauen die Vereinsgesetze (Abb. 2) umgehen konnten.
5 Informiert euch über die Geschichte des Internationalen Frauentages (Abb. 3).

Nirgendwo erreichte die Frauenbewegung ein vergleichbar großes Ausmaß wie in England. „Suffragetten" nannte man hier die Frauen, die in England für das Frauenwahlrecht kämpften. Einige von ihnen bewiesen große Unerschrockenheit. Sie ließen sich an Palastgitter fesseln (siehe oben) oder traten in den Hungerstreik. Emily Davidson opferte der Sache der Frauen ihr Leben und warf sich vor das Pferd des Königs.

Ein Generalstreik wird zum „Tag der Arbeit"

1 Titelblatt aus der Maifestnummer des „Süddeutschen Postillions" aus dem Jahr 1894.

2 „Auf, zum Feste All' herbei, Feiern wir den ersten Mai!" Aus: „Der wahre Jakob". 25.4.1899.

1. Mai 1890: Erste Maimanifestationen der Arbeiterbewegung.

Der 1. Mai

1889 als einmaliger internationaler Kampftag für den Achtstundentag geplant, entwickelte sich der 1. Mai zum „Tag der Arbeit" und zum traditionellen Festtag der Arbeiter in aller Welt. So fanden am 1. Mai 1890 die ersten Maimanifestationen der Arbeiterbewegung in Argentinien, in den USA und in 18 europäischen Ländern statt. Allein in London demonstrierten etwa 300 000 Menschen und auch im Deutschen Reich folgten Zehntausende von Arbeitern dem Aufruf zu den Kundgebungen. Da in Preußen Festumzüge von der Polizei genehmigt werden mussten, was nur selten vorkam, verabredeten sich Arbeiter und Arbeiterinnen zu einem gemeinsamen „Ausflug ins Grüne". Ottilie Bader (1847 bis 1925), Fabrikarbeiterin, berichtet von der ersten Maifeier 1890 in Berlin:

> Q ... Es war am Donnerstag, den 1. Mai 1890. Man sah bereits in den frühen Vormittagsstunden sonntäglich gekleidete Gruppen von Arbeiterfamilien hinausziehen ins Freie. Wie war das nur möglich? An einem Arbeitstage wagten die Proletarierscharen nicht zu arbeiten, dem Unternehmer damit den Profit zu kürzen? Sie wagten zu feiern an einem Tage, der nicht von Staat oder Kirche als Feiertag festgelegt war? Es war (in Paris) vereinbart worden, dass in allen Ländern an die Regierungen Forderungen zum Schutz der Arbeiter gestellt und mit Nachdruck vertreten werden müssen. Die Arbeitszeit sollte verkürzt, Kinderarbeit verboten werden und anderes mehr. Dann erst würde der Arbeiter sich seiner Familie widmen können und dann endlich einmal auch Zeit finden, an seiner geistigen Fortbildung zu arbeiten ...

Bis nach dem ersten Weltkrieg galt die Arbeitsruhe am 1. Mai meist als Streik. Später wurde das Datum als Tag der Arbeit zum Feiertag erklärt.

1 Lest den Bericht von Ottilie Bader (Q) und diskutiert über ihre Ansicht zu diesem Feiertag.
2 Sprecht mit euren Eltern und Großeltern darüber, wie der 1. Mai in der DDR gefeiert wurde.
3 Sammelt Informationen (Plakate, Berichte, Informationsmaterial der Gewerkschaften), wie heute der 1. Mai begangen wird.
4 Gestaltet zum Thema „1. Mai – Tag der Arbeit" eine Wandzeitung.

Zusammenfassung

Technische Neuerungen
Die Industrialisierung begann im 18. Jahrhundert in England. Technische Erfindungen wie z. B. Spinnmaschinen führten zu einem radikalen Wandel in der Textilindustrie: Wenige Menschen konnten mit Hilfe der neuen Maschinen jetzt schnell, preiswert und in großen Mengen Waren produzieren. Durch die Erfindung der Dampfmaschine und der Lokomotiven konnten die Waren in kurzer Zeit überall hin befördert werden. Die erste deutsche Eisenbahn fuhr 1853 von Nürnberg nach Fürth. Unter Führung Preußens hatten sich die deutschen Kleinstaaten schon ein Jahr zuvor zum deutschen Zollverein zusammengeschlossen; d. h.: es gab jetzt innerhalb des Deutschen Zollvereins keine Grenzen mehr, die den Warenverkehr behinderten.

Soziale Folgen der Industrialisierung
Mit der fortschreitenden Industrialisierung verlor die alte ständische Ordnung immer mehr an Bedeutung. An die Stelle des „Geburtsadels" trat der „Geldadel". Dazu gehörten vor allem die Unternehmer, die in ihren Fabriken oft mehrere tausend Menschen beschäftigten. Eine angesehene Stellung in der Gesellschaft besaßen auch die Angestellten, also Ingenieure, Buchhalter usw. Für die Arbeiter wurde die Bezeichnung „Proletarier" gebräuchlich. Ihre Arbeits- und Lebensbedingungen waren äußerst schlecht: Verelendung aufgrund niedriger Löhne und hoher Arbeitslosigkeit, unzumutbare Arbeitsbedingungen und menschenunwürdige Wohnverhältnisse zählten zu den ungelösten sozialen Problemen der Arbeiter.

Lösungsversuche zur sozialen Frage
Angesichts des Elends, in dem Arbeiter, ihre Frauen und Kinder leben mussten, fühlten sich die Kirchen (Wichern, Kolping u. a.) und verantwortungsbewusste Unternehmer (Borsig, Krupp u. a.) dazu aufgerufen, Verbesserungen durchzuführen. Für eine revolutionäre Lösung der sozialen Frage setzten sich dagegen Marx und Engels ein, die 1848 das „Kommunistische Manifest" veröffentlichten. Mit der Durchführung von Streiks, der Gründung von Gewerkschaften und schließlich von Arbeiterparteien durch Lassalle sowie Bebel und Liebknecht konnten die Arbeiter ihre Situation schrittweise verbessern und auch das Wahlrecht erkämpfen. Das Frauenwahlrecht wurde erst 1918 in Deutschland eingeführt.

18. Jahrhundert

England wird zum Mutterland der industriellen Revolution.

Um 1830

Beginn der Industrialisierung in Mitteleuropa und Deutschland.

1848

Marx und Engels veröffentlichen das Manifest der kommunistischen Partei.

1875

Gründung der Sozialdemokratischen Partei in Gotha.

Kaiserreich und nationale Idee

Im Spiegelsaal des Versailler Schlosses versammelten sich am 18. Januar 1871 deutsche Fürsten und hohe Offiziere, um das Deutsche Reich zu gründen. Ihre Hochrufe galten dem preußischen König Wilhelm I., der soeben zum Kaiser dieses neuen Reiches ausgerufen wurde. Preußen hatte einen Krieg mit Frankreich provoziert, das vereinte deutsche Heer geleitet und den Sieg zur Kaiserproklamation genutzt. Vertreter des Volkes waren bei der Zeremonie in Versailles nicht anwesend. Mehr noch: Die deutschen Fürsten, allen voran Wilhelm I., hatten die Forderungen nach einem demokratischen deutschen Staat 1848/49 blutig unterdrückt und sie waren auch jetzt nicht bereit, die Macht und die Vorrechte des Adels einzuschränken. Sie gründeten ein Reich der Reichen, in dem ein großer Teil des deutschen Volkes um Recht und Freiheit betrogen wurde. Trotzdem wurde die Reichsgründung in Deutschland mit großen Festen gefeiert. Sie war für viele Menschen die Verwirklichung eines lang gehegten Wunsches. Große Verbitterung herrschte hingegen in Frankreich über die Ausrufung des Deutschen Kaiserreiches in der Residenz der französischen Könige.

Kaiserreich und nationale Idee

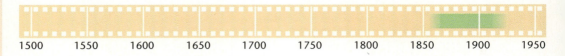
1500　1550　1600　1650　1700　1750　1800　1850　1900　1950

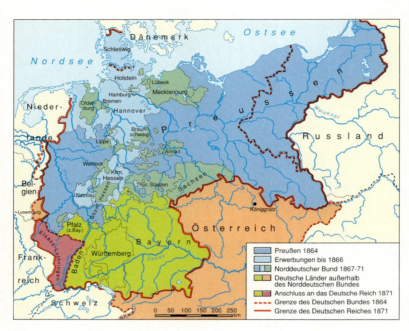

1 Die Länder des Deutschen Reiches.

*1866:
Niederlage Österreichs gegen Preußen in der Schlacht bei Königgrätz.*

Preußen und Österreich als Rivalen
Im Jahre 1818 hatten sich 35 Fürstentümer und vier freie Reichsstädte zum „Deutschen Bund" zusammengeschlossen. In diesem Bund waren zwei große Einzelstaaten vertreten: Preußen und Österreich. Beide Staaten versuchten seitdem ständig die alleinige Vorherrschaft im Deutschen Bund zu erreichen. Besonders Preußen drängte darauf, die Machtfrage endgültig zu entscheiden. Preußen war dabei vor allem daran interessiert, sich die Staaten in Norddeutschland einzuverleiben, die noch zu Österreich und Dänemark gehörten, um so ein zusammenhängendes Staatsgebiet zu erhalten.
Der Mann, der diese Bestrebungen besonders förderte, war der preußische Ministerpräsident Otto von Bismarck. Er war 1863 von König Wilhelm I. (1797–1888) zum Ministerpräsidenten in Preußen ernannt worden. Schon ein Jahr zuvor hatte er als Abgeordneter in einer Rede vor dem Parlament deutlich gemacht, wie er den Konflikt zwischen Österreich und Preußen entscheiden wollte:

Q1 … Preußens Grenzen … sind für ein gesundes Staatsleben nicht günstig. Nicht durch Reden und Mehrheitsbeschlüsse werden die großen Fragen der Zeit entschieden – das ist der große Fehler von 1848 und 1849 –, sondern durch Eisen und Blut. …

Durch immer neue Forderungen brachte Bismarck Österreich dazu, im Jahre 1866 Preußen den Krieg zu erklären. Schon nach wenigen Wochen wurden die österreichischen Truppen in der Schlacht von Königgrätz vernichtend geschlagen. Österreich schied aus dem Deutschen Bund aus.

1 Wie würdet ihr Bismarck nach dieser Rede (Q1) charakterisieren? Sammelt entsprechende Adjektive wie z. B. zielstrebig oder kaltblütig. – Begründet eure Entscheidung.
2 Beschreibt Bismarcks Einstellung zum Parlament und zur Revolution von 1848/49.
3 Seht euch die Abb. 1 an. Welche Vorteile brachte die Gebietserweiterung für Preußen?

Die Gründung des Deutschen Reiches

2 Karikatur auf Preußens Annexionen und die Gründung des Norddeutschen Bundes.

3 Otto von Bismarck (1815–1898), Ministerpräsident in Preußen. Um 1870.

Preußen wird Führungsmacht

Bismarck hatte durch den Sieg bei Königsgrätz den Machtkampf mit Österreich zugunsten Preußens entschieden. Während der preußische König die vollständige Niederwerfung Österreichs wünschte, drängte Bismarck auf einen maßvollen Frieden:

> **Q2** … Österreich darf nicht gedemütigt werden. Man muss für die Zukunft seine Freundschaft gewinnen, sonst wird es der Bundesgenosse Frankreichs… Wir wollen nicht Richter über Österreich spielen…, sondern die Anbahnung der deutschen Einheit unter dem König von Preußen ins Auge fassen. …

Die „Anbahnung der deutschen Einheit" begann nur ein Jahr später mit der Gründung des „Norddeutschen Bundes"; ihm gehörten alle Staaten nördlich des Mains an. An der Spitze des Bundes stand der preußische König, dem alle Truppen unterstellt wurden. Bundeskanzler wurde Bismarck. Sein Ziel war es, auch die vier süddeutschen Staaten, nämlich Bayern, Baden, Württemberg und Hessen in den Bund einzugliedern. Dagegen allerdings wehrte sich Frankreich ganz entschieden. Ein Deutsches Reich unter der Führung Preußens schien ihm eine zu große Gefahr zu sein. Bismarck schloss daher mit den süddeutschen Staaten zunächst nur geheime „Schutz- und Trutzbündnisse"; die süddeutschen Staaten verpflichteten sich darin, im Kriegsfall ihre Truppen dem Oberbefehl des preußischen Königs zu unterstellen. Die vollständige Einheit Deutschlands schien nur noch eine Frage der Zeit zu sein.

Voller Bewunderung schrieb ein Professor, der zunächst für die Machtpolitik Bismarcks nur Verachtung gezeigt hatte:

> **Q3** … Ich beuge mich vor dem Genie eines Bismarck… Was uns Uneingeweihten als Übermut erschien, es hat sich hinterher herausgestellt als unerlässliches Mittel zum Ziel (der deutschen Einheit). Ich gebe für einen solchen Mann der Tat 100 Männer … der machtlosen Ehrlichkeit. …

4 Wie begründet der Professor in Q3 seinen Sinneswandel? Sprecht über den Satz: „In der Politik heiligt der Erfolg die Mittel."
5 Vergleicht die Einschätzung der Außenpolitik Bismarcks in Q3 mit der Aussage der Karikatur (Abb. 2).

1867:
Gründung des Norddeutschen Bundes unter Führung Preußens.

Durch Krieg zum deutschen Nationalstaat

1 „Unsere Fahne – trotz alledem". Straßenszene in Straßburg von 1871. Gemälde von A. Lemercie.

1870/71: Deutsch-französischer Krieg.

Ein „notwendiger Krieg" mit Frankreich?
Die Spannungen zwischen Preußen und dem um seine Sicherheit besorgten Frankreich nahmen immer mehr zu. Im Jahre 1868 meinte Bismarck in einem Gespräch:

Q1 … Ich sehe einen baldigen Krieg mit Frankreich als eine unabweisliche Notwendigkeit an … Mit Rücksicht auf die süddeutschen Staaten liegt es in unserem Interesse, nicht den Anlass zu einem Krieg zu geben. Aufgrund der mit ihnen geschlossenen Schutzverträge können wir mit voller Bestimmtheit auf ihre Hilfe rechnen, wenn der Krieg von Frankreich erklärt wird. …

Zum äußeren Anlass für den Krieg wurde die Frage nach der Thronfolge in Spanien. Prinz Leopold von Hohenzollern-Sigmaringen, ein Verwandter des preußischen Königs, bewarb sich um die spanische Königskrone. Bismarck unterstützte diese Bewerbung. Frankreich aber protestierte mit Nachdruck gegen diese „Einkreisung" durch die Hohenzollern. Prinz Leopold verzichtete daraufhin sofort auf seine Kandidatur. Das aber genügte der französischen Regierung nicht. In einem Schreiben an Wilhelm I. forderte sie einen Verzicht auf den spanischen Thron für alle Zeiten.

Wilhelm I. wies diese Forderung entschieden zurück. Am 19. Juli 1870 erklärte Frankreich daraufhin den Krieg. Die süddeutschen Staaten schlossen sich sofort dem Norddeutschen Bund an, eine Welle der Kriegsbegeisterung erfasste ganz Deutschland.
Wenige Wochen später musste die französische Armee am 2. September 1870 bei Sedan kapitulieren. Mit fast 100 000 Soldaten geriet auch der französische Kaiser Napoleon in Gefangenschaft, doch der Krieg ging weiter. Erst im Januar 1871 kapitulierte Frankreich. Im Friedensvertrag wurde es zu einer hohen Entschädigungssumme verurteilt; außerdem musste es das Elsass und Teile Lothringens abtreten (s. Abb. 1). Viele Stimmen, auch Bismarck, warnten mit dem Hinweis, dass mit allzu harten Bedingungen schon der Grundstock zum nächsten Krieg gelegt würde. Doch dieses Mal konnte sich Bismarck gegen die Militärführung nicht durchsetzen. Eine tiefe Feindschaft trennte nun beide Völker.

1 Gibt es eurer Meinung nach „notwendige" oder gerechtfertigte Kriege? Begründet eure Meinung.
2 Nennt Gefahren, die aus den harten Friedensbedingungen entstehen konnten!
3 Erklärt Titel und Motiv der Abbildung 1.
4 Berichtet, was ihr über das deutsch-französische Verhältnis heute wisst.

Einheit oder Freiheit?

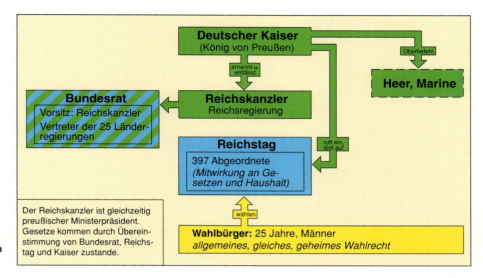

2 Die Reichsverfassung von 1871.

1871: Gründung des Deutschen Reiches. Wilhelm I. (1797–1788) wird deutscher Kaiser. Im Volksmund wurde er „Kartätschenprinz" genannt, weil er 1849 als Oberbefehlshaber der preußischen Truppen und im Auftrag seines Bruders – Friedrich Wilhelms IV. – die Revolution blutig niederschlug. „Kartätschen" waren mit klein gehacktem Blei gefüllte, gefährliche Artilleriegeschosse, die die preußischen Truppen gegen die Barrikadenkämpfer einsetzten.

Wilhelm I. wird deutscher Kaiser
5 Beschreibt die Abbildung 1.
6 Überlegt, warum die Ausrufung Wilhelms I. zum deutschen Kaiser in Versailles und z. B. nicht in Berlin vorgenommen wurde.

Schon während des Krieges mit Frankreich notierte der preußische Kronprinz in sein Tagebuch:

Q2 ... Wohl aber drängt die deutsche Geschichte jetzt auf eine baldige Wiederherstellung von Kaiser und Reich durch unser königliches Haus. Dieses Ereignis kann in keinem günstigeren Momente eintreten, als in jenem Augenblick, an dem unser König an der Spitze des deutschen Heeres als Sieger über Frankreich auf französischem Boden steht. ...

Mit dieser Einschätzung traf der Prinz die Stimmung im deutschen Volk. Viele hofften auf ein einheitliches Deutsches Reich. Bismarck hatte schon während des Krieges Verhandlungen über die Reichsgründung geführt. Dabei musste geklärt werden, welche Rechte der deutsche Kaiser haben sollte und auf welche Rechte die Fürsten verzichten mussten. Am 18. Januar 1871 war es soweit: Der preußische König Wilhelm I. wurde im Spiegelsaal des Schlosses in Versailles zum deutschen Kaiser ausgerufen.

Die Verfassung von 1871
Die Freude über die Gründung des Deutschen Reiches war groß, aber von der Verfassung waren viele Demokraten enttäuscht. So fehlten in der Reichsverfasssung z. B. die Grundrechte, die die Verfassung der Frankfurter Nationalversammlung von 1849 enthielt (s. Seite 182). Und die oberste Gewalt im Reich ging nicht vom Volk, sondern von den Fürsten aus. Damit nichts gegen ihre Interessen geschehen konnte, mussten alle Gesetze, die die Abgeordneten des Volkes im Reichstag beschlossen, auch von den Vertretern der Fürsten im Bundesrat bestätigt werden. Der Kaiser war alleiniger Oberbefehlshaber der Armee und konnte im Namen des Reiches den Krieg erklären. Er ernannte den Reichskanzler, der nur von ihm abhängig war. Der Reichskanzler konnte den Reichstag einberufen oder auch auflösen. So war er nicht von den Vertretern des Volkes, sondern nur vom Vertrauen des Kaisers abhängig.
7 Erstellt eine Tabelle mit den Rechten des Kaisers, des Reichstages und des Reichskanzlers.
8 Vergleicht diese Reichsverfassung mit den Vorstellungen der Demokraten (s. Seite 182).

Bismarcks Politik gegen die Arbeiterbewegung

1 „**Keeping it down**". Karikatur aus der englischen Zeitschrift „Punch". 1878.

Parteistempel während des Sozialistengesetzes, die vor allem für die Quittierung von Geldbeträgen benutzt wurden.

1878: Verabschiedung der Sozialistengesetze durch den Reichstag.

Sozialisten als „vaterlandslose Gesellen"?

In Preußen wurde nach dem Dreiklassenwahlrecht gewählt: Wer über hohe Einnahmen verfügte, hatte bei den Wahlen mehr Stimmen als derjenige, der nichts besaß. So saßen im Parlament hauptsächlich die Vertreter der Großgrundbesitzer und Fabrikanten. An Verbesserungen für die Arbeiter waren sie nicht sonderlich interessiert. Bei den Wahlen stimmten daher immer mehr Arbeiter für die Sozialdemokratie, von der sie hofften, dass sie durch entsprechende Gesetze ihre Lage verbessern könne. Bismarck verfolgte die Ausbreitung der Sozialisten mit wachsendem Unbehagen. Für ihn waren sie „vaterlandslose Gesellen" und Revolutionäre, die einen gewaltsamen Umsturz der Gesellschaft herbeiführen wollten.

Im Jahre 1878 wurden auf Kaiser Wilhelm I. zwei Attentate verübt. Bismarck beschuldigte fälschlicherweise die Sozialdemokraten, hieran beteiligt gewesen zu sein. Im Reichstag setzte er noch im gleichen Jahr das „Gesetz gegen die gemeingefährlichen Bestrebungen der Sozialdemokratie" durch. Zwar wurde die SPD als Partei nicht verboten, aber jegliche politische Betätigung wurde ihr untersagt; Veranstaltungen durften nicht mehr durchgeführt werden, Parteizeitungen nicht mehr erscheinen. Wer sich verdächtig machte, wurde innerhalb von 48 Stunden ausgewiesen.

1 Beschreibt die Abbildung 1. – Wie sieht nach Ansicht des Zeichners Bismarck die Sozialisten?

In einem Bericht aus dem Jahr 1882 heißt es:

> **Q1** … Unser Genosse Julius Lewin, im Februar dieses Jahres aus Berlin ausgewiesen und erbarmungslos von Ort zu Ort gehetzt, hatte schließlich in Magdeburg Arbeit gefunden; aber auch dort wurde er von der Polizei mit raffinierter Bosheit aus der Arbeit getrieben, von Fabrik zu Fabrik gejagt, und so traf er dann endlich, nachdem er abermals dazu gezwungen war, den Wanderstab zu ergreifen, vor fünf Wochen mit siechem und gebrochenem Körper hier (in Bremen) ein. Es wurde ihm Arbeit verschafft, und obwohl er nur einen kargen Verdienst erzielte, sprach Lewin doch seine Befriedigung darüber aus, dass er jetzt doch wenigstens in der Lage sei, warme Speisen zu sich zu nehmen und sich satt essen zu können …

2 Besprecht mit Hilfe des Berichts (Q1) und der Angaben in der Randspalte die Folgen des Sozialistengesetzes. Überlegt, wie die Arbeiter auf die polizeilichen Maßnahmen reagiert haben könnten.

Bismarcks Sozialgesetzgebung

Mit dem Sozialistengesetz war die Arbeiterbewegung nicht aufzuhalten. Im Untergrund organisierte sie sich weiter, oft unter großen Gefahren für ihre Mitglieder. Bismarck erkannte bald, dass er die Arbeiter nicht durch Verbote oder Polizeiaktionen für den Staat gewinnen konnte. Er entwickelte daher eine Sozialgesetzgebung, die den Arbeitern im Notfall etwas Sicherheit bieten sollte.

Über die Einführung der Rentenversicherung sagte Bismarck 1889 im Reichstag:

„Zuckerbrot und Peitsche"

2 Die deutsche Sozialversicherung. Plakat von 1913.

Seit 1883: Staatliche Sozialgesetzgebung.

Q2 … Ferner erwarte ich durch das Gesetz noch eine nützliche Wirkung: Wenn wir 700 000 kleine Rentner haben, die vom Staat ihre Rente beziehen, dann werden sie Interesse für den Staat haben. Die Leute sagen: Wenn der Staat zu Schaden geht, verliere ich meine Rente. Also werden sie den Staat als eine wichtige und wohltätige Einrichtung ansehen. …

Die Hoffnungen Bismarcks, die Arbeiter damit von ihren Forderungen nach besseren Arbeitsbedingungen, höheren Löhnen und der freien politischen Betätigung abzubringen, erfüllten sich nicht. Immer stärker forderten sie das Recht sich in Arbeiterparteien und Vereinen zu organisieren. Im Jahre 1890 wurde das Sozialistengesetz aufgehoben.

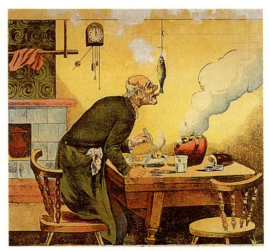

3 Der prassende Altersrentner. Farblithografie aus dem Wochenblatt „Der wahre Jakob". 1891.

3 Stellt fest, warum die Sozialversicherung in Abb. 2 als vorbildlich dargestellt wird. Vergleicht mit der Aussage der Karikatur (Abb. 3).

4 Erklärt, warum sich Bismarck für die Sozialgesetze einsetzte (Q2).

Der neue Kurs

1 **Der Lotse geht von Bord.** Karikatur auf die Entlassung Bismarcks in der englischen Zeitschrift „Punch". 1890.

2 **Kaiser Wilhelm II.** Gemälde von 1890.

1888:
Thronbesteigung durch Kaiser Wilhelm II.

1890:
Entlassung Bismarcks als Reichskanzler und preußischer Ministerpräsident.

„Der Lotse geht von Bord" – Bismarcks Entlassung

Im Frühjahr 1888 starb Kaiser Wilhelm I. Für nur 99 Tage folgte ihm sein todkranker Sohn, Friedrich III. Danach bestieg sein Enkel, der erst 29-jährige Wilhelm II. (1888–1918), den Thron. Sehr schnell kam es zwischen dem jungen Kaiser und dem alten, erfahrenen Reichskanzler Bismarck zu Auseinandersetzungen über den richtigen Kurs in der Innen- und Außenpolitik. Wilhelm II. wollte sich nicht ständig von Bismarck bevormunden lassen. Er wollte sein „eigener Kanzler" sein. Jung, ehrgeizig und voll stolzer Ideen entließ er im März 1890 Bismarck aus allen Ämtern. In seinen „Gedanken und Erinnerungen" berichtet Bismarck davon:

Q1 … Am 26. März (1890) verabschiedete ich mich bei dem Kaiser. Seine Majestät sagte, „nur die Sorge für meine Gesundheit" habe ihn bewogen, mir den Abschied zu erteilen. Ich erwiderte, meine Gesundheit sei in den letzten Jahren selten so gut gewesen wie in dem vergangenen Winter… Am 29. März verließ ich Berlin unter dem Zwange übereilter Räumung meiner Wohnung und unter dem vom Kaiser im Bahnhof angeordneten militärischen Ehrenbezeigungen, die ich ein Leichenbegräbnis erster Klasse mit Recht nennen konnte. …

Als Bismarck seinen Amtssitz verließ, begleitete ihn die Bevölkerung spontan an den Lehrter Bahnhof, von wo er mit dem Zug nach Friedrichsruh bei Hamburg fuhr. Hier verlebte er seine letzten Lebensjahre, voller Sorge den „neuen Kurs" des Kaisers verfolgend. Bismarck starb am 30. Juni 1898.

1 Beschreibt Abbildung 2. – Wie möchte der junge Kaiser gerne erscheinen?
2 Abbildung 1 zeigt die Entlassung Bismarcks. Sprecht über diese Darstellung. Beachtet dabei Größe, Haltung und Gesichtsausdruck Bismarcks und des Kaisers. – Wie ist das Verhältnis zwischen dem Kaiser und Bismarck?
3 „Bismarck schied nur auf Drängen des Kaisers aus seinem Amt." – Erklärt diese Behauptung anhand der Quelle.

Wilhelm II. betreibt deutsche Weltpolitik

3 „**Das erste Kaiserwort im neuen Jahrhundert**". Postkarte zum Flottenbauprogramm. 1900.

Ein Platz an der Sonne?
Der Amtsantritt Wilhelms II. fiel in die Zeit des beginnenden Imperialismus* (s. S. 242). Die Konkurrenz der Weltmächte um Kolonien bestimmte die internationale Politik.
Bismarck hatte sich nur zögernd an der imperialistischen Politik der übrigen europäischen Nationen beteiligt. Gegenüber dem Afrikaforscher Wolf hatte er noch 1888 geäußert:

Q2 … Ihre Karte von Afrika ist ja sehr schön, aber meine Karte von Afrika liegt in Europa. Hier liegt Russland, und hier liegt Frankreich, und wir sind in der Mitte, das ist meine Karte von Afrika. …

Der junge Kaiser aber wollte keine Beschränkung auf Deutschland und Europa. Er wollte Weltpolitik betreiben.

Q3 … Die Zeiten, wo der Deutsche dem einen seiner Nachbarn die Erde überließ, dem anderen das Meer und sich selbst den Himmel reservierte, … diese Zeiten sind vorüber … Wir müssen verlangen, dass der deutsche Missionar und der deutsche Unternehmer, die deutschen Waren, die deutsche Flagge und das deutsche Schiff in China genauso gut geachtet werden wie diejenigen anderer Mächte.
Mit einem Wort: Wir wollen niemanden in den Schatten stellen, aber wir verlangen auch unseren Platz an der Sonne. …

In einer viel beachteten Rede vor dem Reichstag forderte sein Staatssekretär im Auswärtigen Amt von Bülow:
Seit 1871 war das Deutsche Reich bereits die stärkste Landmacht in Europa. Jetzt sollte auch noch eine mächtige Kriegsflotte gebaut werden, um Weltmachtpolitik betreiben zu können. Bei einem Festessen rief Kaiser Wilhelm II. aus, dass ohne Deutschland und ohne den deutschen Kaiser keine große Entscheidung mehr in der Welt fallen dürfe.

4 *Seht euch Abbildung 3 an und überlegt, wie dieses Bild und die Rede des Staatssekretärs auf die übrigen europäischen Mächte gewirkt haben könnte.*

Imperialismus*:
Bezeichnet die Außenpolitik eines Staates, der das Ziel verfolgt, seine Herrschaft zu einem Groß- oder Weltreich auszudehnen.

Deutschland über alles?

1 So könnte es gewesen sein: Bürger einer Kleinstadt erwarten auf ihrem Bahnhof den Besuch des Kaisers. Foto aus dem Spielfilm „Der Stolz der dritten Kompanie" von 1931.

Kaiserkult und Nationalismus

Mit der Reichsgründung und der Ausrufung des preußischen Königs zum Kaiser war ein lang gehegter Wunsch vieler Deutscher in Erfüllung gegangen. Endlich gab es wieder ein einiges deutsches Reich, erkämpft durch einen Sieg über Frankreich. Alle Deutschen sollten sich mit diesem Reich identifizieren können. In der Schule, beim Militär und von den Kanzeln herab wurde der Bevölkerung bewusst gemacht, dass dieser Staat mit dem Kaiser an der Spitze für das Wohl aller seiner Untertanen sorge. In vielen Städten und Dörfern wurden Kriegerdenkmäler, Denkmäler von ruhmreichen Feldherren oder Majestäten errichtet, die sich um das Vaterland verdient gemacht hatten. Bei den jährlichen Feiern zum Kaisergeburtstag und zum Andenken an die Schlacht von Sedan ließen die Festredner das Deutschtum hochleben; sie erinnerten an die Größe des Reiches, auf die man stolz zu sein hatte und die es zu verteidigen galt. Viele Menschen teilten diesen Stolz und als gute Patrioten betonten sie ihre Vaterlandsliebe. Auch in zahlreichen Arbeiterwohnungen hingen neben Porträts von Bebel, Marx oder Lassalle auch Porträts des Kaisers oder Bismarcks.

Deutscher Anspruch auf Weltgeltung

Aus diesem Stolz auf das Deutsche Reich entwickelte sich mit der Zeit ein Überlegenheitsgefühl. Hatten nicht deutsche Truppen den Gegner vernichtend geschlagen? Hatte nicht Gott selber dem deutschen Volk geholfen? (Vgl. Abbildung 4.) War die deutsche Nation dadurch nicht hervorgehoben vor allen anderen Völkern? Mit diesem wachsenden Überlegenheitsgefühl verbunden war eine wachsende Feindschaft gegen alle, die man als Gegner dieses Staates ansah. Als Feinde galten jetzt die Sozialdemokraten. Feinde waren

2 Zeitschriftenreklame aus dem Jahr 1889.

Denkmäler schießen wie Pilze aus dem Boden

3 Denkmäler Deutschlands. Postkarte um 1900.

Die Siegessäule auf dem Königsplatz in Berlin wurde 1873 zur Erinnerung an die Siege von 1864, 1866 und 1870 errichtet.

auch alle „Nicht-Deutschen", die im Reich lebten, wie Polen und Juden. Und Feinde waren natürlich auch die „neidischen" Nachbarvölker, insbesondere Frankreich, das angeblich nur auf Rache sann. Germania, Sinnbild für das Deutsche Reich, wurde daher jetzt nur noch mit erhobenem Schwert dargestellt. In dieser Gesinnung sang man jetzt auch das Deutschland-Lied und dessen erste Zeilen: „Deutschland, Deutschland über alles, über alles in der Welt." Das Lied war ursprünglich ein Bekenntnis zur deutschen Einheit; jetzt aber wollten viele Deutsche damit zum Ausdruck bringen, dass dem Deutschen Reich die Weltherrschaft zustehe. Eine derartig übersteigerte nationale Gesinnung fand sich auch in anderen europäischen Staaten. Die Gefahr einer kriegerischen Auseinandersetzung trat daher immer offener zutage.

1 Erklärt mit Hilfe der Abbildungen 1–4 die Begriffe Kaiserkult und Nationalismus.
2 Informiert euch über die in Abbildung 2 genannten Denkmäler:
– Findet heraus, welchen Ereignisses oder welcher Person hier gedacht wird.
– Stellt fest, warum diese Denkmäler errichtet wurden (zur Mahnung, als Aufforderung zur Nachahmung, zur Verherrlichung usw.).
3 Sprecht über eure Einstellung zum Staat und auch über die Gefahren eines Nationalismus.

4 Fahne mit dem Bild der Germania aus der Zeit der Reichsgründung. Der Text der Aufschrift lautet: „Gott war mit uns – ihm sei die Ehre."

Der Soldat – der schönste Mann im ganzen Staat?

Der Soldat ist der schönste Mann im ganzen Staat.

1 **Der Soldat ist der schönste Mann im ganzen Staat.** Postkarte um 1900.

Schule im Kaiserreich. Karikatur von Th. Heine. 1910.

Der „höhere Mensch" in Uniform

Der Kaiser, der Adel und hohe Militärs waren das Vorbild für das Bürgertum. Für die Adligen hingegen waren selbst erfolgreiche Fabrikanten, berühmte Wissenschaftler oder angesehene Künstler nur Menschen zweiter Klasse, mit denen man normalerweise nichts zu tun haben wollte. Fast alle wichtigen Ämter in der Verwaltung und vor allem beim Militär wurden mit Adligen besetzt. In den Lebenserinnerungen eines Arztes heißt es über das Ansehen der Offiziere:

> **Q** … Der Offizier bildete ganz unbestritten den ersten Stand … Ich glaube nicht, dass sich die heutige Generation noch einen Begriff von der damals fast überall herrschenden Militärfrommheit machen kann. Der Uniform kam jeder entgegen, macht jeder Platz, es war nahezu undenkbar, dass ein Leutnant sich bei irgendeinem Mädchen einen Korb holen konnte. „Mein Gott, wie kann man nur einen Leutnant töten", rief ein junges Mädchen, als es hörte, dass ein solcher im Krieg gefallen war. …

Die Armee sollte nach dem Willen des Kaisers eine Schule der Nation sein und den Wehrpflichtigen neben militärischen Fertigkeiten vor allem Kaisertreue, Patriotismus, Disziplin und Gehorsam vermitteln. Wie das Militär, so traten auch die Beamten, vor allem wenn sie eine Uniform trugen, den Zivilisten gegenüber hochmütig und überheblich auf. Schutzleute z. B. wollten nicht „Freund und Helfer" sein, sondern Respektspersonen, denen man sich sofort unterordnete.

Schulen als Kasernen?

Orden und Uniformen prägten das Straßenbild im Kaiserreich und Unterordnung wurde schon den Kindern in der Schule beigebracht. Der Schriftsteller Erich Kästner schrieb:

> **M1** … In jener Zeit sahen alle Schulen düster aus, dunkelrot oder schwärzlichgrau, steif und unheimlich. Wahrscheinlich waren sie von denselben Baumeistern gebaut worden, die auch die Kasernen gebaut hatten. Die Schulen sahen aus wie Kinderkasernen. Warum den Baumeistern keine

Das Militär als „Schule der Nation"

2 Schule im Kaiserreich. **Das Holzschulschiff Iltis im Berliner Grunewald.** Spielattrappen wie diese waren den Originalen der Marine nachgebildet und sollten die Begeisterung für die deutsche Marine ebenso steigern wie die damals beliebten Matrosenanzüge und -kleider für Kinder. 1910.

fröhlicheren Schulen eingefallen waren, weiß ich nicht. Vielleicht sollten uns die Fassaden, Treppen und Korridore denselben Respekt einflößen wie der Rohrstock auf dem Katheder. Man wollte wohl schon die Kinder durch Furcht zu folgsamen Staatsbürgern erziehen. Durch Furcht und Angst, und das war freilich ganz verkehrt. ...

Befehl und Gehorsam galten auch im Privatleben als hohe Tugenden. So heißt es in einer heutigen Darstellung über die bürgerliche Familie im Kaiserreich:

M2 ... In der „guten alten Zeit" ist ... der Vater noch fast überall der Mittelpunkt, die Frau in erster Linie Hausfrau und Mutter, die sich, wie die Kinder, diesem Mann unterordnete, wie sie es vor dem Traualtar geschworen hat, die ihn umsorgt, ihm alle Wünsche von den Augen abliest, „nur für ihn da ist". ... Die Erziehung der Kinder war streng und autoritär. Den Anweisungen und Wünschen des Vaters müssen alle widerspruchslos Folge leisten. Zweifel an dieser Familienordnung gibt es kaum. Wie im Staat der Kaiser, so ist in der Familie der Vater das unbestrittene Oberhaupt. ...

1 Beschreibt mit Hilfe der Abbildungen 1–3 die Bedeutung des Militärs im Kaiserreich. Vergleicht mit der heutigen Bedeutung des Militärs in Deutschland.

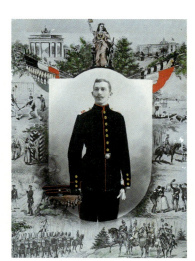

3 Erinnerungsbild an die Militärdienstzeit. 1905.

Gendarmen und Schutzmänner waren häufig ehemalige, gediente Unteroffiziere. Sie fühlten sich als das strenge Auge des Gesetzes, verlangten Respekt und behandelten oft jeden Steuerzahler wie einen Rekruten auf dem Kasernenhof.

Zum Weiterlesen: Ein Hauptmann aus Köpenick

Wilhelm Voigt, der Hauptmann von Köpenick.

Der Hauptmann von Köpenick. Postkarte, 1906.

„Das macht uns so schnell keiner nach!"
Am 16.10.1906 geschieht in Berlin etwas, das weit über die Grenzen der damaligen Reichshauptstadt hinaus Aufsehen erregt. Der arme, mehrfach vorbestrafte Schuster Wilhelm Voigt besorgt sich in einem Trödlerladen die Uniform eines Hauptmanns, zieht sie an und bringt in dieser Verkleidung eine Gruppe von Soldaten unter seinen Befehl. Mit ihnen marschiert er zum Rathaus Berlin-Köpenick, verhaftet dort den Bürgermeister und lässt sich die Stadtkasse mit einem Betrag von 4000 Mark gegen Quittung aushändigen. Danach verschwindet Voigt mit dem Geld und erst zehn Tage später gelingt es, den falschen Hauptmann zu verhaften und der Tat zu überführen. Als Kaiser Wilhelm II. davon hörte, soll er ausgerufen haben: „Das macht uns so schnell keiner nach!"
1 *Erklärt den Kommentar des Kaisers.*

Der Hauptmann im Film und als Theaterstück
Wilhelm Voigt ist auch der Held in dem Theaterstück „Der Hauptmann von Köpenick", das Carl Zuckmayer 1931 verfasst hat. Das Theaterstück hat viel zum Nachruhm des falschen Hauptmanns beigetragen. Es wurde verfilmt und für das Fernsehen inszeniert. Auch im Deutschunterricht wird Zuckmayers Stück oft gelesen.

Mehr über den Streich des Hauptmanns und seine Folgen erfahrt ihr in dem Buch von Carl Zuckmayer: Der Hauptmann von Köpenick. S. Fischer Verlag, Frankfurt am Main.

Zusammenfassung

Preußen und Österreich

In Preußen wurde 1862 Otto von Bismarck Ministerpräsident. Mit „Eisen und Blut", so hatte Bismarck bemerkt, müsse notfalls die Gründung eines deutschen Nationalstaates vollzogen werden. Mit dem Sieg über Österreich im Krieg von 1866 war ein wichtiger Schritt zur Nationalstaatsgründung getan: Preußen war damit unumstritten zur ersten Macht in Deutschland geworden und hatte 1867 unter seiner Führung 22 Staaten zum Norddeutschen Bund zusammengeschlossen. Staatsoberhaupt dieses Bundes war der preußische König; Bismarck war Reichskanzler. Österreich war aus Deutschland herausgedrängt. Der Deutsche Bund existierte nicht mehr.

Vom Norddeutschen Bund zum Kaiserreich

Der Aufstieg Preußens zu einer bedeutenden Militärmacht beunruhigte Frankreich. Ein möglicher Zusammenschluss ganz Deutschlands hätte Frankreich sogar in eine schwierige militärische Position gebracht. Für Bismarck war ein Krieg mit Frankreich unvermeidlich, um die Machtfrage zu klären. Um den Einfluss Preußens zurückzudrängen, erklärte Frankreich im Jahre 1870 den Krieg. Die süddeutschen Staaten schlossen sich Preußen an, eine Welle der Kriegsbegeisterung erfasste ganz Deutschland. Frankreich musste im Januar 1871 kapitulieren. Wenige Tage später wurde das Deutsche Reich gegründet und der preußische König Wilhelm I. zum deutschen Kaiser ausgerufen. Bismarcks Politik, die deutsche Einheit als Bündnis der Fürsten und ohne Beteiligung des Volkes zu erreichen, war erfolgreich.

Politik und Alltag im Kaiserreich

Um die drohende Gefahr einer Revolution zu bannen, erließ der preußische Staat die Sozialistengesetze. Zugleich wurden Sozialgesetze verabschiedet, durch die die Arbeiter bei Unfällen und Krankheiten jetzt zum ersten Mal geschützt wurden. Die Arbeiter forderten jedoch weiterhin das Recht, sich in Arbeiterparteien und Vereinen zu organisieren. So musste die Regierung 1890 das Verbot der Arbeiterparteien aufgeben.

Mit der Entlassung Bismarcks im Jahre 1890 kam es in der Außenpolitik zu einem „neuen Kurs". Kaiser Wilhelm II. wollte Weltmachtpolitik betreiben. Gleichzeitig beeinflussten militärische Tugenden und eine übersteigerte nationale Gesinnung immer stärker die gesamte Gesellschaft. Die Gefahr einer kriegerischen Auseinandersetzung trat immer offener zutage.

1862

Otto von Bismarck wird preußischer Ministerpräsident.

1871

Gründung des Deutschen Kaiserreiches.

1883–1893

Einführung der staatlichen Sozialversicherung in Deutschland.

1888

Wilhelm II. wird deutscher Kaiser.

Europäische Staaten und ihre Kolonien

1884 wurde das westafrikanische Togo zur deutschen Kolonie. Missionare errichteten vor Ort zahlreiche Schulen. Hier konnten die Schüler und Schülerinnen Lesen und Schreiben lernen und sie mussten Aufsätze verfassen z. B. zu Themen wie: „Welche guten Dinge haben uns die Europäer gebracht?"

Tatsächlich begann zum Ende des 19. Jahrhunderts ein Wettlauf zwischen den europäischen Großmächten um die Aufteilung Afrikas und Asiens, an dem sich auch Deutschland beteiligte. Um die neuen Kolonien zu sichern und die erworbenen Gebiete Gewinn bringend zu nutzen, wurden die Einheimischen gezwungen, jahrhundertealte Lebensgewohnheiten aufzugeben. Die ungerechte, oft willkürliche Behandlung der Bevölkerung durch Kolonialbeamte, Siedler und Soldaten führte in vielen Kolonien zu Aufständen, die durch Truppen mit größter Brutalität niedergeschlagen wurden.

In dem folgenden Kapitel könnt ihr erfahren, wie die Europäer dazu kamen, das angeblich „herrenlose" Land in Besitz zu nehmen, und welche Folgen dies für die Menschen in den Kolonien hatte und bis heute hat …

Europäische Staaten und ihre Kolonien

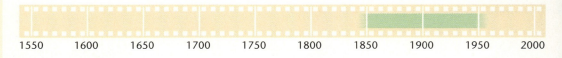

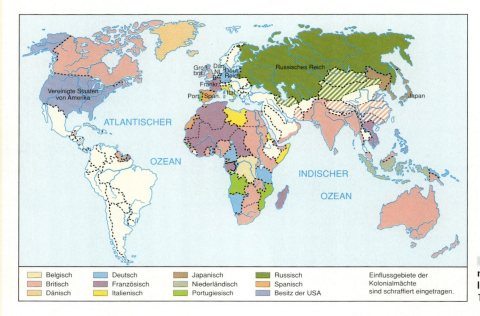

1 Die koloniale Aufteilung der Welt 1914.

Siegel und Münze der „Deutsch-Ostafrikanischen Gesellschaft", die 1885 von Carl Peters gegründet wurde. In der Satzung der Gesellschaft werden als Ziele genannt: „Erwerb, Besitz, Verwaltung und Verwertung von Ländereien, Ausbeutung von Handel und Schiffahrt sowie deutsche Kolonisation im Osten Afrikas."

Zu viel Waren, zu wenig Käufer

Zu den wichtigsten europäischen Industrienationen im 19. Jahrhundert gehörten neben England und Frankreich auch das Deutsche Reich. Seit der Reichsgründung im Jahre 1871 hatte die deutsche Industrie einen ungeheuren Aufschwung genommen. Der Zusammenschluss der vielen deutschen Einzelstaaten zu einem einheitlichen Wirtschafts- und Währungsgebiet brachte dem Handel große Vorteile. Mit der hohen französischen Kriegsentschädigung konnten viele öffentliche Bauvorhaben wie Krankenhäuser oder Schulen finanziert werden. In dieser Zeit des Wirtschaftswachstums entstanden zahlreiche Fabriken und Firmen, die allerdings bald mehr erzeugten, als sie verkaufen konnten. Wohin mit dem überzähligen Warenangebot? – Diese Frage stellte sich in Deutschland immer deutlicher. Zur Lösung dieser „nationalen Frage" wurde im Jahr 1882 der Deutsche Kolonialverein gegründet.
In seinem Aufruf heißt es:

Q1 … Die Frage der deutschen Colonisation wird von Tag zu Tag dringender. Die Notwendigkeit der Erweiterung unseres Absatzgebietes, die steigende Bedeutung des überseeischen Handels … auf unser soziales und wirtschaftliches Leben haben in immer größerem Umfang die allgemeine Aufmerksamkeit auf diese Frage gelenkt.
Durch den rastlosen Eifer anderer Nationen und die fortschreitende Ausdehnung ihres Machtgebietes wird es mit jedem Jahr, ja mit jedem Tag schwieriger, den geeigneten Boden für deutsche Colonisation zu finden. Unter dem Gewicht dieser Erwägung ist am 6. Dezember 1882 der „Deutsche Colonialverein" ins Leben gerufen. Männer aller Parteien und Stände haben sich zur Lösung einer nationalen Aufgabe verbunden …

1 Nennt die Argumente, mit denen für den Erwerb deutscher Kolonien geworben wird.
2 Nennt mit Hilfe der Abb. 1 die drei größten Kolonialmächte. – Wo liegen die Schwerpunkte der kolonialen Expansion?

Die Welt wird aufgeteilt

2 Die SPD-Politiker Liebknecht und Lebedour hindern Deutschland am Erwerb von Kolonien. Propagandapostkarte der Zentrumspartei von 1912.

Das Deutsche Reich – ein neues Weltreich?

Eine koloniale Bewegung gab es nicht nur in Deutschland, sondern in allen europäischen Industriestaaten. Durch die industrielle Entwicklung waren die Europäer stolz und selbstbewusst geworden. Sie waren der Überzeugung, dass das eigene Volk bedeutender sei als andere Völker in den Kolonien. Diese Überheblichkeit führte zu der Ansicht, dass das eigene Land auch auf Kosten anderer Länder zu einer Weltmacht werden müsse. Viele europäische Staaten nahmen daher ohne Weiteres Gebiete in Besitz, die ihnen als Rohstofflieferanten oder Absatzmärkte wichtig erschienen. Als Vorbild diente Großbritannien mit seinem riesigen Kolonialbesitz; auch Frankreich, Deutschland und Russland wollten nun Weltreiche bilden. Man bezeichnet dieses Vorgehen der europäischen Staaten als Imperialismus.

Europäische Kolonisten – überheblich und arrogant

Die Europäer glaubten, dass die Menschen in Afrika und Asien zu den Weißen mit Achtung und Vertrauen aufblicken müssen. In der Zeitung „Usambara Post" war z. B. zu lesen:

Q2 … Der Afrikaner muss zu dem Weißen aufsehen mit Achtung und Vertrauen als zu einem höher Stehenden. Er soll und darf den Europäer nicht betrachten, als sei er seinesgleichen. Denn das ist er nicht. Und daran ändert auch keine Mission etwas. …

Dieser Rassismus* kam auch in den Bezeichnungen für die einheimische Bevölkerung Afrikas als „Wilde" oder „Kaffer" zum Ausdruck. Ganze Völker wurden umbenannt, so z. B. das afrikanische Volk der Nama in Hottentotten. Die Europäer verteidigten ihr Vorgehen damit, dass sie den kolonisierten Völkern „Kultur" beibringen würden. In einem 1911 erschienenen Buch hieß es dagegen:

Q3 … Seien wir doch ehrlich und lassen die schönen Lügen fallen, wir gingen nach Afrika, um den Neger zu beglücken. „Zivilisatorische Mission" und wie die Schlagworte alle heißen sind nichts anderes als ein Mäntelchen für die einfache brutale Anwendung des brutalen Naturgesetzes vom Recht des Stärkeren … Wir brauchen uns dieser nackten Tatsache nicht zu schämen, wir treiben einfach Realpolitik. …

Entschiedene Gegner dieser Politik waren die Sozialdemokraten. Sie fürchteten, dass aus dem Streben nach Kolonien ein Krieg um Kolonien und die Weltherrschaft werden könne.

3 *Sprecht über das „Recht zur Realpolitik". – Welche Argumente sprechen dagegen?*

Rassismus*:
Wenn bestimmte körperliche Merkmale von Menschen (z. B. die Hautfarbe) mit bestimmten Eigenschaften gekoppelt werden (z. B. geistige Fähigkeiten) und damit eine Bewertung einhergeht (z. B. die Einschätzung des eigenen Volkes als grundsätzlich höherwertig gegenüber anderen, fremden Völkern).

Die erste deutsche Kolonie

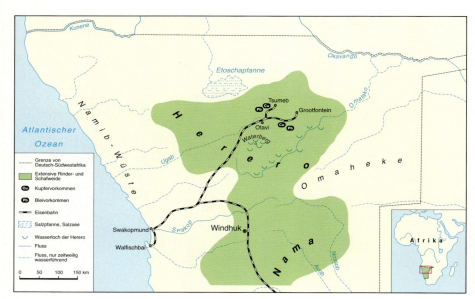

1 Die Siedlungsgebiete der Herero und Nama.

Ab 1883:
Beginn deutscher Kolonialerwerbungen in Afrika.

„Deutsch-Südwestafrika"
Im Jahre 1883 erwarb der Bremer Tabak- und Waffenhändler Lüderitz durch betrügerische Verträge mit afrikanischen Häuptlingen Gebiete des späteren Deutsch-Südwestafrika. Nur ein Jahr später übernahm auf seinen Antrag das Deutsche Reich den Schutz über diese erste deutsche Kolonie. Zu den größeren Stämmen in diesem Gebiet gehörten die Hereros mit etwa 80 000 und die Nama mit etwa 20 000 Angehörigen. Es waren stolze, freiheitsliebende Stämme, deren Friedfertigkeit deutsche Missionare später besonders betonten. Herero und Nama lebten vor allem von der Viehzucht. Ihr Leben veränderte sich jetzt fast schlagartig. Geldgierige Händler betrogen sie um Land und Vieh. Für kleinste Vergehen, z. B. „unverschämte Antworten", gab es die erniedrigende Prügelstrafe mit der Nilpferdpeitsche. Raub, Mord und Vergewaltigung durch die deutschen „Schutztruppen" waren an der Tagesordnung und wurden kaum bestraft. Völlig hoffnungslos wurde die Lage für die Hereros, als man mit dem Bau einer Bahnlinie begann, die den Hafen Swekopmund mit den Kupfererzminen im Norden des Landes verbinden sollte. Wieder kam es zu großflächigen Enteignungen, die den Lebensraum der Hereros immer weiter einengten. Zudem wurden die Viehherden der Hereros durch die Eisenbahnlinie von den Wasserlöchern getrennt. In dieser verzweifelten Lage erklärten die Hereros und später auch die Nama den Deutschen im Jahr 1904 den Krieg. Männer, Frauen und Kinder der Hereros zogen mit all ihrer Habe von Kriegsschauplatz zu Kriegsschauplatz. „Wem gehörte Hereroland? Uns gehört Hereroland!", so riefen die Frauen, um ihre Männer im Kampf zu unterstützen. Über die Kriegsführung berichtete Daniel Kariko, ein Unterhäuptling:

Q1 … Auf unseren geheimen Zusammenkünften beschlossen unsere Häuptlinge, das Leben aller deutscher Frauen und Kinder zu schonen. Auch die Missionare sollten geschont werden … Nur deutsche Männer wurden als unsere Feinde betrachtet. …

1 Stellt mit Hilfe der Abbildung 1 fest, warum die Hereros über die Streckenführung der Eisenbahnlinie empört waren.
2 Spielt eine Versammlung, auf der Herero-Häuptlinge ihr Vorgehen gegen die deutschen Schutztruppen beraten.
3 Informiert euch in einem Atlas, in welchem heutigen Staat die erste deutsche Kolonie lag.

Der Völkermord an den Hereros

2 Hereros aus Deutsch-Südwestafrika. 1904.

3 Halb verhungerte Hereros, die vor den deutschen Truppen geflüchtet sind. 1907.

Hereros und Nama wehren sich
Die Kolonialtruppen unter Führung des preußischen Generals Lothar von Trotha (1848–1920) schlugen unbarmherzig zurück. Über die Kriegsführung Throtas heißt es in einem zeitgenössischen Bericht:

Q2 … Ich war dabei, als die Hereros bei Hamakiri, in der Nähe des Waterberges, in einer Schlacht besiegt wurden. Nach der Schlacht wurden alle Männer, Frauen und Kinder ohne Gnade getötet, die den Deutschen in die Hände fielen. Dann verfolgten die Deutschen die übrigen Hereros, und alle Nachzügler am Wegesrand und im Sandfeld wurden niedergeschossen oder mit dem Bajonett niedergemacht. Die große Masse der Hereromänner war unbewaffnet und konnte sich nicht wehren. Sie versuchten nur, mit ihrem Vieh davonzukommen. …

Die deutschen Truppen, die aus dem Deutschen Reich zahlreiche Verstärkungen erhielten, konnten den ungleichen Kampf schon nach wenigen Monaten siegreich beenden. Nach der Schlacht am Waterberg (s. Karte) im August 1904 wurden die Hereros in der wasserlosen Halbwüste Omaheke eingekesselt und ihrem Schicksal überlassen. Zehntausende verhungerten und verdursteten hier. Voller Stolz vermeldete der deutsche Generalstab:

Q3 … Diese kühne Unternehmung zeigt die rücksichtslose Energie der deutschen Führung bei der Verfolgung des geschlagenen Feindes in glänzendem Licht. Keine Mühen, keine Entbehrungen wurden gescheut, um dem Feinde den letzten Rest seiner Widerstandsfähigkeit zu rauben: Wie ein halb zu Tode gehetztes Wild war er von Wasserstelle zu Wasserstelle gescheucht, bis er schließlich willenlos ein Opfer der Natur seines eigenen Landes wurde. …

Von den etwa 80 000 Hereros lebten 1905 nur noch etwa 16 000. Die Überlebenden wurden in Reservate verbracht, wo sie unter erbärmlichen Bedingungen ihr Leben fristeten.

4 August Bebel sagte am 30. Januar 1905 im Reichstag: „Das Recht zum Aufstand hat jedes Volk und jede Völkerschaft, die sich in ihren Menschenrechten aufs Alleräußerste bedrückt fühlt." – Manche hielten ihn deshalb für einen Vaterlandsverräter. – Was meint ihr dazu?
5 Vergleicht die Kriegsführung der Hereros mit jener der deutschen Truppen. Verfasst dazu einen kurzen Bericht und vergleicht ihn mit dem des deutschen Generalstabs.

1904–1907:
Krieg zwischen Hereros, Namas und Deutschen.

Werkstatt Geschichte: Begegnungen mit Afrika

1 **Carl Peters, Gründer der Deutsch-Ostafrikanischen Gesellschaft, bei einer Besichtigungsfahrt.** Foto um 1890.

2 **Reisende in Afrika.** Foto um 1990.

3 **Touristen und Souvenirverkäufer unter Polizeiaufsicht in Kenia.** Foto 1996.

Begegnung in Afrika

1 *Beschreibt die Abbildungen und schreibt auf, was an ihnen gemeinsam ist und worin sie sich unterscheiden.*

2 *Versetzt euch in die gezeigten Personen und erzählt, was ihr dabei empfindet oder denkt.*

3 *Sammelt Berichte aus Zeitschriften, Zeitungen und Reisekatalogen über Reisen nach Afrika. Achtet dabei besonders auf die Schilderung über die Begegnung zwischen den Touristen und den Einheimischen.*

Werkstatt Geschichte: Begegnungen mit Afrika

Weiß über Schwarz

Von der Kolonialzeit bis heute ist unsere Vorstellung von Afrika geprägt von Überheblichkeit. Viele Vorurteile fallen uns gar nicht auf, weil sie zum Alltag gehören. Ein süßer kleiner Diener wurde zum Markenzeichen für braune Schokolade: der Sarotti-Mohr. Leckere Naschereien nennen wir Negerküsse und Mohrenköpfe. Essen wir etwa Menschen? Stellen wir uns das Umgekehrte vor: „Weißenköpfe" in den Läden Afrikas.

Was hier noch harmlos erscheint, verwandelt sich bei anderen Gelegenheiten in völlige Ablehnung, ja Hass, wenn Farbige und Weiße bei uns in Kontakt kommen. In einem Artikel: „Beschimpft, bespuckt, beleidigt" beschreibt ein Journalist die Erfahrungen afrikanischer Fußballspieler im Bundesligaalltag:

„Mohrenkopf" aus einer Bäckerei. Trotz wiederholter Proteste verschiedener Organisationen sind die mit Schokolade überzogenen Naschereien immer noch als „Negerküsse" erhältlich. Foto 1991.

4 Jonathan Akpoborie (VFB Stuttgart) in Aktion. 1998.

Q ... „Husch, husch, husch, Neger in den Busch", johlten die Fußballfans im Hamburger Volksparkstadion, als der Wattenscheider Souleyman Sane in ihre Nähe kam. Das flehentliche „Fair geht vor" von Tagesschausprecher und HSV-Ansager Jo Brauner half nichts – im Gegenteil. „Nigger raus", steigerten die Unverbesserlichen wütend ihren Rassenhass. Jagdszenen aus einer deutschen Fußballarena, die kein Einzelfall sind. Opfer der Ausländerfeindlichkeit sind vor allem die schwarzen Stars, die wegen ihrer Hautfarbe böse Beschimpfungen in den auswärtigen Stadien ertragen müssen. „Diese Schreiereien sind wie Gewalttätigkeiten", meint der sensible Senegalese Sane. In Berlin bewarfen die rechtsextremen „Hertha-Frösche" den Ghanaer Tony Baffoe mit Bananen. Der Düsseldorfer Spaßvogel nahms gelassen. Seit Monaten versucht er mit Witzeleien über die Beleidigungen hinwegzukommen. Baffoe zu einem Unparteiischen: „Wir Schwarzen müssen zusammenhalten." Aber die schimpansenartigen „Uhhh, Uhhh"-Rufe der Brüllaffen von den Tribünen treffen den in Deutschland Aufgewachsenen tief ins Herz. ...

4 Sprecht über das Verhalten der Zuschauer.
– Gibt es Gründe für dieses Verhalten?
– Warum empfindet der Senegalese Sane diese Schreiereien als Gewalttätigkeiten?

Rassismus bei uns?

An verschiedenen Orten in Brandenburg haben sich Gruppen und Parteien gebildet, die mit menschenverachtenden Parolen gegen Ausländer und andere Minderheiten vorgehen. In letzter Zeit häufen sich gewalttätige Übergriffe und Anschläge auf Wohnheime von Ausländern und Flüchtlingen, die als Sündenböcke für unsere hausgemachten Probleme wie Arbeitslosigkeit oder Wohnungsnot missbraucht werden. Dagegen wehren sich nicht nur Ausländer, sondern auch Deutsche wie z. B. die Initiative „Brandenburger Schülerinnen und Schüler gegen Gewalt und Rassismus".

5 Sammelt Informationen über ausländerfeindliche Vorfälle. Fertigt daraus eine Wandzeitung.

6 Berichtet in der Klasse über die Arbeit der Brandenburger Schülerinitiative gegen Rassismus. Kontaktadresse: Landesschülerrat, c/o Daniel Zeller, Am Drachenberg 7, 0-1570 Potsdam Bornstedt.

„The British Empire"

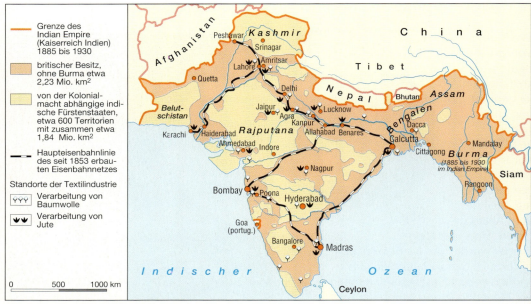

1 Indien unter englischer Herrschaft.

Seit 1600:
Die Britisch-Ostindische Kompanie vertritt die britische Macht in Indien. 1857 wird die Verwaltung direkt an die britische Krone übertragen.

Indien – „der strahlendste Edelstein in der britischen Krone"

Zu Beginn des 20. Jahrhunderts umfasste das Britische Kolonialreich fast 33 Millionen Quadratkilometer mit einer Bevölkerung von 450 Millionen Einwohnern. Als führende Kolonialmacht hatte England in allen Kontinenten einträgliche Gebiete für sich erobert und beherrschte fast ein Viertel der Erde. Die größte und gewinnbringendste Kolonie aber war Indien. Nach Indien waren schon im 17. Jahrhundert die ersten englischen Händler gekommen. Durch Bestechung und Betrug gelang es ihnen, von indischen Fürsten ganze Landstriche zu erwerben. Nur ein Jahrhundert später war England alleinige Herrin des ganzen Landes. Über die Bedeutung der indischen Kolonie für England sagte Lord Curzon, indischer Vizekönig von 1898–1905:

Q1 ... Zuerst lassen Sie mich Ihnen vor Augen führen, was Indien England und dem Reiche darbietet: Seine Volksmasse liefert uns die Arbeitskräfte, um unsere Länder, die wir überall auf der Erdkugel besitzen, auszubeuten... Unser Indien ist ein Hauptfeld für die Verwendung britischen Kapitals; denn es liefert uns im Überfluss das Rohmaterial für einen großen Teil unserer Industrie und bedeutende Mengen an Nahrungsmitteln ... Seine Einfuhr nach dem United Kingdom in Weizen, Mais und Mehl übertrifft noch die Kanadas und ist doppelt so groß wie Amerika. Gleichzeitig ist Indien der beste Käufer für englische Erzeugnisse, insbesondere für Baumwollwaren ...

Aufgrund seines Reichtums an Menschen und Waren galt Indien als der „strahlendste Edelstein in der englischen Krone". Um die enge Verbundenheit Indiens mit England noch weiter zu festigen, nahm die englische Königin Viktoria im Jahre 1877 den Titel einer „Kaiserin von Indien" an. Mehrere Aufstandsversuche der Inder wurden blutig niedergeschlagen.

1 Stellt mit Hilfe der Quelle fest, worin die Vorteile für England bestanden mit seiner Herrschaft über Indien.
2 Erarbeitet mit Hilfe der Karte S. 242 welche heutigen Länder ehemals zum „British Empire" gehörten.

Reiche Briten – arme Inder

2 Königin Viktoria (1837 bis 1901) mit einem indischen Diener. Seit 1877 nannte sich die englische Königin auch „Kaiserin von Indien".

1877:
Die englische Königin Viktoria wird Königin von Indien.

Das Beispiel Indien

Wie sich die britische Herrschaft auf das indische Wirtschaftsleben auswirkte, beschrieb Jawaharlal Nehru, der erste Ministerpräsident Indiens nach der Befreiung von der britischen Kolonialherrschaft 1947, in einem Brief an einen Freund:

> **Q2** … Zuerst erreichten die ausländischen Waren die Hafenstädte und deren unmittelbare Umgebung. Mit dem Bau von Straßen und Eisenbahnen drangen die ausländischen Produkte immer weiter ins Land ein und vertrieben sogar das Handwerk aus dem Dorf. Der Bau des Suezkanals brachte England Indien näher, und der Transport britischer Güter wurde billiger. Immer mehr Industrieprodukte kamen daher ins Land und gelangten in die entferntesten Dörfer. Was wurde aus den Millionen Handwerkern, die keine Arbeit mehr hatten? … Die meisten dieser Weber und Handwerker hatten in den Städten gelebt. Nachdem sie arbeitslos geworden waren, kehrten sie aufs Land und in die Dörfer zurück …

Diese Stadtflucht hielt während des ganzen 19. Jahrhunderts an und hat bis heute noch nicht aufgehört. Auf der ganzen Welt wirkten sich Technisierung und Industrialisierung dahingehend aus, dass die Menschen vom Dorf in die Stadt zogen. In Indien fand das Gegenteil statt … Anstatt sich vorwärts zu entwickeln, ging Indien infolge der britischen Politik zurück. Sogar seine Heimatindustrie hörte auf und es wurde mehr denn je zuvor zu einem Agrarland. …

Erst nach dem Zweiten Weltkrieg zogen sich die Briten im Jahre 1947 aus Indien zurück. Dabei wurde Indien aufgeteilt in drei selbstständige Staaten, nämlich das muslimische Westpakistan (heute Pakistan) und Ostpakistan (heute Bangladesh) und den Hindustaat Indien.

3 Erklärt mit eigenen Worten den Zusammenhang zwischen Indiens Armut und dem Reichtum Großbritanniens.

4 Zeigt mit Hilfe eines Atlas, warum mit der Eröffnung des Suezkanals (erbaut 1859–1869) England näher an Indien rückte.

1947:
Indien befreit sich von der britischen Kolonialherrschaft.

Die Folgen der Kolonialpolitik

1 Armut in Indien. Foto 1985.

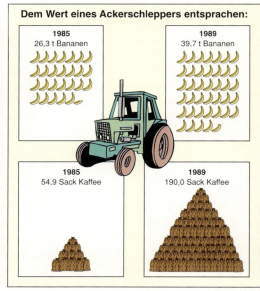

2 Der Gegenwert eines Traktors 1985 und 1989.

Neue Staaten:
Die Grenzen der unabhängigen afrikanischen Staaten gehen größtenteils auf die Kolonialzeit zurück und werden, von einigen Ausnahmen abgesehen, größtenteils respektiert. Mehrere Länder legten dagegen ihren von den Kolonialherren aufgezwungenen Namen ab. So benannte sich z. B. die Gold Coast (Goldküste) in Ghana um, Rhodesien heißt heute Zimbabwe, Belgisch-Kongo seit 1971 Zaire.

Die Kolonialzeit: Aufbau oder Zerstörung?

Zahlreiche Historiker und Politiker in den Industrienationen weisen darauf hin, dass die Kolonialpolitik im 19. Jahrhundert den Kolonialvölkern auch viele Vorteile gebracht habe: Die kriegerischen Auseinandersetzungen zwischen einzelnen Stämmen seien beendet, eine moderne Verwaltung aufgebaut, Schulen und Krankenhäuser errichtet worden. Insgesamt habe also die Kolonialpolitik zu einer Modernisierung in den Kolonialländern geführt.

Der afrokaribische Schriftsteller Aimé Cécaire meint hingegen:

> **Q** … Man erzählt mir von Fortschritt und geheilten Krankheiten. Ich aber spreche von zertretenen Kulturen, von beschlagnahmtem Land, von ermordeten Religionen, von vernichteter Kunst. Ich spreche von tausenden hingeopferten Menschen für den Bau der Eisenbahn. Ich spreche von Millionen Menschen, die man ihren Göttern, ihrer Erde, ihren Sitten, ihrer Weisheit entriss. Ich spreche von Millionen Menschen, denen man geschickt das Zittern, den Kniefall, die Verzweiflung eingeprägt hat. …

Politiker der ehemaligen Kolonialländer weisen auf einen weiteren wichtigen Aspekt hin: Sie sehen die Ursache für die Armut in ihren Ländern in der Eroberung und Unterdrückung durch die Industrienationen im 19. Jahrhundert. Die einheimische Wirtschaft wurde zerschlagen, wie in Indien, der Anbau von Monokulturen wie Kaffee, Bananen, Kakao oder Zuckerrohr befohlen. Die Preise für diese Waren setzen auch heute noch die Industrienationen fest. Die derzeitige Weltwirtschaftsordnung sei von den Industrienationen geschaffen worden und diene allein deren Interessen. Die heutigen Spannungen zwischen reichen und armen Ländern haben also geschichtliche Gründe.

1 *Vergleicht die Meinung des Schriftstellers zum Kolonialismus mit der im Text genannten Position der Industrienationen.*

2 *Notiert in Stichworten die heutige wirtschaftliche Situation der ehemaligen Kolonien. Berücksichtigt hierzu auch die Abb. 1 und 2.*

3 *Diskutiert folgende Meinungen:*
a) „Entwicklungshilfe ist kein Geschenk, sondern eine Wiedergutmachung für altes Unrecht."
b) „Würden die Rohstoffe anständig bezahlt, bräuchte man keine Entwicklungshilfe."

Zusammenfassung

Expansion – Kolonialismus und Imperialismus

Im 19. Jahrhundert versuchten vor allem die europäischen Industrienationen die Welt unter sich aufzuteilen. Diese Politik, Weltreiche zu errichten, nennt man Imperialismus; die eroberten Länder bezeichnete man als Kolonien. Die größte Kolonialmacht war Großbritannien. Das „British Empire" erstreckte sich über die ganze Welt.

Der Imperialismus war der Versuch, die wirtschaftlichen Folgen der Industrialisierung zu bewältigen: Die stark beschleunigte Industrieproduktion verlangte nach mehr Rohstoffen und größeren Absatzmärkten. Hinzu kam außerdem noch die Überzeugung vieler Europäer, dass es nicht nur ihr Recht, sondern auch ihre Pflicht sei, die Welt zu regieren („Sendungsbewusstsein").

Die imperialistischen Mächte versuchten ihre Eroberungspolitik mit der angeblichen Minderwertigkeit anderer menschlicher Rassen zu begründen. Man nennt diese Einstellung anderen Völkern und Menschen gegenüber Rassismus.

Der Rassismus kam nicht nur in den herabsetzenden Bezeichnungen für die einheimische Bevölkerung zum Ausdruck, sondern zeigte sich vor allem auch in der Behandlung der Eingeborenen. Man glaubte über diese Menschen wie über Eigentum verfügen zu können, schätzte ihre Lebensformen gering ein und hielt sie allgemein für wenig lernfähig. Die kulturellen Leistungen der einheimischen Bevölkerung wurden nicht wahrgenommen. Die ungerechte, oft willkürliche Behandlung der Bevölkerung durch die Kolonialherren führte in vielen Kolonien zu Aufständen, die durch Truppen niedergeschlagen wurden, so auch in Deutsch-Südwestafrika, als deutsche Truppen gegen die aufständischen Hereros mit größter Brutalität vorgingen.

Unterentwicklung bis heute

Zwischen den Industrienationen und den so genannten Entwicklungsländern gibt es auch heute große wirtschaftliche und politische Spannungen. Die Vertreter der Entwicklungsländer sind der Ansicht, dass die heutige Armut in ihren Ländern durch die Vernichtung der eigenständigen Kultur, des Handwerks und durch die Ausrichtung der Landwirtschaft auf die Bedürfnisse Europas entstand.

Immer wieder fordern daher diese Länder eine wirksame Unterstützung ihrer Anstrengungen, um ihre wirtschaftliche Situation zu verbessern.

Seit 1870

Zunehmende Rivalität zwischen den europäischen Mächten um angeblich „freie Gebiete der Welt".

1884

Deutschland wird Kolonialmacht.

1904

Aufstand der Hereros in Südwestafrika.

Beginn des 20. Jh.

Fast ein Viertel der Erde gehörten zum „British Empire".

Frühgeschichte

Jungsteinzeit

Metallzeit

Altertum

2 Millionen — 3000 v. Chr. — Christi Geburt

Bronzezeit/Eisenzeit
- um 3000 v. Chr. — erste Bronzeverarbeitung im Vorderen Orient
- um 2000 v. Chr. — Ausdehnung der Bronzetechnik bis Mitteleuropa
- 1500–1300 v. Chr. — Entstehung der Lausitzer Kultur
- um 1300 v. Chr. — erste Eisenverarbeitung in Kleinasien
- um 500 v. Chr. — jüngere Eisenzeit in ganz Deutschland

Rom

- 753 v. Chr. — Gründung Roms (Sage)
- 500 v. Chr. — Beginn der römischen Republik
- um 250 v. Chr. — Rom ist stärkste Landmacht im Mittelmeerraum
- 44 v. Chr. — Alleinherrschaft Caesars
- 31 v.–14 n. Chr. — Herrschaft des Kaisers Augustus
- 391 n. Chr. — Das Christentum wird Staatsreligion
- 395 n. Chr. — Teilung des Römischen Reiches
- 476 n. Chr. — Der letzte römische Kaiser wird von den Germanen abgesetzt

- 10 000 v. Chr. — erster Getreideanbau und erste Viehzucht im Vorderen Orient
- 7000 v. Chr. — erste stadtähnliche Siedlung in Jericho
- 4500 v. Chr. — erste Siedlung der Bandkeramiker in Sachsen

Griechenland

- 2600–1450 v. Chr. — minoische Kultur auf Kreta
- 750–550 v. Chr. — griechische Kolonisation
- 500 v. Chr. — Entstehung der Demokratie in Athen
- 477 v. Chr. — Gründung des attischen Seebundes
- 356–336 v. Chr. — Philipp von Makedonien unterwirft Griechenland
- 300–30 v. Chr. — Hellenistische Staaten entstehen in Ägypten, Persien und Makedonien

- vor ca. 2 Mio. Jahren — erste Menschen
- vor ca. 600 000 Jahren — ältester Menschenfund in Deutschland
- vor ca. 300 000 Jahren — Frühmenschen in Bilzingsleben
- vor ca. 35 000 Jahren — Cro-Magnon-Mensch

In der gesamten Altsteinzeit lebten die Menschen als Jäger und Sammler.

Ägypten

- 3000 v. Chr. — Staatsgründung in Ägypten
- 1900 v. Chr. — Ägypten wird Großmacht
- 1000 v. Chr. — Ägyptens Großreich zerfällt
- 30 v. Chr. — Ägypten wird römische Provinz

Mittelalter   Neuzeit
500 n. Chr.   1100   1300   1500

Frankenreich

482	Chlodwig wird König der Franken
722	Bonifatius wird mit der Missionierung der Germanen beauftragt
768	Karl der Große wird König der Franken
722–804	Sachsenkriege
800	Kaiserkrönung Karls des Großen in Rom
814	Tod Karls des Großen

Ausbreitung des Islam

570	Geburt Mohammeds in Mekka
622	Mohammed flieht nach Medina
630	Mohammed erobert Mekka
632–715	Ausbreitung des Islam bis Indien und Europa
632	Tod Mohammeds
711	Araber dringen in Europa (Spanien) ein

Vom Mittelalter zur Neuzeit

um 1450	Erfindung des Buchdrucks
1492	Kolumbus sucht den Westweg nach Indien und entdeckt Amerika
1519	Cortez erobert Mexiko Die Europäer errichten ihre Herrschaft in den Kolonien

Deutsches Reich

919	Sachsenherzog Heinrich wird deutscher König
11. Jh.	Herausbildung des Ritterstandes
1077	Heinrich IV. in Canossa
1096	1. Kreuzzug
14. Jh.	Blütezeit der Hanse

Städte in Europa

12.–15. Jh.	Städteboom in Europa
seit 1300	Gotische Kirchen werden in ganz Europa errichtet
1300–1400	Zünfte erkämpfen sich in zahlreichen Städten ein Mitspracherecht
14. Jh.	Die Hanse beherrscht Nordeuropa

Neuzeit

1500　　　　　　　　　　　　　　　　1600　　　　　　　　　　　　17

Das Zeitalter des Absolutismus

1643–1715	Ludwig XIV., König von Frankreich
1689	Glorreiche Revolution/ Bill of Rights in England
1689–1725	Zar Peter I. regiert in Russland
1740–1786	Friedrich II., König von Preußen
1694–1733	August der Starke, Kurfürst von Sachsen und König von Polen
1756–1763	Siebenjähriger Krieg

Reformation und ihre Folgen

31.10.1517	Luther veröffentlicht die Wittenberger Thesen gegen den Missbrauch des Ablasses
1521	Reichstag zu Worms
1525	Bauernkrieg
1525	Gründung des Jesuitenordens
1618–1648	Dreißigjähriger Krieg

Französische Revolution/Napoleo

1789	Versammlung der Generalstände
1789	Sturm auf die Bastille
1789	Erklärung der Menschenrechte
1791	1. Verfassung
1793–1794	Schreckensherrschaft
1799	Napoleon übernimmt die Herrschaft
1804	Kaiserkrönung Napoleons
1807	Preußische Reformen
1813	Napoleons Feldzug nach Russland

USA

1607	Jamestown gegründet
1620	Pilgerväter landen in Amerika
1776	Unabhängigkeitserklärung der USA
1789	Verfassung der USA
1861–1865	Bürgerkrieg zwischen den Nord- und den Südstaaten der USA

Industrialisierung

seit 1700 Beginn der Industrialisierung in England
1769 James Watt, Dampfmaschine
1814 George Stephenson, 1. Lokomotive

1848 K. Marx und F. Engels, Kommunistisches Manifest
1861 Erste Gewerkschaften in Deutschland
1863 „Allgemeiner Deutscher Arbeiterverein" gegründet
1865 „Allgemeiner Deutscher Frauenverein" gegründet
1875 Gründung der Sozialdemokratischen Partei in Gotha

Deutscher Bund

1814/1815 Wiener Kongress
1815–1866 Deutscher Bund
1817 Wartburgfest
1832 Hambacher Fest
1834 Deutscher Zollverein

Deutsches Kaiserreich

1870/71 Deutsch-französischer Krieg
1871 Gründung des Deutschen Reiches
Otto von Bismarck wird Reichskanzler
1878 Sozialistengesetz

Revolution 1848/49

1848 Märzaufstand in Wien, Berlin, Paris
1848 Mai: Nationalversammlung in Frankfurt am Main
Beratung der Grundrechte und der Verfassung
1849 Friedrich Wilhelm IV. von Preußen lehnt die Kaiserkrone ab
Auflösung der Nationalversammlung
Neue Aufstände werden durch das Militär niedergeschlagen

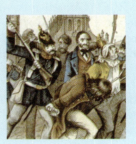

Imperialismus

ab 1870 Eroberungspolitik europäischer Staaten in Afrika und Asien
1884 Deutschland wird Kolonialmacht in Afrika
seit 1900 450 Millionen Einwohner gehören zum „British Empire"
1904 Herero-Aufstand

Lösungen von Seite 28/29: „Zusammenprall der Welten"

Tenochtitlan, Mexiko, 1519.

1 Auch wenn die auf der Fahne erscheinende Legende vom Adler und der Schlange eine aztekische ist: Dies ist die Fahne des modernen Mexiko.
2 Hydranten wie dieser stammen aus dem 20. Jahrhundert.
3 Cortez hat sicher auch Geschäftliches im Sinn, doch dieser Aktenkoffer ist aus dem 20. Jahrhundert.
4 Kein Spanier hat bis jetzt diese Landkarte gesehen, denn der größte Teil Amerikas ist von den Europäern noch gar nicht entdeckt.
5 Diese Öllampe gehört ins 19. Jahrhundert.
6 Obwohl die Azteken schnelle und wilde Ballspiele veranstalten, haben sie keine Turnschuhe wie diese aus dem 20. Jahrhundert.
7 Auch wird bei den Ballspielen der Azteken kein moderner Basketballkorb verwendet.
8 Vielleicht wurde auch ein früher Vorläufer des Golfspiels gespielt, aber diese Schläger sind ganz modern.
9 Ein Schutzhelm kann sicher bei kommenden Kämpfen nützlich sein, doch dieser Motorradhelm stammt aus dem 20. Jahrhundert.
10 Die Azteken befahren ihre Kanäle in Kanus und die Spanier kamen in hölzernen Schiffen. Dieser Ozeandampfer aber kommt aus dem 20. Jahrhundert.
11 Gewiss kochen und heizen die Azteken mit Feuer, aber dieser Schornstein ist modern.
12 Dieses Fenster stammt aus einem Haus des 18. Jahrhunderts.
13 Erst im 19. Jahrhundert kann man Babys in einem solchen Kinderwagen spazieren fahren.
14 Der Telegraf kommt erst in der ersten Hälfte des 19. Jahrhunderts in Gebrauch, also braucht man noch keine Telegrafenmasten und Telegrafenleitungen.
15 Auch wenn sie es gehabt hätten, mit diesem Fernglas aus dem 20. Jahrhundert hätten die Azteken nicht in die Zukunft blicken können.
16 So nützlich diese Schwimmweste auch sein könnte – es gibt sie erst 300 Jahre später.
17 Dieser Aztekenjunge spielt mit einem Segelschiffmodell aus dem 20. Jahrhundert.
18 Stacheldraht wird erst 1873 in den USA erfunden.
19 Das Gras wird in diesen Tagen durch weidende Tiere kurz gehalten, erst im 19. Jahrhundert durch mechanische Rasenmäher.
20 Diese Ampel wäre auf den viel befahrenen Kanälen vielleicht nützlich, doch ohne Elektrizität funktioniert sie nicht.

Lösungen von Seite 150/151: „Der Tod eines Königs"

Paris, 21. 1. 1793. Die Hinrichtung des französischen Königs Ludwig XVI.

1. Während der Revolution bietet diese Alarmanlage aus dem 20. Jahrhundert keinen Schutz.
2. John Logie Baird führt das Fernsehen erstmals 1926 vor und Fernsehkameras wie diese kommen noch später.
3. Elektrische Lautsprecher gibt es noch nicht. Die Stimme des Königs wird durch die Trommeln der Soldaten übertönt.
4. Diese Thermosflasche stammt aus dem 20. Jahrhundert.
5. Die Revolutionäre hatten einfache Gewehre, das Maschinengewehr ist ein Modell aus dem 20. Jahrhundert.
6. Zeitungen finden immer mehr Verbreitung, aber diese bunte Illustrierte „Femme" stammt aus dem Frankreich des 20. Jahrhunderts.
7. Die Revolutionäre demonstrieren zwar gegen mancherlei, aber diese Plakette für Atomabrüstung und Frieden ist ihrer Zeit voraus.
8. Mehr als 50 Jahre vor der Erfindung des Verbrennungsmotors ist für diesen Benzinkanister noch keine Verwendung.
9. Zwar gibt es in Paris viele eindrucksvolle Gebäude, aber Hochhäuser aus Beton und Glas entstehen erst im 20. Jahrhundert.
10. Ein Kran wie dieser ist in der zweiten Hälfte des 20. Jahrhunderts ein vertrauter Anblick, hier aber fehl am Platz.
11. Den Minirock sieht man in den Straßen von Paris erst ab ungefähr 1960.
12. Die Parkuhr wird 1935 von dem Amerikaner C. C. Magee erfunden.
13. Lange vor der Erfindung des Tonbandgeräts hat sich dieser Rundfunkreporter um 150 Jahre in der Zeit geirrt.
14. Steelbandtrommeln werden aus Ölfässern erst hergestellt, nachdem Erdöl, weil es den Verbrennungsmotor gibt, zu einer bedeutenden Handelsware geworden ist.
15. Diese Verkehrsleitkegel („Lübecker Hütchen") aus Kunststoff sind erst im 20. Jahrhundert ein vertrauter Anblick.
16. Baseball wird in den Vereinigten Staaten erstmals 1839 gespielt, aber diese Baseballmütze ist noch jünger.
17. Diese einziehbare Hundeleine ist eine Erfindung des 20. Jahrhunderts.
18. Hamburger und „Fast Food" in solchen Styroporschachteln wird erst im 20. Jahrhundert gebräuchlich.
19. Vor der Erfindung des Telefons gibt es auch diese Gegensprechanlage noch nicht.
20. So viele Jahre vor der Erfindung des Automobils werden auch Verkehrszeichen noch nicht gebraucht, obwohl sie auch für Kutschen nicht schlecht gewesen wären.

Jugend- und Sachbücher

Vom Mittelalter zur Neuzeit/Europa und Amerika
- Baumann, Hans: *Der Sohn des Kolumbus.* dtv-junior. Der 13-jährige Sohn des Kolumbus begleitet seinen Vater auf dessen vierter Entdeckungsreise.
- Baumann, Hans: *Die Barke der Brüder.* Verlag Freies Geistesleben, Stuttgart. Spannende Erzählung der Entdeckung der afrikanischen Westküste durch portugiesische Seefahrer.
- Kleberger, Ilse: *Pietro und die goldene Stadt.* Erika Klopp-Verlag. Berlin 1993. Florenz 1484. Pietro, ein Bauernjunge aus der Toskana, flieht aus der Armut nach Florenz, wo ihn der Maler Sandro Botticelli entdeckt und als Lehrjungen aufnimmt.
- Marc, Pierre: *Marco Polos wunderbare Reise.* Bohem Press Zürich. Lebendige Darstellung von bedeutsamen Entdeckungs- und Forschungsreisen mit guten Illustrationen.
- Merino, José Maria: *Das Gold der Träume.* Arena Verlag Würzburg 1994. Einfühlsame Darstellung über das Leben des 15-jährigen Miguel, Sohn eines Eroberers aus dem Gefolge des Hernando Cortez und einer indianischen Mutter.
- von Thadden, Wiebke: *Thomas und die schwarze Kunst.* Carlsen-Verlag, Hamburg. Ein Abenteuer-Roman aus der frühen Zeit der Buchdruckerkunst, historisch gut fundiert.
- Wood, Tim: *Die Renaissance. Blick in die Geschichte.* Karl Müller Verlag. Erlangen 1993. Das Sachbuch zeigt die Blütezeit der Künste, bahnbrechende Fortschritte in Medizin und Technik zur Zeit der Renaissance. Auf vier transparenten Bildfolien erhält man Einblick in die „Santa Maria", das Flaggschiff des Kolumbus, in einen Palast in Florenz, in eine Druckerei und in die Peterskirche.

Reformation und Glaubenskriege
- Mai, Manfred/Hafermaas, Gabriele: *Der deutsche Bauernkrieg.* Eine kurze Darstellung des Bauernkrieges, die aber durch ihre lebendige Schilderung und das Bildmaterial fesselt.
- Ott, Inge: *Verrat.* Verlag Freies Geistesleben, Stuttgart. Erlebnisse eines Jungen in den Wirren des 30-jährigen Krieges.
- Röhrig, Tilman: *In dreihundert Jahren vielleicht.* Eindrucksvolle Schilderung der Nöte des 30-jährigen Krieges.
- Selber, Martin: *Ich bin ein kleiner König.* Heinrich und die Revolution. Rotfuchs 1988. Heinrich, Sohn eines Hauswebers, lebt in Magdeburg. Während der Revolution wird sein Vater verhaftet, die Familie muss nach Amerika auswandern.

Europa im Zeitalter des Absolutismus
- Dumas, Alexandre: *Die drei Musketiere.* Arena-Verlag, Würzburg. Ein Abenteuer-Roman, der auch wichtige Erkenntnisse über das absolutistische Frankreich vermittelt.
- Hermann, Frederik: *Bojaren, Zaren und Kosaken.* Verlag Freies Geistesleben, Stuttgart. Augenzeugenberichte aus dem zaristischen Russland.
- Marchand, Pierre: *Kaiser, Könige und Zaren. Vom Sonnenkönig bis zu den ersten Siedlern in Amerika.* Bertelsmann Lexikon Verlag, Gütersloh 1992. Reich bebilderte Enzyklopädie mit vielen Informationen über den Sonnenkönig Ludwig XIV., über die „Glorreiche Revolution" in England, das Russland Iwan des Schrecklichen und Peters des Großen, die Reiche der Großmogul in Indien und der Ming-Kaiser in China, über den Kampf der Indianer in Amerika und die ersten Siedler.

Absolutismus in Sachsen und Preußen
- Bartos-Höppner, Barbara: *Die Bonnins – Eine Familie in Preußen.* Verlag Ueberreuter, Wien. Eine Familie, deren Schicksal eng mit den preußischen Herrschern verbunden ist.
- Hamann, Brigitte: *Ein Herz und viele Kronen.* Carl Ueberreuter Verlag, Wien. Lebendige Darstellung des Lebens der Kaiserin Maria Theresia.

Neue, freie Welt – Amerika
- Crummenerl, Rainer/Klaucke, Peter: *Indianer.* Arena-Verlag, Würzburg. Wie lebten die Indianer früher? Was veränderte sich, als die Weißen kamen? Wie sieht die heutige Situation der Indianer aus? Ein umfassendes Werk, das einen fundierten Überblick gibt über die unterschiedlichen indianischen Kulturen Nordamerikas.
- Freedman, Russel: *Die großen Häuptlinge.* Verlag Carlsen, Hamburg 1997. Der verzweifelte Kampf der letzten großen indianischen Häuptlinge um das Überleben ihres Volkes.
- Hetmann, Frederik: *Indianer.* Ravensburger Buchverlag 1990. Ein prächtig illustrierter Band, in dem die Geschichte der nordamerikanischen Indianer von den Anfängen bis zur Gegenwart erzählt wird.

Jugend- und Sachbücher

- Schröder, Rainer M.: *Die wundersame Weltreise des Jonathan Blum*. Arena Verlag, Würzburg. Nach Pogromen in Polen mit seiner jüdischen Familie nach Westen geflohen, tritt Jonathan Blum 1858 seine Reise nach Amerika an. Nach langen Irrfahrten findet er schließlich die ersehnte Freiheit und zu sich selbst.

Die Französische Revolution/Europa und Napoleon
- Coppens, Bernard: *Napoleon. Geschichte schauen, lesen und wissen.* Union Verlag, Stuttgart 1992. Das reich illustrierte Buch lässt eine Zeit lebendig werden, die ganz von der Größe und den Schwächen des französischen Kaisers und Generals geprägt ist.
- Everwyn, Klas Ewert: *Für fremde Kaiser und kein Vaterland.* F. Oettinger Verlag, Hamburg 1994. Anfang des 19. Jahrhunderts – die Truppen Napoleons durchziehen die Länder. Wie alle „kleinen Leute" kämpft auch der Sohn eines Tagelöhners ums Überleben.
- Schneider, Karla: *Die abenteuerliche Geschichte der Filomena Findeisen.* Verlag Beltz & Gelberg. 1996. Die Truppen Napoleons in Dresden. Eindringliche Schilderung, verbunden mit der Erzählung einer Mädchenfreundschaft.
- Wethekam, Cili: *Mamie 1780–1794.* dtv-junior 11. Aufl. 1995. Mamie, ein Waisenkind, erlebt die Französische Revolution.
- Wethekam, Cili: *Tignasse.* dtv München 1991. Tignasse, ein Pariser Junge aus ärmlichen Verhältnissen, erlebt den Sturm auf die Bastille.

Demokratischer Aufbruch in Deutschland
- Hermannsdörfer, Elke: *Lina Karsunke.* dtv-junior München 1987. Lina, Tochter eines schlesischen Leinewebers, geht nach Berlin und gerät hier in die Wirren der Revolution von 1848.
- Kordon, Klaus: *1848 – die Geschichte von Jette und Frieder.* Verlag Beltz & Gelberg. 2. Aufl. 1998. In den deutschen Staaten herrscht eine explosive Stimmung – an die Stelle des Gottesgnadentums der Fürsten sollen Freiheit und Gleichheit treten.
- Ross, Carlo: *Nur Gedanken sind frei.* Verlag Bitter 1989. Ein 16-jähriger Bauarbeiter kämpft 1848 für bessere Lebensverhältnisse. Nach dem Scheitern der Revolution wandert er nach Amerika aus.
- Schröder, Rainer M.: *Die wundersame Weltreise des Jonathan Blum.* Omnibus-Verlag-Bertelsmann 1997. „Hinter dem Horizont die Freiheit. Mit dem berühmten Auswandererschiff Liberty nach Amerika." Dieses Plakat im Rostocker Hafen wird zum Schicksal für den jüdischen Jungen Jonathan Blum.
- Selber, Martin: *Ich bin ein kleiner König.* Heinrich und die Revolution. Rotfuchs 1988. Heinrich, Sohn eines Hauswebers, lebt in Magdeburg. Während der Revolution wird sein Vater verhaftet, die Familie muss nach Amerika auswandern.

Die industrielle Revolution
- Grütter, Karin/Ryter, Annamarie: *Stärker als ihr denkt.* dtv München. Basel um 1850 – Lise, eine 16-jährige Arbeiterin, erlebt das Elend während der Industrialisierung.
- Pierre, Michel: *Die Industrialisierung.* Union-Verlag Stuttgart. Informatives Sachbuch über die technischen Entwicklungen im 19. Jahrhundert.
- Pelgrom, Els: *Umsonst geht nur die Sonne auf.* dtv München 1992. Schon als 11-jähriges Mädchen muss Fine hart mitarbeiten. Gegen die Ungerechtigkeiten lehnt sie sich auf.

Kaiserreich und nationale Idee
- Fährmann, Willi: *Es geschah im Nachbarhaus. Geschichte eines Verdachtes.* Arena Verlag, Würzburg 1986. In einer kleinen Stadt wird Ende des 19. Jahrhunderts durch Hass und Vorurteile eine jüdische Familie um ihre Existenz gebracht.
- Kästner, Erich: *Als ich ein kleiner Junge war.* Hamburg, Dressler Verlag 1969. Der bekannte Schriftsteller erzählt von seiner Kindheit und Schulzeit vor dem Ersten Weltkrieg in Dresden.

Europäische Staaten und ihre Kolonien
- Mwangi, Meja: *Kariuki.* dtv München 1997. Nigel, den Enkel des weißen Großgrundbesitzers, und Kariuki, den schwarzen Dorfjungen, verbindet eine tiefe Freundschaft über alle Vorurteile und den Rassenhass hinweg.
- Seufert, Karl Rolf: *Aufbruch am Heiligen Fluss. – Gandhis Kampf für Indiens Freiheit.* Arena Verlag Würzburg 1994. Mahatma Gandhi wurde durch seinen gewaltlosen Einsatz für die Rechte der Inder zum einflussreichsten Politiker seiner Zeit.
- Pausewang, Gudrun: *Ich habe Hunger. Ich habe Durst.* Ravensburger Buchverlag 1992. Erzählt wird die Geschichte einer südamerikanischen Familie sowie die Folgen des Imperialismus bis zur Gegenwart.

Lexikon

Absolutismus Bezeichnung für die Epoche vom 16. bis zum 18. Jahrhundert, in der Ludwig XIV. und seine Regierungsform in Europa als Vorbild galten. Der Monarch besaß die uneingeschränkte Herrschaftsgewalt. Er regierte losgelöst von den Gesetzen und forderte von allen Untertanen unbedingten Gehorsam.

Adlige Die Edlen – Angehörige einer in der Gesellschaft hervorgehobenen Gruppe, eines Standes, ausgestattet mit erblichen Vorrechten. Adliger konnte man von Geburt aus sein (Geburtsadel); Adliger konnte man aber auch werden, indem man im Dienst des Königs tätig war (Amts- oder Dienstadel).

Anatomie Wissenschaft, die sich mit dem Bau und der Form des menschlichen Körpers befasst.

Antike Alte Zeit. Heute meint man damit den Zeitraum der griechischen und römischen Geschichte bis etwa zum Ende des römischen Kaiserreiches.

Aufklärung Reformbewegung, die im 18. Jahrhundert in fast allen Lebensbereichen zu neuen Ideen und Denkweisen führte. In der Politik richteten sich die Aufklärer gegen die uneingeschränkte Macht des Königs. Sie traten ein für Meinungsfreiheit, für Toleranz gegenüber anderen Religionen und ein von Vernunft geprägtes Handeln.

Autokratie (griechisch = Alleinherrschaft). Uneingeschränkte Herrschaft eines Einzelnen.

Archäologie Eine Wissenschaft, die mit Hilfe von Ausgrabungen und Bodenfunden alte Kulturen erforscht. Vieles wird zufällig entdeckt, z. B. beim Straßenbau, und von Archäologen sorgsam ausgegraben. Die Auswertung der Funde erfolgt meist im Labor.

Abt Der von Mönchen gewählte Vorsteher eines Klosters. Die von Nonnen gewählte Vorsteherin eines Frauenklosters wurde Äbtissin genannt.

Altsteinzeit Zeitabschnitt, der vor etwa zwei Millionen Jahren begann. Die Altsteinzeit endete mit der letzten Eiszeit um 8000 v. Chr. In dieser Zeit lebten die Menschen ausschließlich als Jäger und Sammler. Sie zogen in familienähnlichen Lebensgemeinschaften von etwa 20 bis 30 Personen umher. Ihre Geräte und Waffen stellten sie aus Steinen, Knochen und Holz her.

Barock Der ursprünglich italienische Kunststil setzte sich gegen Ende des 17. Jahrhunderts in ganz Europa durch. Es entstanden zahlreiche barocke Schloss- und Kirchenbauten mit prunkvollen Verzierungen, die Kraft und Fülle ausdrücken sollten.

Bauernbefreiung Seit dem Ende des 18. Jahrhunderts wurden in vielen Ländern Europas nach und nach Gesetze erlassen, durch die die Bauern ihre persönliche Freiheit erhielten und ihren Grundherren keine Abgaben und Frondienste mehr leisten mussten. In Frankreich war die Bauernbefreiung ein Ergebnis der Revolution von 1789. In Preußen wurde sie Anfang des 19. Jahrhunderts erlassen.

Bauernlegen Begriff für den Einzug abhängiger Bauernstellen durch den Gutsherrn zur Vergrößerung des Gutsbesitzes. Bezeichnet auch den Aufkauf von Bauernhöfen durch Gutsherren, wenn dies unter Anwendung von Zwang geschah.

Bibel (griechisch: biblia = Bücher). Die heilige Schrift der Christen. Gegliedert in zwei Teile, das Alte und das Neue Testament.

Biedermeier Bezeichnung für den bürgerlichen Lebensstil zwischen 1815 und 1848. Enttäuscht von der Wiederherstellung der alten Ordnung, die die Bürger aus der Politik verdrängte, zogen sich die Menschen ins Privatleben zurück, um hier Erfüllung zu finden. Benannt wurde dieser Lebensstil nach einem schwäbischen Lehrer, der in Gedichten die Geborgenheit des häuslichen Glücks pries.

Bill of Rights (bill, engl.: Gesetzentwurf im englischen Parlament). Die Bill of Rights von 1689 musste der neue englische König Wilhelm III. anerkennen. Demnach war der 1689 vom Parlament bestätigte König („Glorious Revolution") an das vom Parlament geschaffene Gesetz gebunden. Das Parlament besitzt das Recht auf Gesetzgebung und Steuerbewilligung und kann allein die Aufstellung eines Heeres anordnen.

Bourgeoisie Bezeichnung für das Besitz- und Bildungsbürgertum, das im 19. Jahrhundert auch an politischem Einfluss gewann. Hierzu gehörten z. B. Unternehmer, Bankiers oder Professoren.

Code Napoleon/Code Civil (frz. = bürgerliches Gesetzbuch) Begriff für das Gesetzbuch, mit dem Napoleon – daher auch Code Napoléon genannt – Frankreich ein einheitliches bürgerliches Recht gab, das Errungenschaften der Französischen Revolution festhielt. Nach seinem Vorbild wurden politische Freiheit und Gleichheit vor dem Gesetz in vielen europäischen Staaten gesichert.

Demokratie (griechisch: demos = Volk; kratos = Herrschaft) Die alten Griechen unterschieden drei Staatsformen: die Demokratie (Herrschaft des Volkes), die Aristokratie (Herr-

Lexikon

schaft der Wenigen, d. h. des Adels) und die Monarchie (Herrschaft des Einzelnen, d. h. des Königs). Die Demokratie ist in Athen entstanden. In der Volksversammlung wurden alle politischen Entscheidungen per Mehrheitsbeschluss getroffen.

Diktatur Herrschaftsform, in der die unbegrenzte Staatsgewalt bei einem Diktator (lat. dictator: der, der zu sagen hat) liegt. Kennzeichen einer Diktatur sind z. B. die Unterdrückung der politischen Gegner, die Aufhebung der Gewaltenteilung sowie die Einschränkung der Menschenrechte. Beispiele für Diktaturen des 17. und 18. Jahrhunderts sind England unter Cromwell und Frankreich unter Napoleon.

Dritter Stand Er bildete zur Zeit des Absolutismus die Mehrzahl der Bevölkerung: Bauern, Kleinbürger, Großbürger. Vor allem die Bauern litten unter großen Lasten: Verbrauchssteuern, Kirchenzehnt, hohe Abgaben an Grundherren und Staat.

■

Eiszeiten Durch den weltweiten Rückgang der Temperaturen kam es in verschiedenen Epochen der Erdgeschichte zum Vorrücken von Gletschern. Von Nordeuropa kommend schoben sich die Eismassen immer weiter nach Mitteleuropa. Die Zeiträume zwischen den Eiszeiten nennt man Warmzeiten.

Evangelium Gute Botschaft. Zunächst wurde die Lehre Christi, die Frieden und Heil verheißt, als „Gute Botschaft" bezeichnet. Seit dem 2. Jahrhundert wurde der Begriff „Evangelium" auch auf die Schriften bezogen, die vom Leben und Wirken Jesu berichten. Es gibt vier Evangelien. Ihre Verfasser Matthäus, Markus, Lukas und Johannes werden als die vier Evangelisten bezeichnet.

■

Frondienst (althochdeutsch: fron = Herr) Dienste, die hörige Bauern ihrem Grundherrn unentgeltlich leisten musste wie z. B.: säen, ernten, pflügen usw.

Fronhof Herrenhof, Mittelpunkt einer Grundherrschaft.

■

Gesinde Knechte und Mägde eines Hauses, eines Hofes.

Generalstände Die Versammlung der Vertreter der drei Stände von ganz Frankreich seit dem Beginn des 14. Jahrhunderts. Die Generalstände hatten vor allem das Recht der Steuerbewilligung. Erst die schwere Finanzkrise des absolutistischen Staates führte Ludwig XVI. dazu, die Ständeversammlung einzuberufen. Aus der Revolution der Abgeordneten des Dritten Standes sollte sich die französische Revolution entwickeln.

Ghetto Judenviertel. Der Name stammt aus dem Italienischen und war der Name des Judenviertels von Venedig.

Goldene Bulle (1356): Das Reichsgesetz legte die Wahl des deutschen Königs durch die sieben Kurfürsten fest. Als Wahlgesetz blieb es bis 1806 wirksam. Sein Name stammt von dem Siegel der Urkunde, das nicht aus Wachs, sondern aus Gold gefertigt wurde.

Grundherr Der Eigentümer des Bodens übte zugleich die Herrschaft über jene Bauern aus, die auf seinem Grund wohnten und ihn bearbeiteten.

Generation Die Gesamtheit der Menschen, die innerhalb eines bestimmten Zeitabschnittes lebt. Eine Generation umfasst die Zeitspanne, bis Kinder wieder Kinder bekommen. Das sind ungefähr 25 Jahre.

Germanen Sammelbegriff für die Stämme mit germanischen Sprachen, die in der Bronzezeit in Norddeutschland, Dänemark und Südschweden lebten.

Germanien (lateinisch: Germania). Das von den Germanen bewohnte Land teilte sich in zwei von den Römern besetzte Gebiete (Germania inferior und Germania superior) und den viel größeren freien Teil (Germania libera oder magna). Beide Gebiete waren durch den Limes voneinander getrennt.

Gewaltenteilung Eine in der Zeit der Aufklärung entwickelte Lehre. Ihr zufolge hat der Staat drei Hauptaufgaben: Gesetzgebung, Rechtsprechung und vollziehende Gewalt. Diese Aufgaben haben drei voneinander klar getrennte Einrichtungen wahrzunehmen: das Parlament, die Gerichte sowie die Regierung und Verwaltung. Die Gewaltenteilung ist eine Antwort auf den Absolutismus.

Grundherrschaft Der Eigentümer des Bodens übte zugleich die Herrschaft über jene Bauern aus, die auf seinem Grund wohnten und ihn bearbeiteten.

■

Handelshaus Unternehmen zur Zeit des frühen Kapitalismus, die überregionale wirtschaftliche Bedeutung hatten. Meist verfügten sie in gewissen Gebieten über das Monopol in bestimmten Zweigen des Handels.

Höriger Ein von seinem Grundherrn abhängiger Bauer. Er erhält vom Grundherrn Land zur Bewirtschaftung und muss dafür Abgaben und Dienste leisten. Hörige waren an das ihnen übergebene Land gebunden und konnten zusammen

Lexikon

damit verkauft oder verschenkt werden.

Imperialismus Das Streben einzelner Staaten nach weltweiter politischer und wirtschaftlicher Macht oder wenigstens Geltung. Mittel sind die Eroberung und wirtschaftliche Durchdringung und Ausbeutung fremder Gebiete. Im engeren Sinne werden als Zeit des Imperialismus die Jahre von 1880 bis 1914 angesehen.

Industrielle Revolution Umwälzung der Arbeitswelt und der Gesellschaft durch verbreitete Anwendung von Maschinen, die menschliche und tierische Kräfte in großem Ausmaß ersetzen (z. B. Dampfmaschine, später Verbrennungs- und Elektromotor). Die industrielle Revolution begann im 18. Jahrhundert in England und breitete sich im 19. Jahrhundert auf dem Kontinent und in den USA aus. Sie änderte die Gesellschaftsstruktur tief greifend.

Investitur (lateinisch: investitura = Einkleidung). Die Einsetzung in ein geistliches Amt. Im Mittelalter stritten Kaiser und Papst um das Recht zur Investitur von Bischöfen und Äbten.

Islam (arabisch = heil, unversehrt sein). Die von Mohammed begründete Weltreligion.

Jakobiner Ein politischer Klub während der Französischen Revolution, dessen Mitglieder sich erstmals in dem ehemaligen Pariser Kloster St. Jacob trafen. Nach der Abspaltung der gemäßigten Gruppe der Girondisten wurde der Name nur noch für radikale Republikaner verwandt.

Jungsteinzeit In dieser Zeit (10 000 bis 3 000 v. Chr.) gingen die Menschen zum Ackerbau und zur Viehzucht über. Sie wurden sesshaft und lebten in Siedlungen.

Kirchenbann Durch den Kirchenbann wurde eine Person aus der Kirche ausgeschlossen. Einem Gebannten war es z. B. verboten, eine Kirche zu betreten, und er konnte auch nicht kirchlich bestattet werden. Kein Christ durfte mit einem Gebannten sprechen, Geschäfte betreiben usw. Nach auferlegter Buße konnte der Kirchenbann wieder aufgehoben werden.

Klasse Bezeichnung für die Angehörigen einer gesellschaftlichen Gruppe mit gleichen wirtschaftlichen Verhältnissen, insbesondere in Bezug auf den Besitz von Produktionsmitteln (Fabriken, Maschinen etc.). Siehe auch: Bourgeoisie, Proletarier.

Kolonie Bezeichnung für Gebiete in Afrika, Lateinamerika und Asien, die von europäischen Staaten in Besitz genommen und durch Bürger dieser Staaten verwaltet bzw. ausgebeutet wurden.

Ketzer Bezeichnung für jemanden, der von der Lehre der katholischen Kirche abweicht. Wer auf seiner abweichenden Meinung beharrte, wurde im Mittelalter als Ketzer angeklagt und meist auf einem Scheiterhaufen verbrannt. Die Entscheidung über die Richtigkeit der Lehre lag allein in der Hand der Kirche.

Konfession Gruppe von Christen mit einem gemeinsamen Glaubensbekenntnis.

Konkordat Bezeichnung für einen Vertrag zwischen dem katholischen Kirchenstaat (Vatikan) und einem anderen Staat.

Konzil Eine Versammlung von Bischöfen und anderen hohen Geistlichen zur Beratung und Entscheidung von Glaubensfragen und kirchlichen Angelegenheiten.

Konstitutionelle Monarchie (lat. constitutio = Verfassung). Regierungsform, in der die absolutistische Gewalt des Monarchen durch eine Verfassung begrenzt wird, z. B. durch die Beteiligung einer Volksvertretung an der Gesetzgebung, die Unabhängigkeit des Richterstands oder die Garantie von politischen Grundrechten.

Koran (arabisch = Lesung, Vortrag). Die Heilige Schrift des Islam.

Kurfürst Wahlfürst, von küren, wählen. Im Deutschen Reich waren bei der Königswahl wahlberechtigt die Erzbischöfe von Mainz, Köln, Trier, der Pfalzgraf bei Rhein, der Herzog von Sachsen, der Markgraf von Brandenburg und der König von Böhmen. Die Kurfürsten bestimmten entscheidend die Politik des Reiches.

Laien Die nicht zum Priester geweihten Gläubigen einer Kirche; heute auch allgemein gebraucht für „Nichtfachleute".

Lehen Im Mittelalter gab der Lehnsherr (z. B. König oder Fürst) seinem Lehnsmann ein Gut oder Amt für bestimmte Leistungen wie Kriegsdienst oder die Übernahme von Verwaltungsaufgaben. Das Lehen blieb Eigentum des Lehnsherrn. Es fiel nach dem Tode des Lehnsmannes an den Lehnsherrn zurück. Als das Karolingerreich zerfiel, setzten die großen Adelsgeschlechter durch, dass sie das Lehen in ihrer Familie weitervererben konnten.

Leibeigener Bauer, der in völliger Abhängigkeit von seinem Herrn lebte. Der Leibeigene durfte ohne Genehmigung des Lehnsherrn weder wegziehen noch heiraten.

Lexikon

Markt Handelsplatz, der mit dem Marktrecht ausgestattet war und eine eigene Rechtsordnung besaß. Der Marktherr (König, Bischof oder Fürst) garantierte den Marktfrieden und die Sicherheit. Streitigkeiten wurden vor einem eigenen Marktgericht verhandelt. Aus Marktplätzen entwickelten sich häufig mittelalterliche Städte.

Mittelalter Die Zeit zwischen Altertum und Neuzeit. Sie beginnt mit der Auflösung des Römischen Reiches (4. Jhd.) und endet mit den Entdeckungen (um 1500).

Menschenrechte Unantastbare und unveräußerliche Freiheiten und Rechte jedes Menschen gegenüber den Mitmenschen und dem Staat. Dazu gehören das Recht auf Leben, auf freie Entfaltung der Persönlichkeit und das Recht auf Eigentum. Nach dem Vorbild der „Virginia Bill of Rights" und der „Unabhängigkeitserklärung der Vereinigten Staaten" (1776) verkündete die französische Nationalversammlung 1789 die „Erklärung der Menschen- und Bürgerrechte". Die Menschenrechte wurden seit dem 19. Jahrhundert in viele Verfassungen aufgenommen (z. B. in das Grundgesetz der Bundesrepublik Deutschland).

Merkantilismus Staatlich gelenkte Wirtschaftsform des Absolutismus. Durch intensiven Handel sollte möglichst viel Geld in das Land kommen, möglichst wenig Geld das Land verlassen. Die Regierung erhöhte daher die Ausfuhr von Fertigwaren und erschwerte die Einfuhr ausländischer Waren durch hohe Zölle.

Nation (lat. natio = Stamm, Volk). Menschen gleicher Sprache oder gleicher Staatsangehörigkeit.

Nationalversammlung Eine verfassunggebende Versammlung von Abgeordneten, die die ganze Nation repräsentiert.

Neues Testament Zweiter Teil der christlichen Bibel. Während das Alte Testament die Schriften umfasst, die das Christentum von den Juden übernommen hat, enthält das Neue Testament die vier Evangelien – die Berichte über das Leben Jesu – und Briefe und Schriften, die von den frühesten Christen stammen. Das Wort Testament bedeutet „Bund" und bezeichnet den „neuen Bund", den Gott nach christlicher Auffassung mit den Christen geschlossen hat – im Gegensatz zum „alten Bund" mit den Juden.

Neuzeit Die dem Mittelalter folgende Zeit. Sie beginnt etwa mit der Zeit der Entdeckungen (um 1500).

Orden Gemeinschaft von Männern oder Frauen, die sich feierlich durch ein Gelübde verpflichten, ihr Leben in den Dienst Gottes zu stellen. Sie geloben Armut, ein eheloses Leben und Gehorsam gegenüber dem Abt bzw. der Äbtissin. Mönche und Nonnen leben nach festen Regeln, zurückgezogen von der Welt in einem eigens dazu errichteten Gebäude, dem Kloster. Es gibt Klöster für Männer (= Mönche) oder Frauen (= Nonnen). Ihnen steht ein Abt oder eine Äbtissin vor.

Orthodoxes Christentum (griech. = rechtgläubig). Bezeichnung für die christliche Kirche des Ostens, die aus der byzantinischen Reichskirche hervorging.

Parlament (lat. parlamentum = Unterredung, Verhandlung). Seit dem Mittelalter übernahmen Ständevertretungen die Aufgaben, den Herrscher zu beraten und bei wichtigen Entscheidungen mitzubestimmen. Aus solch einer Versammlung von Beratern des Königs und einem Gerichtshof entwickelte sich das älteste Parlament: das englische. Es bestand aus zwei Häusern. Im Oberhaus saßen vor allem die Angehörigen des Hochadels, im Unterhaus die gewählten Vertreter des niederen Adels und der Städte. Die wichtigsten Aufgaben des Parlaments waren die Gesetzgebung und die Bewilligung von Steuern.

Patrizier Wohlhabender Bürger einer Stadt mit besonderen Vorrechten bei der Stadtregierung.

Pfalz (lateinisch: pallas = Palast). Prachtvoller Königshof mit Königshalle und Kapelle, Unterkunftsräumen, Ställen usw. Pfalzen dienten den deutschen Königen des Mittelalters als wechselnde Wohnsitze und waren über das ganze Reich verteilt.

Pogrom Ausschreitungen gegen nationale oder religiöse Minderheiten.

Polis (griechisch = Burg, Stadt). Bezeichnung für die im alten Griechenland selbstständigen Stadtstaaten, z. B. Athen, Sparta und Korinth.

Privilegien Sonderrechte, Vorrechte für einzelne Personen oder Gruppen (Adel, Geistliche o. Ä.), z. B. brauchten die Adligen vor der Französischen Revolution keine Steuern zu bezahlen.

Proletarier Bezeichnung für Arbeiter und Arbeiterinnen, die nichts bestimmen außer ihrer Arbeitskraft. Die Klasse des Proletariats sollte nach Marx die kapitalistische Eigentumsordnung beseitigen und eine klassenlose, kommunistische Gesellschaft herbeiführen.

Protestanten Seit dem Reichstag von Speyer im Jahr 1525 wurden die Anhänger Luthers auch als Pro-

Lexikon

testanten bezeichnet. Unter dem Vorsitz des Kaisers wurde in Speyer beschlossen gegen die Reformation energisch vorzugehen. Dagegen „protestierten" fünf Landesherren und 14 Reichsstädte.

Quellen Alle Zeugnisse und Überlieferungen aus der Vergangenheit. Wir unterscheiden zwischen drei Quellenarten. Sachquellen, Bildquellen und Schriftquellen. Hinzu kommt die mündliche Überlieferung, z. B. durch Zeitzeugen (Eltern, Großeltern ...).

Reformation (lat. reformatio = Wiederherstellung, Erneuerung eines ursprünglichen Zustandes). Die Reformation des 16. Jahrhunderts hatte zum Ziel, die ursprüngliche Reinheit des Glaubens wiederherzustellen.
Reichsacht Bei schweren Verbrechen (z. B. Mord) können der König oder ein von ihm beauftragter Richter den Täter ächten. Dieser ist damit aus der Gemeinschaft ausgestoßen und im gesamten Reich „vogelfrei", d. h., jeder hat das Recht, ihn zu töten. Er verliert seinen Besitz, seine Kinder werden als Waisen, seine Frau als Witwe angesehen. Wer einen Geächteten aufnimmt, verfällt selbst der Reichsacht.
Renaissance (aus dem Französischen = Wiedergeburt). Begriff für einen Zeitabschnitt (etwa 1380 bis 1600), in dem die Kenntnisse der alten griechischen und römischen Kultur in Europa wieder belebt wurden und ein neuer Kunststil sich herausbildete.
Requisition Beschlagnahmung für Heereszwecke.
Reservation Siedlungsräume, die den Indianern in Nordamerika durch die Regierung zugewiesen wurden.
Revolution Der meist gewaltsame Umsturz einer bestehenden politischen und gesellschaftlichen Ordnung.

Säkularisierung Der Begriff bezeichnet die Überführung von Kirchengütern in weltlichen Besitz. Säkularisationen fanden z. B. während der Reformation, der Französischen Revolution und in Europa unter Napoleon statt.
Sansculotten Bezeichnung für Pariser Revolutionäre, die aus den Unterschichten stammten. Sie trugen lange Hosen, um sich auch in der Kleidung vom Adel zu distanzieren.
Stadtrecht Besondere Rechte einer Stadt, z. B. das Recht sich eine Mauer zu bauen, das Recht Münzen zu prägen oder das Recht sich selbst zu verwalten.
Stand Ein Stand umfasste im Mittelalter und in der frühen Neuzeit Menschen gleicher sozialer Herkunft. Die Geburt entschied darüber, zu welchem Stand man gehörte. So bildeten die Adligen den ersten Stand, die Geistlichen den zweiten Stand, die Bauern den dritten Stand. Mit dem Entstehen der Städte bildeten die Bürger einen neuen Stand über den Bauern.
Sklave Ein Mensch, über den sein Herr nach Belieben verfügen kann.
Verfassung Eine Verfassung legt fest, welche Aufgaben und Rechte die Bürger haben und wer den Staat regiert.
Soziale Frage Bezeichnung für die Notlage und die ungelösten sozialen Probleme der Arbeiterschaft im 19. Jahrhundert, die mit der Industrialisierung entstanden waren. Dazu zählten z. B. das Wohnungselend, unzumutbare Arbeitsbedingungen, die Kinderarbeit, Verelendung aufgrund niedriger Löhne und hoher Arbeitslosigkeit.
Stehendes Heer Im Mittelalter wurden Heere nur für den Krieg aufgestellt. Söldner und Landsknechte wurde nach Kriegsende wieder entlassen. Seit dem 17. Jahrhundert schufen die absolutistischen Herrscher jedoch Armeen, die auch in Friedenszeiten einsatzbereit unter Waffen standen.

Verfassung Rechtsgrundsätze über die Staatsform, den Umfang und die Grenzen der Staatsgewalt, die Aufgaben und die Rechte der Staatsorgane sowie die Rechte und Pflichten der Bürger.

Zar Titel der russischen Herrscher, der auf das oströmische Reich zurückgeht. Die oströmischen Kaiser sahen sich als Cäsaren, also als Nachfolger der römischen Kaiser.
Zehnt Regelmäßige Abgabe der Bauern an die Grundherren. Ursprünglich musste ein Zehntel des landwirtschaftlichen Ertrages (Getreide, Vieh, Wein, Früchte) abgegeben werden.
Zunft In den mittelalterlichen Städten ein Zusammenschluss von Handwerkern mit demselben Beruf. Nur Meister konnten Mitglieder einer Zunft werden; jeder Meister musste sogar seiner Zunft beitreten (Zunftzwang). Die Zünfte gaben sich eine Verfassung, regelten die Berufsausübung und die Ausbildung von Lehrlingen und Gesellen. Im Kampf mit den Patriziern erkämpften sich die Zünfte im 14. Jahrhundert die politische Mitwirkung im Stadtrat.

Quellenverzeichnis

Textquellen
S. 8: Agricola, zitiert nach: Der Mensch und seine Welt. Band 2. Dümmler, Bonn 1974, S. 105. – S. 9: Leonardos Worte, ausgewählt von A. M. Brizio, Stuttgart/Zürich 1985, S. 133 ff. – S. 10: Johannes Cochlaeus. Brevis Germaniae Descriptio. 1512. Hrsg. von K. Lagosch, Darmstadt 1976. S. 91. – S. 12: Guggenbühl/Weiß: Quellen zur allgemeinen Geschichte, Band 2, Zürich 1954, S. 264. – S. 13: I. Kästner: Johannes Gutenberg. Teubner-Verlag 1978, S. 58. – S.14: Eberhard Schmitt: Dokumente zur Geschichte der europäischen Expansion. Band 2. C. H. Beck Verlag, München 1984, S. 113. – S. 15 (Q1): Christoph Kolumbus: Das Bordbuch 1492. Hrsg. von R. Grün, Erdmann Verlag, Tübingen/Basel 1978, S. 86. – S. 15 (Q2): ebd. – S. 20: Renate Kingma: Münzen und Geld. Reihe: Was ist Was, Band 78, Tessloff Verlag, Hamburg/Nürnberg 1985, S. 24 f. – S. 24: Hernan Cortez: Die Eroberung Mexikos. Tübingen/Basel 1975. S. 86 ff. – S. 26 (Q2): Codex florentinus, in: Rückkehr der Götter. München 1965. S. 46. – S. 27 (Q3): Kolonialismus. Die Entstehung der Unterentwicklung am Beispiel Lateinamerikas. Beltz Verlag, Weinheim 1978. S. 65. – S. 28: Nicola Baxter/Mike Taylor: Auf Fehlerjagd quer durch die Geschichte. Christians-Verlag, München 1996. – S. 30–31: L. R. Vougier: So lebten sie zur Zeit der Azteken. Tessloff Verlag Nürnberg/Hamburg 1990. – S. 32: Ch. Strosetzki (Hrsg.): Griff nach der Neuen Welt. Frankfurt/Main 1990. S. 274. – S. 34: U. Bitterli: Die Entdeckung und Eroberung der Welt. Band 1: Amerika, Afrika. München 1980. S. 94 ff. – S. 41(Q): H. Junghans (Hrsg.): Die Reformation in Augenzeugenberichten. dtv München, S. 43 f. – S. 42 (M): H. Kühner: Neues Papstlexikon. Fischer-Bücherei, S. 110. – S. 43 (Q1): H. Junghans, a. a. O.: S. 43 (gekürzt). – S. 43 (Q2 und Q3): H. Fausel (Hrsg.): Martin Luther. Siebenstern TB, 1967, S. 188 und S. 191. – S. 44: H. Junghans, a. a. O., S. 58 f. – S. 45: O. Thulin: Martin Luther. München 1958, S. 51. – S. 48/49: H. Junghans, a. a. O., S. 269 f. – S. 49 (Q2): H. Junghans, a. a. O., S. 269 ff. – Martin Luther: Ausgewählte Werke, Band 4, Frankfurt/Main 1982, S. 42 ff. – S. 50: W. Lautemann/M. Schlenke: Geschichte in Quellen (GiQ). Band 3. Bayerischer Schulbuchverlag, München 1970, S. 144 ff. – S. 51 (Q2 und Q3): Martin Luther: Ausgewählte Werke, Band 4, Frankfurt/Main 1982, S. 133 ff. – S. 52: Thomas Müntzer: Schriften und Briefe. Herausgegeben von G. Wehr. Gütersloher Verlagshaus G. Mohn. Gütersloh 1978, S. 113. – S. 53: M. Mai/G. Hafermaas: Der deutsche Bauernkrieg. Ravensburger Buchverlag. Ravensburg 1992. – S. 54: Landeszentrale für politische Bildung in Baden-Württemberg (Hrsg.): Thomas Müntzer – von Thüringen in den Klettgau. 1524/25. In: Die deutsche Frage im Unterricht. Heft 4 Stuttgart 1984. – S. 55: M. Mai/G. Hafermaas: a. a. O., S. 34. – S. 55: G. Braun: Der deutsche Bauernkrieg. Berlin 1926. Nr. 119. – S. 58: W. Lautemann/M. Schlenke: Geschichte in Quellen (GiQ). Band 3, a. a. O., S. 52 f. – S. 60: H. Junghans, a. a. O., S. 259 f. – S. 62: Gutschera/Thierfelder: Brennpunkte der Kirchengeschichte. Schöningh Verlag, Paderborn 1976. S. S. 147. – S. 63 (Q3): Brennpunkte der deutschen Geschichte. Athenäum Verlag. Kronberg S. 151. – S. 70: Thomas Müntzer: Schriften und Briefe. a. a. O., S. 113. – S. 74: K. H. Peter: Briefe zur Weltgeschichte. Stuttgart 1962. S. 202. – S. 75: W. Lautemann/M. Schlenke: Geschichte in Quellen (GiQ). Band 3, a. a. O., S. 429. – S. 76: Die Briefe der Liselotte von der Pfalz. München 1960. S. 32 f. – S. 77: Th. Steudel: Der Fürstenstaat. Berlin 1933. S. 1 ff. – S. 79: Der Hof Ludwig XIV. in Augenzeugenberichten. Düsseldorf 1969. S. 27. – S. 81 (Q1): Adam Smith: Untersuchungen über Natur und Ursache des Wohlstandes der Nationen. 1776. Zit. nach: Hans Pfahlmann: Die industrielle Revolution. Würzburg 1974. S. 28. – S. 81 (Q2): Geschichtliches Quellenheft 1/2. Frankfurt/Main 1975. S. 62. – S. 86–89 (Q): W. Lautemann/M. Schlenke: Geschichte in Quellen (GiQ). Band 3, a. a. O., S. 292 f. – S. 90: Leo Sievers: Deutsche und Russen. Stern Verlag. Hamburg 1980. S. 125. – S. 92: ebd., S. 133. – S. 94 (Q1): J. B. Bossuet: Politique tiree des propres paroles de l'Écriture Sainte. Paris 1709. Buch 2–6. – S. 94 (Q2): Wolfgang Hug: Quellenlesebuch. Band 2. Verlag Moritz Diesterweg. 1982. S. 136 f. – S. 94 (Q3): Ch. Montesauieus: De l'Ésprit de lois. Paris 1987. Band X, 6. – BS. 95 (Q4): erlinische Monatsschrift, Dezember 1783. – S. 102 (M1): Wolfgang Kleinknecht/Herbert Krieger: Handbuch für den Geschichtsunterricht. Band 1. Frankfurt/Main 1978. S. 151 f. – S. 102 (Q1): Hans Bentzin: Unterm roten und schwarzen Adler. Verlag Volk und Welt. Berlin 1992. S. 118. – S. 102 (M2): ebd., S. 121. – S. 104 (Q1): W. Pleticha: Deutsche Geschichte. Band 8. Bertelsmann Verlag 1983. S. 63. – S. 104 (Q2): Hans-Joachim Schoeps: Preussen – Geschichte eines Staates. Ullstein Verlag, Berlin 1981. S. 330. – S. 105 (Q3): Friedrich II.: Die politischen Testamente. Berlin 1922. S. 4 f. – S. 105 (Q4): Hans-Joachim Schoeps. a. a. O., S. 333 f. – S. 105 (M): Wolfgang Venohr, Friedrich Kabermann: Brennpunkte der deutschen Geschichte. 1450–1850. Athenäum Verlag Kronberg 1978. S. 116/118. – a. a. O. S. 166. – S. 106: Wolfgang Hug: Quellenlesebuch. Band 2. S. 111. – S. 107: Ingrid Mittenzwei: Friedrich II. und Preußen. Pahl-Rugenstein Verlag, Köln 1983, S. 133. –

Quellenverzeichnis

S. 108: B. Taurek: Friedrich der Große und die Philosophie. 1986. S. 122f. Entnommen aus: Praxis Geschichte. Heft 3. S. 12 (M4). Westermann Verlag, Braunschweig 1993. – S. 109: A. v. Arneth: Geschichte Maria Theresias. VII, Wien 1877. S. 375. – S. 110: Otto Bardong (Hrsg.): Friedrich der Große. Ausgewählte Quellen zur deutschen Geschichte der Neuzeit. Wissenschaftliche Buchgesellschaft Darmstadt, 1982. S. 185f. – S.111: Horst Möller: Fürstenstaat und Bürgernation. Deutschland 1763–1815. Siedler Verlag, Berlin 1989. S.153f. – S. 112: Friedrich II., Memoiren von 1775. Hrsg. von G. B. Volz. Band 5. Berlin 1913. S. 56. – S. 114 (Q1): Georg Pilltz: August der Starke. Verlag Neues Leben, Berlin 1989, S. 318. – Hans Bentzien, a. a. O., S.127. – S. 122 (Q1): Die amerikanische Revolution in Augenzeugenberichten. dtv München, S. 19f. – S. 122 (Q2): Nach einem Brief aus dem Privatbesitz der Familie Benedikt in Trier. – S. 123 (Q3): Die amerikanische Revolution in Augenzeugenberichten. dtv München. – S. 124: Heinz J. Stammel: Die Indianer. Die Geschichte eines untergegangenen Volkes. Lexikothek Verlag Gütersloh 1977. S.91. – S. 126: Norman B. Wiltsey: Die Herren der Prärie. Günter Verlag, Stuttgart 1965. S. 19f. – S. 127: F. Hetmann: Die Indianer. Ravensburger Buchverlag. Ravensburg 1990. – S. 129: K. H. Peter: Briefe zur Weltgeschichte. a. a. O., S. 202. – S. 130: Alan Nevins: Geschichte der USA. Bremen 1965. S. 304. – S. 132: W. Lautemann/M. Schlenke: Geschichte in Quellen (GiQ). Band 5, a. a. O., S. 510. – S. 138: Die Französische Revolution. Hrsg. von Oaul Hartig. Stuttgart o. J., S. 11. – S. 139 (Q2): R. Palmer: The Age of democratic Revolution. Princeton, 1959, S. 480. – S. 139 (Q3): Beuamarchais: Ein toller Tag oder Figaros Hochzeit. Hildburghausen, 1865, S. 109. – S. 141: Walter Markov: Revolution im Zeugenstand. Band 2. Reclam Bibliothek Leipzig, 1985. S. 71. – S. 144: G. Franz: Staatsverfassungen. S. 287ff. – S. 146 (Q1): W. Lautemann: Geschichte in Quellen. München 1981. S. 252. – S. 146 (Q2): Walter Markov/Albert Soboul: 1789: Die große Revolution der Franzosen. Akademie Verlag Berlin, 1975. S. 98. – S. 147: P. Hartig: Die französische Revolution. a. a. O. – S. 148: Walter Markov, a. a. O. S. 528. – S. 149: M. Göhring: Die Geschichte der großen Revolution. Band 2. Vom Liberalismus bis zur Diktatur. Tübingen 1951. S. 382. S. – S. 158: F. M. Kircheisen: Gespräche Napoleons. Stuttgart 1912. – S. 162: G. Winter (Hrsg.): Die Reorganisation unter Stein und Hardenberg. Band 1, 1. Leipzig 1931. S. 306. – S. 164: W. Venohr, a. a. O., S. 160. – S. 165: ebd. – S. 166: Eckert Kleßmann: Die Revolution in Augenzeugenberichten. dtv München 1973. S. 45. – S. 171: H. D. Dyroff: Der Wiener Kongreß. dtv-München. 1966, S. 111. – S. 177: P. J. Siebenpfeifer: Der deutsche Mai. Eröffnungsrede von 1832 (gekürzt). – S. 180: Die deutsche Revolution in Augenzeugenberichten. dtv München 1973. S. 40. – S. 182 (Q2): W. Venohr, a. a. O., S. 274. – S. 182 (Q2): Ferdinand Siebert: Von Frankfurt nach Bonn. 100 Jahre deutsche Verfassungen. Frankfurt 1982. – S. 183: W. Venohr, a. a. O., S. 292. – S. 198: M. Eyth: Im Strom unserer Zeit. Band 1. 4. Auflage. Heidelberg, 1905. S. 60. – S. 200: H. Pönicke: Die wirtschaftliche und soziale Entwicklung in Europas im 19. Jahrhundert. Paderborn1970. S. 31. – S. 201: W. Venohr, a. a. O., S. 238. – S. 201 (M) H. H. Wille: Sternstunden der Technik. Urania Verlag, Leipzig, 1987. S. 96. – S. 203: Ullan Galm: August Borsig. Stapp Verlag Berlin, 1987. S. 27. – S. 206: ebd. S. 38. – S. 208: ebd. S. 97. – S. 209: Geschichte für Morgen. Hauptschule Baden Württemberg. Band 2. Cornelsen Verlag Berlin. – S. 209: U. Galm, a. a. O. S.140. – S. 214: Hermann de Buhr: Industrielle Revolution und Industriegesellschaft. Hirschgraben Verlag, Frankfurt/Main, 1983. S. 57. – S. 215: J. E. Jörg: Geschichte der sozialpolitischen Parteien in Deutschland. Freiburg 1867. S. 213. – S. 219: Hermann de Buhr, a. a. O.: S. 54. – S. 226: Horst Kohl: Die politischen Reden des Fürsten 1892–1905. Band III. S. 142. – S. 227 (Q2): Bismarck. Gesammelte Werke. Band 5. Berlin 1942ff. S. 95. – S. 227 (Q3): H. Michaelis: Königgrätz. Ein geschichtlicher Wandel. 1952. S. 177. – S. 228: Bismarck. Gesammelte Werke. Band 7. Berlin 1942ff. S. 301. – S. 229: W. Lautemann/M. Schlenke: Geschichte in Quellen (GiQ). Band 5. S. 363. – S. 234: Ursula Schulz: Die deutsche Arbeiterbwewegung 1848–1919 in Augenzeugenberichten. Karl Rauch Verlag. Düsseldorf 1968. S. 241. – S. 235: Bismarck. Gesammelte Werke. Band 13. Berlin 1942ff. S. 395. – S. 236: Fürst Otto von Bismarck. Erinnerung und Gedanke. Cottasche Buchhandlung. Stuttgart und Berlin 1919. – S. 237(Q2): Brack: Geschichte. Band 3. S. 182. C. C. Buchner Verlag, Bamberg 1986. – S. 237 (Q3): Gerhard H. Ritter (Hrsg.): Historisches Lesebuch Band 2. Luchterhand-Verlag. Frankfurt/Main, 1967. S. 300f. – S. 236: F. Hofmeier: Wege durch die Geschichte. Band 4. Cornelsen Verlag, Berlin 1988. S. 31. – S. 236 (M1): Gert Richter: Die gute alte Zeit im Bild. Alltag im Kaiserreich. Bertelsmann Lexikon Verlag. Gütersloh 1974. S. 118. – S. 237: ebd. S. 12f. – S. 242: Helgard Patemann: Lehrbuch Namibia. Wuppertal 1984. S.64. – S. 243 (Q2): Arbeitsheft Imperialismus. Beltz Verlag. Weinheim/Basel 1978. S. 31. – S. 243 (Q3): Manfred Hinz (Hrsg): Weiss auf Schwarz. 100 Jahre Ein-

Quellenverzeichnis

mischung in Afrika. Verlag Elefantenpress, Berlin 1984. S. 120. – S. 244: Praxis Geschichte. Westermann Verlag, Braunschweig. Heft 1, 1993. S. 41 (M10). – S. 245 (Q2 und Q3): ebd., M17. und S. 43, M19. – S. 247: W. Bärsch: Beschimpft, bespuckt, beleidigt. – Warum? In: TV Hören + Sehen. 12.1.1991. – S. 248: Praxis Geschichte, 1993, a.a.O., S. 14 (M3). – S. 249: J. Nehru: Weltgeschichtliche Betrachtungen. Progress-Verlag, Grundershausen, 1957. S. 485 ff. (gekürzt).

Bildquellen
AKG: 6–7, 15 (2), 17 (2), 44 (1), 45 (2), 58 (1), 59 (3), 65 (2), 66 (1), 72–73, 74 (1), 75 (2), 76 (3), 88 (1), 90 (1), 91 (2), 93, 95 (2, 3), 102 (1), 107 (3), 109 (1), 115 (2), 121 (2, 3), 122 (3), 123 (2, 3), 128 (1), 129 (2), 134 (1), 136–137, 142 (1), 148 (1), 153 (2), 162 (1), 164 (1), 169, 174–175, 176 (1), 179 (2, 3), 181 (2), 184 (2), 186, 201 (2), 202 (2), 209 (1), 210 (2, 3), 211 (3), 212 (1), 220 (1), 222 (1, 2), 224–225, 227 (2, 3), 245 (2).
Archiv der sozialen Demokratie, Bonn: 218 (2).
Archiv Filmmuseum Potsdam: 84 (1), 168 (Fotograf: Defa-Damm).
Archiv Gerstenberg, Wietze: 111 (3), 171.
Arthothek, Bayer & Mitko: 178 (1).
Bavaria Verlag, München:146 (2).
Bildarchiv Preußischer Kulturbesitz: 22–23, 24 (1), 25 (2), 27 (2, 3), 33 (2), 50(1), 52 (1), 62 (1), 86 (2), 91 (3), 92 (1), 100 (1), 103 (3), 110 (1), 138 (1), 156–157, 215 (3),236 (2).
Bilderdienst Süddeutscher Verlag: 234 (1), 240–241.
Butzmann, Manfred, Berlin: 181 (RS).
Castor-Film, Oberwesel: 40 (1).
Christians Verlag, München: 29, 150 (1).
Deutsches Historisches Museum, Berlin: 98 (Einklinker), 217 (3).
Erzbischof Bolslaw Pytak, Lublin, MuzeumArchiediecezjalne Sztuki Religijney: 216 (1).
Fürstl. Waldburg Zeil'sches Gesamtarchiv, Leutkirch: 56 (1), 57 (2, 3).
Germanisches Nationalmuseum, Nürnberg: 48 (1).
Giraudon, Paris: 141 (2), 143 (2), 147 (2), 152 (1).
Grohe, Manfred, Tübingen/Kirchentellinsfurt: 246 (3).
Hafermaas, Gabriele: 53, 55 (2).
Heinemann Educational, Oxford: 192 (19, 192 (3), 194 (1), 195 (2), 196 (1), 197 o. r.; u. l.
Historisches Museum Frankfurt/Main: 182 (1).
Jürgens Ost + Europa Foto: 92 (2), 98–99.
Mühlhäuser Museen, Foto Korff: 55 (3), 116 (2).
Les Musees de la ville Strassbourg: 228 (1).
Murza, Gerhard, Berlin: 38–39, 54 (1).
Mauritius (Fotograf: Kord): 118–119.
Museum der bildenden Künste, Leipzig: 43 (3).
Museum für Technik und Verkehr, Berlin: 203 (2, 3), 204, 205.
Photographie Giraudon, Paris:18 (1).
punctum Bildagentur, Leipzig: 82 (1), 116 (1).
Sächsische Landesbibliothek, Abteilung Deutsche Fotothek, R. Richter: 114 (1).
Stadtgeschichtliches Museum Leipzig, Fotothek: 159 (3), 167 (2).
Südhoff, Dr. Rüdiger, Eisenhüttenstadt: 83 (2, 3).
Sven Simon Bildagentur: 247 (4).
Tessloff Verlag, Hamburg/Nürnberg: 20, 30–31 (1–5), Ullstein Bilderdienst, Berlin: 245 (3).

Nicht in allen Fällen war es uns möglich, die Rechteinhaber der Abbildungen ausfindig zu machen. Berechtigte Ansprüche werden selbstverständlich im Rahmen der üblichen Vereinbarungen abgegolten.

Zeichnungen
Becker, K., Frankfurt/Main; Teßmer, M., Hamburg.

Karten und Grafiken
Becker, K., Frankfurt/Main; Binder, V., Berlin; Langkafel, Skip, Berlin.

Register / Verzeichnis der Worterklärungen*

A

Ablass, Ablasshandel 42, 44, 62
Absolutismus* 72f., 75*, 97, 117,
– aufgeklärter 94f., 104f.
– in England 86f.
– in Europa 72f.
– in Frankreich 72f.
– Krise des 138f.
– in Preußen 98f., 104f., 110f., 119
– in Russland 90f.
– in Sachsen 98, 114f., 140, 143, 163
Adel 76f., 84f., 89f., 91f., 110, 138, 139, 140, 142, 143, 145, 146, 148, 155, 163, 184, 193, 206
Afrika 14, 18, 21, 33f., 237, 241, 243
Agricola 8
Alexander I. 164
Allgemeiner Deutscher Arbeiterverein 218
Altenstein 46
Amerigo Vespucci* 16*
Amerika* 15, 16*, 18, 22f., 30f., 34f., 37, 120, 121, 122f., 177, 248
Angestellte 207
Arbeiter 190, 192f., 206f.,
Ärzte 77, 139, 184
Armada* 34*
Arnim, Bettina von 171
Asien 18
Astronomie 9
Astrolabium 11
Auerstedt 161
Aufklärung* 94*, 94f., 98f., 104f., 110f., 117
Augsburger Reichstag 58f.
Augsburger Religionsfrieden 58f., 64
August der Starke, Kurfürst von Sachsen und König von Polen 99, 114f., 117
Azteken 24f., 37

B

Banken, Bankwesen 18, 19
Barock* 82*, 82f., 97, 114f., 116
Bastille 137, 142, 144, 155
Bauer 18, 25, 39, 48f., 71, 78, 84, 91, 105, 111f., 140, 142, 143, 145, 155, 162f., 163, 175, 206
Bauernbefreiung 162f.
Bauernkrieg 39, 48f., 71
Bauernlegen* 111*
Beamte 25, 32f., 65, 74, 76, 78, 102, 124, 159, 170, 178, 184
Bebel, August 218, 220
Behaim, Martin 10, 11
Berlepsch, Hans von 46
Berlin 47, 68, 91, 101f., 105, 107, 161, 162, 163, 171, 180, 186, 189, 200, 201, 202, 212, 220, 221, 222, 234, 236
Bernstein, Eduard 219
Beuth, Peter Wilhelm Christian 202
Bibel 8, 12f., 21, 41, 44, 49, 58, 60, 69
Biedermeier* 178*
Bill of Rights 89, 97
Bismarck, Otto von 226f., 234, 236, 237, 239
Bison 124
Böhmen 63, 64
Borsig, August 202, 203, 206, 208, 215
Bourgeoisie* 219*
Brandenburg (Land)
– Alltag und Politik 110f.
– Dreißigjähriger Krieg 68f.
– napoleonische Herrschaft 170
– Reformation in 47
– Westfälischer Frieden 69, 81, 99, 109, 117
Brandenburg (Stadt) 68
British Empire 248f.
Buchdruck 12, 13, 21, 47, 71
Bürger 11, 24, 48, 52, 60, 64, 78, 84, 94f., 122, 144, 145, 147, 149, 153, 161, 162, 163, 170, 175, 176, 177, 178, 180, 181, 186, 187, 212
Bundschuh 49
Burschenschaften 176f.

C

Calvin, Johannes 60f.
Cartier, Jaques 31
Cartwright, Edmund 194
Casas, Bartolomé de la 31, 35
Cassalle, Ferdinand 218
Castillo, Bernal Diaz del 26
Cherokee 126
China 14
Christen 42, 48, 59
Code Napoleon* 153*, 161
Colbert, Jean Baptiste 80f., 97
Cortez, Hernan 22f., 26f., 31f., 37
Cranach, Lucas 42, 44, 47
Cromwell, Oliver 88
Cugnot, Nicholas 194

D

Dampfmaschine 194f.
Demokratie 89, 97
Denkmal
Deutsches Reich 50, 64, 69, 169, 173, 181, 185, 200, 214, 222, 227, 229, 237, 239, 242, 244, 245
Deutschland 44, 49f., 64, 67, 71, 72, 79, 83, 98, 103, 120, 153, 164, 165, 166, 167, 168, 170, 173, 176, 177, 178, 180, 181, 184, 185, 186, 189, 200, 201, 206, 216, 218, 227, 237, 239, 241, 242, 243, 247
Deutsch-Südwestafrika 244f.
Deutscher Bund 169
Diderot (französischer Philosoph) 94
Diktatur 88
Donauwörth 64
Dreieckshandel 35, 37
Dreißigjähriger Krieg 64f., 71

Register / Verzeichnis der Worterklärungen*

Dresden 84, 98f., 114f., 116, 170, 186f., 201, 220

E

Edikt
– von Nantes 61, 76
– von Potsdam 101
Eisenbahn 200f.
Elsass 51, 69
Engels, Friedrich 192, 219
England 34f., 39, 61, 85f., 89, 97, 103, 107, 123, 129, 131, 135, 158f., 164, 167, 168, 191, 192, 193, 198, 202, 216, 242, 248f.,
Entdeckungen 8f., 21, 24, 30f.
Enzyklopädie* 95*
Erde 8f., 9, 12, 80
Erfindungen 8f., 21, 115, 192f., 195
Erfurt 43
Etikette* 77*
Europa 8, 12f., 14f., 16, 22f., 28f., 32f., 39, 64, 66, 71, 75, 79, 82f., 86, 94f., 104f., 105, 107, 110, 112, 115, 117f., 122, 135, 157, 159, 161, 164, 166, 169, 173, 180, 189, 191, 203, 219, 237
Evangelisch/Evangelium* 46*, 51, 54, 58f., 61, 214
Evangelische Landeskirchen 58f.
Exil* 86*

F

Fabrik(-anten) 193, 196f., 202f., 206f., 208f.
Familie 25, 48, 76, 122, 126, 129, 146, 206, 209, 212, 213, 221, 222
Florenz 8, 14
Flottenpolitik 233
Frage, soziale* 214*, 215, 218
Franken 51
Frankenhausen 39, 53f., 71
Frankfurt/Oder 68

Franklin, Benjamin 121
Frankreich 34, 39, 61, 66, 69, 73f., 77f., 81f., 84, 86, 88, 94f., 100f., 106f., 136f., 160, 164, 166, 167, 168, 173, 227, 228, 229, 237, 239, 242, 243
Frauen 25, 42, 55, 61, 84f., 122, 132, 143, 148, 150, 151, 152, 184, 186, 198, 209, 211, 213, 214, 220, 221, 244, 245
Frauenbewegung 220f.
Freienwalde 110
Freiheitskriege 164f.
Friedrich III., deutscher Kaiser 232
Friedrich der Weise von Sachsen (Kurfürst von Sachsen) 45, 46, 58
Friedrich I., Kurfürst von Brandenburg, 100
Friedrich II., König von Preußen 95, 104f., 106f., 110f., 117
Friedrich III., König von Preußen, 236
Friedrich Wilhelm, Kurfürst von Brandenburg 68, 100
Friedrich Wilhelm I., König von Preußen 99, 102f., 117
Friedrich Wilhelm II., König von Preußen 166
Friedrich Wilhelm IV., König von Preußen 181, 185, 187, 189
Friedrich Wilhelms Universität (Berlin) 163
Frondienst
Fürsten 18f., 21, 45, 49, 52, 54f., 59, 64, 66, 69, 71, 73, 82, 84, 86, 92, 95, 100, 103f., 115, 118f., 160, 167, 168, 169, 170, 173, 176, 177, 178, 180, 186, 187, 189, 206, 229, 239
Fugger, Jakob 18, 19, 21

G

Generalstände* 140*
Genf 61
Gensfleisch, Johannes – siehe Gutenberg, Johannes

Gent, Peter von 32
Germantown 120, 122
Gewaltenteilung 94f., 149
Gewerkschaften* 216*, 218
Globus 10, 11
Glorreiche Revolution 89, 97
Grandé Armée 164
Großbeeren 171
Guanahani 15
Gustav Adolf, König von Schweden 68
Gutenberg, Johannes* 12*, 21

H

Hakluyt, Richard 32
Halberstadt 69
Hambacher Fest 177
Handel 14, 21, 33, 35, 80, 92, 117, 132, 159
Handelshäuser 18, 19, 21
Handwerker 25, 48, 90f., 140, 175, 180, 186, 208, 249
Hardenberg, Karl August von 162
Hohenzollern, Geschlecht der 100, 117
Heimarbeit 192f.
Heinrich der Erlauchte (Markgraf von Meißen) 83
Heinrich IV. (französischer König) 61
Herero 244f.
Himmelskörper 8
Hugenotten 61, 78, 101

I

Imperialismus* 233*, 243, 251
Indianer 16, 23, 30f., 37, 120, 124, 125, 126, 135
Indien 14, 15, 16, 17, 21, 32, 248, 249
Indios 15, 30, 33, 37
Industrialisierung
– in Deutschland
– in England 192f.
– in Preußen
industrielle Revolution 190f.
Inka 30f.

269

Register / Verzeichnis der Worterklärungen*

J

Jahn, Friedrich Ludwig 176
Jakob I., König von England 86
Jakob II., König von England 89
Jakobiner* 147*, 155
Jakobsstab 11
Jamestown 120
Jena 161, 166, 176
Jesuiten 63f.
Jüngstes Gericht* 40*
Junker Jörg 44

K

Kaiser 19, 43f., 59, 64f., 69, 74, 105, 152, 153, 154f., 157, 159, 162, 165, 169, 172, 173, 185, 229, 236, 237, 239
Kaiserkult 234
Kalender, aztekischer 25
Kalifornien 124
Kant, Immanuel (deutscher Philosoph) 95
Kapital* 206*, 248
Karacke 11
Karavelle 11, 14
Karl I., König von England 84, 86, 95
Karl II., König von England 86, 87
Karl V., deutscher Kaiser 19, 58f., 71
Katechismus 47
Katholiken, Katholizismus 62f.
Katte, Hans Hermann von 103
Kaufmann/Kaufmannsleute 14, 18f., 43, 47, 52, 58, 78, 83, 97, 193, 200
Kinderarbeit 196f., 210
Kirche 8, 9, 30, 39f., 58f., 71, 76, 80, 81, 93, 95, 103, 126, 214, 216, 222
Klasse* 192, 207*, 219
König 14, 15, 18f., 21, 25, 33f., 45, 58f., 63f., 75f., 94, 97, 100f., 110f., 117, 122, 129, 138, 139, 140, 141, 142, 143, 144, 146, 147, 148, 150f., 154, 155, 160, 161, 162, 163, 164, 166, 167, 172, 180, 181, 186, 187, 189, 227, 229
Kolonien, Kolonialismus* 30*, 31f., 35f., 107, 120, 123, 124, 129, 131, 135, 200, 241, 243, 244, 248
Kolping, Adolph 214
Kogge 11
Kolumbus 14f., 30, 40, 76, 116, 139, 184
Kommunismus 219
Kompass 10, 21
Konfession* 59*, 73
Kontinentalsperre 158f., 164, 173
Konstantinopel 14
Konquistadoren 23, 28f.
Konzilien 44, 46, 62, 63
Konzil von Trient 62
Kopernikus 9
Küstrin 110
Joachim II., Kurfürst von Brandenburg 47

L

Las Casas, Bartolomé de 33, 37
Lassalle, Ferdinand 218
Latifundien 33, 37
Leipzig 159, 167, 186, 201
Liberale 176, 189
Lichterfelde 68
Liebknecht, Wilhelm 218
Liga, katholische 64, 66, 71
Lincoln, Abraham 134
List, Friedrich 200, 201
Lotzer, Sebastian 50
Loyola, Ignatus von 63
Ludwig VI., König von Frankreich 138
Ludwig XIV., König von Frankreich 72f., 82f., 97, 104, 114,
Ludwig XVI., König von Frankreich 138f., 167
Ludwig XVIII., König von Frankreich 167
Luther, Martin 43f., 58, 60f., 71
Lutzen 69

M

Magdeburg 69
Magellan, Ferdinand 16, 21
Mansfeld, Ernst von 68
Manifest der kommunistischen Partei 219
Manufakturen 80f., 91, 97, 112, 115, 117, 193, 213
Maria Theresia (Kaiserin von Österreich) 106f., 108f.
Marx, Karl 219
Medizin 9
Menschenrechte 130f., 132f., 136, 144f.
Merkantilismus* 80*, 81, 97
Mexiko 23f., 28f., 37
Militarismus 234f.
Minden 69
Mission, Missionierung 32f.
Mittelalter 6f.
Mönch 11, 32, 43
Monokultur 33
Monopol, Monopolisten* 18*, 1921
Montesquieu, Charles 92f.
Montezuma 25, 28f., 35
Mühlhausen 52, 55
Müntzer, Thomas 52f., 71

N

Napoleon Bonaparte 152f., 153, 154f., 157, 160f., 172f., 173, 228
Nationalbewusstsein, Nationalismus 166, 234
Nationalversammlung* 141*
– französische 141f., 155,
– deutsche 184f., 189, 229
– preußische 186
Neuzeit 6f., 18
Neuzelle 83
Nez, Percé 124f.

Register / Verzeichnis der Worterklärungen*

Niederlande 34, 37
Norddeutscher Bund 227
Nürnberg 10

O

Oderbruch 110
Österreich 106f., 108f., 115, 117, 161, 185, 187, 226f.

P

Palos 14
Papst 19, 21, 42f., 60f.
Papst Leo VIII. 214
Papst Leo X. 41, 45
Parlament 86, 88f., 97, 184, 185, 195, 226, 234
Peru 30
Peter I. 88f., 97
Petersburg 92, 97
Peterskirche 42
Pfeiffer, Heinrich 55
Pizarro, Francisco 30f.
Polen 108f., 115, 117, 161
Portugal 14, 19, 21, 32f., 37, 82
Potsdam 107, 103, 161, 170
Prager Fenstersturz 65
Privilegien* 78*
Preußen 77, 95, 100f., 106f., 114, 115, 117, 146, 148, 161, 162f., 164, 166f., 173, 180, 181, 185, 187, 200, 202, 221, 222, 226, 227, 228, 234, 239
preußische Befreiungskriege 166f.
preußische Reformen 162
Proletarier* 207*, 219
Protestanten* 58*, 61, 63f.

R

Rassismus* 243*, 247, 251
Reformation 38f., 60f., 71, 78, 176
Reichsacht* 45*, 64, 71
Religion 25, 28, 30f., 32f., 60, 69, 78, 105, 117, 144, 146
Rheinbund* 160*, 173

Requisitionen* 161*
Reservation* 124*
Revolution 161, 162, 180, 181, 187, 189, 191, 192, 200, 218, 219, 239
Revolution
– Amerikanische
– Deutsche 174f.
– Französische 136f.
– Glorreiche
– industrielle 190f.
Riviera, Diego 23
Robespierre 147, 150f., 155
Rom 42
Russland 90f., 97, 106f., 108f., 117, 164, 165, 167, 168, 173, 234, 237

S

Sachsen 98, 107, 114f., 117, 186
Säkularisierung* 160*
San Salvador 15, 30
Sansculotten* 150*
Sanssouci 104, 105, 112
Santa Maria 14, 17
Schlesien 106f., 111f., 117
Schlösser 52, 71, 74, 77, 82, 95, 103, 114, 116, 141, 143, 147, 181
Schmalkaldischer Krieg 59
Schwaben 51
Siebenjähriger Krieg 107, 111, 117
Sklaven 33, 35, 37, 90, 111, 132, 134, 135, 140
Streik 216f., 222
Solidarität 216
Soziale Frage* 214*, 215f., 218
Sozialdemokratische Partei Deutschlands 218
Sozialistengesetz 230
Sozialgesetzgebung 230f.
Sozialistische Arbeiterpartei Deutschlands 218, 222
Spanien 14, 19, 21, 32f., 37, 58, 164, 228
Speyer 58

Staat 25, 32f., 32, 33, 75f., 79f., 94, 97, 100, 101, 103, 110, 131, 135, 162, 163, 164, 180, 186, 189, 200, 201, 202, 218, 227, 228, 234, 235, 239, 243, 249
Stände* 78*, 86, 97, 140, 141, 155, 162, 184, 242
Stehendes Heer* 77*, 100, 102f.
Stein, Freiherr von und zum 162
Stephenson, George 195

T

Technik/Techniker 90, 191, 193
Tempel 27
Tenochtitlan 24f., 28f.
Tetzel, Johannes (Dominikanermönch und Ablassprediger) 42f.
Throta, Lothar von (preußischer General) 245
Thüringen 51f.
Thüringer Bauernhaufen 52f.
Tilly (Feldherr im Dreißigjährigen Krieg) 68
Triquetrum* 9*
Tilsit, Frieden von 161
Toscanelli, Paolo 14
Trient 63f.
Tull, Jethro 192

U

Unabhängigkeitserklärung, amerikanische 130f.
Union, evangelische 64, 71

V

Verfassung 141, 144, 148, 154, 181, 186, 187, 229
Verleger, Verlagssystem 18
Versailles 73, 76f., 82, 84, 86, 97, 140, 142, 143, 144, 151, 229
Völkerschlacht (bei Leipzig) 167

W

Wallenstein, Albrecht von 66
Wartburg 46, 176

Register / Verzeichnis der Worterklärungen*

Wartburgfest 176, 187, 189
Washington, George 129, 131
Wasserschloss Heldrungen 54
Watt, James 194
Weltbild 8f.
Westfälischer Frieden 69
Wichern, Heinrich (Begründer des Rauhen Hauses) 214
Wiener Kongress 168f.
Wilhelm I., deutscher Kaiser 229, 232
Wilhelm II, deutscher Kaiser 232f., 237, 239
Wissenschaft/Wissenschaftler 8f., 100, 95, 101, 104, 105
Wittenberg 43f., 71
Worms 45, 58
Wormser Edikt 46, 71

Z

Zar 90f., 97, 172
Zetkin, Clara 220
Zisterzienser 83
Zitadelle* 63*
Zölle, Zollverein 200
Zunft, Zunftzwang 162, 163
Zwingli, Ulrich 60f.
Zürich 60